América del Sur

PEARSON
myspanishlab™ ¡Hola!

Part of the award-winning MyLanguageLabs suite of online learning and assessment systems for basic language courses, MySpanishLab brings together—in one convenient, easily navigable site—a wide array of language-learning tools and resources, including an interactive version of the *¡Anda! Curso intermedio* student text, an online Student Activities Manual, and all materials from the audio and video programs. Chapter Practice Tests, tutorials, and English grammar Readiness Checks personalize instruction to meet the unique needs of individual students. Instructors can use the system to make assignments, set grading parameters, listen to student-created audio recordings, and provide feedback on student work. MySpanishLab can be packaged with the text at a substantial savings. For more information, visit us online at www.mylanguagelabs.com/books.html

A GUIDE TO ¡ANDA! CURSO INTERMEDIO ICONS

Icon	Name	Description
	Readiness Check for MySpanishLab	This icon, located in each chapter opener, reminds students to take the Readiness Check in MySpanishLab to test their understanding of the English grammar related to the Spanish grammar concepts in the chapter.
¡Hola!	**MySpanishLab**	This icon indicates that additional resources for pronunciation and culture are available in MySpanishLab.
	Text Audio Program	This icon indicates that recorded material to accompany *¡Anda! Curso intermedio* is available in MySpanishLab (www.mylanguagelabs.com), on audio CD, or on the Companion Web site (www.pearsonhighered.com/anda).
	Pair Activity	This icon indicates that the activity is designed to be done by students working in pairs.
	Group Activity	This icon indicates that the activity is designed to be done by students working in small groups or as a whole class.
	Web Activity	This icon indicates that the activity involves use of the Internet.
	Video icon	This icon indicates that a video episode is available for the *Laberinto peligroso* video series that accompanies the *¡Anda! Curso intermedio* program. The video is available on DVD and in MySpanishLab.
	Student Activities Manual	This icon indicates that there are practice activities available in the *¡Anda! Curso intermedio* Student Activities Manual. The activities may be found either in the printed version of the manual or in the interactive version available through MySpanishLab. Activity numbers are indicated in the text for ease of reference.
	Workbooklet	This icon indicates that an activity has been reproduced in the *Workbooklet* available as a print supplement or in MySpanishLab.
	Interactive Globe	This icon indicates that additional cultural resources in the form of videos, web links, interactive maps, and more, relating to a particular country, are organized on an interactive globe in MySpanishLab.

VOLUME 1

Curso intermedio

¡Anda!

Second Edition

AUDREY L. HEINING-BOYNTON
The University of North Carolina at Chapel Hill

JEAN W. LELOUP
United States Air Force Academy

GLYNIS S. COWELL
The University of North Carolina at Chapel Hill

PEARSON

Boston   Columbus   Indianapolis   New York   San Francisco   Upper Saddle River
Amsterdam   Cape Town   Dubai   London   Madrid   Milan   Munich   Paris   Montréal   Toronto
Delhi   Mexico City   São Paulo   Sydney   Hong Kong   Seoul   Singapore   Taipei   Tokyo

Executive Editor, Spanish: Julia Caballero
Editorial Assistants: Samantha Pritchard/Jessica Finaldi
Executive Marketing Manager: Kris Ellis-Levy
Senior Marketing Manager: Denise Miller
Marketing Assistant: Michele Marchese
Development Editor: Janet García-Levitas
Development Editor, Elementary Spanish: Celia Meana
Development Editor, Spanish: Meriel Martínez
Senior Managing Editor for Product Development:
   Mary Rottino
Associate Managing Editor (Production): Janice Stangel
Senior Production Project Manager: Nancy Stevenson
Executive Editor, MyLanguageLabs: Bob Hemmer
Senior Media Editor: Samantha Alducin

Development Editor, MyLanguageLabs: Bill Bliss
Editorial Coordinator, World Languages:
   Regina Rivera
Senior Art Director: Maria Lange
Cover Design: DePinho Design
Operations Manager: Mary Fischer
Operations Specialist: Alan Fischer
Full-Service Project Management: Melissa Sacco,
   PreMediaGlobal
Composition: PreMediaGlobal
Printer/Binder: R.R. Donnelley
Cover Printer: Lehigh - Phoenix Color
Publisher: Phil Miller
Cover Image: Shutterstock Images

This book was set in 10/12 Janson Roman.

Credits and acknowledgments borrowed from other sources and reproduced, with permission, in this textbook appear on appropriate page within text (or on page **A70**).

Copyright © 2013 Pearson Education, Inc., publishing as Prentice Hall, 1 Lake St., Upper Saddle River, NJ 07458. All rights reserved. Manufactured in the United States of America. This publication is protected by Copyright, and permission should be obtained from the publisher prior to any prohibited reproduction, storage in a retrieval system, or transmission in any form or by any means, electronic, mechanical, photocopying, recording, or likewise. To obtain permission(s) to use material from this work, please submit a written request to Pearson Education, Inc., Permissions Department, 1 Lake St., Upper Saddle River, NJ 07458.

Library of Congress Cataloging-in-Publication Data
Heining-Boynton, Audrey L.
 Anda!: curso intermedio / Audrey L. Heining-Boynton, Jean W. LeLoup,
Glynis S. Cowell. — 2nd ed.
    p. cm.
 Text in English and Spanish.
 Includes bibliographical references and index.
 ISBN-13: 978-0-205-05596-8 (Student ed.)
 ISBN-10: 0-205-05596-6 (Student ed.)
 1. Spanish language—Textbooks for foreign speakers—English. 2. Spanish language—Grammar.
3. Spanish language—Spoken Spanish. I. LeLoup, Jean Willis. II. Cowell, Glynis S. III. Title.

PC4129.E5H4285 2012
468.2'421—dc23

2012000625

Student Edition, ISBN-10: 0-205-05596-6
Student Edition, ISBN-13: 978-0-205-05596-8
Student Edition, Volume 1, ISBN-10: 0-205-05595-8
Student Edition, Volume 1, ISBN-13: 978-0-205-05595-1
Student Edition, Volume 2, ISBN-10: 0-205-20158-X
Student Edition, Volume 2, ISBN-13: 978-0-205-20158-7
Annotated Instructor's Edition, ISBN-10: 0-205-39973-8
Annotated Instructor's Edition, ISBN-13: 978-0-205-39973-4

10 9 8 7 6 5 4 3 2 1

www.pearsonhighered.com

DEDICATION

In memory of D., M., G., & A.L. I miss you very much.
—Audrey

In memory of my parents

—Jean

In honor of family and friends

—Glynis

Brief Contents

FIRST

(The numbers next to the grammar and vocabulary sections indicate their location within the chapter.)

SEMESTER

SECOND

(The numbers next to the grammar and vocabulary sections indicate their location within the chapter.)

	CAPÍTULO PRELIMINAR B Introducciones y repasos	CAPÍTULO 7 Bienvenidos a mi comunidad	CAPÍTULO 8 La vida profesional
Vocabulary sections	Review of first semester	**1** Algunas tiendas y algunos lugares en la ciudad p. 290 **3** Algunos artículos en las tiendas p. 303	**1** Algunas profesiones p. 326 **3** Más profesiones p. 335 **5** Una entrevista p. 345 **7** El mundo de los negocios p. 351
Review grammar		• *Ser* y *estar* p. 291 • El presente progresivo p. 304	• Los adjetivos como sustantivos p. 327 • Los adjetivos demostrativos p. 346
Grammar sections		**2** El subjuntivo en cláusulas adverbiales (expresando tiempo, manera, lugar e intención) p. 295 **4** Los tiempos progresivos: el imperfecto con *andar, continuar, seguir, ir* y *venir* p. 307	**2** El futuro p. 330 **4** El condicional p. 338 **6** El futuro perfecto p. 348 **8** El condicional perfecto p. 354
Culture		**Notas culturales:** La ropa como símbolo cultural p. 298 **Perfiles:** Unos diseñadores y creadores p. 310 **Vistazo cultural:** Algunos lugares y productos en las ciudades de Chile y Paraguay p. 316	**Notas culturales:** La etiqueta del negocio hispano p. 341 **Perfiles:** El trabajo y los negocios p. 356 **Vistazo cultural:** Algunos negocios y profesiones en Argentina y Uruguay p. 362
Escucha		Un reportaje de televisión p. 301 **Estrategia:** Determining setting and purpose p. 301	Una conversación entre colegas p. 343 **Estrategia:** Repeating / paraphrasing what you hear p. 343
¡Conversemos!		**Estrategias comunicativas:** Conversing on the phone and expressing agreement (Part 1) p. 312	**Estrategias comunicativas:** Expressing good wishes, regret, comfort, or sympathy p. 358
Escribe		Un artículo de opinión p. 314 **Estrategia:** Using a dictionary p. 314	Una carta de solicitud p. 360 **Estrategia:** Greetings and closings in letters p. 360
Laberinto peligroso		**Lectura:** *¿Casualidades o conexiones?* p. 318 **Estrategia:** Identifying elements of texts: Tone and voice p. 318 **Video:** *¡Trazando rutas y conexiones!* p. 320	**Lectura:** *Complicaciones en el caso* p. 364 **Estrategia:** Checking comprehension and determining / adjusting reading rate p. 364 **Video:** *¿Estoy arrestado?* p. 366

SEMESTER

CAPÍTULO 9 La expresión artística	**CAPÍTULO 10** Un planeta para todos	**CAPÍTULO 11** Hay que cuidarnos	**CAPÍTULO 12** Y por fin, ¡lo sé!
1 El arte visual p. 372 3 La artesanía p. 381 4 La música y el teatro p. 386 7 El cine y la televisión p. 394	1 El medio ambiente p. 412 4 Algunos animales p. 425 6 Algunos términos geográficos p. 432	1 El cuerpo humano p. 454 4 La atención médica p. 465 6 Algunos síntomas, condiciones y enfermedades p. 472	**Reviewing strategies** p. 496
• Las comparaciones de igualdad y desigualdad p. 373 • El superlativo p. 388	• Las preposiciones y los pronombres preposicionales p. 413 • El uso del infinitivo después de las preposiciones p. 426	• Los verbos reflexivos p. 455 • Las expresiones afirmativas y negativas p. 466	**Comunicación** Recycling of **Capítulo 7** to **Capítulo 11** p. 498
2 Repaso del subjuntivo: El subjuntivo en cláusulas sustantivas, adjetivales y adverbiales p. 375 5 Cláusulas condicionales de *si* (Parte 1) p. 391	2 El imperfecto de subjuntivo p. 416 3 El pasado perfecto de subjuntivo p. 420 5 Cláusulas de *si* (Parte 2) p. 430 7 La secuencia de los tiempos verbales p. 435	2 *Se* impersonal p. 457 3 Las construcciones recíprocas: *nos* y *se* p. 460 5 El *se* inocente (*Se* for unplanned occurrences) p. 469 7 La voz pasiva p. 476	
Notas culturales: El Museo del Oro en Bogotá, Colombia p. 383 **Perfiles:** El arte como expresión personal p. 397 **Vistazo cultural:** El arte de Perú, Bolivia y Ecuador p. 402	**Notas culturales:** Amigos del Medio Ambiente p. 422 **Perfiles:** Algunas personas con una conciencia ambiental p. 438 **Vistazo cultural:** La naturaleza y la geografía de Colombia y Venezuela p. 444	**Notas culturales:** La medicina tradicional o alternativa p. 462 **Perfiles:** Algunas personas innovadoras en el campo de la medicina p. 481 **Vistazo cultural:** La medicina y la salud en Cuba, Puerto Rico y la República Dominicana p. 486	**Cultura**
Una conversación entre familia de un concierto p. 384 **Estrategia:** Making inferences from what you hear p. 384	Un comentario de radio p. 423 **Estrategia:** Listening in different contexts p. 423	Un informe de radio p. 463 **Estrategia:** Commenting on what you heard p. 463	
Estrategias comunicativas: Clarifying and using circumlocution p. 398	**Estrategias comunicativas:** Expressing agreement, disagreement, or surprise p. 440	**Estrategias comunicativas:** Pausing, suggesting an alternative, and expressing disbelief p. 482	
Un cuento corto p. 400 **Estrategia:** Introductions and conclusions in writing p. 400	Un ensayo convincente p. 442 **Estrategia:** More on linking sentences p. 442	Un guión de cortometraje p. 484 **Estrategia:** Determining audience and purpose p. 484	
Lectura: *Sola y preocupada* p. 404 **Estrategia:** Making inferences: Reading between the lines p. 404 **Video:** *Desaparecidos* p. 406	**Lectura:** *En peligro de extinción* p. 447 **Estrategia:** Identifying characteristics of different text types p. 446 **Video:** *¡Alto! ¡Tire el arma!* p. 448	**Lectura:** *¿Caso cerrado?* p. 489 **Estrategia:** Assessing a passage, responding, and giving an opinion p. 488 **Video:** *Atando cabos* p. 490	Recap of Episodios 7–11

Preface

Why ¡Anda! 2e?

We were pleased by the enthusiastic response to the first edition of *¡Anda! Curso intermedio*, and we are honored that so many schools have chosen to adopt it for use in their intermediate Spanish courses. The response confirmed that many schools needed a new kind of Spanish program.

We wrote *¡Anda! Curso intermedio* originally because Spanish instructors told us that their courses were changing. In survey after survey, in focus group after focus group, they said that they were finding it increasingly difficult to accomplish everything they wanted in their elementary and intermediate Spanish courses. They told us that contact hours were decreasing, that class sizes were increasing, and that more and more courses were being taught partially or totally online. They told us that their lives and their students' lives were busier than ever. And as a result, they told us, there simply wasn't enough time available to do everything they wanted to do. Some reported that they felt compelled to gallop through their text in order to cover all the grammar and vocabulary, omitting important cultural topics and limiting their students' opportunities to develop and practice communication skills. Others said that they had made the awkward choice to use a text designed for first-year Spanish over three or even four semesters. Many instructors were looking for new ways to address the challenges they and their students were facing. We created *¡Anda! Curso intermedio* to meet this need.

The challenges we heard about from all these Spanish instructors still exist today, and thus our goals and guiding principles for the second edition of the *¡Anda! Curso intermedio* program remain the same as they were in the first edition. Nevertheless we have made many changes in response to helpful suggestions from users of the earlier edition, and we have sought to make the program even more flexible than its predecessor and even more focused on students' and instructors' needs.

NEW to This Edition

Among the many changes we have made to the *¡Anda! Curso intermedio* program are the following:

- New *learning objectives* accompanying each *Vocabulario* and *Gramática* chunk make the learning goal of each chunk transparent to students.

- New *¿Cómo andas?* self-assessment boxes align directly to the chapter objectives and are numbered to match with its corresponding *Comunicación* section, helping students tie the objectives to learning outcomes.

- A new *chapter opening organizer* now includes references to the complete *¡Anda!* program, allowing for easier integration of supplements and resources.

- Revised headings and design for each *Comunicación* section, now labeled I and II, help students and instructors effectively navigate the parts of the chapter.

▶ *Repaso* **sections** are now available in MySpanishLab. Icons in the text guide students to these resources for more detailed information and practice in an interactive setting that allows for more personalized instruction.

▶ *New readings* in the *Letras* **Literary Reader** have been included in this edition, along with new pre-, during, and post-activities in order to acquaint students with new literary works.

▶ Many new **teacher annotations** have been added to provide additional guidance and options for instructors and to aid in lesson planning and implementation.

▶ New *21st Century Skills* teacher annotations help instructors develop students' language proficiency for use in real-life settings.

▶ Various custom versions of the text are now available. In addition to the *complete text, split volumes* are now available, each containing a single semester's worth of material.

The *¡Anda!* Story

The *¡Anda! Curso elemental* and *¡Anda! Curso intermedio* programs were developed to provide practical responses to the challenges today's Spanish instructors are facing. Its innovations center around three key areas:

1 Realistic goals with a realistic approach

2 Focus on student motivation

3 Tools to promote success

Realistic goals with a realistic approach

¡Anda! is the first college-level Spanish program conceived from the outset as a four-semester sequence of beginning and intermediate materials. The *¡Anda!* program is divided into two halves, *¡Anda! Curso elemental* for beginning students and *¡Anda! Curso intermedio* for intermediate students, each of which can be completed in one academic year.

Each volume's scope and sequence has been carefully designed, based on research and feedback from hundreds of instructors and users at a wide variety of institutions. The vocabulary in both *¡Anda! Curso elemental* and *¡Anda! Curso intermedio* is high frequency, and the number of new words is controlled. The grammar scope and sequence is the result of extensive research in which hundreds of Spanish instructors across the country responded. Well over 80% of the respondents agree with the placement of the grammar topics for both the beginning and intermediate courses. This careful planning and attention to chunking of material results in students having adequate time throughout the courses to focus on communication, culture, and skills development, and to master the vocabulary and grammar concepts to which they are introduced.

Each volume of *¡Anda!,* for both *Curso elemental* and *Curso intermedio,* has been structured to foster preparation, recycling, and review within the context of a multi-semester sequence of courses. The ten regular chapters are complemented by *two preliminary* chapters and *two recycling* chapters.

Capítulo Preliminar A	Capítulo Preliminar B
Capítulo 1	Capítulo 7
Capítulo 2	Capítulo 8
Capítulo 3	Capítulo 9
Capítulo 4	Capítulo 10
Capítulo 5	Capítulo 11
Capítulo 6 (recycling)	Capítulo 12 (recycling)

- In *¡Anda! Curso intermedio,* *Preliminary Chapter A* is a **review** of basic grammar structures that were presented in *¡Anda! Curso elemental* and is meant to jump-start your semester for those who are coming from a different school, or those who need a refresher, to get up to speed. Most students should be very familiar with the review material in this chapter.

- In *¡Anda! Curso intermedio,* *Preliminary Chapter B* is a **review** of Preliminary A through Chapter 5 and allows those who join the class midyear, or those who need a refresher, to get up to speed at the beginning of the second half of the book.

- *Chapters 1–5* and *7–11* are **regular** chapters.

- *Chapters 6* and *12* are **recycling** chapters. No new material is presented. Designed for in-class use, these chapters recycle and recombine previously presented vocabulary, grammar, and culture, giving students more time to practice communication without the burden of learning new grammar or vocabulary. Rubrics are provided in these chapters to assess student performance. They provide clear expectations for students as they review.

Each regular chapter of *¡Anda! Curso intermedio* provides a realistic approach for the achievement of realistic goals.

- New material is presented in manageable amounts, or **chunks,** allowing students to assimilate and practice without feeling overwhelmed.

- Each chapter contains a **realistic** number of new vocabulary words.

- Vocabulary and grammar explanations are interspersed, each **introduced at the point of need.**

- Grammar explanations are clear and concise, utilizing either deductive or inductive presentations, and include many supporting examples followed by practice activities. The inductive presentations, provide students with examples of a grammar concept. They then must formulate the rule(s) through the use of guiding questions. The inductive presentations are accompanied by a new *Explícalo tú* heading and an icon that directs them to Appendix 1, where answers to the questions in the presentations may be found.

- Practice begins with **mechanical** exercises, for which there are correct answers, progresses through more **meaningful,** structured activities in which the student is guided, but has some flexibility in determining the appropriate response, and ends with **communicative** activities in which students are manipulating language to create personalized responses.

Focus on student motivation

The many innovative features of *¡Anda! Curso intermedio* that have made it such a successful program continue in the second edition to help instructors generate and sustain interest on the part of their students, whether they be of traditional college age or adult learners:

- Chapters are organized around themes that reflect **student interests** and tap into students' **real-life experiences.**

- Basic **vocabulary** has been selected and tested throughout the textbook's development for relevance and support, while additional words and phrases are offered so that **students can personalize** their responses and acquire the vocabulary that is most meaningful to them. Vocabulary from beginning Spanish is also available in Appendix 2, so that students may recycle/review words they learned in their elementary Spanish course.

- Activities have been designed to foster active participation by students. The focus throughout is on giving students opportunities to speak and on allowing instructors to **increase the amount of student "talk time"** in each class period. The majority of activities **elicit students' ideas and opinions,** engaging them to respond to each other on a variety of levels. Abundant pair and group activities encourage students to learn from and support each other, creating a comfortable arena for language learning.

- **All of the material** for which students entering this class would be responsible is provided, including elementary grammar and vocabulary Appendices that give students a ready reference for what they learned during first-year Spanish.

- Each activity is designed to begin with **what the student already knows.**

- A **high-interest mystery story,** *Laberinto peligroso,* runs through each chapter. Two episodes are presented in each regular chapter, one as the chapter's reading selection (in the *Lectura* section), the other in a corresponding video segment (in the *Video* section).

- Both **"high" and "popular" culture** are woven throughout the chapters to enable students to learn to recognize and appreciate cultural diversity as they explore behaviors and values of the Spanish-speaking world. They are encouraged to think critically about these cultural practices and gifts to society.

Tools to promote success

The *¡Anda! Curso intermedio* program includes many unique features and components designed to help students succeed at language learning and their instructors at language teaching.

Student learning support

- Explicit, systematic **recycling boxes with page references** help students link current learning to previously studied material in earlier chapters or sections of *¡Anda! Curso intermedio.* Recycling boxes with page references to elementary vocabulary and grammar direct the student to *¡Anda! Curso elemental* or to an appendix in *¡Anda! Curso intermedio* where this material is repeated for those who used a different elementary program.

- Integrated-process strategies—Listening (*Escucha*), Reading (*Lectura*), Writing (*Escribe*), and Speaking (*¡Conversemos!*)—help students process the concepts and become self-sufficient learners.

- **Periodic review and self-assessment** boxes (*¿Cómo andas? I*) and (*¿Cómo andas? II*) help students gauge their understanding and retention of the material presented. A final assessment in each chapter (*Y por fin, ¿cómo andas?*) offers a comprehensive review. **Scoring rubrics** are also available in *Chapter 6* and *Chapter 12* to assist both students and instructors with assessment.

- **Student notes** provide additional explanations and guidance in the learning process. Some of these contain cross-references to other student supplements. Others offer learning strategies (*Estrategia*) and additional information (*Fíjate*).

- **MySpanishLab** offers students a wealth of online resources and a supportive environment for completing homework assignments. When enabled by the instructor, a "Need Help" box appears as students are doing online homework activities, providing links to English and Spanish grammar tutorials, e-book sections, and additional practice activities—all directly relevant to the task at hand. Hints, verb charts, a glossary, and many other resources are available as well.

- A **Workbooklet,** available separately, allows student to complete the activities that involve writing without having to write in their copies of the textbook.

Instructor teaching support

One of the most important keys to student success is instructor success. The *¡Anda! Curso intermedio* program has all of the support that you have come to expect and, based on our research, it offers many other enhancements.

- The **Annotated Instructor's Edition** of *¡Anda! Curso intermedio* offers a wealth of materials designed to help instructors teach effectively and efficiently. Strategically placed annotations explain the text's methodology and function as **a built-in course in language teaching methods.**

- **Estimated time indicators** for presentational materials and practice activities help instructors create lesson plans.

- Other annotations provide additional activities and suggested answers.

- **The annotations are color-coded** and labelled for ready reference and ease of use.

- A treasure trove of supplemental activities, available for download in the **Extra Activities** folder in MySpanishLab, allows instructors to choose additional materials for in-class use.

Teacher Annotations

The teacher annotations in the *¡Anda! Curso intermedio* program fall into several categories:

- **Methodology:** A deep and broad set of methods notes designed not only for the novice instructor but also for experienced instructors. The notes serve as either an induction into teaching or as an excellent refresher.

- **Section Goals:** Set of student objectives for each section.

- **National Standards:** Information containing the correlation between each section with the National Standards as well as tips for increasing student performance.

- **21st Century Skills:** Interpreting the new Partnership for the 21st Century skills and the National Standards. These skills enumerate what is necessary for successful 21st century citizens.

- **Planning Ahead:** Suggestions for instructors included in the Chapter openers to help prepare materials in advance for certain activities in the chapter. Also provided is information regarding which activities to assign to students prior to them coming to class.

- **Warm-up:** Suggestions for setting up an activity or how to activate students' prior knowledge relating to the task at hand.

- **Suggestion:** Teaching tips that provide ideas that will help with the implementation of activities and sections.

- **Note:** Additional information for instructors regarding specific activities as well as background knowledge instructors may wish to share with students.

- **Expansion:** Ideas for variations of a topic that may serve as wrap-up activities.

- **Follow-up:** Suggestions to aid instructors in assessing student comprehension.

- **Additional Activity:** Independent activities related to the ones in the text that provide further practice.

- **Alternate Activity:** Variations of activities provided to suit each individual classroom and preference.

- **Heritage Language Learners:** Suggestions for the heritage language learners in the classroom that provide alternatives and expansions for sections and activities based on prior knowledge and skills.

- **Recap of *Laberinto peligroso*:** A synopsis of the both the *Lectura* and *Video* sections for each episode of *Laberinto peligroso*.

Other Teacher Annotations

There are several other annotations that offer ease in lesson preparation and instructional delivery.

- **Audioscript:** Instructors are guided to the *Instructor's Resource Manual* for the complete scripts of the *Escucha* sections.

- **Writing sample for *Escribe* section:** These teacher notes provide a sample of what students should be writing in each *Escribe* section. These samples are included for reference and assessment purposes.

The authors' approach

Learning a language is an exciting, enriching, and sometimes life-changing experience. The development of the *¡Anda! Curso intermedio* program, and now its second edition, is the result of many years of teaching and research that guided the authors independently to make important discoveries about language learning, the most important of which center on the student. Empirically research-based and pedagogically sound, *¡Anda! Curso intermedio* is also the product of extensive information gathered firsthand from numerous focus group sessions with students, graduate instructors, adjunct faculty, full-time professors, and administrators in an effort to determine the learning and instructional needs of each of these groups.

The Importance of the National Foreign Language Standards in *¡Anda!*

The *¡Anda! Curso intermedio* program continues to be based on the *National Foreign Language Standards*. The five organizing principles (the 5 Cs) of the Standards for language teaching and learning are at the core of *¡Anda! Curso intermedio:* **Communication, Cultures, Connections, Comparisons,** and **Communities.** Each chapter opener identifies for the instructor where and in what capacity each of the 5 Cs are addressed. The **Weave of Curricular Elements** of the *National Foreign Language Standards* provides additional organizational structure for *¡Anda! Curso intermedio*. The components of the **Curricular Weave** are: **Language System, Cultural Knowledge, Communication Strategies, Critical Thinking Skills, Learning Strategies, Other Subject Areas,** and **Technology.** Each of the Curricular Weave elements is omnipresent and, like the 5 Cs, permeates all aspects of each chapter of *¡Anda! Curso intermedio*.

- The *Language System*, which is comprised of components such as grammar, vocabulary, and phonetics, is at the heart of each chapter.

- The *Comunicación* sections of each chapter present vocabulary and grammar at the point of need and maximum usage. Streamlined presentations are utilized that allow the learner to be immediately successful in employing the new concepts.

- *Cultural Knowledge* is approached thematically, making use of the chapter's vocabulary and grammar. Many of the grammar and vocabulary activities are presented in a cultural context. A cultural context organizes the two-page chapter openers and always starts with what the students already know about the cultural theme / concept from their home, local, regional, or national cultural perspective. The *Notas culturales, Perfiles,* and *Vistazo cultural* sections provide rich cultural information about each Hispanic country as well as notable Hispanics.

- For *¡Anda! Curso intermedio,* the authors have created the *Letras* Literary Supplemental Reader, which gives instructors the option of including authentic literature in their Intermediate course. The readings correspond to the chapter themes and include short stories, poems, plays, and novel excerpts written by writers from various parts of the Spanish-speaking world, including the United States. All readings are accompanied by process-oriented activities and strategies that focus on literary terminology to ensure that students are reading as effectively as possible.

- *Communication and Learning Strategies* are abundant with tips for both students and instructors on how to maximize studying and in-class learning of Spanish, as well as how to utilize the language outside of the classroom. *¡Anda! Curso intermedio* moves students to higher levels of speaking proficiency by adding detailed conversational strategies in *¡Conversemos!* These strategies guide not only the current chapter but are also presented in progression to allow students to use them in future chapters. *¡Conversemos!* focuses on language functions, helping students put the language to use in a natural, conversational way.

- *Critical Thinking Skills* take center stage in *¡Anda! Curso intermedio*. Questions throughout the chapters, in particular tied to the cultural presentations, provide students with opportunities to answer more than discrete-point questions. The answers students are able to provide do indeed require higher-order thinking, but at a linguistic level completely appropriate for beginning language learner.

- With regard to *Other Subject Areas, ¡Anda! Curso intermedio* diligently incorporates **Connections** to other disciplines via vocabulary, discussion topics, and suggested activities. This edition also highlights a **Communities** section, which includes experiential and service learning activities in the Student Activities Manual.

■ Finally, *Technology* is taken to an entirely new level with **MySpanishLab** and the *Laberinto peligroso* DVD. The authors and Pearson Education believe that technology is a means to the end, not the end in and of itself, and so the focus is not on the technology *per se*, but on how that technology can deliver great content in better, more efficient, more interactive, and more meaningful ways.

By embracing the *National Foreign Language Standards* and as a result of decades of experience teaching Spanish, the authors believe that:

■ A **student-centered classroom** is the best learning environment.

■ Instruction must **begin where the learner is**, and all students come to the learning experience with prior knowledge that needs to be tapped.

■ All students can learn in a **supportive environment** where they are encouraged to take risks when learning another language.

■ **Critical thinking** is an important skill that must constantly be encouraged, practiced, and nurtured.

■ **Learners** need to **make connections** with other disciplines in the Spanish classroom.

With these beliefs in mind, the authors have developed hundreds of creative and meaningful language-learning activities for the text and supporting components that employ students' imagination and engage the senses. For both students and instructors, they have created an instructional program that is **manageable, motivating,** and **clear.**

The complete program

¡Anda! Curso intermedio is a complete teaching and learning program that includes a variety of resources for students and instructors, including an innovative offering of online resources.

For the student

Text
The *¡Anda! Curso intermedio* student text is available as a complete version, consisting of two preliminary chapters and twelve regular chapters. Also available is Volume 1, consisting of Preliminary A and Chapters 1 through 6. Other custom options are available to meet the needs of students and their instructors.

Student Activities Manual
The printed Student Activities Manual is available both in a complete version and in a separate volume corresponding to Volume 1 of the student text. The contents of the Student Activities Manual are also available online.

Answer Key to Accompany Student Activities Manual
An Answer Key to the Student Activities Manual is available separately, giving instructors the option of allowing students to check their own homework. The Answer Key includes answers to all Student Activities Manual activities.

Letras Supplemental Literary Reader

Letras is a supplemental literary reader with selections corresponding to the chapter themes. This reader covers different genres, authors, and styles. Pre-, during and post-activities accompany the selections.

Workbooklet

Also available is a Workbooklet that allows students to complete writing activities without having to write in their copies of the textbook.

Audio CDs to Accompany Text

A set of audio CDs contains recordings of the vocabulary, the *Escucha* section recordings, and recordings for the *Lectura* section of each episode of *Laberinto peligroso*. Also recorded are the *Notas culturales*, *Perfiles*, and *Vistazo cultural* sections. Finally, the set also contains audio material for the listening activities in the *¡Conversemos!* section of the student text. These recordings are also available online.

Audio CDs to Accompany Student Activities Manual

A second set of audio CDs contains audio material for the listening activities in the *Student Activities Manual*. These recordings are also available online.

Video on DVD

The entire *Laberinto peligroso* video is available on DVD. Also available is the award-winning *Vistas culturales* video, which contains nineteen 10-minute vignettes with footage from every Spanish-speaking country. Each of the accompanying narrations, which employ vocabulary and grammar designed for Spanish language learners, was written by a native of the featured country or region. All the video materials are also available online.

For the instructor

Annotated Instructor's Edition

The *Annotated Instructor's Edition* offers a wealth of materials designed to help instructors teach effectively and efficiently.

- Strategically placed annotations explain the text's methodology and function as a built-in course in language teaching methods.

- Estimated time indicators for presentational materials and practice activities help instructors create lesson plans.

- Other annotations provide additional information, activities, and suggested answers.

- The annotations are color-coded and labelled for ready reference and ease of use.

Instructor's Resource Manual

The Instructor's Resource Manual contains complete lesson plans for all chapters as well as helpful suggestions for new instructors and those who are unfamiliar with the U.S. educational system. It also provides videoscripts for all episodes of the *Laberinto peligroso* video, and audioscripts for listening activities in the Student Activities Manual. The Instructor's Resource Manual is available to instructors online at the *¡Anda! Curso intermedio* Instructor Resource Center.

Testing Program

The Testing Program is closely coordinated with the vocabulary, grammar, culture, and skills material presented in the student text. For each chapter of the text, a bank of testing activities is provided in modular form; instructors can select and combine modules to create customized tests tailored to the needs of their own classes. Two complete, ready-to-use tests are also provided for each chapter. The tests and testing modules are available to instructors online at the *¡Anda! Curso intermedio* Instructor Resource Center.

Testing Audio CDs

A special set of audio CDs, available to instructors only, contains recordings corresponding to the listening comprehension portions of the Testing Program.

Extra Activities

Supplemental in-class activities corresponding to the themes, grammar, and vocabulary taught in each chapter are available online for instructors to use with their class.

Grammar PowerPoints

Each grammar point of *¡Anda! Curso intermedio* is accompanied by a PowerPoint grammar presentation for use in or out of class.

Instructor Resource Center

Several of the supplements listed above—the Instructor's Resource Manual, the Testing Program, Extra Activities, and the Workbooklet—are available for download at the access-protected *¡Anda! Curso intermedio* Instructor Resource Center (www.pearsonhighered.com). An access code will be provided at no charge to instructors once their faculty status has been verified.

Online resources

MySpanishLab

MySpanishLab is an innovative, nationally hosted online learning system created specifically for students in college-level language courses. It brings together—in one convenient, easily navigable site—a wide array of language-learning tools and resources, including an interactive version of the *¡Anda! Curso intermedio* Student Activities Manual, an electronic version of the *¡Anda! Curso intermedio* student text, and all materials from the *¡Anda! Curso intermedio* audio and video programs. Readiness checks, chapter tests, and tutorials personalize instruction to meet the unique needs of individual students. Instructors can use the system to make assignments, set grading parameters, listen to student-created audio recordings, and provide feedback on student work. Instructor access is provided at no charge. Students can purchase access codes online or at their local bookstores.

Companion Website

The open-access Companion Website includes an array of activities and resources designed to reinforce the vocabulary, grammar, and cultural material introduced in each chapter. It also provides audio recordings for the student text and Student Activities Manual, links for Internet-based activities in the student text, and additional web exploration activities for each chapter. All contents of the Companion Website are also included in MySpanishLab.

The Authors

Audrey Heining-Boynton

Audrey Heining-Boynton received her Ph.D. from Michigan State University and her M.A. from The Ohio State University. Her career spans K–12 through graduate school teaching, most recently as Professor of Education and Spanish at The University of North Carolina at Chapel Hill. She has won many teaching awards, including the prestigious ACTFL Anthony Papalia Award for Excellence in Teacher Education, the Foreign Language Association of North Carolina (FLANC) Teacher of the Year Award, and the UNC ACCESS Award for Excellence in Working with LD and ADHD students. Dr. Heining-Boynton is a frequent presenter at national and international conferences, has published more than one hundred articles, curricula, textbooks, and manuals, and has won nearly $4 million in grants to help create language programs in North and South Carolina. Dr. Heining-Boynton has also held many important positions: President of the American Council on the Teaching of Foreign Languages (ACTFL), President of the National Network for Early Language Learning, Vice President of Michigan Foreign Language Association, board member of the Foreign Language Association of North Carolina, committee chair for Foreign Language in the Elementary School for the American Association of Teachers of Spanish and Portuguese, and elected Executive Council member of ACTFL. She is also an appointed two-term *Foreign Language Annals* Editorial Board member and guest editor of the publication.

Jean LeLoup

Jean LeLoup is Professor Emerita of Spanish at the State University of New York (SUNY) College at Cortland. She holds a Ph.D. in Foreign Language Education and an M.A. in Spanish Literature from The Ohio State University, as well as an M.S.Ed. in Counseling from the University of Missouri–St. Louis. For many years, she taught Spanish and was a guidance counselor at the secondary level in the St. Louis, Missouri, area. Dr. LeLoup is the co-founder/moderator of the Foreign Language Teaching Forum (FLTEACH) listserv, and presents and publishes on the integration of culture and the use of technology in foreign language instruction. Dr. LeLoup has won many professional awards, including the ACTFL/FDP-Houghton Mifflin Award for Excellence in Foreign Language Instruction Using Technology with IALL, the SUNY Chancellor's Awards for Excellence in Teaching and for Faculty Service, and several awards from the New York State Association of Foreign Language Teachers for outstanding publications and service to the profession. She has been a Fulbright Fellow and has also been program director of two grants from the National Endowment for the Humanities. She presently teaches Spanish at the United States Air Force Academy (USAFA), where she was named Outstanding Academy Educator in 2010 and received the 2011 USAFA Award for Innovative Excellence in Teaching, Learning, and Technology.

Glynis Cowell

Glynis Cowell is the Director of the Spanish Language Program in the Department of Romance Languages and Literatures and an Assistant Dean in the Academic Advising Program at The University of North Carolina at Chapel Hill. She has taught first-year seminars, honors courses, and numerous face-to-face and hybrid Spanish language courses. She also team-teaches a graduate course on the theories and techniques of teaching foreign languages. Dr. Cowell received her M.A. in Spanish Literature and her Ph.D. in Curriculum and Instruction, with a concentration in Foreign Language Education, from The University of North Carolina at Chapel Hill. Prior to joining the faculty at UNC-CH in August 1994, she coordinated the Spanish Language Program in the Department of Romance Studies at Duke University. She has also taught Spanish at both the high school and community college levels. At UNC-CH she has received the Students' Award for Excellence in Undergraduate Teaching as well as the Graduate Student Mentor Award for the Department of Romance Languages and Literatures.

Dr. Cowell has directed teacher workshops on Spanish language and cultures and has presented papers and written articles on the teaching of language and literature, the transition to blended and online courses in language teaching, and teaching across the curriculum. She is the co-author of two other college textbooks.

Faculty Reviewers

Silvia P. Albanese, *Nassau Community College*
Ángeles Aller, *Whitworth University*
Nuria Alonso García, *Providence College*
Carlos Amaya, *Eastern Illinois University*
Tyler Anderson, *Colorado Mesa University*
Aleta Anderson, *Grand Rapids Community College*
Ines Anido, *Houston Baptist University*
Inés Arribas, *Bryn Mawr College*
Tim Altanero, *Austin Community College*
Bárbara Ávila-Shah, *University at Buffalo*
Ann Baker, *University of Evansville*
Ashlee Balena, *University of North Carolina–Wilmington*
Amy R. Barber, *Grove City College*
Mark Bates, *Simpson College*
Charla Bennaji, *New College of Florida*
Georgia Betcher, *Fayetteville Technical Community College*
Christine Blackshaw, *Mount Saint Mary's University*
Marie Blair, *University of Nebraska*
Kristy Britt, *University of South Alabama*
Isabel Zakrzewski Brown, *University of South Alabama*
Eduardo Cabrera, *Millikin University*
Majel Campbell, *Pikes Peak Community College*
Paul Cankar, *Austin Community College*
Monica Cantero, *Drew University*
Aurora Castillo, *Georgia College and State University*
Tulio Cedillo, *Lynchburg College*
Kerry Chermel, *Northern Illinois University*
Carrie Clay, *Anderson University*
Alyce Cook, *Columbus State University*
Jorge H. Cubillos, *University of Delaware*
Shay Culbertson, *Jefferson State Community College*
Cathleen G. Cuppett, *Coker College*
Addison Dalton, *Virginia Tech*
John B. Davis, *Indiana University, South Bend*
Laura Dennis, *University of the Cumberlands*
Lisa DeWaard, *Clemson University*
Sister Carmen Marie Diaz, *Silver Lake College of the Holy Family*
Joanna Dieckman, *Belhaven University*
Donna Donnelly, *Ohio Wesleyan University*
Kim Dorsey, *Howard College*
Mark A. Dowell, *Randolph Community College*
Dina A. Fabery, *University of Central Florida*
Jenny Faile, *University of South Alabama*
Juliet Falce-Robinson, *University of California, Los Angeles*
Mary Fatora-Tumbaga, *Kauai Community College*

Ronna Feit, *Nassau Community College*
Irene Fernandez, *North Shore Community College*
Erin Fernández Mommer, *Green River Community College*
Rocío Fuentes, *Clark University*
Judith Garcia-Quismondo, *Seton Hill University*
Elaine Gerber, *University of Michigan at Dearborn*
Andrea Giddens, *Salt Lake Community College*
Amy Ginck, *Messiah College*
Kenneth Gordon, *Winthrop University*
Agnieszka Gutthy, *Southeastern Louisiana University*
Shannon Hahn, *Durham Technical Community College*
Nancy Hanway, *Gustavus Adolphus College*
Sarah Harmon, *Cañada College*
Marilyn Harper, *Pellissippi State Community College*
Mark Harpring, *University of Puget Sound*
Dan Hickman, *Maryville College*
Amarilis Hidalgo de Jesus, *Bloomsburg University*
Charles Holloway, *University of Louisiana Monroe*
Anneliese Horst Foerster, *Queens University of Charlotte*
Laura Hortal, *Forsyth Technical Community College*
John Incledon, *Albright College*
William Jensen, *Snow College*
Qiu Y. Jimenez, *Bakersfield College*
Roberto Jiménez, *Western Kentucky University (Glasgow Regional Center)*
Valerie Job, *South Plains College*
Michael Jones, *Schenectady County Community College*
Dallas Jurisevic, *Metropolitan Community College*
Hilda M. Kachmar, *St. Catherine University*
Amos Kasperek, *University of Oklahoma*
Melissa Katz, *Albright College*
Lydia Gil Keff, *University of Denver*
Mary Kindberg, *Wingate University*
Nieves Knapp, *Brigham Young University*
Melissa Knosp, *Johnson C. Smith University*
Pedro Koo, *Missouri State University*
Allison D. Krogstad, *Central College*
Courtney Lanute, *Edison State College*
Rafael Lara-Martinez, *New Mexico Institute of Mining and Technology*
John Lance Lee, *Durham Technical Community College*
Roxana Levin, *St. Petersburg College: Tarpon Springs Campus*
Penny Lovett, *Wake Technical Community College*
Paula Luteran, *Hutchinson Community College*
Katie MacLean, *Kalamazoo College*
Eder F. Maestre, *Western Kentucky University*
William Maisch, *University of North Carolina, Chapel Hill*
H.J. Manzari, *Washington and Jefferson College*

Lynne Flora Margolies, *Manchester College*
Anne Mattrella, *Naugatuck Valley Community College*
Maria R. Matz, *University of Massachusetts, Lowell*
Sandra Delgado Merrill, *University of Central Missouri*
Lisa Mershcel, *Duke University*
Geoff Mitchell, *Maryville College*
Charles H Molano, *Lehigh Carbon Community College*
Javier Morin, *Del Mar College*
Noemi Esther Morriberon, *Chicago State University*
Gustavo Obeso, *Western Kentucky University*
Elizabeth Olvera, *University of Texas at San Antonio*
Michelle Orecchio, *University of Michigan*
Martha T. Oregel, *University of San Diego*
Cristina Pardo-Ballister, *Iowa State University*
Edward Anthony Pasko, *Purdue University, Calumet*
Joyce Pauley, *Moberly Area Community College*
Gilberto A. Pérez, *Cal Baptist University Western Kentucky*
Inma Pertusa, *Western Kentucky University*
Beth Pollack, *New Mexico State University*
Silvia T. Pulido, *Brevard Community College*
JoAnne B. Pumariega, *Pennsylvania State Berks*
Lynn C. Purkey, *University of Tennessee at Chattanooga*
Aida Ramos-Sellman, *Goucher College*
Alice S. Reyes, *Marywood University*
Rita Ricaurte, *Nebraska Wesleyan University*
Geoffrey Ridley Barlow, *Purdue University, Calumet*
Daniel Robins, *Cabrillo College*
Sharon D. Robinson, *Lynchburg College*
Ibis Rodriguez, *Metropolitan University, SUAGM*
David Diego Rodríguez, *University of Illinois, Chicago*
Mileta Roe, *Bard College at Simon's Rock*
Donna Boston Ross, *Catawba Valley Community College*
Marc Roth, *St. John's University*
Kristin Routt, *Eastern Illinois University*
Christian Rubio, *University of Louisiana at Monroe*
Claudia Sahagún, *Broward College*
Adán Salinas, *Southwestern Illinois College*
Ruth Sánchez Imizcoz, *The University of the South*
Love Sánchez-Suárez, *York Technical College*
Gabriela Segal, *Arcadia University*
Diana Semmes, *University of Mississippi*
Michele Shaul, *Queens University of Charlotte*
Steve Sheppard, *University of North Texas, Denton*
Roger K. Simpson, *Clemson University*
Carter Smith, *University of Wisconsin–Eau Claire*
Nancy Smith, *Allegheny College*
Ruth Smith, *University of Louisiana at Monroe*
Margaret L. Snyder, *Moravian College*
Clara Sotelo, *University of Florida*
Wayne Steely, *Saint Joseph's College*
Irena Stefanova, *Santa Clara University*
Benay Stein, *Northwestern University*

Gwen H. Stickney, *North Dakota State University*
Belkis Suárez, *Mount Mercy University*
Erika M. Sutherland, *Muhlenberg College*
Carla A. Swygert, *University of South Carolina*
Sarah Tahtinen-Pacheco, *Bethel University*
Luz Consuelo Triana-Echeverria, *St. Cloud State University*
Cynthia Trocchio, *Kent State University*
Elaini Tsoukatos, *Mount St. Mary's University*
Robert Turner, *Shorter University*
Ivelisse Urbán, *Tarleton State University*
Maria Vallieres, *Villanova University*
Sharon Van Houte, *Lorain County Community College*
Yertty VanderMolen, *Luther College*
Kristi Velleman, *American University*
Gayle Vierma, *University of Southern California*
Phoebe Vitharana, *Le Moyne College*
Richard L.W. Wallace, *Crowder College*
Martha L. Wallen, *University of Wisconsin–Stout*
Mary H. West, *Des Moines Area Community College*
Michelangelo Zapata, *Western Kentucky University*
Theresa Zmurkewycz, *Saint Joseph's University*

Faculty Focus Groups

Stephanie Aaron, *University of Central Florida*
María J. Barbosa, *University of Central Florida*
Ileana Bougeois-Serrano, *Valencia Community College*
Samira Chater, *Valencia Community College*
Natalie Cifuentes, *Valencia Community College*
Ana Ma. Diaz, *University of Florida*
Aida E. Diaz, *Valencia Community College*
Dina A. Fabery, *University of Central Florida*
Ana J. Caldero Figueroa, *Valencia Community College*
Pilar Florenz, *University of Central Florida*
Stephanie Gates, *University of Florida*
Antonio Gil, *University of Florida*
José I. González, *University of Central Florida*
Victor Jordan, *University of Florida*
Alice A. Korosy, *University of Central Florida*
Joseph Menig, *Valencia Community College*
Odyscea Moghimi-Kon, *University of Florida*
Kathryn Dwyer Navajas, *University of Florida*
Julie Pomerleau, *University of Central Florida*
Anne Prucha, *University of Central Florida*
Lester E. Sandres Rápalo, *Valencia Community College*
Arcadio Rivera, *University of Central Florida*
Elizabeth Z. Solis, *University of Central Florida*
Dania Varela, *University of Central Florida*
Helena Veenstra, *Valencia Community College*
Hilaurmé Velez-Soto, *University of Central Florida*
Roberto E. Weiss, *University of Florida*
Robert Williams, *University of Central Florida*
Sara Zahler, *University of Florida*

Acknowledgments

The second edition of *¡Anda! Curso intermedio* is the result of careful planning between ourselves and our publisher and ongoing collaboration with students and you, our colleagues. We look forward to continuing this dialogue and sincerely appreciate your input. We owe special thanks to the many members of the Spanish-teaching community whose comments and suggestions helped shape the pages of every chapter—you will see yourselves everywhere. We gratefully acknowledge the reviewers for this second edition, and we thank in particular our *¡Anda! Advisory Board* for their invaluable support, input, and feedback. The Board members are:

Megan Echevarría, *University of Rhode Island*

Luz Font, *Florida State College at Jacksonville*

Yolanda Gonzalez, *Valenica College*

Linda Keown, *University of Missouri*

Jeff Longwell, *New Mexico State University*

Gillian Lord, *University of Florida*

Dawn Meissner, *Anne Arundel Community College*

María Monica Montalvo, *University of Central Florida*

Markus Muller, *Long Beach State University*

Joan Turner, *University of Arkansas–Fayetteville*

Donny Vigil, *University of North Texas, Denton*

Iñigo Yanguas, *San Diego State University*

Special thanks go to Esther Castro for her important input and support. We are also grateful to those who have collaborated with us in the writing of *¡Anda!*

We owe many thanks to Megan Echevarría for her superb work on the Student Activities Manual and *Letras*. We also owe great thanks to Donny Vigil for his authoring of the Testing Program as well as Anastacia Kohl for her important testing program authoring contributions.

Equally important are the contributions of the highly talented individuals at Pearson Education. We wish to express our gratitude and deep appreciation to the many people at Pearson who contributed their ideas, tireless efforts, and publishing experience to this second edition of *¡Anda! Curso intermedio*. First, we thank Phil Miller, Publisher, and Julia Caballero, Executive Editor, whose support and guidance have been essential. We are indebted to Janet García-Levitas, Development Editor, for all of her hard work, suggestions, attention to detail, and dedication to the programs. We have also been fortunate to have Celia Meana, Development Coordinator, bring her special talents to the project, helping to create the outstanding final product. We would also like to thank Bob Hemmer and Samantha Alducin for all of the hard work on the integration of technology for the *¡Anda!* program with MySpanishLab.

Our thanks to Meriel Martínez, Development Editor, for her efficient and meticulous work in managing the preparation of the Student Activities Manual and the Testing Program. Thanks to Samantha Pritchard and Jessica Finaldi, Editorial Assistants, for attending to many administrative details.

Our thanks also go to Denise Miller, Senior Marketing Manager, for her strong support of *¡Anda!*, creating and coordinating all marketing and promotion for this second edition. Many thanks are also due to Nancy Stevenson, Senior Production Editor, who guided *¡Anda!* through the many stages of production, and to our Art Manager, Gail Cocker. We continue to be indebted to Andrew Lange for the amazing illustrations that translate our vision.

We would like to sincerely thank Mary Rottino, Senior Managing Editor, for her unwavering support and commitment to *¡Anda!* and Janice Stangel, Associate Managing Editor, for her support and commitment to the success of *¡Anda!* We also thank our colleagues and students from across the country who inspire us and from whom we learn.

And finally, our love and deepest appreciation to our families for all of their support during this journey: David; Jeffrey; John, Jack, Kate, and Papa Paul.

Audrey L. Heining-Boynton

Jean W. LeLoup

Glynis S. Cowell

Para empezar

You are about to continue your exciting journey of acquiring the Spanish language and learning more about Hispanic cultures. Learning a language is a skill much like learning to ski or to play a musical instrument. Developing these skills takes practice and commitment.

Learning another language involves many steps and considerations. Research indicates that successful language learners are willing to take risks and experiment with the language. To acquire a high level of Spanish proficiency, you need to keep trying and to risk making mistakes, knowing that practice will garner results.

Why are **you** studying Spanish? Many of you realize the importance of being able to communicate in languages in addition to English. *¡Anda! Curso intermedio* will guide you through a review of basic concepts and provide you with the additional key essentials for becoming a successful Spanish language learner. Our goal is the same as yours: to prepare you to use and to enjoy Spanish throughout your adulthood in your professional and personal lives.

PREGUNTAS

1 How might Spanish play a role in your future?

2 What are your goals for this course?

3 What do you need to do to realize your goals?

Comunicación

Estrategia

Each of you comes to this course with a variety of different Spanish learning experiences. This preliminary chapter is designed to provide you with a quick review of a few basic Spanish grammar concepts. If you need additional practice, go to MySpanishLab.

REPASO

Spanish Tutorial   A-01 to A-02

1. El masculino y el femenino
Identifying masculine and feminine nouns

You will remember that in Spanish, all nouns (people, places, things, and ideas) have gender; they are either **masculine** or **feminine.** Review the following rules, and remember that if a noun does not belong to any of the following categories, you must memorize the gender as you learn that noun.

1. Most words ending in **-a** are feminine.

   la palabra, la computadora, la casa, la pintura

   *Some exceptions: **el día, el mapa,** and words of Greek origin ending in **-ma** such as **el problema, el programa,** and **el drama**

2. Most words ending in **-o** are masculine.

   el libro, el número, el párrafo, el hermano

   *Some exceptions: **la foto** (*photo*), **la mano** (*hand*), **la moto** (*motorcycle*)

Fíjate

La foto and *la moto* are shortened forms for *la fotografía* and *la motocicleta.*

3. Words ending in **-ción** (equivalent to the English *-tion*) and **-sión** (equivalent to the English *-sion*) are feminine.

   la televisión, la discusión, la información, la lección

4. Words ending in **-dad** or **-tad** (equivalent to the English *-ty*) are feminine.

   la ciudad, la libertad, la universidad, la comunidad

El abuelo y las tías

A-1   ¿Recuerdas? Túrnense para indicar si las siguientes palabras son masculinas **(M)** o femeninas **(F)**. ¡OJO! Hay algunas excepciones. Túrnense (*Take turns*). ■

Fíjate

Words that look alike and have the same meanings in both English and Spanish, such as *la identidad* and *el diccionario,* are known as *cognates.* Use cognates to help you decipher meaning and to form words.

1. _____ recepción
2. _____ drama
3. _____ identidad
4. _____ año
5. _____ manzana

6. _____ diccionario
7. _____ tía
8. _____ brazo
9. _____ mano
10. _____ sistema

11. _____ nacionalidad
12. _____ avión
13. _____ bolso
14. _____ blusa
15. _____ senadora

Estrategia

Make educated guesses about the meanings of unknown words, and you will be a more successful Spanish learner!

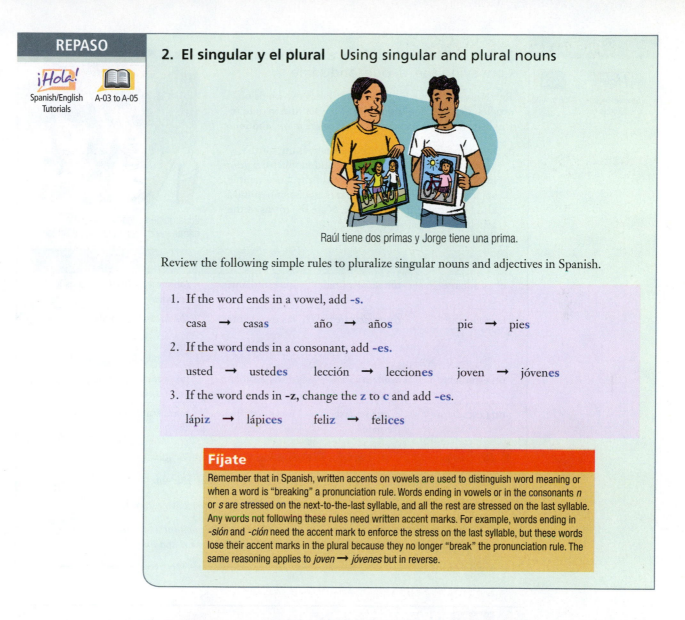

REPASO

¡Hola!
Spanish/English
Tutorials

A-03 to A-05

2. El singular y el plural   Using singular and plural nouns

Raúl tiene dos primas y Jorge tiene una prima.

Review the following simple rules to pluralize singular nouns and adjectives in Spanish.

1. If the word ends in a vowel, add **-s.**

   casa → casa**s**   año → año**s**   pie → pie**s**

2. If the word ends in a consonant, add **-es.**

   usted → usted**es**   lección → leccion**es**   joven → jóven**es**

3. If the word ends in **-z,** change the **z** to **c** and add **-es.**

   lápi**z** → lápi**ces**   feli**z** → feli**ces**

Fíjate

Remember that in Spanish, written accents on vowels are used to distinguish word meaning or when a word is "breaking" a pronunciation rule. Words ending in vowels or in the consonants *n* or *s* are stressed on the next-to-the-last syllable, and all the rest are stressed on the last syllable. Any words not following these rules need written accent marks. For example, words ending in *-sión* and *-ción* need the accent mark to enforce the stress on the last syllable, but these words lose their accent marks in the plural because they no longer "break" the pronunciation rule. The same reasoning applies to *joven* → *jóvenes* but in reverse.

A-2   Les toca a ustedes Túrnense para indicar las formas plurales de las siguientes palabras. ■

1. el día
2. la semana
3. el joven
4. la discusión
5. la computadora
6. la mesa
7. la profesora
8. la puerta

9. la televisión
10. el gobernador
11. el abuelo
12. el lápiz
13. la ciudad
14. el autobús
15. la calle
16. el programa

REPASO

Spanish/English
Tutorials

A-06 to A-08

3. Los artículos definidos e indefinidos
Conveying *the, a, one,* and *some*

Remember that like English, Spanish has two kinds of articles, **definite** and **indefinite**. The **definite article** in English is *the;* the **indefinite articles** are *a, an,* and *some*.

Eduardo tiene una hermana. La hermana de Eduardo se llama Adriana.

- In Spanish, articles and other adjectives mirror the gender (*masculine* or *feminine*) and number (*singular* or *plural*) of the nouns they accompany. For example, an article referring to a singular masculine noun must also be singular and masculine. Note the forms of the articles in the following charts.

LOS ARTÍCULOS DEFINIDOS			
el estudiante	*the student* (male)	**los** estudiantes	*the students* (males/males and females)
la estudiante	*the student* (female)	**las** estudiantes	*the students* (females)

LOS ARTÍCULOS INDEFINIDOS			
un estudiante	*a/one student* (male)	**unos** estudiantes	*some students* (males/males and females)
una estudiante	*a/one student* (female)	**unas** estudiantes	*some* students (females)

1. *Definite articles* are used to refer to **the** person, place, thing, or idea.

   La clase es pequeña este año.

   The class is small this year.

2. *Indefinite articles* are used to refer to **a** or **some** person, place, thing, or idea.

   Ella tiene **una** tía chilena y **unos** tíos dominicanos.

   She has a Chilean aunt and some Dominican aunts and uncles.

A-3 **Vamos a practicar** Túrnense para añadir el artículo definido (**el/la/los/las**) y el artículo indefinido (**un/una/unos/unas**) a cada una de las siguientes palabras. ■

1. _____ hermano
2. _____ grupos
3. _____ fiestas
4. _____ playa
5. _____ queso
6. _____ cuadernos
7. _____ suéter
8. _____ diente

9. _____ parques
10. _____ senadora
11. _____ actriz
12. _____ pan
13. _____ camas
14. _____ aventura
15. _____ pájaros
16. _____ mapa

REPASO

¡Hola!
English
Tutorial

A-09 to A-11

4. Los adjetivos descriptivos
Supplying details about people, places, and things

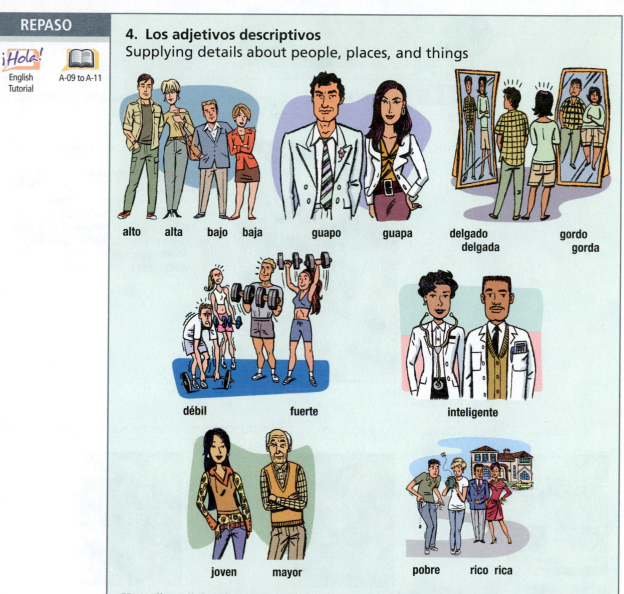

alto   alta   bajo   baja

guapo   guapa

delgado
delgada

gordo
gorda

débil   fuerte

inteligente

joven   mayor

pobre   rico rica

You will recall that **descriptive adjectives** are words that describe people, places, things, and ideas. In English, adjectives usually come before the words (nouns) they describe (e.g., **the** *red* **car**), but in Spanish, they usually follow the words (e.g., **el coche** *rojo*).

1. Adjectives in Spanish agree with the nouns they modify in number (*singular* or *plural*) and in gender (*masculine* or *feminine*).

Javier es un **chico** cómic**o**.   *Javier is a funny boy.*
Isabel es una **chica** cómic**a**.   *Isabel is a funny girl.*
Javier e Isabel son unos **chicos** cómic**os**.   *Javier and Isabel are (some) funny children.*

2. A descriptive adjective can also directly follow the verb **ser.** When it does, it still agrees with the noun to which it refers, which is the subject in this case.

Javier es cómic**o**.   *Javier is funny.*
Isabel es cómic**a**.   *Isabel is funny.*
Javier e Isabel son cómic**os**.   *Javier and Isabel are funny.*

Fíjate

When the word *y* comes directly before a word beginning with *i* or *hi,* it changes to *e*: *padres e hijos.* Likewise, when *o* comes immediately before a word beginning with *o* or *ho* it changes to *u*: *setenta u ochenta.*

¡Anda! Curso elemental, Capítulo Preliminar A.
El verbo *ser*; Capítulo 1. Los adjetivos descriptivos;
El verbo *tener*, Apéndice 3.

A-4 **¿Cómo son?** Túrnense para describir a cada una de las siguientes personas usando por lo menos **dos** adjetivos descriptivos. ▪

MODELO

Eva Longoria es baja y muy guapa.

Estrategia

Now that you have read the first review grammar points, review the vocabulary on the family as well as some descriptive adjectives that you have learned in your previous Spanish classes. You may also wish to quickly review the forms of *ser* and *tener* before you do the next activities.

PERSONA	DESCRIPCIÓN:	PERSONA	DESCRIPCIÓN:	PERSONA(S)	DESCRIPCIÓN:
1. Mariano Rivera		2. Shakira		3. Juan Carlos Navarro y Leo Mainoldi	
4. Javier Bardem		5. Oprah Winfrey		6. Bill Gates	

A-5 ¿Cuáles son sus cualidades?

Piensa en las cualidades de tu mejor amigo/a y las de una persona que no te gusta mucho. Escribe **tres** oraciones que describan a estas personas y comparte tu lista con un/a compañero/a. ■

MODELO

MI MEJOR AMIGO/A

1. *Es simpático/a.*

LA PERSONA QUE NO ME GUSTA

1. *No es paciente.*

A-6 ¿Es cierto o falso?

Describe a **cinco** personas famosas. Tu compañero/a va a reaccionar a tus descripciones diciendo **Es verdad** (*It's true*) o **No es verdad** (*It's not true*). Si tu compañero/a no está de acuerdo con tus descripciones, debe corregirlas. ■

MODELO   E1: *Mark Sánchez es fuerte, simpático, inteligente y muy rico.*

E2: *Sí, es verdad. Mark Sánchez es fuerte, simpático, inteligente y muy rico.*

¡Anda! Curso elemental, Capítulo 1. La familia, Apéndice 2.

Estrategia

When you are working with a partner, listen carefully to help him or her. Give your partner encouragement when he or she expresses something correctly and creatively; help with corrections when needed.

A-7 ¿Cómo eres?

Ahora vas a conocer a tus compañeros de clase. ■

Paso 1   Descríbete a ti mismo/a a un/a compañero/a y luego descríbele **dos** o **tres** miembros de tu familia.

MODELO   *Me llamo Katie. Soy joven, muy inteligente y alta. También soy cómica. Tengo dos hermanas. Las dos son inteligentes. Mi hermana Emily es alta y muy guapa. Mi otra hermana, Rebecca, es guapa también…*

Paso 2   Escriban una lista sobre lo que tu compañero/a y tú tienen en común y lo que no.

MODELO   *Tasha y yo somos jóvenes, altas y muy inteligentes. Nuestras familias son cómicas, simpáticas y pacientes. Tasha no tiene hermanos…*

Paso 3   Ahora circula por la clase y preséntate a otros compañeros de clase, compartiendo la información sobre tu familia y tú. Habla con por lo menos **cinco** estudiantes que no conozcas.

NOTAS CULTURALES

El español: lengua de millones

A-12 to A-13

¿Por qué estudiamos español? Bueno, hay muchas razones. El español es la lengua oficial de veintiún países del mundo:

Argentina	Cuba	Guatemala	Nicaragua	Puerto Rico
Bolivia	Ecuador	Guinea Ecuatorial	Panamá	la República Dominicana
Chile	El Salvador	Honduras	Paraguay	Uruguay
Colombia	España	México	Perú	Venezuela
Costa Rica				

También figura como lengua importante en muchos otros países como Andorra, Belice, Filipinas, Gibraltar y Marruecos. Así, ¡el español es una lengua importante en cuatro continentes! Y por supuesto, la presencia del español en los Estados Unidos es enorme. Hay más de 49 millones de hispanos viviendo en este país de más de 319 millones de personas. Con esta población hispana, los Estados Unidos es uno de los países con mayor número de hispanohablantes del mundo. Con tantos vecinos hispanohablantes en el mundo y en tu propio país, ¿por qué *no* estudiar español?

Preguntas

1. ¿En qué países se habla español como lengua oficial? ¿En qué continentes figura el español como lengua importante?
2. Describe la presencia del español en los Estados Unidos.
3. ¿Por qué es importante para ti estudiar español?

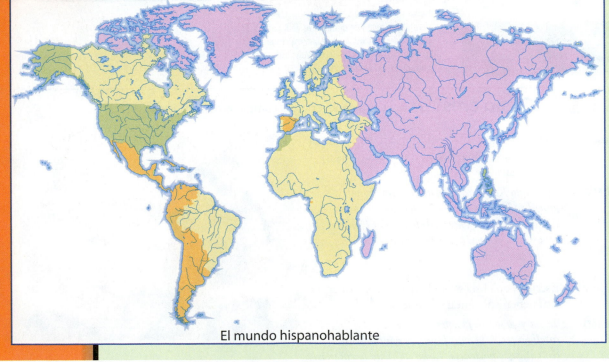

El mundo hispanohablante

REPASO

¡Hola!
Spanish/English
Tutorials   A-14 to A-16

5. Los adjetivos posesivos   Stating possession

Review the following chart about expressing possession.

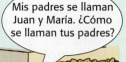

Mis padres se llaman Juan y María. ¿Cómo se llaman tus padres?

LOS ADJETIVOS POSESIVOS			
mi, mis	*my*	**nuestro/a/os/as**	*our*
tu, tus	*your*	**vuestro/a/os/as**	*your*
su, sus	*your* (for.)	**su, sus**	*your* (for.)
su, sus	*his, her, its*	**su, sus**	*their*

Note the following:

1. Possessive adjectives agree in form with the person, place, or thing possessed, *not with the possessor*. They agree in number (*singular* or *plural*), and in addition, **nuestro** and **vuestro** indicate gender (*masculine* or *feminine*).

2. The possessive adjectives **tu** and **tus** (*your*) refer to someone with whom you are familiar and/or on a first-name basis. **Su** and **sus** (*your*) are used to describe people you would call *Ud.* and *Uds.* (that is, people you treat more formally and with whom you are perhaps not on a first-name basis). Use **su/sus** (*their*) also when expressing possession with *ellos* and *ellas*.

mi hermano	*my brother*	**mis** hermanos	*my brothers/siblings*
tu primo	*your cousin*	**tus** primos	*your cousins*
su abuelo	*your grandfather*	**sus** abuelos	*your grandparents*
su tía	*her/his aunt*	**sus** tías	*her/his aunts*
nuestra familia	*our family*	**nuestras** familias	*our families*
vuestra mamá	*your mom*	**vuestras** mamás	*your moms*
su hermana	*your sister*	**sus** hermanas	*your sisters*
su hija	*their daughter*	**sus** hijas	*their daughters*

Nuestros abuelos tienen dos hijos.   *Our grandparents have two sons.*
Sus hijos son José y Andrés.   *Their sons are José and Andrés.*

3. In Spanish, you can also show possession expressing the equivalent of the English (*of*) *mine, yours, his, hers, ours,* and *theirs.*

SINGULAR		PLURAL		
MASCULINE	FEMININE	MASCULINE	FEMININE	
mío	**mía**	**míos**	**mías**	*mine*
tuyo	**tuya**	**tuyos**	**tuyas**	*yours* (fam.)
suyo	**suya**	**suyos**	**suyas**	*yours* (for.)
suyo	**suya**	**suyos**	**suyas**	*his, hers*
nuestro	**nuestra**	**nuestros**	**nuestras**	*ours*
vuestro	**vuestra**	**vuestros**	**vuestras**	*yours* (fam.)
suyo	**suya**	**suyos**	**suyas**	*yours* (for.)
suyo	**suya**	**suyos**	**suyas**	*theirs*

(continued)

Fíjate

Possessive adjectives can also become pronouns when they replace nouns. *El mío funciona bien* means *Mine (pronoun) works well,* with *mine* referring to refrigerator.

Study the following examples:

Mi refrigerador funciona bien.	**El refrigerador mío** funciona bien.	**El mío** funciona bien.
Nuestros sofás cuestan mucho.	**Los sofás nuestros** cuestan mucho.	**Los nuestros** cuestan mucho.
¿Cuánto cuestan **tus** lámparas?	¿Cuánto cuestan **las lámparas tuyas**?	¿Cuánto cuestan **las tuyas**?
Sus muebles son caros.	**Los muebles suyos** son caros.	**Los suyos** son caros.

Note that the third person forms (**suyo/a/os/as**) can have more than one meaning. To avoid confusion, you can use:

article + noun + de + subject pronoun:

el coche suyo = el coche de él/ella/Ud./ellos/ellas/Uds.

his/her/your/their/your (plural) *car*

¡Anda! Curso elemental, Capítulo 1. La familia; Capítulo 3. La casa, Apéndice 2.

A-8 **Tu familia** Túrnense para hablar de sus familias o de una de las familias que aparece en las fotos. Hablen también de sus casas y usen los adjetivos posesivos. ■

MODELO   *Hay cuatro personas en mi familia. Mi padre se llama Ben y mi madre Dorothy. En algunas fotos hay muchas personas en las familias, pero mi familia es pequeña. Mi casa es pequeña, pero probablemente las suyas son grandes...*

REPASO

Spanish/English Tutorials

A-17 to A-20

6. Presente indicativo de verbos regulares   Relating daily activities

You will remember that Spanish has three groups of verbs that are categorized by the ending of the **infinitive**. Remember that an infinitive is expressed in English with the word *to: to have, to be,* and *to speak* are all infinitive forms of English verbs. Spanish infinitives end in **-ar, -er,** or **-ir.** Review the following charts.

VERBOS QUE TERMINAN EN *-ar*			
bailar	*to dance*	**lleg**ar	*to arrive*
cantar	*to sing*	**necesit**ar	*to need*
cocinar	*to cook*	**prepar**ar	*to prepare; to get ready*
comprar	*to buy*	**pregunt**ar	*to ask (a question)*
contestar	*to answer*	**regres**ar	*to return*
enseñar	*to teach; to show*	**termin**ar	*to finish; to end*
esperar	*to wait for; to hope*	**tom**ar	*to take; to drink*
estudiar	*to study*	**trabaj**ar	*to work*
hablar	*to speak*	**us**ar	*to use*

A las 6:30 Mario **espera** el autobús y **regresa** a su apartamento.

VERBOS QUE TERMINAN EN *-er*			
aprender	*to learn*	**corr**er	*to run*
beber	*to drink*	**cre**er	*to believe*
comer	*to eat*	**deb**er **(+ inf.)**	*should; must*
comprender	*to understand*	**le**er	*to read*

VERBOS QUE TERMINAN EN *-ir*					
abrir	*to open*	**describ**ir	*to describe*	**recib**ir	*to receive*
compartir	*to share*	**escrib**ir	*to write*	**viv**ir	*to live*

1. To express ongoing activities or actions, use the present indicative.

Cisco **lee** en la biblioteca. { *Cisco reads in the library.*
{ *Cisco is reading in the library.*

2. You can also use the present indicative to express future events.

Mario **regresa** mañana.   *Mario is coming back tomorrow.*

3. Remember that to form the present indicative, drop the **-ar, -er,** or **-ir** ending from the infinitive and add the appropriate ending. Follow this simple pattern with regular verbs.

	hablar	**comer**	**vivir**
yo	habl**o**	com**o**	viv**o**
tú	habl**as**	com**es**	viv**es**
Ud.	habl**a**	com**e**	viv**e**
él, ella	habl**a**	com**e**	viv**e**
nosotros/as	habl**amos**	com**emos**	viv**imos**
vosotros/as	habl**áis**	com**éis**	viv**ís**
Uds.	habl**an**	com**en**	viv**en**
ellos/as	habl**an**	com**en**	viv**en**

A-9 · **Vamos a practicar** Tomen **diez** papelitos (*small pieces of paper*) y en cada papelito escriban un sustantivo (*noun*) o un pronombre personal (**yo, tú, él,** etc.). Luego, tomen otros **cinco** papelitos y escriban un **verbo** en el **infinitivo** en cada uno. Seleccionen cada uno un papelito de cada categoría y den la forma correcta del verbo según el sujeto. Cada persona debe dar la forma correcta de por lo menos **cinco** verbos. ■

MODELO	INFINITIVE:	*preguntar*
	PRONOUN OR NOUN:	*mi madre*
	E1:	*mi madre pregunta*

Workbooklet

A-10 · **Dime quién, dónde y cuándo** Mira las tres columnas, y conecta cada pronombre con una actividad y con un lugar para crear **cinco** oraciones. Luego, comparte tus oraciones con un/a compañero/a. ■

MODELO · nosotros / ver una película / el cine
Nosotros vemos una película en el cine.

PRONOMBRE	ACTIVIDAD	LUGAR
yo	comer el almuerzo	la clase de inglés
nosotros/as	leer muchas novelas	el centro comercial
ellos/as	necesitar una calculadora	la cafetería
ella	comprar un libro	la clase de matemáticas
tú	usar un diccionario bilingüe	el cine
Uds.	comprar un suéter	la clase de español
él	ver una película	la librería

REPASO

¡Hola!
Spanish Tutorial

A-21 to A-23

7. Algunos verbos irregulares
Expressing actions

You will recall that not all verbs follow the same pattern as regular verbs in the present indicative. What follows are the most common irregular verbs that you have learned.

Necesito un apartamento para este semestre. ¿Qué hago?

¿Por qué no pones un anuncio en el periódico?

	dar (to give)	conocer (to know; to be acquainted with)	estar (to be)	hacer (to do; to make)	poner (to put; to place)
yo	doy	conozco	estoy	hago	pongo
tú	das	conoces	estás	haces	pones
Ud.	da	conoce	está	hace	pone
él, ella	da	conoce	está	hace	pone
nosotros/as	damos	conocemos	estamos	hacemos	ponemos
vosotros/as	dais	conocéis	estáis	hacéis	ponéis
Uds.	dan	conocen	están	hacen	ponen
ellos/as	dan	conocen	están	hacen	ponen

	salir (to leave; to go out)	traer (to bring)	ver (to see)	ir (to go)	ser (to be)
yo	salgo	traigo	veo	voy	soy
tú	sales	traes	ves	vas	eres
Ud.	sale	trae	ve	va	es
él, ella	sale	trae	ve	va	es
nosotros/as	salimos	traemos	vemos	vamos	somos
vosotros/as	salís	traéis	veis	vais	sois
Uds.	salen	traen	ven	van	son
ellos/as	salen	traen	ven	van	son

Estrategia

Memorizing information is easier to do when the information is arranged in chunks. You will remember that the *yo* forms of some present tense verbs end in *go*, such as *salgo, traigo,* and *pongo*. Reviewing the information as a chunk of *go* verbs may make it easier to remember.

	decir (to say; to tell)	oír (to hear)	venir (to come)	tener (to have)
yo	digo	oigo	vengo	tengo
tú	dices	oyes	vienes	tienes
Ud.	dice	oye	viene	tiene
él, ella	dice	oye	viene	tiene
nosotros/as	decimos	oímos	venimos	tenemos
vosotros/as	decís	oís	venís	tenéis
Uds.	dicen	oyen	vienen	tienen
ellos/as	dicen	oyen	vienen	tienen

Estrategia

Organize these review verbs in your notebook. Note whether each verb is regular or irregular, what it means in English, whether any of the forms have accents, and whether any other verbs follow this pattern. You might want to highlight or color code the verbs that follow a pattern. This strategy will serve you well when you begin to learn new verbs in *Capítulo 1*.

A-11 **La ruleta** Escuchen mientras su profesor/a les explica el juego de la ruleta. ▪

1. traer
2. querer
3. decir
4. poner

5. hacer
6. ver
7. conocer
8. venir

9. oír
10. dar
11. poder
12. salir

A-12 **Otras combinaciones** Completa los siguientes pasos. ▪

Paso 1 Escribe una oración con cada (*each*) verbo, combinando elementos de las tres columnas.

MODELO (A) nosotros, (B) (no) hacer, (C) en el gimnasio
Nosotros hacemos ejercicio en el gimnasio.

A	B	C
Uds.	(no) hacer	estudiar matemáticas
mamá y papá	(no) ver	películas cómicas
yo	(no) conocer	en el gimnasio
tú	(no) poner	muchos libros a clase
el/la profesor/a	(no) querer	la mesa para la cena
nosotros/as	(no) salir	bien el arte de México
ellos/ellas	(no) traer	de casa los sábados

Paso 2 En grupos de tres, lean las oraciones y corrijan (*correct*) los errores.

Paso 3 Escriban juntos (*together*) **dos** oraciones nuevas y compártanlas (*share them*) con la clase.

Workbooklet

¡Anda! Curso elemental, Capítulo 2. La formación de preguntas y las palabras interrogativas, Apéndice 3.

A-13 Firma aquí Completen los siguientes pasos. ■

Paso 1 Circula por la clase haciéndoles preguntas a tus compañeros según la información del cuadro. Los compañeros que responden **sí** a las preguntas deben firmar el cuadro.

MODELO venir a clase todos los días

E1: *Bethany, ¿vienes a clase todos los días?*

E2: *No, no vengo a clase todos los días.*

E1: *Gayle, ¿vienes a clase todos los días?*

E3: *Sí, vengo a clase todos los días.*

E1: *Muy bien. Firma aquí, por favor.* _Gayle_

Estrategia

Now that you have focused on talking about yourself, you can talk about other people: the things your siblings, your roommate, your parents, or your significant other do. This will give you practice using other verb forms, and you can be creative in your answers!

¿QUIÉN... ?	FIRMA
1. ver una película todas las noches	
2. hacer la tarea todos los días	
3. salir con los amigos los jueves por la noche	
4. estar cansado/a hoy	
5. conocer Puerto Rico	
6. poder estudiar con muchas personas	
7. querer ser cantante	
8. venir a clase todos los días	

Paso 2 Comparte los resultados con la clase.

MODELO *Joe ve una película todas las noches. Chad y Toni están cansados hoy…*

A-14 Entrevista Completen los siguientes pasos. ■

¡Anda! Curso elemental, Capítulo 2. Los deportes y los pasatiempos, Apéndice 2.

Paso 1 Túrnense para hacerse y contestar las siguientes preguntas.

1. ¿Qué deportes y pasatiempos te gustan? ¿Con quién haces ejercicio?
2. ¿Cuándo ves la televisión? ¿Cuál es tu programa favorito?
3. ¿Qué persona famosa te gusta? ¿Por qué?
4. ¿Con quién sales los fines de semana? ¿Qué hacen ustedes?
5. ¿Qué quieres ser (o hacer) en el futuro?

Paso 2 Compartan con la clase un poco de lo que aprendieron de sus compañeros.

MODELO *Mi compañero sale los fines de semana con sus amigos y no hace ejercicio…*

Fíjate

Part of the fun of learning another language is getting to know other people. Your instructor structures your class so that you have many opportunities to work with different classmates. ¡Anda! also provides activities that allow you to get to know each other better and encourage you to share that information with other members of the class.

PERFILES

A-24 to A-25

¿Quién habla español?

Hay muchas personas que hablan español en el mundo. Aquí tienes algunos de entre los millones que hablan español.

La actriz hondureña **America Ferrera** (n. 1984) habla inglés y español y es famosa por su papel en "Ugly Betty".

Sonia Sotomayor (n. 1954) es la primera jueza hispana en la Corte Suprema de los Estados Unidos.

El arquitecto español **Santiago Calatrava** (n. 1951) hace edificios y esculturas famosos.

Ricky Martin (n. 1971) es un cantante puertorriqueño. También es filántropo y activista social.

Preguntas

1. ¿A quién te gustaría conocer de las personas anteriores? ¿Por qué? ¿Qué preguntas tienes para él/ella?
2. ¿Quiénes son otras personas que hablan español?

REPASO

Spanish
Tutorial

A-26 to A-30

¡Cierro la ventana, pido una pizza y empiezo a estudiar!

8. Los verbos con cambio de raíz   Communicating accomplishments

In your previous Spanish classes, you learned a variety of common irregular verbs that are known as **stem-changing verbs.** Review the following charts.

Change e → ie			
cerrar (*to close*)			
Singular		**Plural**	
yo	c**ie**rro	nosotros/as	c**e**rramos
tú	c**ie**rras	vosotros/as	c**e**rráis
Ud.	c**ie**rra	Uds.	c**ie**rran
él, ella	c**ie**rra	ellos/as	c**ie**rran

Other verbs like **cerrar** (**e → ie**) are:

comenzar	*to begin*	**mentir**	*to lie*	**perder**	*to lose; to waste*
empezar	*to begin*	**recomendar**	*to recommend*	**preferir**	*to prefer*
entender	*to understand*	**pensar**	*to think*	**querer**	*to want; to love*

Change e → i			
pedir (*to ask for*)			
Singular		**Plural**	
yo	p**i**do	nosotros/as	p**e**dimos
tú	p**i**des	vosotros/as	p**e**dís
Ud.	p**i**de	Uds.	p**i**den
él, ella	p**i**de	ellos/as	p**i**den

Other verbs like **pedir** (**e → i**) are:

repetir	*to repeat*	**servir**	*to serve*
seguir*	*to follow; to continue (doing something)*		

*Note: The **yo** form of **seguir** is **sigo.**

Change o → ue			
encontrar (*to find*)			
Singular		**Plural**	
yo	enc**ue**ntro	nosotros/as	enc**o**ntramos
tú	enc**ue**ntras	vosotros/as	enc**o**ntráis
Ud.	enc**ue**ntra	Uds.	enc**ue**ntran
él, ella	enc**ue**ntra	ellos/as	enc**ue**ntran

(continued)

Other verbs like **encontrar (o → ue)** are:

almorzar	*to have lunch*	**mostrar**	*to show*	**recordar**	*to remember*
costar	*to cost*	**morir**	*to die*	**volver**	*to return*
dormir	*to sleep*	**poder**	*to be able to*		

Another common stem-changing verb that you learned is **jugar**.

Fíjate

The verb *jugar* is the only verb that falls into the *u → ue* category.

Change u → ue			
jugar (u → ue) (*to play*)			
Singular		**Plural**	
yo	ju**e**go	nosotros/as	jugamos
tú	ju**e**gas	vosotros/as	jugáis
Ud.	ju**e**ga	Uds.	ju**e**gan
él, ella	ju**e**ga	ellos/as	ju**e**gan

¡Explícalo tú!

To summarize . . .

1. What is a rule that you can make regarding all four groups (**e → ie, e → i, o → ue,** and **u → ue**) of stem-changing verbs and their forms?
2. With what group of stem-changing verbs would you place each of the following verbs?

demostrar	*to demonstrate*	**encerrar**	*to enclose*
devolver	*to return (an object)*	**perseguir**	*to chase*

✔ Check your answers to the preceding questions in Appendix 1.

Fíjate

Some Spanish verbs, like English verbs, have prefixes (parts that are attached to the beginning of the verb). The verb *tener* has prefixes that form other verbs such as *obtener* (to obtain), *contener* (to contain), and *mantener* (to maintain), and those verbs are formed just like *tener* (*obtengo, contienes, mantiene,* etc.) The verbs *seguir* and *volver* are the roots for other verbs such as *conseguir* (to get) and *devolver* (to return).

A-15 **¡Preparados, listos, ya!** Escuchen mientras su profesor/a les explica esta actividad. ■

MODELO cerrar

tú	E1: *cierras*	yo	E4: *cierro*	
nosotros	E2: *cerramos*	Uds.	E5: *cierran*	
ella	E3: *cierra*	ellos	E6: *cierran*	

¡Anda! Curso elemental, Capítulo Preliminar A. La hora; Capítulo 2. Las materias y las especialidades, Apéndice 2.

A-16 ¿Conoces bien a tu compañero/a de clase?

Túrnense para hacerse las preguntas de esta entrevista. ■

1. ¿Entiendes a tu profesor/a cuando habla español?
2. ¿A qué hora comienzas la tarea los lunes?
3. ¿Prefieres estudiar por la noche o por la mañana?
4. ¿Pierdes tus lápices o bolígrafos frecuentemente?
5. Generalmente, ¿con quién almuerzas?

Estrategia

When working in pairs or groups, it is imperative that you make every effort to speak only Spanish. Because you will be learning from each other, use the following expressions as ways of interacting with each other and making suggestions, helpful comments, and corrections:

(No) Estoy de acuerdo.	I agree. / I don't agree.
Creo que es…	I think it is . . .
¿No debería ser…?	Shouldn't it be . . . ?

Workbooklet

A-17 Firma aquí Completen los siguientes pasos. ■

Paso 1 Circula por la clase haciéndoles preguntas a tus compañeros según la información del cuadro. Los compañeros que responden **sí** a las preguntas deben firmar el cuadro.

MODELO siempre perder la tarea

E1: *Ashley, ¿siempre pierdes la tarea?*

E2: *No, no pierdo la tarea. Soy muy organizada.*

E1: *Alex, ¿siempre pierdes la tarea?*

E3: *Sí, siempre pierdo mi tarea.*

E1: *Muy bien. Firma aquí, por favor.* __Alex__

¿QUIÉN…?	FIRMA
1. siempre perder la tarea	No, no pierdo la tarea.
2. almorzar en McDonald's a menudo	No, no almuerza en Mc…
3. querer visitar Centroamérica	Si, quiere visitar…
4. siempre entender al/a la profesor/a de español	No, no siempre entiende…
5. jugar muy bien al tenis	
6. preferir dormir hasta el mediodía	
7. querer ser artista	
8. volver tarde a casa a menudo	

Paso 2 Comparte los resultados con la clase.

MODELO *Alex siempre pierde la tarea y David quiere visitar Costa Rica…*

REPASO

¡Hola!
Spanish/English
Tutorials

A-31 to A-34

9. Las construcciones reflexivas Relating daily routines

When the subject both performs and receives the action of the verb, a **reflexive verb** and **pronoun** are used.

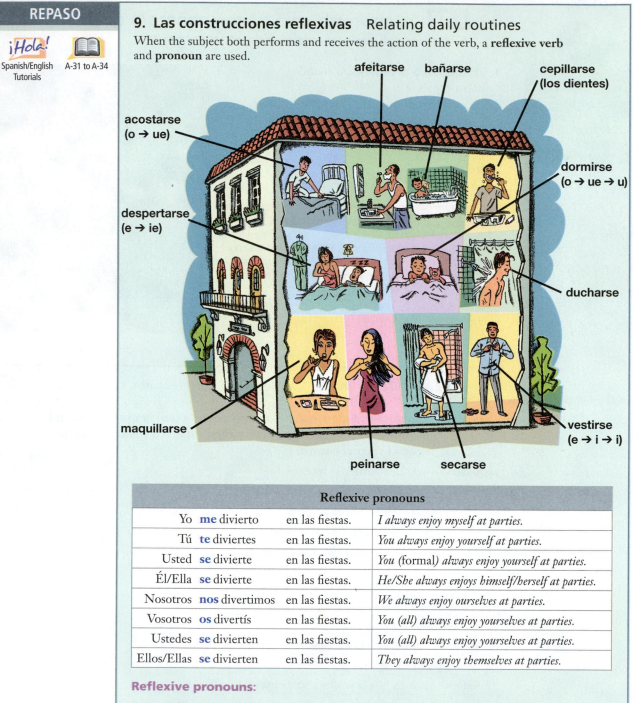

acostarse (o → ue)

despertarse (e → ie)

afeitarse

bañarse

cepillarse (los dientes)

dormirse (o → ue → u)

ducharse

maquillarse

peinarse

secarse

vestirse (e → i → i)

Reflexive pronouns			
Yo	**me** divierto	en las fiestas.	*I always enjoy myself at parties.*
Tú	**te** diviertes	en las fiestas.	*You always enjoy yourself at parties.*
Usted	**se** divierte	en las fiestas.	*You (formal) always enjoy yourself at parties.*
Él/Ella	**se** divierte	en las fiestas.	*He/She always enjoys himself/herself at parties.*
Nosotros	**nos** divertimos	en las fiestas.	*We always enjoy ourselves at parties.*
Vosotros	**os** divertís	en las fiestas.	*You (all) always enjoy yourselves at parties.*
Ustedes	**se** divierten	en las fiestas.	*You (all) always enjoy yourselves at parties.*
Ellos/Ellas	**se** divierten	en las fiestas.	*They always enjoy themselves at parties.*

Reflexive pronouns:

1. precede a conjugated verb.
2. can be attached to infinitives and present participles (**-ando, -iendo**).

Me voy a levantar.
Voy a levantar**me**. } *I am going to get up.*

¿**Se** van a levantar esta mañana?
¿Van a levantar**se** esta mañana? } *Are they going to get up this morning?*

¡**Nos** estamos levantando!
¡Estamos levantándo**nos**! } *We are getting up!*

Algunos verbos reflexivos

acordarse de (o → ue)	*to remember*	ponerse (la ropa)	*to put on (one's clothes)*
callarse	*to become/to keep quiet*	ponerse (nervioso/a)	*to become (nervous)*
divertirse (e → ie → i)	*to enjoy oneself; to have fun*	quedarse	*to stay; to remain*
irse	*to go away; to leave*	quitarse (la ropa)	*to take off (one's clothes)*
lavarse	*to wash oneself*	reunirse	*to get together; to meet*
levantarse	*to get up; to stand up*	sentarse (e → ie)	*to sit down*
llamarse	*to be called/named*	sentirse (e → ie → i)	*to feel*

Fíjate

Many verbs can be used both reflexively and non-reflexively: e.g., *ir:* to go; *irse:* to leave; *dormir:* to sleep; *dormirse:* to fall asleep. Also consider examples such as *Manolo lava el coche* versus *Manolo se lava.* Why is the verb not reflexive *(lavar)* in the first sentence? Why is it reflexive *(lavarse)* in the second sentence?

Estrategia

Remember that stem-changing verbs have the irregularities given in parentheses. For example, when you see *sentirse (e → ie → i)* you know that this infinitive is a stem-changing verb, that the first *e* in the infinitive changes to *ie* in the present indicative, and that the *e* changes to *i* in the third person singular and plural of the preterit.

A-18 **El juego de la pelota** Formen grupos de cuatro a seis estudiantes. Una persona del grupo le tira (*throws*) una pelota de papel a otro/a estudiante al mismo tiempo que nombra un verbo reflexivo y un pronombre o nombre personal. Si el/la compañero/a dice la forma correcta, gana un punto y tiene que continuar el juego. ■

MODELO

E1: *ducharse… yo,* (tira la pelota)

E2: *me ducho*

E2: *vestirse… mi madre,* (tira la pelota)

E3: *mi madre se viste*

E3: *acordarse… tú,* (tira la pelota)…

A-19 **Mímica** Hagan mímica (*charades*) en grupos de cuatro. Túrnense para escoger un **verbo reflexivo** para representar al grupo. El grupo tiene que adivinar qué verbo es. Sigan jugando hasta que cada estudiante represente **cuatro** verbos diferentes. ■

♲ *¡Anda! Curso elemental*, Capítulo Preliminar A. La hora, Apéndice 2.

A-20 **Un día típico**

Paso 1 Ordena las siguientes actividades diarias de forma cronológica. Después, con un/a compañero/a, escribe **tres** oraciones detalladas sobre un día típico.

Paso 2 Ahora escribe por lo menos **ocho** actividades que haces tú normalmente y a qué hora las haces. Usa **verbos reflexivos**. Después, comparte tu lista con un/a compañero/a.

A-21 **¿Cuál es tu rutina diaria?**

Circula por la clase para entrevistar a varios compañeros según el modelo. ■

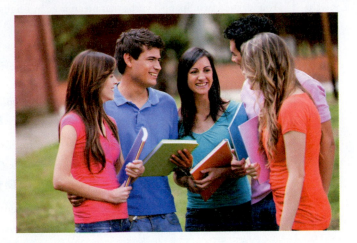

MODELO E1: *¿A qué hora te despiertas?*

E2: *Me despierto a las siete.*

E1: *Yo no. Me despierto a las siete y media.*

1. ¿A qué hora te despiertas y a qué hora te levantas?
2. ¿Prefieres ducharte o bañarte? ¿A qué hora? *Me prefiero ducharte en la mañana.*
3. ¿Qué haces para divertirte?
4. ¿A qué hora te acuestas?
5. ¿ … ? (*Crea tu propia pregunta*).

 **A-22** **¿Conoces bien a tus compañeros?** Trabajen en grupos de cuatro para hacer esta actividad. ■

| **Paso 1** | Un/a compañero/a debe salir de la sala de clase por un minuto. Los otros estudiantes escriben **cinco** preguntas sobre la vida diaria del/de la compañero/a, usando **los verbos reflexivos.** |

MODELO *¿A qué hora te despiertas? ¿A qué hora te acuestas?*

| **Paso 2** | Antes de entrar el/la compañero/a, el grupo de estudiantes debe adivinar cuáles van a ser las respuestas a esas preguntas. |

MODELO *Probablemente nuestro/a compañero/a se despierta a las siete. Luego, probablemente se acuesta a las once.*

| **Paso 3** | Entra el/la compañero/a y los otros le hacen las preguntas. |

| **Paso 4** | Comparen las respuestas del grupo con las del/de la compañero/a. ¿Tienen razón? Pueden repetir la actividad con los otros miembros del grupo. |

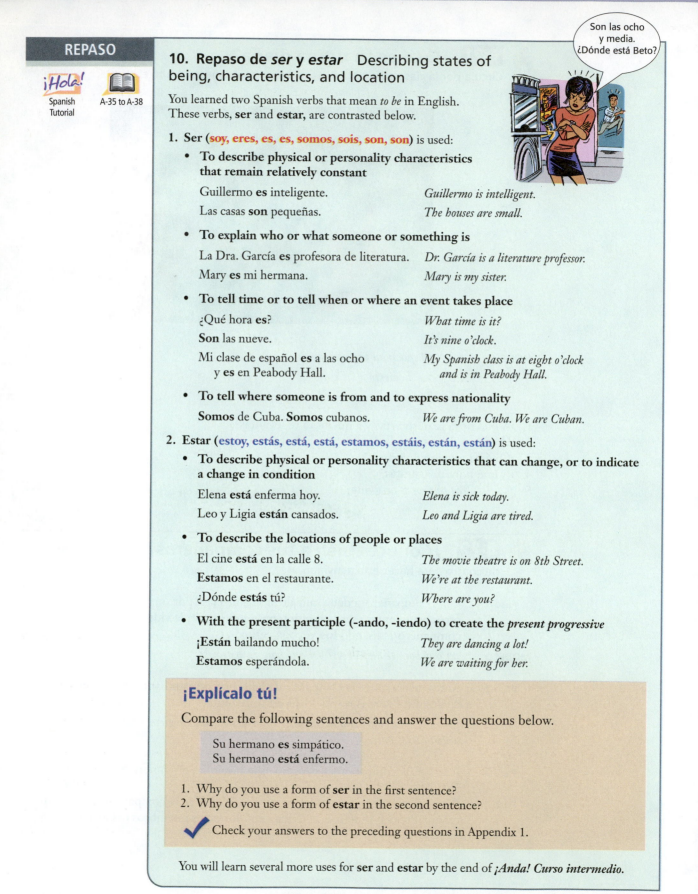

¡Hola!
Spanish Tutorial

A-35 to A-38

10. Repaso de *ser* y *estar* Describing states of being, characteristics, and location

You learned two Spanish verbs that mean *to be* in English. These verbs, **ser** and **estar**, are contrasted below.

> Son las ocho y media. ¿Dónde está Beto?

1. Ser (**soy, eres, es, es, somos, sois, son, son**) is used:

   • **To describe physical or personality characteristics that remain relatively constant**

Guillermo **es** inteligente.	*Guillermo is intelligent.*
Las casas **son** pequeñas.	*The houses are small.*

   • **To explain who or what someone or something is**

La Dra. García **es** profesora de literatura.	*Dr. García is a literature professor.*
Mary **es** mi hermana.	*Mary is my sister.*

   • **To tell time or to tell when or where an event takes place**

¿Qué hora **es**?	*What time is it?*
Son las nueve.	*It's nine o'clock.*
Mi clase de español **es** a las ocho y **es** en Peabody Hall.	*My Spanish class is at eight o'clock and is in Peabody Hall.*

   • **To tell where someone is from and to express nationality**

Somos de Cuba. **Somos** cubanos.	*We are from Cuba. We are Cuban.*

2. Estar (**estoy, estás, está, está, estamos, estáis, están, están**) is used:

   • **To describe physical or personality characteristics that can change, or to indicate a change in condition**

Elena **está** enferma hoy.	*Elena is sick today.*
Leo y Ligia **están** cansados.	*Leo and Ligia are tired.*

   • **To describe the locations of people or places**

El cine **está** en la calle 8.	*The movie theatre is on 8th Street.*
Estamos en el restaurante.	*We're at the restaurant.*
¿Dónde **estás** tú?	*Where are you?*

   • **With the present participle (-ando, -iendo) to create the *present progressive***

¡**Están** bailando mucho!	*They are dancing a lot!*
Estamos esperándola.	*We are waiting for her.*

¡Explícalo tú!

Compare the following sentences and answer the questions below.

> Su hermano **es** simpático.
> Su hermano **está** enfermo.

1. Why do you use a form of **ser** in the first sentence?
2. Why do you use a form of **estar** in the second sentence?

   ✔ Check your answers to the preceding questions in Appendix 1.

You will learn several more uses for **ser** and **estar** by the end of *¡Anda! Curso intermedio*.

A-23 **¡A jugar!** Vamos a practicar **ser** y **estar.** ■

Paso 1   Hagan una lista con dos columnas. Escriban **ser** en una columna y **estar** en la otra. Su profesor/a les va a dar tres minutos para escribir todas las oraciones que puedan con **ser** y **estar.**

Paso 2   Cuando terminen, formen grupos de cuatro para revisar sus oraciones. ¿Cuántas tienen correctas?

A-24 **¿Quiénes son Pilar y Eduardo?** Pilar y Eduardo son estudiantes bilingües en una universidad de los Estados Unidos. ■

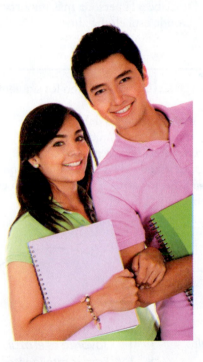

Paso 1   Túrnense para completar el siguiente párrafo con las formas correctas de **ser** o **estar** para conocerlos mejor.

(1) _____ las siete y media de la mañana. Pilar (2) _____ cansada y un poco enferma pero tiene que darse prisa porque su clase de periodismo (3) _____ a las ocho. Por suerte (*Luckily*) su apartamento no (4) _____ muy lejos de la universidad. Eduardo (5) _____ otro estudiante de la misma universidad. Toma la misma clase que Pilar, pero no la conoce. (6) _____ un hombre alto, inteligente y muy simpático. Le gusta estudiar. Sus abuelos (7) _____ de Perú y él (8) _____ tratando de mantener y respetar su cultura. Hoy no se siente muy bien; (9) _____ un poco enfermo. Los estudiantes ya (10) _____ en la clase. Pilar y Eduardo (11) _____ corriendo para llegar a tiempo. Los dos (12) _____ muy puntuales y no les gusta llegar tarde.

Paso 2   Expliquen por qué usaron (*you used*) **ser** o **estar** en cada espacio del párrafo del **Paso 1.**

MODELO   1. *Son*, telling time

¡Anda! Curso elemental, Capítulo Preliminar A. La hora; Capítulo 2. Emociones y estados; Capítulo 3. La casa, Los colores, Apéndice 2.

A-25 **Quiero conocerte mejor** Túrnense para hacerse y contestar las siguientes preguntas. ■

1. ¿De dónde eres?
2. ¿Cómo eres?
3. ¿Cómo estás hoy?
4. ¿A qué hora son tus clases?
5. ¿Cómo es tu casa?
6. ¿Dónde está tu casa?
7. ¿De qué color es tu casa?
8. ¿Dónde está tu residencia estudiantil?
9. ¿Cómo es tu dormitorio?
10. ¿Cuál es tu color favorito?
11. Describe a la persona más importante para ti.
12. ¿Dónde está él/ella ahora?

A-26 **Somos iguales** Completen los siguientes pasos. ■

Paso 1   Dibujen tres círculos, como los del modelo, y entrevístense para averiguar en qué se parecen y en qué se diferencian. En el círculo del centro, escriban oraciones usando **ser** y **estar** sobre lo que tienen en común. En los otros círculos, escriban en qué son diferentes.

Estrategia

Concentrate on spelling all words correctly. For example, make sure you put accent marks where they belong with forms of *estar* and other words that take accent marks. If necessary, review the rules regarding accent marks on page 5 of this chapter in the student note. If you are a visual learner, try color-coding the words that have accents or writing the accents in a different color to call attention to those forms of the verb.

MODELO

E1:   *¿Cuál es tu color favorito?*

E2:   *Mi color favorito es el azul.*

E1:   *Mi color favorito es el azul también.*

(E1/E2 writes: *Nuestro color favorito es el azul.*)

Paso 2   Comparen sus dibujos (*drawings*) con los dibujos de sus compañeros de clase. ¿Qué tienen en común?

REPASO

¡Hola!
Spanish
Tutorial

A-39 to A-42

Fíjate

Remember that *mi* means "my" and *mí* means "me."

11. El verbo *gustar*   Conveying likes and dislikes

You will remember that the verb **gustar** is used to express likes and dislikes. **Gustar** functions differently from other verbs you have studied so far.

- The person, thing, or idea that is liked is the *subject* (S) of the sentence.
- The person (or persons) who like(s) another person, thing, or idea is the *indirect object* (IO).

¡Me gusta este vestido!

Note the following examples.

	IO	S	
(A mí)	**me**	gusta la playa.	*I like the beach.*
(A ti)	**te**	gusta la playa.	*You like the beach.*
(A Ud.)	**le**	gusta la playa.	*You like the beach.*
(A él)	**le**	gusta la playa.	*He likes the beach.*
(A ella)	**le**	gusta la playa.	*She likes the beach.*
(A nosotros/as)	**nos**	gusta la playa.	*We like the beach.*
(A vosotros/as)	**os**	gusta la playa.	*You (all) like the beach.*
(A Uds.)	**les**	gusta la playa.	*You (all) like the beach.*
(A ellos/as)	**les**	gusta la playa.	*They like the beach.*

Note the following:

1. The construction **a + pronoun** (**a mí, a ti, a él,** etc.) or **a + noun** is optional most of the time. It is used for clarification or emphasis. Clarification of **le gusta** and **les gusta** is especially important because the indirect object pronouns **le** and **les** can refer to different people (*him, her, you, them, you all*).

   A él le gusta la música clásica. (clarification)   *He likes classical music.*
   A Ana le gusta la música clásica. (clarification)   *Ana likes classical music.*

2. Use the plural form **gustan** when what is liked (the subject of the sentence) is plural.

   Me gusta **el traje.**   *I like the suit.*
   Me gusta**n los trajes.**   *I like the suits.*

3. To express the idea that one likes *to do* something, **gustar** is followed by an infinitive. In that case you always use the singular **gusta,** even when you use more than one infinitive in the sentence:

   Me gusta ir de compras por la noche.   *I like to go shopping at night.*
   A Juan **le gusta ir** de compras y **salir**   *Juan likes to go shopping and to go out*
      con sus amigos.   *with friends.*

¡Explícalo tú!

In summary:

1. To say you like or dislike one thing, what form of **gustar** do you use?
2. To say you like or dislike more than one thing, what form of **gustar** do you use?
3. Which words in the examples mean *I? You? He/She? You (all)? They? We?*
4. If a verb is needed after **gusta/gustan,** what form of the verb do you use?

✔ Check your answers to the preceding questions in Appendix 1.

A-27 ¿Qué te gusta? Completen los siguientes pasos. ■

Paso 1 Decidan si les gustan las siguientes cosas. Túrnense.

MODELO los lunes

E1: *No me gustan los lunes.*

E2: *A mí tampoco me gustan los lunes.*

Fíjate

To express "me too," you use *también;* to express "me neither," use *tampoco.*

1. la cafetería
2. los viernes
3. vivir en una residencia estudiantil
4. las ciencias
5. aprender idiomas
6. cocinar comida mexicana
7. bailar salsa
8. las novelas de Ernest Hemingway

¡Anda! Curso elemental, Capítulo 2. La formación de preguntas y las palabras interrogativas, Apéndice 3.

Paso 2 Ahora hazles preguntas de las categorías del **Paso 1** a otros compañeros de clase.

MODELO E1: *¿Les gustan los lunes?*

E2 & E3: *No, no nos gustan los lunes.*

Estrategia

Remember, if you answer negatively, you will need to say *no* twice.

NOTAS CULTURALES

La influencia del español en los Estados Unidos

A-43 to A-44

Desde la época de los conquistadores, el español ha tenido una influencia muy fuerte en los Estados Unidos, y esta influencia sigue hoy en día. Muchas ciudades y lugares geográficos se reconocen por sus nombres hispanos del tiempo colonial: El Álamo, El Paso, Las Vegas, Boca Ratón, Santa Fe, San Francisco y Los Ángeles, por mencionar algunos. También, hay varios estados con nombres derivados de la lengua o herencia española como Colorado, Montana, Florida, California y Nevada. La población hispanohablante de los Estados Unidos es cada día más numerosa y tiene un gran poder económico también. Por eso, hay muchas emisoras de radio (¡más de 650!) y varias cadenas de televisión (como Telemundo, Univisión, América TeVe, Mega TV, etc.) con programación en español que compiten por la atención del público.

Preguntas

1. ¿Dónde se ve la influencia del español en los Estados Unidos?
2. ¿Dónde se ve el poder económico de los hispanohablantes en los Estados Unidos?

Y por fin, ¿cómo andas?

Each of the coming chapters of **¡Anda! Curso intermedio** will have three self-check sections for you to assess your progress. The first ¿Cómo andas? (How are you doing?) section will appear approximately one-third of the way through each chapter. The second ¿Cómo andas? will appear approximately two-thirds of the way through the chapter. At the end of each chapter you will find Y por fin, ¿cómo andas? (Finally, how are you doing?). Use the checklists as a measure of all that you have learned in the chapter. Place a check in the Feel confident column of the topics you feel you know and a check in the Need to Review column of those that you need to practice more. Be sure to go back and practice those concepts that you determine you personally need to review. Practice is key to your success!

	Feel confident	Need to review
Having completed this chapter, I now can . . .		
Comunicación		
• identify masculine and feminine nouns. (p. 4)	☐	☐
• use singular and plural nouns. (p. 5)	☐	☐
• convey *the, a, one,* and *some.* (p. 6)	☐	☐
• supply details about people, places, and things. (p. 7)	☐	☐
• state possession. (p. 11)	☐	☐
• relate daily activities. (p. 13)	☐	☐
• express actions. (p. 14)	☐	☐
• communicate accomplishments. (p. 19)	☐	☐
• relate daily routines. (p. 22)	☐	☐
• describe states of being, characteristics, and location. (p. 26)	☐	☐
• convey likes and dislikes. (p. 29)	☐	☐
Cultura		
• give at least two reasons why it is important to study and be able to communicate in Spanish. (p. 10)	☐	☐
• name numerous Spanish speakers. (p. 18)	☐	☐
• document the influence of Spanish in the United States. (p. 30)	☐	☐
Comunidades		
• use Spanish in real-life contexts. (SAM)	☐	☐

Estrategia

The ¿Cómo andas? and Por fin, ¿cómo andas? sections are designed to help you assess your understanding of specific concepts. In Capítulo Preliminar A, there is one opportunity for you to reflect on how well you understand the concepts. Beginning with Capítulo 1, you will find three opportunities in each chapter to stop and reflect on what you have learned. These checklists help you become accountable for your own learning and determine what you need to review. Use them also as a way to communicate with your instructor about any concepts you still need to review. Additionally, you might use your checklist as a way to guide your studies with a peer group or peer tutor. If you need to review a particular concept, more practice is available in MySpanishLab.

Así somos

¿Cómo eres? ¿Cómo es tu familia? ¿Cómo te ven otras personas? Todos tenemos características personales y físicas que compartimos y que nos diferencian. ¡Vamos a explorarlas!

PREGUNTAS

1 ¿Cómo son las personas que aparecen en la foto?

2 Compara esta familia con la tuya.

3 ¿Cómo eres tú?

Comunicación I

¡Anda! Curso elemental, Capítulo 1. Los adjetivos descriptivos,
Apéndice 3; Capítulo 2. Las emociones y los estados; Capítulo 9.
El cuerpo humano, Apéndice 2.

1 VOCABULARIO

El aspecto físico y la personalidad
Describing yourself and others in detail

01-01 to 01-05

El aspecto físico

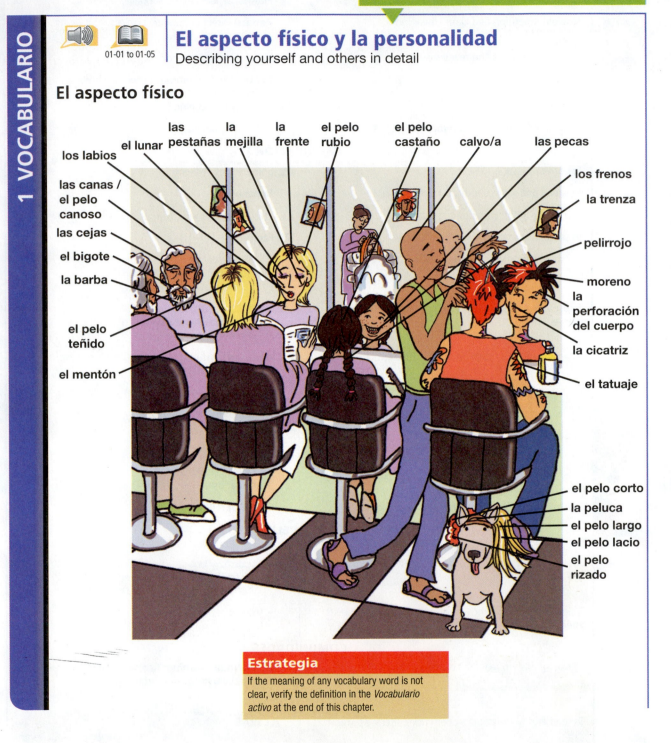

- los labios
- las canas / el pelo canoso
- las cejas
- el bigote
- la barba
- el pelo teñido
- el mentón
- el lunar
- las pestañas
- la mejilla
- la frente
- el pelo rubio
- el pelo castaño
- calvo/a
- las pecas
- los frenos
- la trenza
- pelirrojo
- moreno
- la perforación del cuerpo
- la cicatriz
- el tatuaje
- el pelo corto
- la peluca
- el pelo largo
- el pelo lacio
- el pelo rizado

Estrategia

If the meaning of any vocabulary word is not
clear, verify the definition in the *Vocabulario
activo* at the end of this chapter.

La personalidad

agradable,
alegre,
chistoso y
extrovertido

callada,
introvertida,
seria y
tímida

desorganizada,
maleducada,
egoísta, gastadora
y presumida

El aspecto físico	*Physical appearance*
la **apariencia**	*appearance*
la **piel**	*skin*

Palabra útil	*Useful word*
discapacitado/a	*physically / psychologically handicapped*

La personalidad	*Personality*
despistado/a	*absent-minded; scatterbrained*
educado/a	*polite*
flojo/a	*lazy*
generoso/a	*generous*
grosero/a	*rude*
honesto/a	*honest*
pesado/a	*dull; tedious*
raro/a	*strange*
sencillo/a	*modest; simple*
sensible	*sensitive*
tacaño/a	*cheap*
terco/a	*stubborn*

REPASO

¡Hola!
*Repaso &
Spanish/English
Tutorials*

01-06 to 01-10

Los pronombres de complemento directo e indirecto y los pronombres reflexivos   Avoiding repetition and clarifying meaning

For a complete review of direct and indirect object pronouns and reflexive pronouns, go to MySpanishLab or refer to **Capítulo 9** of *¡Anda! Curso elemental* in Appendix 3 of your textbook. The vocabulary activities that follow incorporate this grammar point. Practicing new vocabulary with a review grammar point helps to strengthen and increase your knowledge of Spanish.

Estrategia

¡Anda! Curso intermedio has provided you with reviewing and recycling references to help guide your continuous review of previously learned material. Make sure to consult the indicated pages if you need to refresh your memory about this or any future recycled topics.

¡Anda! Curso elemental, Capítulo Preliminar A. El verbo *ser*; Capítulo 1. Los adjetivos descriptivos; Capítulo 5. Los pronombres de complemento directo y la "a" personal, Apéndice 3; Capítulo 9. El cuerpo humano, Apéndice 2.

1-1   ¿Cómo son?   Miren los tres dibujos y completen los siguientes pasos. ■

Paso 1   Haz una lista de por lo menos **seis** características físicas de cada persona que aparece en los dibujos.

MODELO   La mujer joven:
　　　　　1. *es* rubia

Paso 2   Escribe una descripción de cada persona que aparece en los dibujos y compártela con un/a compañero/a.

MODELO   *La mujer es joven y rubia con una frente alta. No tiene pecas…*

1-2   ¿Qué tenemos en común?   Con un/a compañero/a, descríbanse, dando por lo menos **ocho** características. Después, hagan un diagrama de Venn. Escriban las características que tienen en común en la intersección de los dos círculos y escriban fuera de la intersección las características que no comparten. ■

MODELO   E1: *Soy extrovertida.*
　　　　　E2: *Yo también soy extrovertido.*
　　　　　E1: *Soy desorganizada.*
　　　　　E2: *Yo no. Yo soy organizado…*

Estrategia

Remember when using adjectives to make them agree in gender and number. E.g., if you are a male, you are *extrovertido;* if you are a female, you are *extrovertida;* when talking about both of you, two males or a male and a female are *extrovertidos;* two females are *extrovertidas.*

Clara   Marco

desorganizada   extrovertidos   organizado

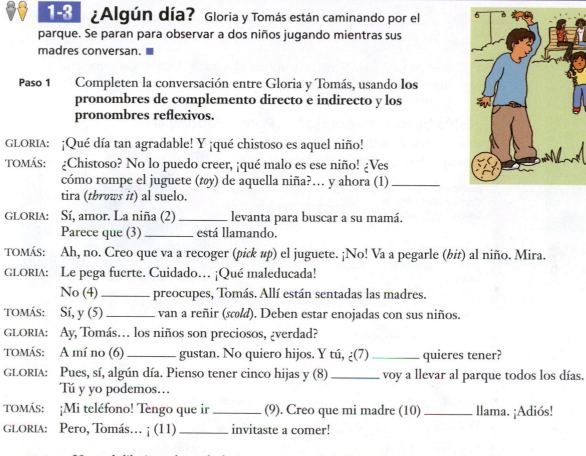

1-3 ¿Algún día?

Gloria y Tomás están caminando por el parque. Se paran para observar a dos niños jugando mientras sus madres conversan. ■

Paso 1 Completen la conversación entre Gloria y Tomás, usando **los pronombres de complemento directo e indirecto** y **los pronombres reflexivos.**

GLORIA: ¡Qué día tan agradable! Y ¡qué chistoso es aquel niño!

TOMÁS: ¿Chistoso? No lo puedo creer, ¡qué malo es ese niño! ¿Ves cómo rompe el juguete (*toy*) de aquella niña?… y ahora (1) _____ tira (*throws it*) al suelo.

GLORIA: Sí, amor. La niña (2) _____ levanta para buscar a su mamá. Parece que (3) _____ está llamando.

TOMÁS: Ah, no. Creo que va a recoger (*pick up*) el juguete. ¡No! Va a pegarle (*hit*) al niño. Mira.

GLORIA: Le pega fuerte. Cuidado… ¡Qué maleducada!
No (4) _____ preocupes, Tomás. Allí están sentadas las madres.

TOMÁS: Sí, y (5) _____ van a reñir (*scold*). Deben estar enojadas con sus niños.

GLORIA: Ay, Tomás… los niños son preciosos, ¿verdad?

TOMÁS: A mí no (6) _____ gustan. No quiero hijos. Y tú, ¿(7) _____ quieres tener?

GLORIA: Pues, sí, algún día. Pienso tener cinco hijas y (8) _____ voy a llevar al parque todos los días. Tú y yo podemos…

TOMÁS: ¡Mi teléfono! Tengo que ir _____ (9). Creo que mi madre (10) _____ llama. ¡Adiós!

GLORIA: Pero, Tomás… ¡ (11) _____ invitaste a comer!

Paso 2 Usen el dibujo y el vocabulario nuevo para describir a los niños en el parque.

MODELO *La niña tiene el pelo rizado y los dos probablemente tienen las pestañas largas…*

¡Anda! Curso elemental, Capítulo 1. Los adjetivos descriptivos; Capítulo 8. Las construcciones reflexivas, Apéndice 3; Capítulo 2. Las emociones y los estados; Capítulo 9. El cuerpo humano, Apéndice 2.

1-4 ¿Cómo son?

Escoge a una de las personas de la lista y escribe **tres** palabras que describan a la persona. Después, inventa un horario para hoy para esa persona. Comparte la descripción y el horario con un/a compañero/a. Trata de usar **los pronombres reflexivos** con el vocabulario nuevo. ¡Sé creativo! ■

MODELO **tu mejor amigo:** *agradable, generoso, despistado*
Mi mejor amigo se llama Tonio. Es muy agradable y generoso. Se levanta a las seis. A las ocho se va a la universidad…

1. Javier Bardem y Penélope Cruz
2. Homer Simpson
3. Donald Trump
4. Beyoncé
5. Payton Manning
6. tu mejor amigo/a

Workbooklet

1-5 **¿Estás interesado/a?** Pareja.com te ayuda a encontrar a esa persona ideal. Completa los siguientes pasos. ■

¡Anda! Curso elemental,
Capítulo Preliminar A.
Los números 0–30;
Capítulo 1. Los números
31–100; Los adjetivos
descriptivos; Capítulo 2.
Las emociones y los
estados; Los deportes
y los pasatiempos;
Capítulo 5. El mundo de
la música; Capítulo 9.
El cuerpo humano,
Apéndice 2; Capítulo 9.
Las expresiones
afirmativas y negativas,
Apéndice 3.

Paso 1   Completa el formulario para utilizar el servicio. Después, compara tu información con la de tus compañeros en grupos de cuatro para saber qué tienen ustedes en común.

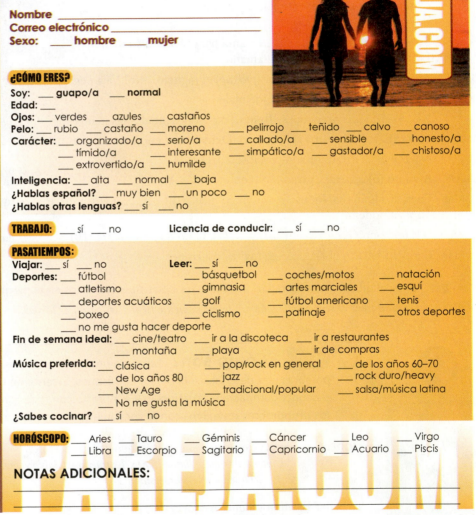

¿Estás buscando pareja?. . . Para ayudarte a encontrar tu pareja ideal, necesitamos que completes el siguiente formulario:

Nombre _____
Correo electrónico _____
Sexo: ____ hombre ____ mujer

¿CÓMO ERES?

Soy: ___ guapo/a   ___ normal
Edad: ___
Ojos: ___ verdes   ___ azules   ___ castaños
Pelo: ___ rubio   ___ castaño   ___ moreno   ___ pelirrojo   ___ teñido   ___ calvo   ___ canoso
Carácter: ___ organizado/a   ___ serio/a   ___ callado/a   ___ sensible   ___ honesto/a
        ___ tímido/a   ___ interesante   ___ simpático/a   ___ gastador/a   ___ chistoso/a
        ___ extrovertido/a   ___ humilde

Inteligencia: ___ alta   ___ normal   ___ baja
¿Hablas español? ___ muy bien   ___ un poco   ___ no
¿Hablas otras lenguas? ___ sí   ___ no

TRABAJO: ___ sí ___ no   **Licencia de conducir:** ___ sí ___ no

PASATIEMPOS:

Viajar: ___ sí ___ no   Leer: ___ sí ___ no
Deportes: ___ fútbol   ___ básquetbol   ___ coches/motos   ___ natación
        ___ atletismo   ___ gimnasia   ___ artes marciales   ___ esquí
        ___ deportes acuáticos   ___ golf   ___ fútbol americano   ___ tenis
        ___ boxeo   ___ ciclismo   ___ patinaje   ___ otros deportes
        ___ no me gusta hacer deporte

Fin de semana ideal: ___ cine/teatro   ___ ir a la discoteca   ___ ir a restaurantes
        ___ montaña   ___ playa   ___ ir de compras

Música preferida: ___ clásica   ___ pop/rock en general   ___ de los años 60–70
        ___ de los años 80   ___ jazz   ___ rock duro/heavy
        ___ New Age   ___ tradicional/popular   ___ salsa/música latina
        ___ No me gusta la música

¿Sabes cocinar? ___ sí ___ no

HORÓSCOPO: ___ Aries   ___ Tauro   ___ Géminis   ___ Cáncer   ___ Leo   ___ Virgo
        ___ Libra   ___ Escorpio   ___ Sagitario   ___ Capricornio   ___ Acuario   ___ Piscis

NOTAS ADICIONALES:
_____
_____

Paso 2   Escribe por lo menos **cuatro** oraciones sobre tu hombre/mujer ideal. Usa por lo menos **cuatro** descripciones de características físicas y personales de él o ella.

MODELO   *Mi hombre/mujer ideal tiene el pelo corto y las pestañas largas…*

Paso 3   Ahora haz una descripción de ti mismo/a. Usa por lo menos **cuatro** descripciones de características físicas y personales tuyas. Después, comparte las descripciones con un/a compañero/a.

MODELO   *Mi apariencia no es nada extraordinaria. No tengo ni bigote ni barba. Soy callado y un poco serio. No soy grosero…*

2 GRAMÁTICA

01-11 to 01-14   ¡Hola! Spanish Tutorial

Algunos verbos como *gustar*

Expressing feelings and reactions

In **Capítulo Preliminar A,** you reviewed the verb **gustar.**

Some other verbs that have a similar structure to **gustar** in Spanish are:

• **caer bien/mal**	*to like/to dislike someone*
A Javier **le cae** muy **bien** Pilar.	*Javier likes Pilar a lot.*
Me caen mal las personas egoístas.	*I dislike self-centered people.*
• **parecer**	*to seem; to appear*
Me parece que José tiene un carácter agresivo.	*It seems to me that José has an aggressive personality.*
¿Qué **te parece** este tatuaje?	*How do you like this tattoo? (How does this tattoo seem to you?)*
• **interesar**	*to interest*
A ellos **les interesa** mucho la cirugía plástica.	*They are very interested in plastic surgery. / Plastic surgery interests them a lot.*
¿A quién **le interesa** solo el aspecto físico de las personas?	*Who is only interested in a person's physical characteristics?*
• **quedar**	*to have something left*
Nos queda un dólar.	*We have one dollar left.*
Me quedan dos años para graduarme.	*I have two more years (left) until I graduate.*
• **faltar**	*to need; to lack*
Me faltan dos dólares (Necesito dos dólares).	*I need two dollars.*
Me faltan dos cursos para graduarme (Necesito dos cursos para graduarme).	*I still need two courses to graduate.*

Additional verbs like **gustar** include:

encantar	*to love; to like very much*	**importar**	*to matter; to be important*
fascinar	*to fascinate*	**molestar**	*to bother*
hacer falta	*to need; to be lacking*		

1-6   Me cae bien Túrnense para crear oraciones con los verbos como **gustar.** ■

MODELO   caer mal / las personas / presumido / (a mí)
           Me caen mal las personas presumidas.

1. caer bien / gente / educado / (a nosotros)
2. caer mal / personas / grosero / (a ellos)
3. importar / canas / (a ella)
4. encantar / hombres / calvo / (a mí)
5. ¿parecer mal / profesores / despistado? / (a ti?)
6. fascinar / pelo / corto / (a Rafael)
7. no interesar / personas / gastador / (a nosotros)

1-7   Combinaciones Usando elementos de las tres columnas, escribe **seis** oraciones diferentes. Después, comparte las oraciones con un/a compañero/a. Túrnense. ■

MODELO   a mí   fascinar   estudiar español
           A mí me fascina estudiar español.

A	B	C
a mí	(no) caer bien/mal	el fútbol americano
a mis amigos	(no) importar	los bigotes
a mi hermano y a mí	(no) fascinar	un amigo despistado
a ti	(no) parecer bien/mal	cinco dólares
a mis padres	(no) quedar	los profesores chistosos
a usted	(no) faltar	estudiar español

1-8 **Sus opiniones** Los psicólogos nos dicen que formamos opiniones al mirar a una persona. Es hora de dar sus opiniones e impresiones. Usen los siguientes verbos: ■

(no) caer bien/mal	(no) encantar	(no) fascinar	(no) interesar

Paso 1   Túrnense para compartir sus opiniones sobre las personas que aparecen en las fotos.

MODELO   *No me cae bien la mujer con los tatuajes. Es muy seria.*

Paso 2   Repite lo que tu compañero/a dijo.

MODELO   *A mi compañero de clase no le cae bien la mujer con los tatuajes porque es muy seria.*

Workbooklet

1-9 **Firma aquí** Busca a un/a compañero/a de clase que pueda responder **sí** a cada una de las siguientes preguntas. Al responder afirmativamente, la persona necesita firmar el cuadro. ■

MODELO   fascinar el pelo rizado

E1: *Ana, ¿te fascina el pelo rizado?*

E2: *No, no me fascina el pelo rizado.*

E1: *Tom, ¿te fascina el pelo rizado?*

E3: *Sí, me fascina el pelo rizado.*

E1: *Muy bien. Firma aquí, por favor.*

¿A QUIÉN... ?	FIRMA
1. fascinar el pelo rizado	*Tom*
2. caer bien las personas despistadas	
3. fascinar los hombres con barba	
4. parecer bien salir con personas tacañas	
5. molestar los frenos	
6. interesar los tatuajes	
7. importar el aspecto físico de una persona	

NOTAS CULTURALES

¿Hay un hispano típico?

01-15

¿Cómo puede ser? Los hispanos son producto de las civilizaciones europeas, indígenas, africanas y asiáticas: una rica mezcla (*mixture*) de muchos grupos diferentes. Hay hispanos de pelo castaño, piel oscura y ojos negros, y también los hay de pelo rubio, piel blanca y ojos azules. La comida en los países hispanohablantes es tan variada como la gente. Comer en un restaurante mexicano en España es tan exótico como hacerlo en Argentina. Para los españoles, es un restaurante étnico con comida típica de México —igual (*the same*) que para nosotros aquí en los Estados Unidos.

Muchas veces la gente conoce sólo a una o a dos personas de habla española y piensa que *todas* son iguales. En realidad, todos tienen su propia cultura y muchas veces una gran variedad de características físicas y personales. ¿Hay un *hispano* típico? Del mismo modo, también podemos preguntarnos: ¿hay un *estadounidense* típico?

Preguntas

1. ¿Los hispanohablantes son una mezcla de qué civilizaciones?
2. ¿Los estadounidenses son una mezcla de qué civilizaciones?
3. ¿Por qué es imposible describir a un estadounidense y a un hispano típico?

1-10   **¿Qué te parece?**   Entrevista a **tres** compañeros de clase para descubrir más información sobre ellos. ■

1. ¿Cuántos años te faltan para graduarte?
2. ¿Qué tipo de profesor/a te cae bien? (e.g., personalidad, características, etc.)
3. ¿Qué les molesta a tus profesores?
4. ¿Qué te fascina hacer en tu tiempo libre?
5. ¿Qué les interesa a tus amigos? ¿A tus padres?
6. ¿Te importa el dinero?

 ¡Anda! Curso elemental, Capítulo 1. Los adjetivos descriptivos, Apéndice 3; Capítulo 2. Las emociones y los estados, Los deportes y los pasatiempos; Capítulo 5. El mundo de la música, El mundo del cine, Apéndice 2.

1-11   **A conocerlo/a mejor**   ¿Conocen bien a su profesor/a? Adivinen (*Guess*) sus posibles respuestas a las siguientes preguntas. Después, su profesor/a les va a dar las respuestas correctas. ■

1. ¿Qué le gusta más de ser profesor/a?
2. ¿Qué cualidades le parecen buenas en un estudiante?
3. ¿Le interesa viajar a un país hispanohablante este verano? ¿A dónde le interesa ir?
4. ¿Qué le fascina hacer en su tiempo libre?
5. ¿Qué aspectos le encantan de la vida universitaria?

ESCUCHA

01-16 to 01-17

Un programa de televisión cómico

Estrategia

Predicting content and guessing meaning

There are many ways that we can **anticipate** what we are going to hear before we even hear it! For example, we may be walking past the television and see an image of two people about to kiss. We can **predict** that we will probably hear tender words between two people in love. If we hear two children crying, we can perhaps **anticipate** words of a confrontation or that they have been injured. Then, based on the context, we can **guess the meanings** of unknown or unfamiliar words. Using *visual* and *sound cues* is important to help **predict/anticipate content**. **Guessing** meaning is an equally important tool to help us determine what we hear.

1-12 **Antes de escuchar** A Adriana le encanta ver un programa de televisión sobre solteros que buscan a sus parejas ideales. El programa se llama "Una cita inolvidable" (*An Unforgettable Date*). ■

La soltera (*bachelorette*) les va a hacer preguntas a los tres solteros para averiguar cómo son y cómo son sus mujeres ideales.

Basándote en el dibujo, ¿cómo crees que son estos hombres? Describe a cada uno.

Soltero #1 _____

Soltero #2 _____

Soltero #3 _____

1-13 **A escuchar** Escucha el programa de televisión. ■

Paso 1   La primera vez que lo escuches, trata de predecir las respuestas de cada soltero. Escoge la palabra que mejor describe a cada soltero.

Soltero #1:   a. sensible   b. presumido   c. callado

Soltero #2:   a. grosero   b. tímido   c. introvertido

Soltero #3:   a. egoísta   b. gastador   c. agradable

Paso 2   La segunda vez que lo escuches, adivina lo que significan las siguientes palabras.

Soltero #1:   reino, espejito

Soltero #2:   cerveza

Soltero #3:   conviene

 1-14 **Después de escuchar** Escucha por tercera vez y haz una lista de todas las palabras que describan a cada soltero. Luego, compara tu lista con la de un/a compañero/a. ■

¿Cómo andas? I

	Feel confident	Need to review
Having completed **Comunicación I,** I now can . . .		
• describe myself and others in detail. (p. 34)	☐	☐
• avoid repetition and clarify meaning. (MSL)	☐	☐
• express feelings and reactions. (p. 39)	☐	☐
• examine stereotypes and the idea of a "typical" Hispanic. (p. 42)	☐	☐
• predict content and guess meaning. (p. 44)	☐	☐

Comunicación II

01-18 to 01-20

Algunos estados Conveying personal descriptors

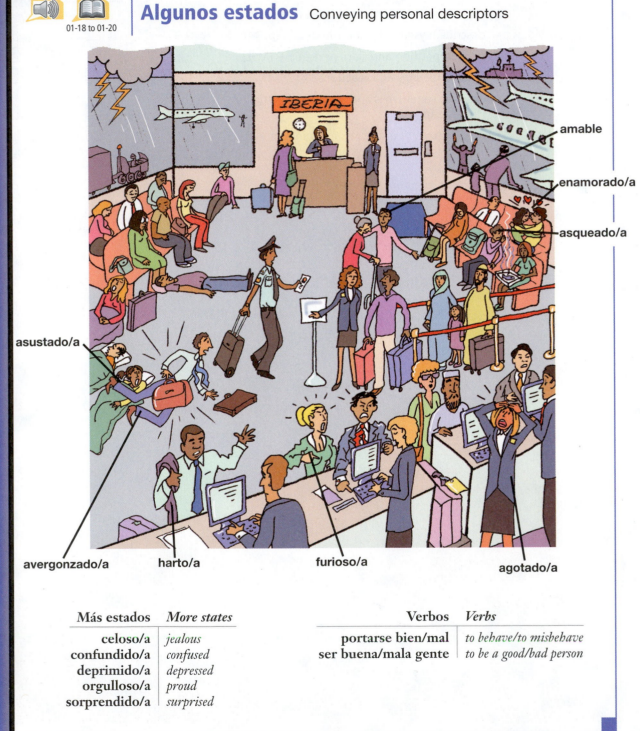

amable

enamorado/a

asqueado/a

asustado/a

avergonzado/a   harto/a   furioso/a   agotado/a

Más estados	More states
celoso/a	*jealous*
confundido/a	*confused*
deprimido/a	*depressed*
orgulloso/a	*proud*
sorprendido/a	*surprised*

Verbos	Verbs
portarse bien/mal	*to behave/to misbehave*
ser buena/mala gente	*to be a good/bad person*

REPASO

Repaso & Spanish/English Tutorials

01-21 to 01-24

El pretérito Speaking and writing about past events

For a complete review of the preterit, go to MySpanishLab or refer to **Capítulo 7** of *¡Anda! Curso elemental* in Appendix 3 of your textbook. The vocabulary activities that appear in your textbook incorporate this grammar point. Practicing new vocabulary with a review grammar point helps to strengthen and increase your knowledge of Spanish.

¡Anda! Curso elemental, Capítulo 1. Los adjetivos descriptivos, Apéndice 3.

1-15 La pirámide Con un/a compañero/a, escuchen las instrucciones de su profesor/a y practiquen el vocabulario nuevo jugando a la pirámide. ■

MODELO E1: *Es un sinónimo de enojado.*
E2: *¿Asqueado?*
E1: *No, empieza con la letra f.*
E2: *¿Furioso?*
E1: *¡Correcto! ¡Excelente!*

1-16 Asociación libre ¿Qué emociones asocian con las siguientes situaciones? Túrnense para crear oraciones. ■

MODELO antes de un examen
E1: *Me siento confundido.*
E2: *Me siento confiada.*

1. estar en un grupo de personas que no conoces bien
2. trabajar con una persona floja
3. estudiar para un examen de matemáticas
4. estar con la persona que más quieres
5. después de terminar la tarea para la clase de español

1-17 La televisión nos controla Estamos bombardeados con información sobre la gente famosa en la televisión. Túrnense para crear oraciones sobre lo que vieron y cómo se sintieron usando **el pretérito.** ■

MODELO Pink / estrenar (*show for first time*) / tatuajes / nuevo. Sentirme /_____.

Pink estrenó unos tatuajes nuevos. Me sentí celosa.

1. Raquel Welch y Lady Gaga / llevar / peluca / diferente. Sentirme / _____.
2. Javier Bardem y Ricky Martin / afeitarse / barba / y bigote. Sentirme / _____.
3. Cristina Saralegui / discutir / algo muy serio. Sentirme / _____.
4. Los niños de Angelina Jolie y Brad Pitt / portarse mal. Sentirme / _____.
5. Al Pacino / mostrar / cicatriz / grande. Sentirme / _____.

¡Anda! Curso
elemental, Capítulo 8.
Las construcciones
reflexivas, Apéndice 3.

Workbooklet

1-18   De niño/a   Tenemos muchos recuerdos sobre las cosas que
nos pasaron de niños. ■

Paso 1   Entrevista a **cuatro personas** para saber a quiénes les pasaron los siguientes
sucesos (*events*) y cómo se sintieron.

MODELO   no probar (*try*) pescado
   E1:   *¿No probaste el pescado?*
   E2:   *No, no lo probé porque me sentí asqueada. Ahora me gusta.*

¿QUIÉN... ?	E1	E2	E3	E4
1. compartir (*share*) sus cosas				
2. ayudar a personas mayores				
3. leer su primer libro antes de ir a la escuela primaria				
4. no probar pescado				
5. romper un juguete de su hermano/a o mejor amigo/a				

Paso 2   Comparte las respuestas de tus compañeros con los otros estudiantes
de la clase.

MODELO   *Cuando eran niñas, Mayra y Carmen ayudaron a personas mayores.*
   Sus padres se sintieron muy orgullosos de ellas...

1-19   Mi mejor característica   Un periodista te entrevista para el
nuevo programa de televisión ¡*Tipazo!* para averiguar tus mejores características.
Contesta y justifica tus respuestas. Túrnense. ■

MODELO   E1:   *¿Nos puedes decir cuáles son tus mejores características?*
   E2:   *Una de mis mejores características es que soy una persona generosa —con mi*
   dinero, con mi tiempo y con mis emociones...

4 GRAMÁTICA

01-25 to 01-29 Spanish/English Tutorials

El presente perfecto de indicativo
Indicating what someone *has* done

¿Has oído los comentarios chistosos de Jorge?

No, pero me han dicho que son muy divertidos.

In Spanish, as in English, the **present perfect** is used to refer to what someone *has* or *has not* done.

*I **have met** the man of my dreams.*

*We **have decided** to get married!*

He conocido al hombre de mis sueños.

¡Hemos decidido casarnos!

- In Spanish, the *present perfect*, **el presente perfecto de indicativo,** is formed with the present form of the verb *haber* and the **past participle.**

Note: In the present perfect, the past participle does **not** agree in number and gender with the subject.

	Present tense of *haber*	Past participle -ar: hablar	-er: conocer	-ir: decidir
yo	**he**	habl**ado**	conoc**ido**	decid**ido**
tú	**has**	habl**ado**	conoc**ido**	decid**ido**
Ud.	**ha**	habl**ado**	conoc**ido**	decid**ido**
él, ella	**ha**	habl**ado**	conoc**ido**	decid**ido**
nosotros/as	**hemos**	habl**ado**	conoc**ido**	decid**ido**
vosotros/as	**habéis**	habl**ado**	conoc**ido**	decid**ido**
Uds.	**han**	habl**ado**	conoc**ido**	decid**ido**
ellos/as	**han**	habl**ado**	conoc**ido**	decid**ido**

Me he sentido un poco deprimida recientemente.

I have felt a little depressed lately.

Nos ha admitido que es un hombre celoso.

He has admitted to us that he is a jealous man.

Mi madre **ha decidido** no teñirse el pelo.

My mother has decided not to dye her hair.

Tus hermanos siempre **han sido** muy buena gente.

Your brothers have always been good people.

Nuestros sobrinos nunca **se han portado** muy bien.

Our nephews have never behaved very well.

Hemos sorprendido a tus padres con las buenas noticias.

We have surprised your parents with the good news.

(continued)

- Some past participles have irregular forms. They include:

Infinitivo	Participio	
abrir *(to open)*	**abierto**	*He abierto la puerta.*
escribir *(to write)*	**escrito**	*Te han escrito un email.*
decir *(to say)*	**dicho**	*Mis padres siempre me han dicho la verdad.*
hacer *(to do; to make)*	**hecho**	*¿Has hecho la tarea para hoy?*
morir *(to die)*	**muerto**	*Su perro ha muerto.*
poner *(to put; to place)*	**puesto**	*He puesto tus libros en la mesa.*
resolver *(to solve)*	**resuelto**	*Mi profesora ha resuelto el problema.*
romper *(to break)*	**roto**	*He roto mis lentes.*
ver *(to see; to watch)*	**visto**	*¿Has visto el tatuaje de Juan?*
volver *(to return)*	**vuelto**	*Mis padres han vuelto de su viaje a Lima.*

- Finally, object and reflexive pronouns (**me, te, lo, la, nos, los, las, le, les, se**) *always* come **before** forms of **haber.**

No **me lo** han dicho.   *They haven't told me about it.*
Se ha ido.   *She has left.*
¿**Nos las** has traído?   *Have you brought them for us?*

1-20 **Batalla** Haz un cuadro de **nueve** espacios. Llénalos con **nueve** verbos diferentes con las formas indicadas en **el presente perfecto de indicativo.** Pregúntense si tienen los verbos. La primera persona con tres **X** gana. Repitan el juego con verbos diferentes. ∎

acabar (yo)	conocer (ella)	dar (nosotros)	decir (tú)
hacer (ellas)	oír (yo)	poner (Ud.)	querer (Uds.)
salir (nosotros)	traer (yo)	venir (ella)	ver (ellas)

MODELO   E1: ¿Tienes *has dicho*?

E2: No, no tengo *has dicho*.
¿Tienes *ha venido*?

E1: Sí, tengo *ha venido*…

1-21 Así es él Gabriela tiene la oportunidad de ver a su amigo Ignacio. Hace mucho tiempo que no lo ha visto. Túrnense para completar la conversación entre ellos con **el presente perfecto de indicativo.** ◼

GABRIELA: ¡Hola, Ignacio! ¿Qué tal (1. estar) _____ ? ¡Cuánto tiempo! Tú no (2. cambiar) _____ en absoluto. Te ves igual. ¿Qué (3. estar) _____ haciendo?

IGNACIO: ¡Es obvio que tú no (4. hablar) _____ con mi mamá! Se lo está diciendo a todos porque está muy orgullosa: hace seis meses que trabajo como consejero de jóvenes. Otros dos colegas nuevos y yo (5. conocer) _____ a mucha gente interesante en estos últimos meses. Por ejemplo, (6. tener) _____ que aconsejar (*counsel*) a jóvenes que no (7. portarse) _____ bien en la escuela, a otros que (8. ser) _____ flojos en sus trabajos y a otros que (9. tener) _____ problemas en casa. El trabajo es difícil pero me fascina. ¿Qué (10. hacer) _____ tú?

GABRIELA: Yo escribo artículos para nuestro periódico en los que (11. poder) _____ utilizar todo lo que aprendí en mis clases de psicología. Los otros reporteros y yo (12. escribir) _____ historias sobre gente amable, generosa y honesta. Hoy vas a leer un reportaje de dos de mis colegas que (13. resolver) _____ un caso de unas personas que (14. maltratar) _____ a unos ancianos en varias ocasiones. ¡Qué mundo es este! ¿Verdad?

IGNACIO: Es verdad, Gabriela. Oye, ¡mira! Allí está José Luis. No lo (15. ver) _____ en por lo menos seis meses. Oye, José Luis, ven acá. Tanto tiempo…

1-22 Un día típico para ti Todos los días ocurren muchas cosas y siempre hay mucho que hacer. ◼

Paso 1 Túrnense para decir lo que ha pasado y lo que no ha pasado hoy.

1. ¿Has arreglado tu cuarto?
2. ¿Has terminado la tarea para mañana?
3. ¿Tus amigos te han escrito mensajes en Facebook?
4. ¿Tus amigos y tú han almorzado ya?
5. ¿Has ido a la biblioteca hoy?

Paso 2 Prepara un resumen de sus respuestas para compartir con otros estudiantes de la clase.

MODELO *Clara y yo hemos arreglado nuestros cuartos, pero nuestros compañeros no han lavado los platos…*

To use past participle as verb... o/a ending (handwritten)

¡Anda! Curso elemental, Capítulo 8.
Las construcciones reflexivas,
Apéndice 3.

¡Anda! Curso intermedio, Capítulo
Preliminar A. Las construcciones
reflexivas, pág. 22.

1-23 ¿Cómo lo han pasado? Todo el mundo reacciona de manera diferente en
situaciones distintas. Túrnense para explicar cómo han reaccionado estas personas en las siguientes
situaciones. Pueden usar los verbos de la lista. ■

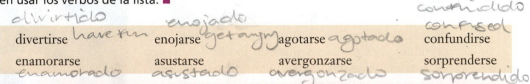

divertirse *have fun*	enojarse *get angry*	agotarse *agotado*	confundirse
enamorarse	asustarse	avergonzarse	sorprenderse

(handwritten above list: *divertido*, *enojado*, *convidido / confused*, *enamorado*, *asustado*, *avergonzado*, *sorprendido*)

Estrategia

Words that are related or similar but are different parts of speech are known as *word families*. For example, the verb
avergonzarse is like *avergonzado/a*, which you have learned. What do you think *avergonzarse* means, based on the
meaning of *avergonzado/a*? Using the concept of word families will help you increase your vocabulary.

Mi padre   Mis padres   Mis amigos y yo   Yo

MODELO   *Yo me he divertido mucho cuando he ido a los parques de atracciones. He comido mucho y…*

(handwritten: *he →, Nos hemos sorprendido, Estamos sorprendidos, sorprendidos*)

1-24 Lo que yo he hecho En grupos de cuatro o cinco estudiantes,
túrnense para decir una cosa que ha hecho cada persona del grupo en las siguientes
situaciones. ■

MODELO   servir a la comunidad
               He sido voluntaria en un hospital.

1. servir a la comunidad   3. hacer una cosa tonta   5. hacer una cosa atrevida
2. molestar a mis padres   4. ayudar a tu familia   6. resolver un problema

1-25 Así soy yo Descríbete a una persona que no
te conoce usando **el presente perfecto de indicativo**. Usa las
preguntas que siguen para crear por lo menos **ocho** oraciones.
Después, comparte la descripción con **cinco** compañeros. ■

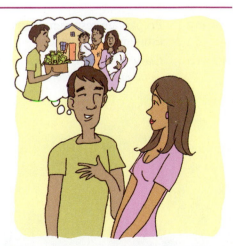

- ¿Qué has hecho en tu vida?
- ¿Qué tipo de persona has sido en tu vida?
- ¿Qué te ha interesado?
- ¿Qué tipo de personas te han caído bien o mal?
- ¿Qué te ha fascinado?

MODELO   *Siempre he sido una persona muy amable. Me he portado bien y
               soy buena gente. No me han caído bien las personas flojas…*

5 VOCABULARIO

♻ ¡Anda! Curso elemental, Capítulo 1. La familia, Apéndice 2.

01-30 to 01-33

La familia Sharing information about your family

los gemelos

la mujer

la bisabuela

el bisabuelo

el padrino

el ahijado

el marido

el viudo

la viuda

la ahijada

la madrina

Otros parientes	Other relatives	Las etapas de la vida	Stages of life
el cuñado/ la cuñada	brother-in-law/ sister-in-law	la adolescencia	adolescence
el hermanastro/ la hermanastra	stepbrother/ stepsister	la jubilación	retirement
el hijastro/la hijastra	stepson/stepdaughter	la juventud	youth
el hijo único/la hija única	only child	la muerte	death
la nuera/ el yerno	daughter-in-law/ son-in-law	el nacimiento	birth
la pareja	couple; partner	la niñez	childhood
el pariente	relative	la vejez	old age
el sobrino/la sobrina	nephew/niece		
el suegro/ la suegra	father-in-law/ mother-in-law		

(continued)

Fíjate

The words *anciano* and *soltero* use the verb *ser*. All of the other adjectives use *estar*.

Adjetivos	*Adjectives*
anciano/a	*elderly*
casado/a	*married*
divorciado/a	*divorced*
embarazada	*pregnant*
soltero/a	*single (not married)*

Verbos	*Verbs*
casarse	*to marry; to get married*
divorciarse	*to divorce; to get divorced*
envejecer	*to grow old; to age*
nacer	*to be born*
recordar (o → ue)	*to remember; to remind*
separarse	*to separate; to get separated*

1-26 **¿Quiénes son?** Túrnense para describir las relaciones entre las siguientes personas. Usen todo el vocabulario nuevo posible en las descripciones. ■

MODELO   *Mariela es la nuera de Luis y Gloria y la hija de…*

¡Anda! Curso elemental, Capítulo 1. La familia, Apéndice 2; Capítulo 2. La formación de preguntas y las palabras interrogativas; Capítulo 8. Las construcciones reflexivas, Apéndice 3.

1-27 Seamos creativos Este verano, Alberto se reunió con su familia en Costa Rica. Túrnense para hacerle preguntas (E1) y formar las respuestas de Alberto (E2) usando **el pretérito.** ■

MODELO   nacer / bisabuelos (Buenos Aires, Argentina)

E1: *¿Dónde nacieron tus bisabuelos?*

E2: *Mis bisabuelos nacieron en Buenos Aires, Argentina.*

1. tus suegros / divorciarse (sí, en mayo)
2. separarse / el año pasado (hermana y su marido)
3. compartir (Uds.) / historias / la juventud (sí)
4. nietos / dormirse (en la casa / los abuelos)
5. divertirse / los parientes (sí, mucho)

1-28 Un poco personal Túrnense para hacerse las siguientes preguntas sobre sus familias y sus parientes. ■

MODELO   ¿Cómo se llaman tus ahijados?

E1: *No tengo ahijados.*

E2: *Yo sí tengo una ahijada; se llama Adriana.*

1. ¿Cuándo y dónde naciste?
2. ¿Cuándo y dónde nacieron tus padres, tus abuelos y tus bisabuelos?
3. ¿Tienes hermanastros? ¿Cuántos?
4. ¿Eres hijo/a único/a?
5. ¿Conoces a un/a hijo/a único/a?

1-29 **La familia real** Túrnense para describir a la familia real española usando el árbol geneológico parcial. Incluye por lo menos **cinco** personas y relaciones entre las tres generaciones. ■

MODELO E1: *El rey de España, Juan Carlos I, nació en el año 1938. Es hijo de Juan de Borbón y Mercedes. Se casó con…*

E2: *Juan de Borbón es el abuelo de…*

D. Juan de Borbón, 1913–1993   Doña Mercedes, 1910–2000

Rey Juan Carlos, 1938   Reina Sofía, 1938

Infanta Elena Duquesa de Lugo, 1963   Leticia Princesa de Asturias, 1972

Infanta Cristina Duquesa de Palma, 1965   Felipe Príncipe de Asturias, 1968

1-30 **A ver si encuentras…** Es hora de entrevistarse. ■

Workbooklet

Paso 1 Forma preguntas en **el pretérito** según el modelo.

MODELO conocer a tus bisabuelos

E1: *¿Conociste a tus bisabuelos?*

Paso 2 Busca a algún/alguna compañero/a que responda (*answers*) afirmativamente.

MODELO E1: *¿Conociste a tus bisabuelos?*

E2: *No, no conocí a mis bisabuelos.*

E1: *¿Conociste a tus bisabuelos?*

E3: *Sí, conocí a mis bisabuelos.*

E1: *Bueno, firma aquí, por favor.*

E3: *Janet*

recibir una herencia (*inheritance*) monetaria de tus bisabuelos	divorciarse unos amigos el año pasado	aprender algo importante de tus abuelos
casarse el año pasado	nacer en otro estado	visitar a tus primos la semana pasada
divertirse durante la niñez	ir de vacaciones con tus parientes el año pasado	conocer a tus bisabuelos

PERFILES

01-34

Familias hispanas

La familia es muy importante en la cultura hispana. Frecuentemente, es el centro de muchas actividades sociales y culturales. Siempre ha sido el núcleo de apoyo (*support*) para el individuo hispano. Aquí tienes diferentes representantes de la familia hispana.

Pío de Jesús Pico La familia Pico —con sangre africana, indoamericana y europea— fue muy poderosa (*powerful*) políticamente en la historia de California. Pío de Jesús Pico (1801–1894) fue el último gobernador mexicano de Alta California. El Pico Boulevard en Los Ángeles fue nombrado en su honor.

Isabel Allende (n. 1942) pasó su niñez en Chile. Es una de las autoras latinas más conocidas; emplea elementos del realismo mágico en sus novelas. Ha vivido en diferentes países y ahora vive en los Estados Unidos. Algunas de sus obras se basan en sus experiencias familiares. Su tío fue Salvador Allende, el presidente de Chile entre los años 1970 y 1973.

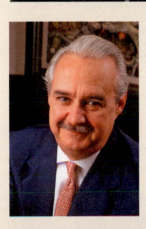

Lorenzo Zambrano Treviño (n. 1945) figura en la lista de *Forbes* de los hombres más ricos del mundo. Desde el año 1995 es el presidente de la compañía mexicana CEMEX, fundada por su abuelo y productora importante de cemento. El Sr. Zambrano empezó a trabajar en CEMEX en el año 1968 y ha trabajado en muchos puestos diferentes en la compañía.

Preguntas

1. ¿Por qué son importantes estas personas?
2. ¿Qué papel tiene la familia para estas personas?
3. Compara tu familia con una de éstas. ¿En qué son semejantes y en qué son diferentes?

1-31 **¡Feliz cumpleaños!** ¿Has ido a una fiesta de cumpleaños recientemente? ¿Hablaste con unos parientes? Selecciona (¡o inventa!) a dos personas de tu familia y descríbele a un/a compañero/a lo que descubriste sobre sus vidas. Debes usar **el pretérito** cuando puedas. ■

MODELO   *El cumpleaños de mi ahijado fue el mes pasado. Me dijeron que mi hermanastro Guillermo empezó un trabajo nuevo hace dos meses…*

¡CONVERSEMOS!

01-35 to 01-36

ESTRATEGIAS COMUNICATIVAS Employing greetings and farewells

You have already learned basic greetings and farewells such as **Hola, ¿cómo estás?**, and **Hasta luego.** Here are some additional expressions.

 ¡Anda! Curso elemental, Capítulo Preliminar A. Saludos, despedidas y presentaciones, Apéndice 2.

Saludos
- ¿Cómo / Qué tal amaneció usted / amaneciste?
- (Muy) Buenas.
- ¡(Qué) Gusto de verlo/la/te.
- ¿Qué hay (de nuevo)?
- ¿Qué me cuenta/s?

Greetings
How are you this morning?
Hello.
How nice to see you!
What's up / new?
What do you say? / What's up?

Despedidas
- Chao.
- Cuídese / Cuídate.
- Gusto en verlo/la/te.
- Hasta la próxima.
- Nos vemos.
- Saludos a (nombre) / a todos por su/tu casa.
- Que le/te vaya bien.

Farewells
Bye.
Take care.
Nice to see you.
Till next time.
See you. (literally, "we'll see each other")
Say hi to (name) / everyone at home.
Take care.

 1-32 **Diálogos** Escucha los diálogos y contesta las siguientes preguntas. ■

1. ¿Cómo se saludan y se despiden Nines y Amalia, dos amigas?
2. ¿Cómo se saludan las Sras. Valdés y Lobo, dos personas que no se conocen muy bien?
3. ¿Qué otros saludos y despedidas usan Víctor y Paco, otros amigos?

1-33 **¿Cómo nos saludamos y cómo nos despedimos?** Miren las fotos y decidan qué tipo de saludo o despedida es apropiado para cada situación. Luego, inventen un mini-diálogo entre las personas de cada foto para saludarse o despedirse. ■

1-34 **Saludos y despedidas** En grupos de tres, seleccionen una de las siguientes situaciones y escriban un diálogo con un mínimo de **diez** oraciones. ■

1. Unos amigos se encuentran con la novia de uno de ellos en la calle.
2. Otro estudiante y tú llegan a la casa de tu profesor/a de español para cenar y conocen a su pareja por primera vez.
3. Te preparas para salir de la casa de tus tíos después de una visita.
4. Ves a dos vecinos, los saludas, y después de hablar unos minutos, te vas.

1-35 **Una entrevista** Eres presidente del club de aficionados (*fans*) de una estrella de rock y vas a entrevistarlo durante su gira en tu ciudad. Un estudiante hace el papel del presidente y el otro es la estrella de rock. Escriban un diálogo entre ustedes con un saludo y **cuatro** preguntas sobre lo que el músico ha hecho en su gira, lo que le fascina de ser músico y una despedida. ■

MODELO   E1: *Muy buenas.*

           E2: *¿Qué hay?*

           E1: *¿Dónde ha cantado en la gira?*

           E2: *He cantado en las ciudades de…*

           E1: *¿Qué le gusta más de su vida como músico?*

           E2: *Me fascina el dinero, me encanta cantar y me han caído bien los aficionados como tú…*

1-36 **Su historia** En grupos de tres, miren las fotos e inventen una historia de por lo menos **ocho** oraciones sobre cada grupo. Luego, creen un diálogo entre ellos. Incluyan saludos y despedidas apropiados y la siguiente información. ■

1. una descripción de sus apariencias físicas y de sus personalidades
2. la relación entre sí (*among them*)
3. algo que han hecho juntos

MODELO   *La foto es de tres generaciones de una familia: abuela, madre, e hija / nieta…*

ESCRIBE

01-37

📖 Un perfil personal

Good writing is the result of a process involving several steps. Each chapter in *¡Anda! Curso intermedio* will focus on a different strategy.

Estrategia	Organizing ideas around a subject brings them together into a coherent, whole unit for writing. The technique of *mapping* (drawing a graphic organizer showing relationships and/ or connections among ideas, concepts, themes, etc.) can help you organize your ideas	into logical categories that you can then use to begin writing. Try using a map graphic such as the one shown below to organize your thoughts before you begin. First, decide on and label your categories. Then begin to fill in your map with details expanding or explaining each category.
Process writing (Part 1): Organizing ideas		

1-37 **Antes de escribir** Tu escuela secundaria va a tener una reunión y te ha pedido un perfil (*profile*) personal para el libro de recuerdos. De esta manera te puedes reconectar con los compañeros que comparten (*share*) tus intereses. ■

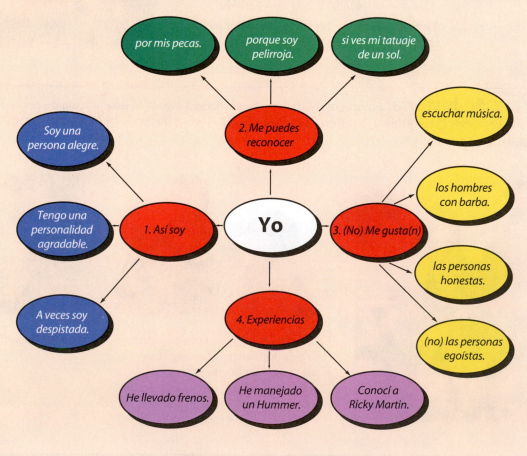

1. Primero, decide sobre las categorías descriptivas que vas a usar (e.g., características físicas, de personalidad, tu edad, los gustos que te describen mejor, etc.). Escribe nombres para cada categoría en tu diagrama. Puedes usar las categorías sugeridas en el modelo en los círculos rojos o algunas semejantes (*similar ones*).
2. Luego, haz una lista de tus características, según (*according to*) las categorías, y escribe una oración para cada una. Pon estas oraciones en el diagrama, bajo las categorías apropiadas y en los círculos apropiados.

1-38 A escribir Ahora, usando los grupos de características que has hecho en el diagrama y las oraciones relacionadas, elabora tu perfil personal. Puedes mencionar algunos detalles de tu familia si quieres. Tu párrafo debe tener por lo menos **seis** oraciones. Hay que usar **por lo menos dos verbos** en **el pretérito** y **por lo menos dos verbos** en **el presente perfecto.** ■

MODELO   *Soy Juana. Nací en California y tengo veinticuatro años; no estoy casada porque todavía soy joven…*

1-39 Después de escribir Entrégale el perfil personal a tu profesor/a. Tu profesor/a lo va a leer a la clase para ver si tus compañeros pueden identificarte. ■

¿Cómo andas? II

	Feel confident	Need to review
Having completed **Comunicación II,** I now can . . .		
• convey personal descriptors. (p. 46)	☐	☐
• speak and write about past events. (MSL)	☐	☐
• indicate what someone *has* done. (p. 49)	☐	☐
• share information about my family. (p. 53)	☐	☐
• discuss well-known families. (p. 57)	☐	☐
• employ appropriate greetings and farewells. (p. 58)	☐	☐
• use the strategy of *mapping* to organize ideas before writing. (p. 60)	☐	☐

Vistazo cultural

RAL • VISTAZO CULTURAL • VISTAZO CULTURAL • VISTAZO CULTURAL • VISTAZO CULTURAL • VISTAZO CULTURAL • VISTAZO CULTURAL • VIST

Lic. Anita Paulino Pavía,
Socióloga

Los hispanos en los Estados Unidos

01-38 to 01-40

Trabajo como socióloga en la ciudad de Chicago. Mi empleo me fascina porque hablo con personas hispanas. Estudio sus características, su cultura y su vida diaria. Vamos a explorar algunos ejemplos de la cultura hispana individual y familiar aquí en los Estados Unidos.

Los Premios Herencia Hispana

Estos premios fueron creados en el año 1987 y la ceremonia de premiación (*awards ceremony*) se celebra cada septiembre en el Kennedy Center en Washington, D.C. Los premios rinden homenaje a muchas personas hispanas que han tenido una gran influencia positiva en los Estados Unidos. Las personas premiadas han sido de muchos campos diversos e incluyen líderes de la juventud.

Óscar Hijuelos

Óscar Hijuelos es hijo de inmigrantes cubanos. Nació en Nueva York en el año 1951 y ahora escribe novelas con temas familiares. Ha ganado varios premios como el Premio Pulitzer por su novela *The Mambo Kings Play Songs of Love* en el año 1990; fue el primer hispano en ganar este premio.

La familia López

La familia López de Texas es *la primera familia* de taekwondo de los Estados Unidos. De herencia nicaragüense, los tres hermanos, Steven, Mark y Diana han practicado el deporte desde la niñez. Los tres hermanos ganaron medallas en los Juegos Olímpicos en el año 2008 en Beijing. Su hermano mayor, Jean, es su entrenador (*trainer*) y está muy orgulloso de su familia.

El Mes de la Herencia Hispana

El Mes de la Herencia Hispana se celebra del 15 de septiembre hasta el 15 de octubre. Las celebraciones tienen lugar en ciudades por todas partes de los Estados Unidos.

El Festival de la Calle Ocho

Cada marzo, hay un festival enorme en la Calle Ocho de la Pequeña Habana de Miami. En veintitrés cuadras (*blocks*) de la ciudad la gran población cubana celebra allí su herencia cultural con comida, baile, música y actividades para los niños y toda la familia.

El Paseo del Río en San Antonio, Texas

Los domingos, la familia puede pasar unas horas agradables en *El Paseo del Río*. Es muy popular hacer una caminata por el paseo. A las familias les encanta andar, pasear en barco, comer en un restaurante al lado del río o simplemente sentarse y mirar a las personas que pasean por allí.

Preguntas

1. Selecciona a una de las familias de las fotos aquí o en la sección de *Perfiles* y descríbela. ¿Cómo es similar y cómo es diferente a tu familia?
2. ¿Cuál de los eventos culturales te gusta más? ¿Por qué?
3. ¿Cuáles son algunas cosas que haces con tu familia?

EPISODIO 1

Laberinto peligroso

01-43 to 01-44

Lectura

Estrategia   Pre-reading techniques: Schemata, cognates, predicting, and guessing

Even before you begin to read something, you are already using many clues that help you understand the passage. For example, by focusing on titles and subtitles and also on any pictures and illustrations and their captions, you begin to guess what the passage might contain. You can also use cognates (words that look like English words and mean the same) and your prior knowledge of the world (schemata) to aid in your predictions.

En el primer episodio de *Laberinto peligroso,* vas a conocer a Javier, a Cisco y a Celia, tres periodistas que se conocen y que están viviendo en la misma ciudad. Ellos todavía no lo saben, pero están a punto de empezar una gran aventura ¡pero puede ser una aventura muy peligrosa!

1-40   **Antes de leer** Completa los siguientes pasos. ■

Paso 1   Mira el título del episodio. Si no sabes los significados de las palabras, consulta el diccionario.

Paso 2   Subraya los cognados que aparecen en el primer párrafo.

Paso 3   Usando los cognados que has identificado y el título, crea una hipótesis sobre el episodio. ¿Qué piensas que va a pasar?

DÍA 1   *¿Periodistas en peligro?*

Javier quería sorprender a sus estudiantes. A todos les interesaba mucho el tema del seminario —los reportajes de investigación— pero Javier pensaba que las clases eran demasiado teóricas. Estaba harto de aburrir a sus estudiantes. Cuando aceptó el trabajo como profesor, fue porque le encantaba ser periodista y porque quería tener un impacto en el mundo. Pero sus clases no le parecían interesantes y quería enseñarlas mejor. Después de reflexionar mucho, llegó a una conclusión: a sus estudiantes les hacía falta una perspectiva más práctica y, por eso, Javier decidió invitar a unos periodistas a la clase para formar un panel de expertos.

Estaba seguro de que su amiga Celia lo iba a ayudar. Acababa de llegar a la ciudad y Javier iba a almorzar con ella ese mismo día. Sabía que la oportunidad también le podía interesar a Cisco, un columnista importante que era muy buena gente. Javier decidió llamarlo por teléfono.

—Aló —Cisco contestó el teléfono con un tono de voz que mostraba que estaba agotado.

—Hola, Cisco, soy Javier. ¿Estás bien? —le preguntó Javier, preocupado.

—Sí, Javier —respondió Cisco con un tono más alegre—. Simplemente he tenido muchos obstáculos y dificultades con una de mis investigaciones. Me ha frustrado un poco. ¿Qué tal tú?

—Bien, aunque he estado muy ocupado con el seminario que estoy enseñando en la universidad. Por eso te llamo; quiero pedirte un favor.

—¿Qué necesitas?

—Ya sabes que respeto mucho tu trabajo y que me encanta tu columna —dijo Javier con un tono más serio—. Quiero que vengas al seminario para hablar sobre tu columna y las investigaciones que haces. Sé que tienes muchas anécdotas interesantes para contar. ¿Qué te parece?

—Me parece muy interesante. Me encanta participar en ese tipo de actividades. Claro que te ayudo.

—Muchísimas gracias, Cisco. ¿Te puedo llamar dentro de unos días para hablar de los detalles?

—Muy bien. Hablamos entonces. Hasta luego, Javier.

—Adiós, Cisco, y gracias de nuevo.

Después de hablar con Cisco, Javier salió para almorzar con Celia. Cuando entró en el café, Celia ya estaba allí.

—Perdóname por llegar tarde, Celia. ¿Llevas mucho tiempo esperándome?

—No, Javier. Hace cinco minutos que llegué. Siéntate. ¿Qué tal estás?

—¿Qué tal estás tú? ¡Cuánto me alegro de tenerte cerca!

a while; period of time —Estoy bien y muy contenta con mi decisión de vivir aquí durante una temporada.° Estaba tan harta de mi trabajo; realmente necesitaba un descanso.

—¿Qué vas a hacer? ¿Tienes muchos planes? —le preguntó Javier.

—No, tengo muy pocos planes. Voy a hacer investigaciones para unos proyectos, y voy a intentar descansar —respondió Celia.

—¿La ex agente federal que siempre ha necesitado estar trabajando ahora quiere "descansar"? ¡No lo creo!

—Créelo. He cambiado mucho desde mis días con el FBI. Pero no he venido aquí para hablar de eso. Cuéntame cosas de ti. ¿Qué tal va el seminario?

—Bien, pero va a ir mejor gracias a ti; como eres tan buena amiga, me vas a hacer un gran favor.

flirtatious —¿Ah, sí? ¿Y qué favor es? —preguntó Celia en un tono insinuante.°

—Vas a venir al seminario como experta invitada para hablar de tus experiencias como investigadora y como periodista. ¿Te gusta la idea?

—Me parece muy bien. Puedes contar conmigo.

Mientras Javier y Celia continuaron conversando y almorzando, Cisco llegó al café al otro lado de la calle y se sentó con una amiga. En ese café, había un hombre que miraba a Javier y a Celia y también a Cisco. Mientras los observaba, sacó un cuchillo.

1-41 **Después de leer** Contesta las siguientes preguntas. ■

1. ¿Cómo se llaman los personajes principales del episodio? ¿Qué sabemos de ellos?
2. ¿Crees que Javier y Cisco son amigos o conocidos (*acquaintances*)? ¿Piensas que Javier y Celia son amigos o conocidos?
3. ¿Cuál(es) de los personajes ha(n) tenido problemas en su trabajo? ¿Qué tipo de problemas ha(n) tenido? ¿Tiene(n) soluciones?
4. ¿Por cuánto tiempo va a estar Celia en la ciudad? ¿Qué planes tiene?
5. ¿Qué ocurrió en el restaurante?

Video

01-45 to 01-46

En la primera lectura conociste a los tres periodistas que van a ser los personajes principales de *Laberinto peligroso*. En el primer episodio del video, vas a conocerlos un poco más en el contexto del seminario de Javier.

1-42 **Antes del video** ¿Has ido alguna vez a una conferencia con un panel de expertos? ¿En qué tipo de lugares hacen las conferencias así? ¿Cómo empiezan normalmente? ■

Antes de ver el video, contesta las siguientes preguntas.

1. ¿Piensas que los periodistas están en peligro? ¿Por qué?
2. ¿Por qué crees que el hombre del restaurante sacó el cuchillo?
3. El video tiene lugar en el seminario que enseña Javier. ¿Qué piensas que vas a descubrir sobre los personajes y sobre su situación?

… me gusta mucho tu nuevo corte de pelo, te queda muy bien.

Me cae muy bien Emilio. Es muy simpático; no es nada presumido sino muy sencillo.

También trabajé en un restaurante, en un spa y he escrito unas novelas… he hecho un poco de todo.

Episodio 1

«¿Puede ser?»

1-43 **Después del video** Completa los siguientes pasos para describir a los personajes principales. ■

Paso 1 Completa cada columna con la información que aprendiste de la lectura y en el video.

JAVIER	CISCO	CELIA
1. *es periodista*	1. *es periodista*	1. *es periodista*
2. *es profesor*	2. *es fuerte*	2. *tiene el pelo largo*
3. …	3. …	3. …

Paso 2 Ahora escribe una descripción de un párrafo sobre uno de los personajes.

LETRAS

Acabas de terminar el primer episodio de **Laberinto peligroso.** Explora más lecturas en la colección literaria, **Letras.**

Y por fin, ¿cómo andas?

Each chapter will end with a checklist like the one that follows. This is the third time in the chapter that you are given the opportunity to check your progress. Use the checklist to measure what you have learned in the chapter. Place a check in the *Feel confident* column of the topics you feel you know, and a check in the *Need to review* column for the topics that you need to practice more.

	Feel confident	Need to review
Having completed this chapter, I now can . . .		

Comunicación I

- describe myself and others in detail. (p. 34) ☐ ☐
- avoid repetition and clarify meaning. (MSL) ☐ ☐
- express feelings and reactions. (p. 39) ☐ ☐
- predict content and guess meaning. (p. 44) ☐ ☐

Comunicación II

- convey personal descriptors. (p. 46) ☐ ☐
- speak and write about past events. (MSL) ☐ ☐
- indicate what someone *has* done. (p. 49) ☐ ☐
- share information about my family. (p. 53) ☐ ☐
- employ appropriate greetings and farewells. (p. 58) ☐ ☐
- use the strategy of *mapping* to organize ideas before writing. (p. 60) ☐ ☐

Cultura

- examine stereotypes and the idea of a "typical" Hispanic. (p. 42) ☐ ☐
- discuss well-known families. (p. 57) ☐ ☐
- consider famous Hispanic families and family events. (p. 62) ☐ ☐

Laberinto peligroso

- apply pre-reading techniques to aid in comprehension while meeting the three protagonists in *Laberinto peligroso*. (p. 64) ☐ ☐
- learn more about how the lives of the protagonists intertwine. (p. 66) ☐ ☐

Comunidades

- use Spanish in real-life contexts. (SAM) ☐ ☐

Literatura

- read and understand a poem using literary terms. (Literary Reader) ☐ ☐

VOCABULARIO ACTIVO 🔊

La cabeza y la cara — *Head and face*

la apariencia	*appearance*
la barba	*beard*
el bigote	*moustache*
las cejas	*eyebrows*
la frente	*forehead*
los labios	*lips*
el lunar	*beauty mark; mole*
la mejilla	*cheek*
el mentón	*chin*
las pestañas	*eyelashes*
la piel	*skin*

El pelo — *Hair*

calvo/a	*bald*
las canas	*gray hair*
castaño	*brunette; brown*
pelo:	*hair:*
canoso, corto, largo, lacio, moreno, rizado	*gray, short, long, straight, black, curly*
pelirrojo/a	*redheaded*
rubio/a	*blond*
pelo teñido	*dyed hair*

Características notables — *Notable characteristics*

la cicatriz	*scar*
los frenos	*braces*
las pecas	*freckles*
la peluca	*wig*
la perforación del cuerpo	*body piercing*
el tatuaje	*tattoo*
la trenza	*braid*

Características personales — *Personal characteristics*

agradable	*agreeable; pleasant*
alegre	*happy; cheerful*
callado/a	*quiet*
chistoso/a	*funny*
(des)organizado/a	*(dis)organized*
despistado/a	*absentminded, scatterbrained*
educado/a / maleducado/a	*polite / impolite; rude*
egoísta	*selfish*
extrovertido/a / introvertido/a	*extroverted / introverted*
flojo/a	*lazy*
gastador/a	*extravagant; wasteful*
generoso/a	*generous*
grosero/a	*rude*
honesto/a	*honest*
pesado/a	*dull, tedious*
presumido/a	*conceited, arrogant*
raro/a	*strange*
sencillo/a	*modest; simple*
sensible	*sensitive*
serio/a	*serious*
tacaño/a	*cheap*
terco/a	*stubborn*
tímido/a	*shy*

Palabra útil — *Useful word*

discapacitado/a	*physically / psychologically handicapped*

Algunos estados — *Some states*

agotado/a	*exhausted*
amable	*nice; kind*
asqueado/a	*disgusted*
asustado/a	*frightened*
avergonzado/a	*embarrassed, ashamed*
celoso/a	*jealous*
confundido/a	*confused*
deprimido/a	*depressed*
enamorado/a	*in love*
furioso/a	*furious*
harto/a	*fed up*
orgulloso/a	*proud*
sorprendido/a	*surprised*

Verbos — *Verbs*

portarse bien / mal	*to behave / to misbehave*
ser buena / mala gente	*to be a good / bad person*

La familia — *Family*

el ahijado/la ahijada	*godson/goddaughter*
el bisabuelo/ la bisabuela	*great-grandfather/ great-grandmother*
el cuñado/la cuñada	*brother-in-law/sister-in-law*
los gemelos	*twins*
el hermanastro/ la hermanastra	*stepbrother/ stepsister*
el hijastro/la hijastra	*stepson/stepdaughter*
el hijo único/ la hija única	*only child*
la madrina/el padrino	*godmother/godfather*
el marido	*husband*
la mujer	*wife*
la nuera/el yerno	*daughter-in-law/son-in-law*
la pareja	*couple; partner*
el pariente	*relative*
el sobrino/la sobrina	*nephew/niece*
el suegro/ la suegra	*father-in-law/ mother-in-law*
el viudo/la viuda	*widower/widow*

Las etapas de la vida — *Stages of life*

la adolescencia	*adolescence*
la jubilación	*retirement*
la juventud	*youth*
la muerte	*death*
el nacimiento	*birth*
la niñez	*childhood*
la vejez	*old age*

Adjetivos — *Adjectives*

anciano/a	*elderly*
casado/a	*married*
divorciado/a	*divorced*
embarazada	*pregnant*
soltero/a	*single (not married)*

Verbos — *Verbs*

casarse	*to marry; to get married*
divorciarse	*to divorce; to get divorced*
envejecer	*to grow old; to age*
nacer	*to be born*
recordar (o → ue)	*to remember; to remind*
separarse	*to separate; to get separated*

2

El tiempo libre

A la gente le gustan los pasatiempos y los deportes que son tan variados como las personas mismas (*themselves*). El fútbol y el béisbol, por ejemplo, son deportes muy populares en los países hispanos. Para muchos, son deportes para practicar y hacer ejercicio, y para otros son pasatiempos para observar y disfrutar (*enjoy*). Hay deportes y pasatiempos para todos los gustos.

PREGUNTAS

1 ¿Cuáles son tus deportes y pasatiempos favoritos?

2 ¿Cuándo y dónde puedes practicarlos?

3 ¿Cuáles son los deportes más populares en los Estados Unidos? ¿Qué deportes se practican en los Estados Unidos y en los países hispanos?

Comunicación I

¡Anda! Curso elemental, Capítulo 2. Los deportes y los pasatiempos, Apéndice 2.

1 VOCABULARIO

02-01 to 02-04

Deportes   Sharing information about sports

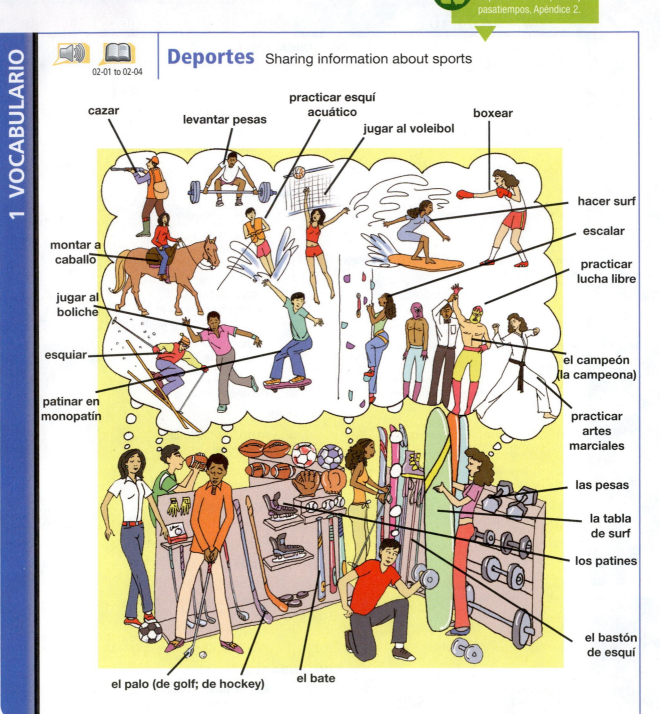

cazar

levantar pesas

practicar esquí acuático

jugar al voleibol

boxear

hacer surf

escalar

practicar lucha libre

montar a caballo

jugar al boliche

esquiar

patinar en monopatín

el campeón (la campeona)

practicar artes marciales

las pesas

la tabla de surf

los patines

el bastón de esquí

el palo (de golf; de hockey)

el bate

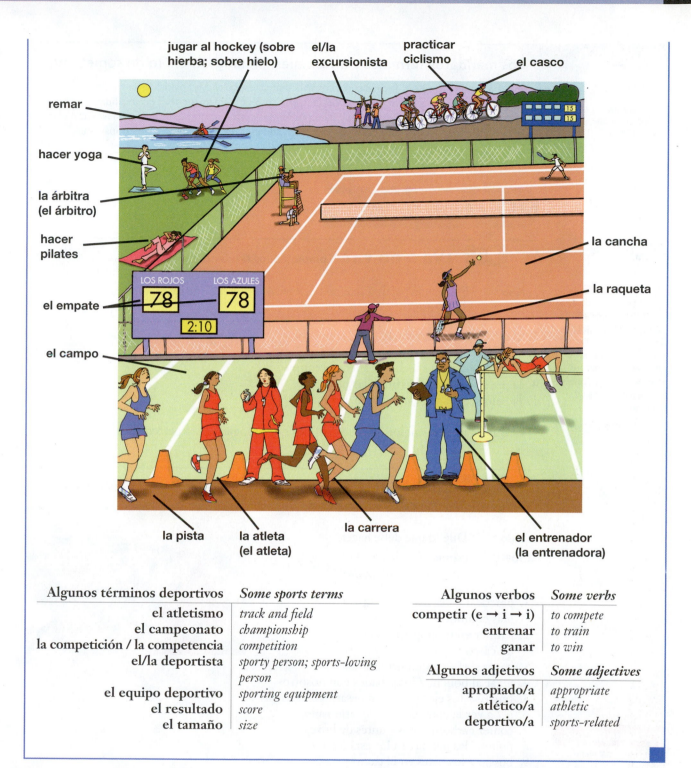

remar

hacer yoga

la árbitra
(el árbitro)

hacer
pilates

el empate

el campo

jugar al hockey (sobre
hierba; sobre hielo)

el/la
excursionista

practicar
ciclismo

el casco

LOS ROJOS   LOS AZULES
78   78
2:10

la cancha

la raqueta

la pista

la atleta
(el atleta)

la carrera

el entrenador
(la entrenadora)

Algunos términos deportivos	*Some sports terms*
el atletismo	*track and field*
el campeonato	*championship*
la competición / la competencia	*competition*
el/la deportista	*sporty person; sports-loving person*
el equipo deportivo	*sporting equipment*
el resultado	*score*
el tamaño	*size*

Algunos verbos	*Some verbs*
competir (e → i → i)	*to compete*
entrenar	*to train*
ganar	*to win*

Algunos adjetivos	*Some adjectives*
apropiado/a	*appropriate*
atlético/a	*athletic*
deportivo/a	*sports-related*

REPASO

Repaso &
Spanish/English
Tutorials

02-05 to 02-10

Los mandatos formales e informales   Telling others to do something

For a complete review of formal and informal commands, go to MySpanishLab or refer to **Capítulo 10** of *¡Anda! Curso elemental* in Appendix 3 of your textbook. The vocabulary activities that appear in your textbook incorporate this grammar point. Practicing new vocabulary with a review grammar point helps to strengthen and increase your knowledge of Spanish.

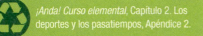

¡Anda! Curso elemental, Capítulo 2. Los deportes y los pasatiempos, Apéndice 2.

2-1   ¿Va o no va? Completen los siguientes pasos. ■

Estrategia

When learning vocabulary, study the list and quickly begin to eliminate the words you already know and the others that you can learn quickly. Focus on the remaining words and phrases for more concentrated study.

Paso 1   Escojan la palabra que no pertenece a cada uno de los siguientes grupos. Túrnense.

1. el atletismo, la carrera, la pista, el boliche
2. el árbitro, la tabla de surf, la raqueta, el bate
3. el entrenador, la cancha, el atleta, el campeón
4. la pista, el palo, los patines, las pesas
5. la pelota, la cancha, el tamaño, la raqueta

Paso 2   Expliquen por qué cada palabra que escogieron no pertenece.

2-2   El entrenador Túrnense para darle instrucciones a un/a atleta, usando **los mandatos informales.** ■

Paso 1   Dile lo que debe hacer.

MODELO   esquiar / en los Andes
Esquía en los Andes.

1. practicar artes marciales / para tener más equilibrio
2. patinar en monopatín / con un casco
3. hacer surf / con un profesional
4. jugar al boliche / los sábados con nosotros
5. repetir / los ejercicios con pesas ligeras (*light*)
6. ir / a ver la competición del atletismo
7. comer carbohidratos / antes de boxear
8. poner / las pelotas en la cesta (*basket*)
9. buscar / los bates en el campo
10. dormir / ocho horas cada noche

Estrategia

Remember that stem-changing verbs in the present indicative will usually reflect those changes in the *Ud.*, *Uds.*, and *tú* commands. What are the commands for *cerrar*, *servir*, and *dormir*?

Paso 2   Ahora dile lo que no deben hacer.

MODELO   esquiar / en los Andes
No esquíes en los Andes.

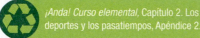

¡Anda! Curso elemental, Capítulo 2. Los deportes y los pasatiempos, Apéndice 2.

Workbooklet

2-3 **Los deportes en la UCA** El semestre que viene vas a estudiar en la UCA (Universidad Católica Argentina). Tienen un gran programa deportivo y quieres participar. ∎

Paso 1 Completa el formulario.

Paso 2 Comparte el formulario con tus compañeros en grupos de tres o cuatro. ¿Van a participar en los mismos deportes? ¿En qué deportes son novatos (*beginners*)? ¿En qué deportes están al nivel recreativo? ¿nivel competitivo? Luego, formen **cuatro mandatos informales** para animar (*encourage*) o desanimar (*discourage*) a sus compañeros.

Fíjate

Remember, to express "with me" you say *conmigo*.

Por favor complete el siguiente formulario para recibir información detallada de las actividades deportivas a realizarse durante el año escolar.

fútbol
___ novato
___ recreativo
___ competitivo

polo
___ novato
___ recreativo
___ competitivo

tenis
___ novato
___ recreativo
___ competitivo

hockey
___ novato
___ recreativo
___ competitivo

voleibol
___ novato
___ recreativo
___ competitivo

golf
___ novato
___ recreativo
___ competitivo

básquetbol
___ novato
___ recreativo
___ competitivo

escuela montaña (escalar)
___ novato
___ recreativo
___ competitivo

natación
___ novato
___ recreativo
___ competitivo

remo
___ novato
___ recreativo
___ competitivo

buceo
___ novato
___ recreativo
___ competitivo

náutica
___ novato
___ recreativo
___ competitivo

MODELO E1: *Joe, no juegues al fútbol. Rema conmigo.*

E2: *Sarah, juega al voleibol conmigo. No escales la montaña...*

¡Anda! Curso intermedio, Capítulo 1. Los pronombres de complemento directo e indirecto y los pronombres reflexivos, pág. 35.

¡Anda! Curso elemental, Capítulo 9. Un resumen de los pronombres de complemento directo, indirecto y reflexivos, Apéndice 3.

2-4 **Te toca a ti** Tienen un primito bien atlético. Túrnense para contestar sus preguntas. En sus respuestas, deben usar **los pronombres de complemento directo.** ∎

Fíjate

In the directions to **2-4**, you see the word *primito*, meaning *little cousin*. The endings *ito/a/s* mean *small/little/cute/ endearing*. How would you say: *My little female cousin? Her little house? Our little books?*

MODELO ¿Puedo escalar el estante de libros? (No)
No, no lo escales.

1. ¿Puedo usar tus patines? (No)
2. ¿Puedo levantar las pesas pequeñas? (Sí)
3. ¿Puedo ponerme tu casco para patinar en monopatín? (No)
4. ¿Puedo practicar artes marciales en tu garaje? (Sí)
5. ¿Puedo comprar unas pelotas de tenis? (Sí)

2-5 **Cosas para hacer y no hacer** Túrnense para formar **mandatos formales** afirmativos y negativos con las siguientes palabras. Pueden usar los siguientes verbos: ■

| apoyar (*to support*) | buscar | comprar | hablar | levantar | llevar | practicar |

MODELO el bastón de esquí (Ud.)
Busque el bastón de esquí. No compre bastones de esquí nuevos…

1. los palos de golf (Ud.)
2. la lucha libre (Uds.)
3. el casco (Uds.)
4. las pesas (Ud.)
5. el equipo (Uds.)
6. la árbitra (Ud.)

¡Anda! Curso elemental, Capítulo 2. Los deportes y los pasatiempos; Capítulo 7. La comida; Capítulo 9. El cuerpo humano, Apéndice 2.

2-6 **Sus consejos** Antonia Novello, nacida en Fajardo, Puerto Rico, fue la primera mujer y la primera hispana en ocupar el puesto de Cirujana General de los Estados Unidos (1990–1993). En una conferencia reciente, le da consejos al público sobre cómo vivir una vida sana y segura. Formen por lo menos **cinco mandatos formales** afirmativos y **tres** negativos que ella podría (*could*) dar. ■

MODELO *Es importante ser activo y es necesario usar el equipo deportivo adecuado. Por ejemplo, compren un casco bueno para practicar ciclismo…*

2-7 **Un deporte para cada quien** Túrnense para darles consejos a unos jóvenes que quieren ponerse en forma. ■

¡Anda! Curso elemental, Capítulo 2. Los deportes y los pasatiempos, Apéndice 2.

MODELO Nos gustan los animales.
Pues, monten a caballo.

1. Nos gusta la nieve.
2. Nos gustan las bicicletas.
3. Nos gustan las montañas.
4. Nos gusta el hielo.
5. Nos gusta el agua.
6. Nos gusta el gimnasio.

2-8 **El Centro Turístico de Mazatlán** ¡Qué suerte! Tienen la oportunidad de trabajar durante un verano en un centro turístico muy exclusivo en México. Túrnense para ayudar a los huéspedes (*guests*) a escoger el deporte perfecto. ■

MODELO   Soy una persona muy enérgica y quiero hacer algo para aliviar el estrés.
Pues, practique el yoga.

Estrategia

Remember to use the *Ud./ Uds.* forms with people you do not know well or with whom you are not on a first-name basis. Guests in a hotel would fall into this category.

1. Admiro mucho a Lance Armstrong y a Miguel Indurain.
2. No me gusta jugar en equipo.
3. Me siento muy joven y me gusta el peligro (*danger*).
4. No soy muy fuerte.
5. Traje una raqueta.
6. Me gusta correr.

Fíjate

Miguel Indurain is a Spanish cyclist, winner of numerous races including the prestigious Tour de France. Many consider him the best Spanish athlete of all time and one of the greatest in cycling history.

♻ *¡Anda! Curso elemental*, Capítulo 2. Los deportes y los pasatiempos; Capítulo 4. Los lugares; Capítulo 5. El mundo de la música, El mundo del cine, Apéndice 2.

2-9 **Vengan a vernos** Escriban un anuncio de publicidad para el Centro Turístico de Mazatlán. Usen por lo menos **ocho mandatos formales**. ¡Sean creativos!

MODELO   *¡Señoras y señores! Vengan al Centro Turístico de Mazatlán para pasar siete días estupendos con nosotros. Por ejemplo, jueguen al golf en uno de nuestros campos excelentes o monten a caballo en la playa. También…*

2 GRAMÁTICA

02-11 to 02-15 Spanish Tutorial

Los mandatos de *nosotros/as*
Suggesting group action using *Let's*

In the *Repaso* section, we revisited the **tú** and **Ud./Uds.** commands. Whenever you wish for people to join you in doing things, you use the **nosotros** commands. These commands are the equivalent of the English *Let us/Let's…*

- The endings are the same for all regular and irregular verbs and are formed like the **Ud., Uds.,** and negative **tú** commands:

1. Take the **yo** form of the present indicative tense of the verb.
2. Drop the **-o** ending.
3. Add **-emos** for **-ar** verbs, and add **-amos** for **-er** and **-ir** verbs.

¡Esquiemos!   ¡Cacemos!

camin**ar**   yo camin**ø** + **emos**   camin**emos**

	ganar	**correr**	**vivir**
nosotros	gan**emos**	corr**amos**	viv**amos**

Mont**emos** a caballo hoy.   *Let's go horseback riding today.*
Y corr**amos** en el parque.   *And let's go running in the park.*

- Note that these endings do not change their form in the negative **nosotros** command.

No mont**emos** a caballo hoy.   *Let's not go horseback riding today.*
Y no corr**amos** en el parque.   *And let's not go running in the park.*

- Some common irregular verbs are formed as follows:

	hacer	**poner**	**ser**	**traer**
nosotros	ha**gamos**	pon**gamos**	se**amos**	trai**gamos**

	decir	**ir**	**oír**	**salir**
nosotros	di**gamos**	va**yamos**	oi**gamos**	sal**gamos**

No **vayamos** al partido de fútbol esta noche.   *Let's not go to the soccer game tonight.*
Ha**gamos** una fiesta en casa.   *Let's have a party at home.*
Sal**gamos** para el centro.   *Let's go downtown.*

- Note the spelling changes for some common verbs ending in **-car, -gar,** and **-zar.**

	practicar	**jugar**	**empezar**
nosotros	practi**quemos**	ju**guemos**	empe**cemos**

Practiquemos ciclismo con toda la familia.   *Let's go cycling with the whole family.*
No **juguemos** sin los niños.   *Let's not play without the children.*
Empecemos el juego a las dos.   *Let's start the game at two.*

- Stem changing **-ir** verbs, such as **dormir (o → ue → u)** and **competir (e → i → i)** change as follows:

	dormir (o → ue → u)		competir (e → i → i)	
	PRESENT	*NOSOTROS* COMMAND	PRESENT	*NOSOTROS* COMMAND
nosotros	dormimos	**durmamos**	competimos	**compitamos**

Durmamos más para poder jugar mejor.	*Let's sleep more so that we will be able to play better.*
Compitamos contra el equipo de tu hermano.	*Let's compete against your brother's team.*

- As in the case of **tú** and **Ud(s).** commands, object pronouns are used with **nosotros** commands, as shown in the examples that follow. With reflexive verbs, or when adding the pronoun **se,** the final **-s** is dropped from **-mos** (for example, **sentémonos**).

Jorge, ¿dónde está tu casco?	*Jorge, where is your helmet?*
Busquémoslo ahora mismo.	*Let's all look for it right now.*
¿Cuándo vamos a comprar las raquetas nuevas de tenis? **Comprémoslas** ahora.	*When are we going to buy the new tennis rackets? Let's buy them now.*
¿Las raquetas? **No las compremos** ahora; **esperemos** hasta la semana que viene.	*The rackets? Let's not buy them now; let's wait until next week.*
¿Tienes el palo de golf para Pepe?	*Do you have the golf club for Pepe?*
Sí, pero **no se lo demos** ahora.	*Yes, but let's not give it to him now.*
Dejemos de hablar. ¡**Levantémonos** y **juguemos**!	*Let's stop talking. Let's get up and play!*
Ella necesita unas pelotas de tenis.	*She needs some tennis balls.*
Comprémoselas antes de irnos a la cancha de tenis.	*Let's buy them for her before going to the tennis court.*

¡Explícalo tú!

1. Where are object pronouns placed when used with affirmative commands?
2. Where are object pronouns placed when used with negative commands?
3. When do you need to add a written accent mark?

✔ Check your answers to the preceding questions in Appendix 1.

Note: Affirmative **nosotros** commands can also be expressed using the phrase **vamos a** + *infinitive.* To express "let's not" do something, the subjunctive is used.

Vamos a patinar en monopatín mañana.	*Let's go skateboarding tomorrow.*
Vamos a esquiar este fin de semana.	*Let's go skiing this weekend.*
No vayamos al gimnasio a levantar pesas hoy. Estoy cansada.	*Let's not go to the gym to lift weights today. I'm tired.*
No vayamos al partido de hockey esta noche.	*Let's not go to the hockey game tonight.*

 **2-10** **De otra manera** Cambien los mandatos **vamos a** + *infinitivo* a **mandatos de *nosotros/as*.** Túrnense. ■

MODELO

Vamos a bailar.
Bailemos.

Vamos a…

1.

practicar lucha libre.

2.

hacer surf.

3.

competir contra el equipo de Tomás.

4.

jugar al hockey.

5.

patinar en monopatín.

6.

escalar montañas.

7.

montar a caballo.

8.

esquiar.

¡Anda! Curso intermedio,
Capítulo 1. El aspecto físico y la
personalidad, pág. 34.

¡Anda! Curso elemental,
Capítulo 1. Los adjetivos descriptivos;
Capítulo 2. Los deportes y los
pasatiempos, Apéndice 2.

2-11 **Así somos** Hay una actividad para cada personalidad. Túrnense para sugerir actividades usando **los mandatos de *nosotros/as*.** ■

MODELO   Somos deportistas.
  E1:   *Escalemos las montañas.*
  E2:   *Buena idea. Esquiemos también.*

Somos…

1. extrovertidos   3. pobres   5. callados   7. ricos
2. tacaños   4. fuertes   6. flojos   8. débiles

¡Anda! Curso intermedio,
Capítulo 1. Algunos verbos como
gustar, pág. 39.

Workbooklet

2-12 **¿Qué hacemos?** Circula por la clase y habla con **dos** personas para encontrar una(s) actividad(es) que puedan hacer juntos. ■

MODELO   YO: *A mí no me gusta hacer surf, ¿a ti, Julie?*
  E1:   *A mí tampoco me gusta hacer surf.*
  E2:   *A mí sí me gusta hacer surf.*
  YO: *Bueno. Lo siento, Al, pero no hagamos surf.*

ACTIVIDAD	YO	E1 ___Julie___	E2 ___Al___
1. hacer surf	no	no	sí
2. hacer ejercicio en el gimnasio			
3. jugar al tenis			
4. nadar			
5. patinar sobre hielo			
6. remar			
7. montar a caballo			

NOTAS CULTURALES

La Vuelta al Táchira

02-16

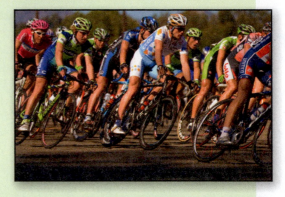

A muchos deportistas les encanta el desafío (*challenge*) que acompaña una competencia deportiva. Investiguemos un evento que tiene lugar anualmente en el estado de Táchira en Venezuela. Se trata de una competencia de ciclismo que ocurre en el mes de enero durante la Fiesta de San Sebastián. En esta difícil competencia participan ciclistas de todo el mundo. Muchas personas creen que la Vuelta al Táchira es el evento ciclista más importante de América.

Consideremos los elementos del desafío: la distancia de la ruta es difícil y larga, a veces hasta 1.600 kilómetros en total. El terreno es muy montañoso. La competencia se divide en doce etapas y dura casi dos semanas. Y no olvidemos la rivalidad que existe en esta competencia entre los participantes colombianos y venezolanos en particular. Así que es un evento con mucha emoción y actividad.

Preguntas

1. ¿Qué tipo de deporte se practica en Táchira?
2. Describe la competencia: cuándo es, el terreno, la distancia de la ruta, etc.
3. ¿Qué otras competencias internacionales conoces?

2-13 **¡Conversemos!** Túrnense para hacer planes para el próximo fin de semana. ■

MODELO   jugar al boliche

E1: *Me gusta jugar al boliche.*

E2: *Yo también juego al boliche.*

E1: *Entonces, juguemos al boliche este fin de semana.*

1. boxear
2. practicar artes marciales
3. ir al partido de básquetbol
4. hacer pilates
5. hacer surf
6. ser árbitro/a
7. comprar unos patines para jugar al hockey
8. ver la competición de atletismo en la televisión

Workbooklet

2-14 **En el Hotel Palacio de la Luna** ¡Van a pasar las vacaciones de primavera en Cancún, México —por cuatro días! Decidan qué actividades quieren hacer. Después, compartan sus listas entre todos. ■

la Luna Golf y Spa Resort

*E*n el Palacio de la Luna Golf y Spa Resort se puede encontrar toda la acción y emoción que uno busca. Para empezar, nuestras piscinas al aire libre estilo laguna figuran entre las más grandes de México ocupando una extensión de más de 200 metros a lo largo de la playa e incluyen jacuzzis, bares y áreas infantiles. Además, nuestro campo de golf ofrece 18 hoyos y es uno de los mejores de México.

- 2 piscinas estilo libre con 6 jacuzzis
- 4 bares de piscina
- 2 piscinas para niños
- piscina al aire libre en el club de golf
- demostración de buceo
- marina de deportes acuáticos
- instalaciones de spa ($)
- 2 gimnasios
- sauna y baños de vapor
- bicicletas
- yoga y pilates
- 6 canchas de tenis iluminadas
- 2 canchas de básquetbol
- voleibol de playa
- fútbol de playa
- billares
- juegos de mesa
- Club de niños (4 a 12 años)
- Discoteca Andrómeda
- fiestas temáticas

NUESTRAS ACTIVIDADES POR DÍA:			
lunes	**martes**	**miércoles**	**jueves**
de día: levantemos pesas en el gimnasio	de día:	de día:	de día:
de noche: compitamos jugando al tenis	de noche:	de noche:	de noche:

2-15 **¿Qué hacemos este fin de semana?** Jamás hay suficiente tiempo durante los fines de semana. Conversen sobre las posibilidades de hacer algo con sus parientes o mejores amigos. ■

etcétera

comer en nuestro restaurante favorito
hacer la tarea
ir al partido de béisbol
limpiar la casa
practicar el esquí acuático

dormir doce horas cada noche
hacer un postre
jugar al boliche
pasar la aspiradora
salir a bailar

MODELO E1: *¿Qué quieren hacer este fin de semana? Si todos tenemos hambre, comamos en nuestro restaurante favorito.*

E2: *Buena idea; también, si tenemos tiempo el sábado por la mañana, durmamos…*

ESCUCHA

Una conversación entre dos amigos

02-17 to 02-20

Estrategia

Listening for the gist

When you are speaking with someone or listening to a description or narration, you can often understand what is being said by paying attention to the speaker's intonation, gestures, the topic being discussed, and the overall context. You do not need to understand every word, but by focusing on specific details you can get the *gist,* or main idea(s), of what is being said. You should be able to state the gist of a passage in one or two sentences.

2-16 Antes de escuchar

Describe a las personas que aparecen en la foto. ¿Dónde están? ¿De qué crees que están hablando? ¿Qué crees que van a hacer? ∎

1. ¿Con quiénes pasas tú la mayoría de tu tiempo? ¿Qué tienes en común con esas personas?
2. ¿Cómo pasan el tiempo?
3. Generalmente, ¿qué haces los fines de semana?

2-17 A escuchar Completa los siguientes pasos. ∎

Paso 1 Lee las siguientes oraciones. Luego, escucha la conversación entre Jorge y Rafa mientras hablan de sus planes para el fin de semana. Después de escuchar, escoge la oración que mejor describe la conversación.

a. Deciden hacer un poco de todo—levantar pesas, hacer surf y esquiar.
b. Se pelean (*They fight*) porque Consuelo no va a limpiar las ventanas.
c. No pueden ponerse de acuerdo (*agree*) porque quieren hacer cosas diferentes.

Paso 2   Antes de escuchar la conversación otra vez, lee las siguientes preguntas y respuestas. Por fin, ¿qué deciden hacer Jorge y Rafa? Escoge las respuestas correctas después de escuchar.

1. ¿Cuál de estas cosas quiere hacer Jorge?
   a. esquiar   b. jugar al boliche   c. patinar en monopatín
2. ¿Cuál de estas cosas quiere hacer Rafa?
   a. cazar   b. boxear   c. montar a caballo
3. ¿Cuál es el acuerdo (*compromise*)?
   a. Primero van a limpiar la casa y después van a ir al gimnasio.
   b. Deciden estudiar, pero el próximo fin de semana van a hacer algo más activo al aire libre.
   c. Van a hacer la compra para la semana y ayudar a Consuelo.

2-18 **Después de escuchar** Mira o escucha el pronóstico del tiempo (*weather report*) en español (de la televisión, la radio o el Internet). Basándote en ese pronóstico, planea un fin de semana perfecto. Después, haz un segundo plan en caso de que cambie el tiempo (por ejemplo, si llueve). ■

¿Cómo andas? I

	Feel confident	Need to review
Having completed **Comunicación I**, I now can . . .		
• share information about sports. (p. 72)	☐	☐
• tell others to do something. (MSL)	☐	☐
• suggest group action using *Let's*. (p. 78)	☐	☐
• discuss an international sporting event. (p. 82)	☐	☐
• listen for the gist of a conversation. (p. 84)	☐	☐

Comunicación II

♻ *¡Anda! Curso elemental*, Capítulo 2. Los deportes y los pasatiempos, Apéndice 2.

3 VOCABULARIO

02-21 to 02-23

Pasatiempos y deportes Describing pastimes and sports

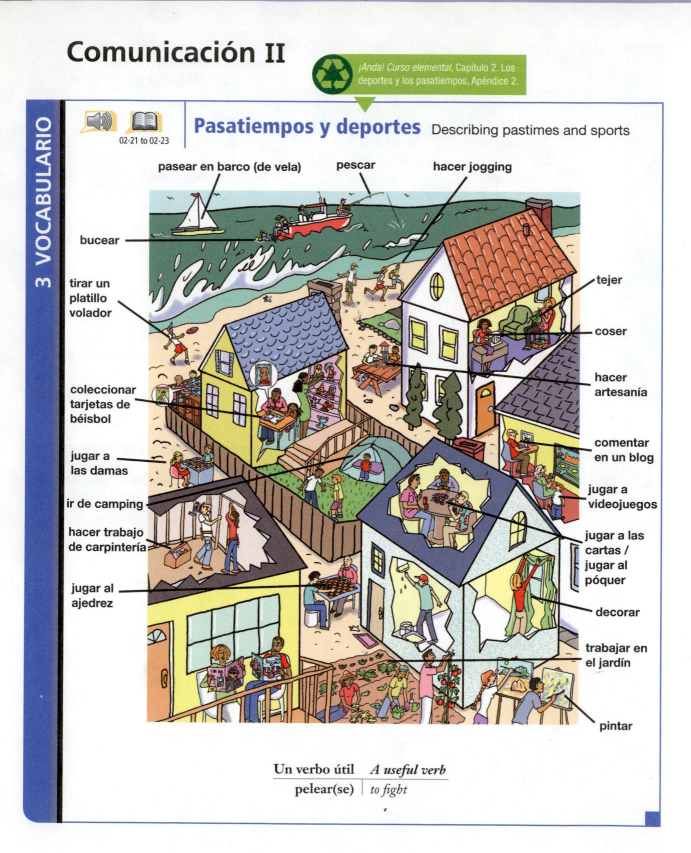

- pasear en barco (de vela)
- pescar
- hacer jogging
- bucear
- tirar un platillo volador
- coleccionar tarjetas de béisbol
- jugar a las damas
- ir de camping
- hacer trabajo de carpintería
- jugar al ajedrez
- tejer
- coser
- hacer artesanía
- comentar en un blog
- jugar a videojuegos
- jugar a las cartas / jugar al póquer
- decorar
- trabajar en el jardín
- pintar

Un verbo útil	*A useful verb*
pelear(se)	*to fight*

REPASO	
 ¡Hola! *Repaso &* Spanish/English Tutorials 02-24 to 02-26	**El subjuntivo** Conveying doubt, influence, feelings, and hopes For a complete review of the subjunctive, go to MySpanishLab or refer to **Capítulo 11** of *¡Anda! Curso elemental* in Appendix 3 of your textbook. The vocabulary activities that appear in your textbook incorporate this grammar point. Practicing new vocabulary with a review grammar point helps to strengthen and increase your knowledge of Spanish.

2-19 ¡Practiquemos! La práctica hace maestros. Completa los siguientes pasos. ◼

Paso 1   Para cada palabra o expresión en la lista, escoge la foto que le corresponde. Túrnense.

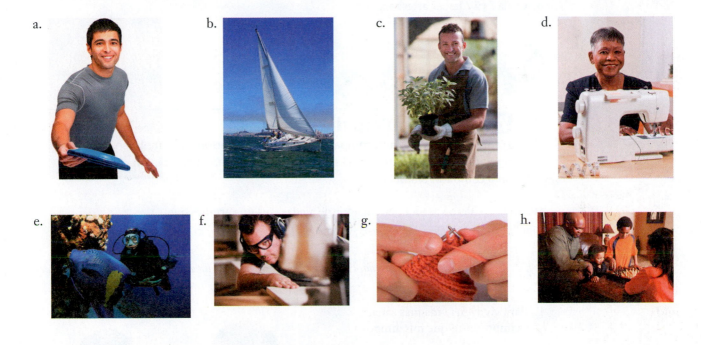

a.   b.   c.   d.

e.   f.   g.   h.

1. __e__ bucear
2. __b__ pasear en barco de vela
3. __g__ tejer
4. __a__ tirar un platillo volador
5. __f__ hacer trabajo de carpintería
6. __h__ jugar al ajedrez
7. __d__ coser
8. __c__ trabajar en el jardín

Paso 2   Túrnense para practicar diferentes formas de los **ocho** verbos del **Paso 1** en **el presente del subjuntivo**, usando **quizás**.

MODELO   E1: jugar al ajedrez / yo
E2: *Quizás juegue al ajedrez.*
E2: jugar al ajedrez / nosotros
E1: *Quizás juguemos al ajedrez.*

> **Fíjate**
> Remember that you are familiar with the subjunctive forms from your practice with *Ud.* (*¡Estudie!*) and negative *tú* (*¡No hables!*) commands.

2-20 **Deseos** Túrnense para crear oraciones sobre los deseos de las siguientes personas. ■

MODELO   Ojalá / nosotros / decorar / la cocina / el próximo año.
Ojalá nosotros decoremos la cocina el próximo año.

Fíjate

The expression *Ojalá (que)* comes from the Arabic expression that means "May it be Allah's will." *Tal vez* and *Quizás* also take the subjunctive but do not use the word *que*.

1. Quizás / ellos / bucear / este junio.
2. Ojalá / mis hijos / coleccionar tarjetas de béisbol / como yo.
3. Ojalá / tú / poder jugar al ajedrez / con tu familia.
4. Tal vez / Inés / tejer / un suéter.
5. Quizás / tú y yo / pasear en barco de vela / este verano.
6. Tal vez / Raúl / jugar al póquer / en Las Vegas.
7. Quizás / yo / ir de camping / este otoño.
8. Ojalá / tú / hacer artesanía.

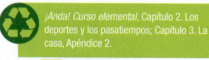

¡Anda! Curso elemental, Capítulo 2. Los deportes y los pasatiempos; Capítulo 3. La casa, Apéndice 2.

2-21 **¿Qué quiero decir?** Raúl y Sofía no están de acuerdo siempre. ¿Estás de acuerdo con tu compañero/a en estas situaciones? Completen las siguientes oraciones usando **el subjuntivo** para comparar tu opinión con la de un/a compañero/a. ■

MODELO   Para ser un buen jugador de ajedrez, es importante que...

E1: *Para ser un buen jugador de ajedrez, es importante que tú te enfoques más en el juego.*

E2: *Estoy de acuerdo. Para ser un buen jugador de ajedrez, es importante que juegues todos los días.*

1. Para vivir una vida más sana, es importante que mis amigos y yo...
2. Después de salir de mis clases, es raro que yo...
3. Antes de ir de camping, es probable que mi amigo...
4. Si tengo tiempo mañana, es posible que...
5. Para decorar bien una casa, es preferible que tú...
6. Si decides coleccionar tarjetas de béisbol, es mejor que...
7. Este año es imposible que mis padres...
8. Ojalá que mis amigos...

2-22 **Nuestras preferencias** Completa el cuadro con tus preferencias. Usa las expresiones **Es posible que…** y **Es poco probable que…** Compara tus respuestas con las de un/a compañero/a. ¿Qué preferencias tienen en común? ■

coleccionar tarjetas de béisbol	coser	comentar en un blog
decorar	hacer artesanía	hacer jogging
hacer trabajo de carpintería	ir de camping	jugar a las damas
hacer yoga	pescar	pintar
trabajar en el jardín	tejer	tirar un platillo volador

CON AMIGOS Y FAMILIARES	SOLO/A	SI LLUEVE
1. Es poco probable que juguemos a las damas.	1.	1.
2.	2.	2.
3.	3.	3.
4.	4.	4.
5.	5.	5.
6.	6.	6.
7.	7.	7.
8.	8.	8.

¡Anda! Curso intermedio,
Capítulo 1. El presente perfecto
de indicativo, pág. 49.

2-23 **¿Dónde están?** Juana y su familia decidieron pasar las vacaciones en casa. Hay mucho que hacer pero el problema es que ella no sabe divertirse. Tampoco sabe dónde están los miembros de su familia. Túrnense para dar sugerencias de qué hacen las siguientes personas. ■

MODELO No sé dónde está mi esposo, pero le fascina el agua.

E1: *Tal vez esté pescando.*

E2: *Sí, o quizás esté buceando.*

1. No sé dónde están mis hijos, pero les gustan las computadoras.
2. Mi prima Gloria ha desaparecido. Se cree editora de *House Beautiful.*
3. Mi abuelo tiene ochenta años. Ha tenido una vida muy activa, pero ahora le duelen mucho las piernas.
4. Siempre me ha gustado crear cosas con las manos, pero no sé qué hacer.

Workbooklet

2-24 **¿Probable o poco probable?** Entrevista a los compañeros de clase para saber para quiénes es probable y para quiénes es poco probable cada una de las siguientes acciones. Escribe el nombre de la persona y la letra **P** para "probable" y **PP** para "poco probable". ◾

MODELO   jugar a las cartas

TÚ: *Felipe, ¿es probable que juegues a las cartas esta noche?*

E1:   *No, es poco probable que juegue a las cartas. Comento en un blog todas las noches.*

ES PROBABLE O POCO PROBABLE QUE...	
jugar a las cartas	Felipe (PP)
tocar un instrumento	
nadar	
ir de camping	
coleccionar tarjetas de béisbol	
comentar en un blog	
decorar tu dormitorio	
tirar un platillo volador	
tejer	
hacer trabajo de carpintería	
jugar a videojuegos	
dar clases de golf	

2-25 **Mentimos a veces** Escribe **cinco** oraciones sobre ti mismo/a (*yourself*) usando el vocabulario de **pasatiempos y deportes** y **el subjuntivo. Una** de las oraciones debe ser verdadera y **cuatro** deben ser mentiras (*lies*). Tu compañero/a tiene que adivinar cuáles son mentiras y cuál es verdadera. Túrnense. ◾

MODELO   E1:   *Es probable que yo juegue al ajedrez todos los días.*

E2:   *No. Es improbable que juegues al ajedrez todos los días. Creo que es una mentira...*

4 GRAMÁTICA

02-27 to 02-28 ¡Hola! Spanish/English Tutorials

El subjuntivo para expresar pedidos (*requests*), mandatos y deseos
Recommending, suggesting, requesting, or requiring something of someone

A. There are a variety of different situations in which you need to use the **subjunctive.**

● Sometimes, you may want to *recommend* something to or *request* something from someone in a less demanding way than using a command.

Note the following examples.

Te **recomiendo que hagas** más ejercicio.

I recommend that you exercise more.

● You *express wishes* in the same way:

Deseo **que** mis padres me **regalen** tarjetas de béisbol.

I wish that my parents would give me baseball cards.

Espero **que estés** contento —no quiero pelear contigo hoy.

I hope that you are happy— I don't want to fight with you today.

Es preferible que pintes la casa y que no vayas a pescar este fin de semana.

● You may also *report on others' requests, recommendations, or wishes:*

José y Gregorio **quieren que** sus padres les **compren** videojuegos.

José and Gregorio want their parents to buy them video games.

Gloria y Yolanda **esperan que** sus esposos no **vayan a pescar** este fin de semana.

Gloria and Yolanda hope that their husbands will not go fishing this weekend.

Javier no **quiere que** Pilar **haga jogging** por la noche.

Javier doesn't want Pilar to jog/go jogging at night.

Sonia les **recomienda que jueguen** al póquer.

Sonia recommends that they play poker.

B. When *wishing or hoping something for oneself,* and **the subject does not change,** you must **use the infinitive, NOT the subjunctive.**

Quieren ir de camping este fin de semana.

They want to go camping this weekend.

Espera tejer un suéter pronto.

She hopes to knit a sweater soon.

Deseo trabajar en el jardín esta tarde.

I want to work in the garden this afternoon.

● Some verbs used to express **requests, commands,** and **wishes** are:

aconsejar	*to recommend; to advise*	**preferir (e → ie → i)**	*to prefer*
desear	*to wish*	**prohibir**	*to prohibit*
esperar	*to hope*	**proponer**	*to suggest; to propose*
exigir	*to demand*	**querer (e → ie)**	*to want; to wish*
insistir (en)	*to insist (on)*	**recomendar (e → ie)**	*to recommend*
necesitar	*to need*	**rogar (o → ue)**	*to beg*
pedir (e → i → i)	*to ask (for); to request*	**sugerir (e → ie → i)**	*to suggest*

● The following are some common impersonal expressions that also express **requests, commands,** and **desires:**

Es importante que	*It is important (that)*	**Es necesario que**	*It's necessary (that)*
Es mejor que	*It's better (that)*	**Es preferible que**	*It's preferable (that)*

Estrategia

Educational researchers have found that it is *always* important for you to state grammar rules orally, in your own words. Correctly stating the rules demonstrates that you are on the road to using the grammar concept(s) correctly in your speaking and writing.

¡Explícalo tú!

Based on the sentences on page 91,

1. In **Part A**, how many verbs are in each sample sentence?
2. Which verb is in the present indicative: the verb in blue or the one in red?
3. Which verb is in the present subjunctive: the verb in blue or the one in red?
4. Is there a different subject for each verb?
5. What word joins the two distinct parts of the sentence?
6. State a rule for the use of the subjunctive in the sentences from **Part A.**
7. State a rule for the sentences in **Part B.**

✔ Check your answers to the preceding questions in Appendix 1.

♻ *¡Anda! Curso elemental,* Capítulo 2. Presente indicativo de verbos regulares; Capítulo 3. Algunos verbos irregulares; Capítulo 4. Los verbos con cambio de raíz, Apéndice 3.

 2-26 **La práctica hace maestros** Su instructor/a les va a explicar una actividad para practicar la formación del subjuntivo. ¡Diviértanse! ■

2-27 **Más práctica** En grupos de tres, practiquen más **el subjuntivo.** Tiren una pelota de "koosh" o una pelota de papel. Usen los verbos y los (pro)nombres siguientes con las expresiones impersonales **Es preferible, Es importante, Es necesario,** y creen oraciones breves. ■

Tomás y Carlos / comprar	ellas / vivir	los dos chicos / perder
nosotros / saber	tú / comenzar	tú / querer
Susana / escribir	Víctor y yo / esperar	nosotros / dormir
Gabriela y Héctor / encontrar	yo / servir	yo / ser
nuestros profesores / repetir	tú / volver	tú / poder
Paola / ponerse	los estudiantes / sentarse	tú / tener

MODELO   nosotros / dormir   *Es importante que durmamos ocho horas.*
              (Tírale la pelota a un/a compañero/a, quien crea otra oración, etc.)

2-28 Los cuentos del barrio Cada barrio tiene sus historias. Descubre las opiniones y un poco de las historias de las personas que viven en la Calle Central. Túrnense para crear oraciones con **el subjuntivo.** ■

MODELO   Los Grajera / esperar / los nuevos vecinos García / no hacer trabajo de carpintería hasta muy tarde.
Los Grajera esperan que los nuevos vecinos García no hagan trabajo de carpintería hasta muy tarde.

1. El Sr. Vargas / preferir / su mujer / no decorar la sala.
2. La Sra. Vargas / desear / su esposo / no jugar al póquer.
3. Los jóvenes Vargas / rogar / sus padres / pintar sus dormitorios / negro y morado.
4. Silvia Hernández / proponer / yo / tirar un platillo volador / con ella / mañana.
5. Muchos padres / decir / es preferible / sus niños / hacer artesanía afuera / y / no jugar a videojuegos / en casa.

2-29 Rafael Nadal Ustedes son grandes aficionados *(fans)* del famoso tenista español. Lean la información sobre Rafael Nadal y túrnense para terminar las siguientes oraciones. ■

MODELO   Recomendamos que los aficionados…
Recomendamos que los aficionados vean el torneo Abierto de Australia en la televisión.

1. Es deseable que Rafael…
2. Mi amigo/a y yo esperamos que…
3. Los aficionados esperan que…
4. Recomendamos que los aficionados…
5. Los otros jugadores de tenis profesionales exigen que…
6. Prefiero que Rafael…
7. Su entrenador le propone que…
8. Los árbitros le ruegan al público que…
9. Ojalá que…
10. Tal vez…

Fijate

Real Madrid is a professional soccer team from Madrid, Spain.

Rafael NADAL Parera

Nacionalidad:	España (Mallorca)
Fecha de nacimiento:	3 de junio de 1986
Residencia:	Manacor, Mallorca, España
Familia:	Sebastián, Ana María y una hermana menor llamada María Isabel
Profesional desde:	2001
Entrenador:	Toni Nadal (tío)
Comida favorita:	Mariscos y la pasta
Pasatiempos preferidos:	Jugar con el PlayStation, fútbol, golf, pescar, salir con amigos para ir a fiestas y al cine
Equipo favorito:	Real Madrid
Películas favoritas:	*Gladiator, Titanic*
Próximo torneo:	Australian Open

2-30 Tus consejos Siempre tenemos deseos y consejos para los demás. ■

orkbooklet

Paso 1   Expresa tus deseos para las siguientes personas. Termina cada oración usando el **vocabulario nuevo** cuando sea posible y usa **un verbo diferènte** para cada situación.

MODELO   A TUS PADRES O FAMILIARES / Recomendamos que…
Recomendamos que hagan artesanía. Es un pasatiempo interesante.

A TUS PADRES O FAMILIARES	A NOSOTROS	A TU PROFESOR/A	A TU MEJOR AMIGO/A
1. Recomendamos que…	1. Es preferible que…	1. Espero que…	1. Es importante que…
2. Siempre exigimos que…	2. Es necesario que…	2. Nosotros deseamos que…	2. Te aconsejo que…
3. Sugiero que…	3. No es importante que…	3. Los estudiantes ruegan que…	3. Espero que…
4. Quiero que…	4. Los profesores nos sugieren que…	4. Propongo que…	4. Prefiero que…

Paso 2   Compara tus recomendaciones con las de un/a compañero/a.

PERFILES

02-29 to 02-30

Campeones famosos del mundo hispano

Hay deportes y pasatiempos para todos los gustos. Aquí hay tres campeones muy admirados por sus aficionados.

José Raúl Capablanca (1888–1942) nació en Cuba y fue un prodigio del juego de ajedrez, por lo que muchos aficionados del juego se refieren a él como "el Mozart del ajedrez". Reinó como campeón mundial del ajedrez entre los años 1921 y 1927. Hoy en día se celebra el Torneo Internacional Capablanca in Memoriam; es uno de los torneos ajedrecísticos más importantes del mundo hispano.

José Alberto Pujols Alcántara (n. 1980) es de la República Dominicana. Emigró a los Estados Unidos con su familia y empezó a jugar al béisbol. Por muchos años jugó la posición de primera base para los St. Louis Cardinals en las grandes ligas y en el año 2012 empezó a jugar para los Angels de Los Ángeles. Es un jugador fenomenal; algunos lo comparan con el famoso jugador Lou Gehrig. En su primer año lo nombraron novato (*rookie*) del año en la Liga Nacional y también ha sido designado el jugador del año varias veces.

Lionel Messi (n. 1987) es un futbolista argentino que juega en el equipo FC Barcelona en España. Actualmente es considerado uno de los mejores jugadores y delanteros (*forwards*) del mundo. Es ganador del Balón de Oro y del premio *FIFA World Player* dos veces. Quizás sea el nuevo Maradona.

Fíjate

Diego Armando Maradona is a former soccer player from Argentina and is considered one of the best players in the history of the sport.

Preguntas

1. ¿Qué deportes o pasatiempos se representan aquí?
2. ¿Con quién se compara a cada campeón?
3. Probablemente, ¿qué recomiendan estos campeones que otros atletas y deportistas hagan para tener éxito?

2-31 **Michelle Wie nos recomienda** Michelle Wie, una de las mejores jugadoras de golf del mundo, nos da consejos de cómo mejorar nuestras habilidades en el juego de golf. Usen los siguientes verbos con **el subjuntivo** para crear sus consejos. ■

MODELO   no jugar con expertos al empezar a jugar / (a los novatos)
            Les aconsejo (recomiendo, sugiero, etc.) que no jueguen con expertos.

1. nunca dejar de mirar la pelota / (a ti)
2. comprar pelotas buenas / (a tu amiga)
3. mantener limpios los palos / (a tu profesor/a)
4. llevar lentes de sol / (a tus tíos)
5. darle a la pelota suavemente / (a los jugadores)

♻ *¡Anda! Curso intermedio,* Capítulo 1. El aspecto físico y la personalidad, pág. 34.

♻ *¡Anda! Curso elemental,* Capítulo 3. Los quehaceres de la casa; Capítulo 4. Los lugares; Capítulo 10. Los medios de transporte, Apéndice 2.

2-32 **Recomiendo que** Hagan comentarios y sugerencias para una de las siguientes situaciones. Usen por lo menos **cuatro** oraciones diferentes para cada una. ■

Estrategia

For **2-32,** note that for various scenarios you are directed to review certain chapters from *¡Anda! Curso elemental* in Appendix 2. There, you will be reminded of helpful vocabulary you have learned that is appropriate to incorporate here.

1. Tienes tres primos. Recomiéndales unos deportes y pasatiempos según sus personalidades. Diana es extrovertida y amable. Carlos es callado y bien educado. Manuel es flojo y terco.
2. Un amigo quiere comprar un Rolls-Royce nuevo.
3. Tus amigos viven de una manera muy desorganizada.
4. Unos amigos van a viajar a Sudamérica.

¡CONVERSEMOS!

02-31 to 02-33

ESTRATEGIAS COMUNICATIVAS Expressing pardon, requesting clarification, and checking for comprehension

When learning a language, we often do not understand what a native speaker says the first time, or we wish to check our comprehension. Use the following phrases to help in these situations.

Para pedir perdón	To excuse yourself	Para pedir clarificación	To ask for clarification
• Disculpa/Discúlpame (familiar)		• ¿Cómo?	*What?*
• Disculpe/Discúlpeme (formal)	*Excuse me.*	• Repite/a, por favor.	*Repeat, please.*
• Disculpen/Discúlpenme (plural)		• ¿Qué dijiste/dijo?	*What did you say?*
• Perdón/Perdóname (familiar)		• ¿Qué quiere decir...?	*What does . . . mean?*
• Perdóneme/Perdónenme (formal)	*Pardon.*	• ¿Qué significa...?	*What does . . . mean?*
• Con permiso.	*With your permission, excuse me.*		

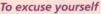

2-33 **Diálogos** Escucha los diálogos y contesta las siguientes preguntas. ■

1. ¿Qué le dijo José a Josefina cuando sonó el teléfono?
2. ¿Qué dijeron Teresa y Marina al salir del metro?

2-34 **Disculpa, por favor** Con un/a compañero/a de clase, usa las estrategias comunicativas que aprendiste para decidir qué debes decir en las siguientes situaciones. Más de una estrategia puede ser aceptable. ■

1. En un partido de fútbol donde hay mucho ruido, no oíste lo que tu amigo te dijo.
2. En el partido de béisbol anuncian los resultados de otros partidos importantes del día, pero no entendiste lo que se dijo sobre tu equipo favorito.
3. En el mismo partido, un aficionado te explica algo complicado que un jugador hizo, usando palabras que no has escuchado antes.
4. Necesitas bajar del autobús porque has oído que la próxima parada es la tuya. Hay muchas personas delante de ti.
5. Cuando sales del autobús, le pisas (*step on*) el pie a alguien sin querer.

2-35 **Adivina el deporte** Se juega en equipos. Un miembro de cada equipo selecciona una palabra (del vocabulario sobre los deportes y pasatiempos) y se la describe a su equipo sin usar ninguna palabra asociada semánticamente con la palabra. Usen las estrategias comunicativas para clarificar las pistas. ■

MODELO E1: *Es un deporte en que usas una raqueta.*

E2: *¿Se usa una pelota también?*

2-36 **Situaciones** Ahora que sabes disculparte y pedir clarificación, con un/a compañero/a de clase, dramaticen las siguientes situaciones: ■

1. E1: Recibes una llamada telefónica de una persona que cree haber llamado a un teatro. No te deja hablar.

   E2: Llamas a un teatro para comprar boletos para un concierto de Juanes. La persona que contesta no parece ni oírte ni entenderte.

Fíjate

Juanes is a successful Colombian musician. He has won many Latin Grammy awards. His real name is Juan Esteban Aristizábal Vásquez.

MODELO E1: *¿Aló?*

   E2: *Buenos días. ¿Hablo con El Teatro de Oro? Quiero comprar unos boletos para el concierto de Juanes este viernes a las siete y media.*

   E1: *Perdón. ¿Qué dijo usted? Creo que usted se equivocó.*

   E2: *¿Cómo? Disculpe. Unos boletos. Quiero comprar dos boletos...*

2. E1: Trabajas en la ventanilla (*ticket window*) del estadio municipal. Un extranjero te hace preguntas, pero no entiendes.

   E2: Eres turista y quieres comprar una entrada para ver el partido de fútbol esta tarde. Parece que el vendedor te ignora o no quiere venderte el boleto.

3. E1: Vas en autobús a una exhibición de lucha libre. Hay mucha gente en el pasillo y necesitas pasar porque tu parada viene pronto.

   E2: Estás en el autobús y una persona te dice algo pero no entiendes. Pide clarificación.

2-37 **Sobre gustos no hay nada escrito** ¡Tu amigo/a (un/a compañero/a de clase) y tú han ganado un premio fabuloso! Van a pasar dos días en un hotel de lujo—¡gratis! En este hotel hay todo tipo de deportes y pasatiempos, y ustedes tienen que decidir cuáles van a practicar en su tiempo limitado. Deben hacer una lista de por lo menos **seis** de las actividades que más quieren hacer. Usen **los mandatos de nosotros/as** y las estrategias comunicativas. ■

MODELO E1: *Bueno, el primer día, levantemos pesas por la mañana. Y luego juguemos al tenis.*

   E2: *Discúlpame. La verdad es que no me…*

ESCRIBE

Un comentario de blog

02-34 to 02-36

Estrategia	Linking words can provide a smooth transition between portions of your writing so that it does not appear choppy or disjointed. Use linking words to connect simple thoughts and turn them into complex sentences. Linking words will help you communicate your ideas in a natural way, and by using these words, your writing will flow more smoothly.	**Nexos**	***Linking Words***
Process writing (Part 2): Linking words		**así**	*thus*
		cuando	*when*
		o/u	*or*
		pero	*but*
		porque	*because*
		pues	*well, since*
		que, quien	*that, who*
		y/e	*and*

2-38 **Antes de escribir** Vas a comentar en un blog sobre una experiencia con un deporte. ■

1. Primero, piensa en los eventos principales de tu experiencia.
2. Después, haz una lista de los eventos que quieres mencionar; escribe **una** o **dos** oraciones descriptivas para cada evento.
3. Finalmente, conecta las oraciones con nexos donde sea necesario para que tengan más sentido.

2-39 **A escribir** Escribe tu comentario de blog sobre tu experiencia deportiva. ■

Asegúrate de que:

- hayas incluido los eventos más importantes de la experiencia deportiva.
- conectes tus pensamientos para tener más sentido.

Menciona por lo menos **cuatro** eventos que ocurrieron. Tu comentario debe contener por lo menos **seis** oraciones. Usa por lo menos **dos oraciones en el subjuntivo.**

MODELO *Mi amigo siempre quiere que vaya con él a esquiar. Así que por fin decidí intentarlo, pero primero tuve que comprar los esquís y luego los bastones de esquí...*

2-40 **Después de escribir** Comparte tu comentario de blog con un/a compañero/a de clase. Haz una comparación de las dos experiencias que ustedes han tenido. ¿En qué son semejantes (*similar*) y en qué son diferentes? ■

¿Cómo andas? II

	Feel confident	Need to review
Having completed **Comunicación II**, I now can . . .		
• describe pastimes and sports. (p. 86)	☐	☐
• convey doubt, influence, feelings, and hopes. (MSL)	☐	☐
• recommend, suggest, request, or require something of someone. (p. 91)	☐	☐
• identify three elite athletes and champions in the Spanish-speaking world. (p. 94)	☐	☐
• express pardon, request clarification, and check for comprehension. (p. 96)	☐	☐
• use linking words to make writing more cohesive. (p. 98)	☐	☐

Vistazo cultural

JRAL • VISTAZO CULTURAL • VISTAZO CULTURAL • VISTAZO CULTURAL • VISTAZO CULTURAL • VISTAZO CULTURAL • VISTAZO CULTURAL • VIS

02-37

Julio López Ríos,
estudiante del Instituto
Tecnológico y de Estudios
Superiores de Monterrey, México

Deportes y pasatiempos en la cultura mexicana

Me interesa todo tipo de arte creativo relacionado con la tecnología de las computadoras. Así decidí seguir una carrera en la cual puedo combinar los dos intereses. Estudio para sacar una Licenciatura en Animación y Arte Digital. Exploremos más pasatiempos y deportes en México. Quizás un deporte o un pasatiempo pueda inspirar tu carrera.

La lucha libre

La lucha libre continúa subiendo en popularidad. Las máscaras de los deportistas de lucha libre son a la vez símbolos de la política, del mito (*myth*) histórico, del alma (*soul*) individual y de la resistencia social del pueblo. Llevar una máscara convierte al luchador en otro personaje y le da cierta libertad.

Los alebrijes

Hay muchos artistas en México que hacen artesanía, no como un pasatiempo, sino para ganarse la vida. En el estado de Oaxaca hay artesanos que trabajan con madera para hacer figuritas de animales; se llaman *alebrijes*. Los alebrijes tienen colores brillantes y están decorados con muchos detalles.

Cozumel

Hay varios lugares para bucear en México, y la costa de Cozumel es famosa en todo el mundo por todas sus atracciones. Tiene más de cien lugares oficiales del buceo. Para los aficionados a este deporte, es un paraíso marino con una gran variedad de flora y fauna.

La Quebrada, Acapulco

Si te gustan los deportes difíciles, ¿has considerado el clavadismo (*cliff diving*)? El espectáculo de clavados en La Quebrada es impresionante. Los clavadistas lo hacen parecer fácil y divertido, pero definitivamente es un deporte para los profesionales. ¡De fácil no tiene nada!

El Parque Chapultepec

Un pasatiempo favorito en México es pasar un domingo en el Parque Chapultepec con sus diversiones: los lagos, los museos y los jardines botánicos y zoológicos. Entre los museos se encuentra el Museo Nacional de Historia en el Castillo (*Castle*) de Chapultepec. Así que los fines de semana las familias visitan el castillo y comen en el parque.

Xochimilco

Los jóvenes y las familias van tradicionalmente los fines de semana a pasear unas horas al aire libre en Xochimilco. Es una serie de canales y jardines flotantes (*floating*) con *trajineras*, barcos decorados de colores brillantes. En estas trajineras se venden flores, bebidas y comida ¡y algunas tienen músicos para darles una serenata a los visitantes!

El fútbol mexicano

El fútbol es el deporte más popular en México. El equipo nacional mexicano se llama El Tricolor, conocido con cariño como "El Tri". El Estadio Azteca, localizado al suroeste de México D.F., es uno de los más grandes del mundo con más de 105,000 asientos. El Club América, un equipo mexicano popular, juega allí, igual que El Tri.

Preguntas

1. ¿Cuáles de estos deportes o pasatiempos cuestan mucho dinero para practicarlos? ¿Con cuáles se puede ganar la vida (*earn a living*)? ¿Cómo?
2. Compara el Parque Chapultepec o Xochimilco con el Paseo del Río en San Antonio (*Capítulo* 1, pág. 63).
3. ¿Cuáles de estos deportes o pasatiempos en México son semejantes y cuáles son diferentes a los de tu comunidad y tu mundo?

02-40 to 02-41

Laberinto peligroso

EPISODIO 2

Lectura

Estrategia | **Skimming and scanning: reading for the gist**

To improve comprehension, you can *skim* or read quickly to get the *gist* of the passage. If you are searching for specific information, you can also *scan* for that in particular.

2-41 **Antes de leer** Muchas veces puedes comprender mucho más de un texto si antes de leerlo con mucho cuidado y atención, lo lees de manera más superficial y rápida. También puede ser útil leer el texto en busca de información específica. Antes de leer el episodio, sigue los pasos a continuación. ■

1. Lee superficialmente el diálogo entre Javier y Celia para contestar las siguientes preguntas.
   • ¿Dónde estaban?
   • ¿Qué buscaban?
   • ¿De quién(es) hablaron?
2. Revisa el diálogo otra vez y busca las respuestas para las siguientes preguntas.
   • ¿Qué deporte(s) recomienda Javier que Celia practique?
   • ¿Cuál es el deporte que no quiere que practique?
3. Lee superficialmente el primer párrafo después del diálogo para contestar las siguientes preguntas.
   • ¿Dónde estaba Cisco?
   • ¿Qué buscaba?
4. Mira el último párrafo y busca la respuesta para la siguiente pregunta.
   • ¿Dónde tenía Cisco una entrevista de trabajo?

DÍA5 *Búsquedas*

—¡Gracias por venir a ayudarme! —dijo Celia al llegar Javier a la tienda deportiva. Celia lo saludó con un besito° en la mejilla.

little kiss

—No hay de qué —respondió Javier, abrazándola°—. ¿Qué querías comprar?

hugging her

—Pues, no sé muy bien. Necesito llevar una vida más activa, pero no estoy segura qué deportes quiero practicar —explicó Celia.

—Entiendo lo que dices. Yo también quiero hacer más ejercicio —contestó Javier.

—Pero, ¿qué deporte? —preguntó Celia.

—Si necesitas relajarte y desconectarte de todo, como dijiste antes, te recomiendo que bucees. Yo lo hacía antes y me tranquilizaba mucho —sugirió Javier.

—No es mala idea, pero para bucear es necesario que compre mucho equipo deportivo caro. Es preferible que encuentre un deporte más económico. Mira, aquí está la sección de materiales para escalar montañas.

—¡Te prohíbo que trates de escalar una montaña sola! —gritó Javier—. Es un deporte peligroso y es importante que lo practiques con otras personas.

smile

—¡Entonces, hagámoslo tú y yo juntos! —respondió Celia con una sonrisa°.

—Eres muy graciosa, Celia. Es importante que lo practiques con gente que tenga experiencia. Nunca he escalado ninguna montaña, y no tengo muchas ganas de hacerlo.

—Muy bien, Javier, sigamos buscando. —Entonces, Celia se dirigió al otro lado de la tienda.

—Yo siempre he querido aprender a jugar al golf. Mira, estos palos están de oferta. ¿Quieres que tomemos una clase tú y yo juntos? —propuso Javier.

—Lo siento, Javier, pero a mí siempre me ha parecido un poco aburrido el golf. Y hablando de aburrimiento, ¿va mejor el seminario?, ¿está más interesante? —preguntó Celia.

—Sí, realmente a mis estudiantes les encantó hablar con ustedes sobre sus experiencias. —dijo Javier.

—Ese columnista, el que compartió esas anécdotas tan raras, ¿cómo se llamaba? —preguntó Celia.

—Ah, Cisco. Ha tenido experiencias realmente singulares.

—¿Lo conoces bien? —preguntó Celia.

—Más o menos. Lo conozco porque los dos hemos trabajado como periodistas en esta ciudad durante un par de años. Ya sabes cómo es esta profesión. Me gusta mucho como trabaja.

—¿Es buena gente? —dijo Celia demostrando más interés.

—Sí, es amable, honesto y generoso. Eso sí, es generoso con muchas cosas pero, como todos nosotros, no es nada generoso con los resultados de sus investigaciones.

—Entiendo —respondió Celia.

—Parece que Cisco te ha gustado —comentó Javier.

he looked very familiar to me

—No, no es eso. Te he preguntado por él porque me sonaba mucho su cara°, pero me he dado cuenta que no lo conocía.

Mientras Javier y Celia conversaban en la tienda sobre Cisco, éste trataba de trabajar. Su investigación sobre la desaparición de las selvas tropicales le resultaba interesante, pero no podía competir con su deseo de estudiar otro tema. En la pantalla de su computadora tenía varias ventanas abiertas; algunas eran páginas web con información sobre las selvas, pero lo que captó toda su atención fueron los resultados de una búsqueda Google sobre Celia Cortez.

Cuando terminó de leer todo lo que encontró sobre ella, volvió al artículo. Tenía que escribir un artículo espectacular pronto. Después de gastar todo ese dinero intentando

debts

impresionar a su exnovia, ahora estaba solo y tenía que pagar unas deudas°. Para obtener la información que buscaba para el artículo, era necesario infiltrarse en un laboratorio. Tenía una entrevista para un trabajo allí esa tarde y debía salir en la próxima media hora.

interviewed him

Apagó la computadora y se preparó. Al llegar al laboratorio, lo entrevistaron°. Cisco no lo sabía, pero había un hombre que lo observaba.

02-42 to 02-43

2-42 **Después de leer** Contesta las siguientes preguntas. ■

1. ¿Qué deportes consideraban Javier y Celia? ¿Por qué?
2. ¿Qué opinión tiene Javier de Cisco?
3. ¿Por qué quería Celia saber más cosas sobre Cisco?
4. ¿Por qué quería Cisco, un periodista, trabajar en un laboratorio?
5. ¿Cuáles son las diferentes búsquedas que tuvieron lugar en el episodio?
6. ¿Cuáles son las búsquedas que te parecieron más importantes? ¿Por qué crees que los personajes buscaban esas cosas?

Video

2-43 **Antes del video** En *Búsquedas,* aprendiste que Javier y Celia querían llevar una vida más activa y sana, y que Cisco estaba tratando de escribir un artículo muy importante sobre las selvas tropicales. En el episodio del video, estos objetivos diferentes hacen que nuestros tres personajes principales acaben en el mismo lugar. Antes de ver el episodio, contesta las siguientes preguntas. ■

1. ¿En qué partes del mundo hay selvas tropicales? ¿Sabes qué tipo de flora y fauna tienen?
2. ¿Por qué están desapareciendo las selvas tropicales? ¿Qué podemos hacer para mejorar la situación?
3. Si desaparecen las selvas tropicales, ¿qué tipo de consecuencias va a sufrir el mundo entero?
4. ¿Qué conexiones piensas que hay entre la investigación de Cisco sobre las selvas tropicales y el trabajo en el laboratorio que quiere obtener? ¿Qué aspectos de las selvas tropicales pueden interesar a un laboratorio? ¿Por qué?

Organicemos una excursión a las montañas. Escalemos y montemos a caballo.

¿Quieres que vayamos a la charla?

No me siento muy bien.

«¿Qué te ocurre, Celia?»

Episodio 2

Relájate y disfruta el video.

2-44 **Después del video** Contesta las siguientes preguntas. ■

1. ¿Dónde se encontraron Javier, Celia y Cisco?
2. ¿Por qué fueron allí Javier y Celia? ¿Por qué estaba allí Cisco?
3. ¿Qué le ocurrió a Celia durante el episodio?
4. ¿Cómo reaccionó Cisco? ¿Por qué crees que Cisco reaccionó de esa manera?

LETRAS

Acabas de terminar otro episodio de **Laberinto peligroso.** Explora más lecturas en la colección literaria, **Letras.**

02-48 to 02-50

Y por fin, ¿cómo andas?

	Feel confident	Need to review
Having completed this chapter, I now can . . .		
Comunicación I		
• share information about sports. (p. 72)	☐	☐
• tell others to do something. (MSL)	☐	☐
• suggest group action using *Let's.* (p. 78)	☐	☐
• listen for the gist of a conversation. (p. 84)	☐	☐
Comunicación II		
• describe pastimes and sports. (p. 86)	☐	☐
• convey doubt, influence, feelings, and hopes. (MSL)	☐	☐
• recommend, suggest, request, or require something of someone. (p. 91)	☐	☐
• express pardon, request clarification, and check for comprehension. (p. 96)	☐	☐
• use linking words to make writing more cohesive. (p. 98)	☐	☐
Cultura		
• discuss an international sporting event. (p. 82)	☐	☐
• identify three elite athletes and champions in the Spanish-speaking world. (p. 94)	☐	☐
• describe and communicate on the topic of sports and pastimes in Mexican culture. (pp. 100–101)	☐	☐
Laberinto peligroso		
• skim, scan, get the gist of a passage, and to report on Celia's interests and Cisco's job. (p. 102)	☐	☐
• consider who is trying to harm Celia. (p. 104)	☐	☐
Comunidades		
• use Spanish in real-life contexts. (SAM)	☐	☐
Literatura		
• understand hyperbole, metaphor, and prosopopoeia as literary devices in an authentic text. (Literary Reader)	☐	☐

Deportes	*Sports*
boxear	*to box*
cazar	*to go hunting*
escalar	*to climb*
esquiar	*to ski*
hacer pilates	*to do Pilates*
hacer surf	*to surf*
hacer yoga	*to do yoga*
jugar al boliche	*to bowl*
jugar al hockey	*to play (ice; field)*
(sobre hierba; sobre hielo)	*hockey*
jugar al voleibol	*to play volleyball*
levantar pesas	*to lift weights*
montar a caballo	*to go horseback riding*
patinar en monopatín	*to skateboard*
practicar artes	*to do martial arts*
marciales	
practicar ciclismo	*to go cycling*
practicar esquí	*to go waterskiing*
acuático	
practicar lucha libre	*to wrestle*
remar	*to row*

Algunos términos deportivos	*Some sports terms*
el/la atleta	*athlete*
el atletismo	*track and field*
el/la árbitro/a	*referee; umpire*
el bastón de esquí	*ski pole*
el bate	*bat*
el campeón/la campeona	*champion*
el campeonato	*championship*
el campo	*field*
la cancha	*court*
la carrera	*race*
el casco	*helmet*
la competición / la competencia	*competition*
el/la deportista	*sporty person; sports-loving person*
el empate	*tie*
el/la entrenador/a	*coach; trainer*
el equipo deportivo	*sporting equipment*
el/la excursionista	*hiker*
el palo (de golf; de hockey)	*golf club; hockey stick*
los patines	*skates*
las pesas	*weights*
la pista	*track; rink*
la raqueta	*racket*
el resultado	*score*
la tabla de surf	*surfboard*
el tamaño	*size*

Algunos adjetivos	*Some adjectives*
apropiado/a	*appropriate*
atlético/a	*athletic*
deportivo/a	*sports-related*

Algunos verbos	Some verbs
competir (e → i → i)	to compete
entrenar	to train
ganar	to win

Pasatiempos y deportes	Pastimes and sports
bucear	to scuba dive
coleccionar tarjetas de béisbol	to collect baseball cards
coser	to sew
comentar en un blog	to post to a blog
decorar	to decorate
hacer artesanía	to do crafts
hacer jogging	to jog
hacer trabajo de carpintería	to do woodworking
ir de camping	to go camping
jugar al ajedrez	to play chess
jugar a las cartas	to play cards
jugar a las damas	to play checkers
jugar al póquer	to play poker
jugar a videojuegos	to play video games
pasear en barco (de vela)	to sail
pescar	to fish
pintar	to paint
tejer	to knit
tirar un platillo volador	to throw a frisbee, to play frisbee
trabajar en el jardín	to garden

Un verbo útil	A useful verb
pelear(se)	to fight

3

Hogar, dulce hogar

Las casas son tan diferentes como las personas que las habitan. Muchas veces depende del gusto del dueño (*owner*) y de la decoración. A veces depende del lugar en que se encuentra y su cultura. Pero en cualquier caso, cada persona necesita convertir la casa en *su* hogar (*home*).

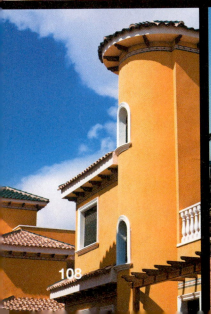

PREGUNTAS

1 ¿Cómo son estas casas? Descríbelas.

2 ¿Vives en una casa, en un apartamento o en una residencia estudiantil? ¿Cómo es?

3 ¿Piensas que las casas son símbolos culturales del lugar en que se encuentran? Explica.

Comunicación I

♻ ¡Anda! Curso elemental. Capítulo 3.
La casa, Apéndice 2.

1 VOCABULARIO

03-01 to 03-03

La construcción de casas y sus alrededores

Describing houses and their surroundings

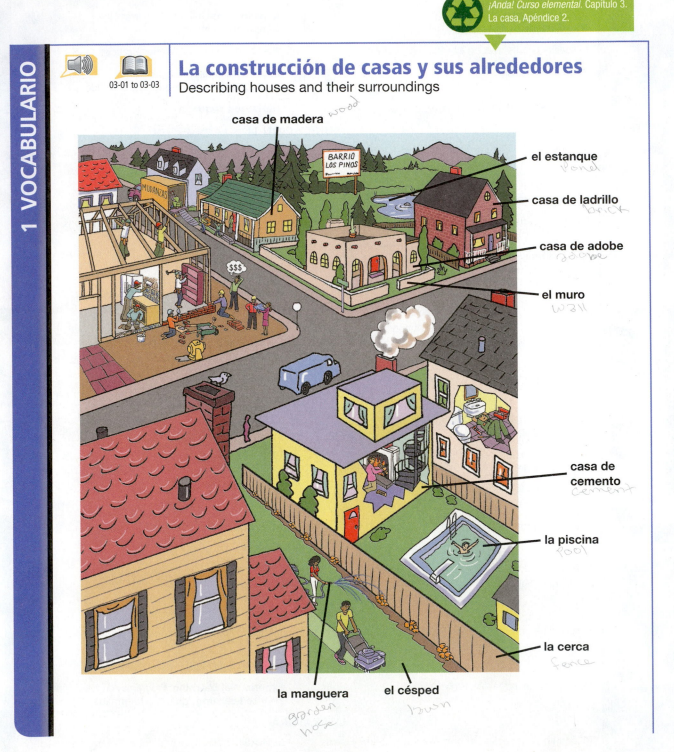

casa de madera — *wood*

el estanque — *pond*

casa de ladrillo — *brick*

casa de adobe — *adobe*

el muro — *wall*

casa de cemento — *cement*

la piscina — *pool*

la cerca — *fence*

la manguera — *garden hose*

el césped — *lawn*

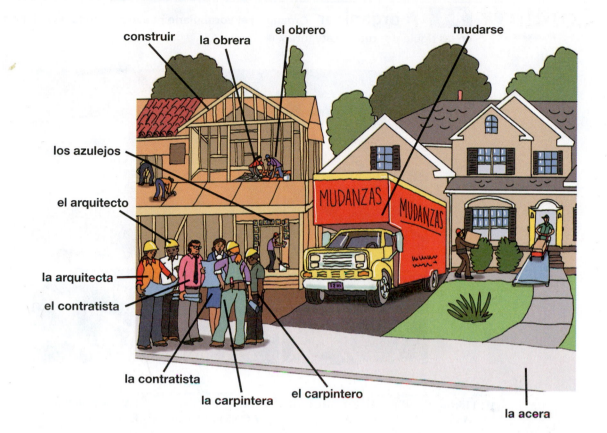

construir   la obrera   el obrero   mudarse

los azulejos

el arquitecto

la arquitecta

el contratista

la contratista   la carpintera   el carpintero   la acera

Algunos verbos	*Some verbs*
alquilar	*to rent*
añadir	*to add*
comparar con	*to compare with*
componer	*to repair; to fix an object*
gastar	*to spend; to wear out*
ponerse de acuerdo	*to agree; to reach an agreement*
quemar	*to burn*
reparar	*to repair*

Algunas palabras útiles	*Some useful words*
el alquiler	*rent*
la cuadra	*city block*
el/la diseñador/a	*designer*
el/la dueño/a	*owner*
la factura (mensual)	*(monthly) bill*
la hipoteca	*mortgage*
el préstamo	*loan*
el presupuesto	*budget*
el yeso	*plaster*

REPASO

¡Hola!
Repaso &
Spanish/English
Tutorials   03-04 to 03-07

El pretérito: verbos con cambios de raíz y otros verbos irregulares   Discussing past events

For a complete review of stem-changing and irregular verbs in the preterit go to MySpanishLab or refer to **Capítulo 7** of *¡Anda! Curso elemental* in Appendix 3 of your textbook. The vocabulary activities that appear in your textbook incorporate this grammar point. Practicing new vocabulary with a review grammar point helps to strengthen and increase your knowledge of Spanish.

Workbooklet

3-1 **A organizar** Organicen el **vocabulario nuevo** poniendo las palabras en las siguientes cuatro categorías. ■

MATERIALES DE LA CASA	ALREDEDOR DE LA CASA	LA CONSTRUCCIÓN	LAS CONSIDERACIONES ECONÓMICAS
los ladrillos			la hipoteca

3-2 **¿Va o no va?** Escojan la palabra que no pertenece a cada uno de los siguientes grupos y túrnense para explicar por qué la palabra que escogieron no pertenece. ■

MODELO   el yeso, el ladrillo, el cemento, el césped

El césped no va con las otras palabras porque no es un material para construir casas.

1. el barrio, la acera, los azulejos, la cuadra
2. la factura, el muro, el préstamo, la hipoteca
3. quemar, componer, construir, reparar
4. la carpintera, la hipoteca, el contratista, la diseñadora
5. la madera, la manguera, la piscina, el estanque

¡Anda! Curso elemental,
Capítulo 3. La casa, Apéndice 2.

3-3 **¿Cuál prefieres?** Mira el dibujo de las tres casas. Decide cuál es tu favorita y prepara una lista de por lo menos **cinco** razones. Después, explícale a un/a compañero/a por qué te gusta más. ◼

Estrategia

Remember that you can state your likes by using negative sentences. For example, *Me gusta la casa roja porque no tiene acera y a mí no me gustan las aceras.*

¡Anda! Curso elemental,
Capítulo 3. La casa, Apéndice 2.

3-4 **¿Qué hicieron?** En grupos de tres, escriban **tres** oraciones en **el pretérito** para cada grupo de palabras. Después, compartan sus oraciones con otros grupos. ¡Sean creativos! ◼

MODELO   arquitecta, contratista, obrero, diseñadora

La arquitecta trabajó con un contratista nuevo. Juntos encontraron a unos obreros de mucha experiencia y construyeron la casa en seis meses. La diseñadora decoró la casa en tres semanas.

1. préstamo, hipoteca, presupuesto, factura
2. comparar con, ponerse de acuerdo, añadir, gastar
3. barrio, cuadra, cerca, estanque
4. madera, ladrillo, cemento, azulejos

¡Anda! Curso elemental, Capítulo 3.
La casa; Los muebles y otros objetos
de la casa; Los colores, Apéndice 2.

3-5 **¿Cómo es la casa?** Completen los siguientes pasos. ■

Paso 1 Descríbele tu casa, la casa de tus padres o la casa de un/a amigo/a a tu compañero/a usando por lo menos **ocho** oraciones. Debes hablar de los materiales de la casa, los alrededores y el interior de la casa.

MODELO *Me encanta la casa de mi amigo Francisco. Es una casa blanca de madera. Detrás tiene un patio de cemento donde siempre tenemos fiestas. Está en el campo y el jardín es muy bonito…*

Paso 2 Repite por lo menos **tres** cosas que tu compañero/a te dijo.

¡Anda! Curso elemental, Capítulo 2.
La formación de preguntas y las
palabras interrogativas, Apéndice 3;
Capítulo 3. La casa, Apéndice 2.

3-6 **Preguntas y más preguntas** Es hora de hacerles preguntas a tus compañeros/as. ■

Paso 1 Escribe una lista de **ocho** preguntas que se puedan hacer, incorporando el **vocabulario nuevo** y el **pretérito.**

Paso 2 Circula por la sala de clase, haciéndoles las preguntas a diferentes compañeros/as.

MODELO E1: *¿Cortaste el césped en la casa de tus padres el verano pasado?*

E2: *No. Mis padres no tienen jardín. Viven en un apartamento. ¿Y tú?*

E1: *Sí, corté el césped muchas veces…*

2 GRAMÁTICA

03-08 to 03-11   ¡Hola! Spanish/ English Tutorials

Usos de los artículos definidos e indefinidos
Specifying people, places, and things

In **Capítulo Preliminar A,** you reviewed *definite* and *indefinite* articles. The following is a guide to help you determine when to use them.

> ¡El amor es cruel!

LOS ARTÍCULOS DEFINIDOS

Definite articles (**el, la, los, las**) are used in the following instances:

1. **before abstract nouns (la paz, la vida, el amor) used as subjects, and nouns used in a general sense (el café, la cerveza).** English omits the article in these cases.

La vida de la ciudad es intensa.	*City life is intense.*
Me gustan **las casas** de adobe.	*I like adobe houses.*

2. **before parts of the body and articles of clothing when preceded by a reflexive verb or when it is clear who the possessor is.** English uses a possessive adjective in these cases.

Voy a ponerme **la chaqueta** porque hace frío aquí.	*I'm going to put on my jacket because it is cold in here.*
Me duele **la cabeza.**	*My head hurts.*

3. **before the days of the week, to mean** *on.*

Tenemos la clase de español **los lunes, miércoles y viernes.**	*We have Spanish class on Mondays, Wednesdays, and Fridays.*
El martes a las diez de la mañana viene la decoradora.	*The decorator is coming (on) Tuesday at 10:00 A.M.*

4. **before dates and times of day.**

Empezaron a construir la casa **el catorce de marzo.**	*They began to build the house on March 14.*
Son **las tres de la tarde** y el carpintero todavía no ha llegado.	*It is 3:00 P.M. and the carpenter hasn't arrived yet.*

5. **before names of languages, except when they follow** *de, en,* **or** *hablar.* However, the article is often *omitted* after the following verbs: **aprender, enseñar, entender, escribir, estudiar, leer,** and **saber.**

El español no es un idioma oficial de los Estados Unidos, pero muchas personas lo hablan.	*Spanish is not an official language of the United States, but many people speak it.*
Aprender (**el**) **inglés** es importante para los obreros.	*It is important for the workers to learn English.*
El estudiante habló en **español** con su profesor.	*The student spoke in Spanish with his professor.*

6. **before titles, except** *San, Santa, don,* **and** *doña* **when speaking** *about* **the person,** even though the article is *omitted* when speaking *to* the person.

Tenemos que hablar con **la profesora Salgado** sobre la renovación de su casa.	*We have to speak with Professor Salgado about remodeling her house.*
¿Has visto **al Sr. del Valle,** el contratista?	*Have you seen Mr. del Valle, the contractor?*

7. before the names of certain cities, regions, and countries such as *La Habana*, *Los Ángeles*, *La Mancha*, **and** *El Salvador*. However, the article is optional with the following countries:

(la) Argentina	(el) Canadá	(el) Ecuador	(el) Paraguay	(la) República Dominicana
(el) Brasil	(la) China	(los) Estados Unidos	(el) Perú	(el) Uruguay

Los azulejos vienen de **Los Ángeles.**   *The tiles come from Los Angeles.*

Los vecinos son de **El Salvador.**   *The neighbors are from El Salvador.*

LOS ARTÍCULOS INDEFINIDOS

Just as it is in English, the indefinite article (**un, una, unos, unas**) is used when the noun is not known to the listener or reader. Once the noun is identified, the definite article is used.

Se acaba de abrir **una tienda** nueva de decoración.   *A new decorating store just opened.*

Han contratado a mucha gente para trabajar en **la tienda.**   *They've hired a lot of people to work at **the** store.*

1. In general, the indefinite article is used *much less* in Spanish than in English. Indefinite articles *are omitted* in the following instances:

a. after *hacerse* and *ser* when followed by an ***un*modified noun referring to nationality, political affiliation, profession, or religion.**

Pensaba **hacerse diseñador,** pero ahora quiere **ser arquitecto.**   *He was thinking about becoming **a** designer, but now he wants to be **an** architect.*

Carolina Herrera **es venezolana.**   *Carolina Herrera is **a** Venezuelan.*

b. before *cien(to), cierto, medio, mil, otro,* and *tal* (such).

Pensamos gastar **mil dólares** para terminar la cocina.   *We are planning to spend **a** thousand dollars to finish the kitchen.*

Necesitamos **otro electricista** porque este no puede llegar a tiempo.   *We need **another** electrician because this one can't arrive on time.*

c. after the prepositions *con* and *sin*.

El plomero nunca trabaja **sin gorro.**   *The plumber never works without **a** hat.*

Quiere comprar una casa **con piscina.**   *He wants to buy a house with **a** pool.*

d. in negative sentences and after verbs like *buscar, haber,* and *tener* when the numerical notion of *un(o)* or *una* is not important.

No **tengo carro** hoy así que no te puedo llevar.   *I don't have **a** car today so I can't take you.*

Busco apartamento y **compañero de cuarto.**   *I am looking for **an** apartment and **a** roommate.*

2. Indefinite articles *are used* in the following instances:

a. before numbers, *unos* and *unas* are used to indicate *approximate* amounts.

Necesitamos **unas dos** toneladas (*tons*) de ladrillos para el proyecto.   *We need **about** two tons of bricks for the project.*

Unos veinte arquitectos están participando en el concurso.   ***Some (approximately)*** *twenty architects are participating in the contest.*

b. before nouns that are modified.

Antonio Gaudí fue **un arquitecto español innovador.**   *Antonio Gaudí was **an** innovative Spanish architect.*

Narciso Rodríguez es **un** diseñador **famoso.**   *Narciso Rodríguez is **a** famous designer.*

3-7 **Tiene más sentido** Juntos repasen los usos 1 a 7 de **los artículos definidos** y las oraciones que sirven de ejemplos. Después, escriban sus propias oraciones para los ejemplos, según su vida universitaria y personal. Hagan lo mismo con **los artículos indefinidos.** ■

MODELO 1. Before abstract nouns… *El amor es muy importante para mis amigos.*

3-8 **¿Quiénes son?** Explica quiénes son las siguientes personas. Después, compara tus oraciones con las de un/a compañero/a. ■

MODELO Pablo Neruda / chileno / poeta / poeta chileno
Pablo Neruda es chileno. Es poeta. Es un poeta chileno.

1. Sandra Tarruella e Isabel López / españolas / diseñadoras / diseñadoras españolas
2. Benicio del Toro / puertorriqueño / actor / actor puertorriqueño
3. Eva Mendes / cubanoamericana / actriz / actriz cubanoamericana
4. Fernando Botero / colombiano / artista / artista colombiano
5. Carlos Santana / mexicano / músico / músico mexicano

NOTAS CULTURALES

El mejoramiento de la casa

03-12

El mejoramiento de la casa: Hazlo tú mismo

Cumpliste el sueño de tener tu propia casa y ahora ves que necesita algunas reparaciones[1] y renovaciones. ¿Cómo las vas a hacer? Pues, *hazlo tú mismo*, el lema de muchos negocios nuevos de mejoramiento de la casa. Esta moda es muy popular en el mundo hispano hoy en día. Las personas quieren participar en el trabajo de renovación por muchas razones. Por ejemplo, la gente ahora no tiene tanto miedo de hacer sus propias reparaciones; para otros, hay razones económicas; y hasta para algunos, es un pasatiempo.

Muchas compañías se especializan en el mejoramiento de la casa. *Sodimac* es el líder en Chile y también está en Colombia y Perú. En México hay las cadenas *Del Norte y Total HOME,* en España se encuentra *Bricor* y una compañía venezolana, *EPA,* ha abierto tiendas en Costa Rica. Por dondequiera[2] que vivas, si quieres mejorar la casa, siempre tienes la opción de *hacerlo tú mismo.*

[1]*repairs*   [2]*wherever*

Preguntas

1. ¿Cuál es el lema para el mejoramiento de la casa? ¿Cuáles son las razones que contribuyen a la popularidad de esta moda?
2. ¿Dónde se encuentran algunas tiendas de mejoras para la casa en el mundo hispano?
3. ¿Qué tipo de reparaciones puedes hacer en la casa?

3-9 **Y otra persona conocida** Juntos completen la siguiente entrevista con María Elvira Salazar para saber quién es y por qué es conocida en el mundo hispano. Completen las frases con **el artículo indefinido** si es necesario o deja el espacio en blanco. ■

ENTREVISTADOR/A: ¿Cuál es su profesión?

MARÍA ELVIRA SALAZAR (MES): Pues, soy (1) _____ periodista y actualmente soy (2) _____ presentadora de (3) _____ nuevo programa en MEGA TV.

ENTREVISTADOR/A: ¿Cómo se llama el nuevo programa?

MES: Es muy original: *¡María Elvira Live!*

ENTREVISTADOR/A: Excelente. Bueno, el público desea conocerla mejor. ¿De dónde es usted?

MES: Mi familia es originalmente de Cuba; soy (4) _____ cubanoamericana y vivo a (5) _____ veinte minutos del centro de Miami.

ENTREVISTADOR/A: ¿Por qué se destaca (*stand out*) tanto en un campo de (6) _____ miles de periodistas y presentadores?

MES: Es (7) _____ pregunta un poco difícil. Trabajo mucho, eso sí. También soy conocida por haber hecho supuestamente (*allegedly*) la última entrevista con Pinochet.

ENTREVISTADOR/A: Bastante controvertido, ¿no?

MES: Sin (8) _____ duda.

ENTREVISTADOR/A: Bueno, ¿cuáles son sus metas para el nuevo programa?

MES: Sobre todo, quiero llegar a (9) _____ público más amplio y diverso… y (10) _____ otras cosas, claro.

ENTREVISTADOR/A: Pues, muchas gracias, María Elvira, y muy buena suerte con su programa.

> **Fíjate**
> Augusto José Ramón Pinochet Ugarte (1915–2006) was the dictator of Chile from 1973 to 1990. Pinochet was a controversial ruler who was accused of human rights abuses. For more on the dictator and his reign, research the library or the Internet.

3-10 **¿Entendiste?** Contesta las siguientes preguntas sobre María Elvira Salazar en oraciones completas. Pon atención especial al uso de **los artículos definidos** e **indefinidos**. Después compara tus respuestas con las de un/a compañero/a. ■

1. ¿Cuál es la profesión de la Srta. Salazar?
2. ¿Cuál es su nacionalidad?
3. ¿Dónde vive?
4. ¿Por qué es una presentadora tan conocida?
5. ¿Cuáles son las metas para su nuevo programa?

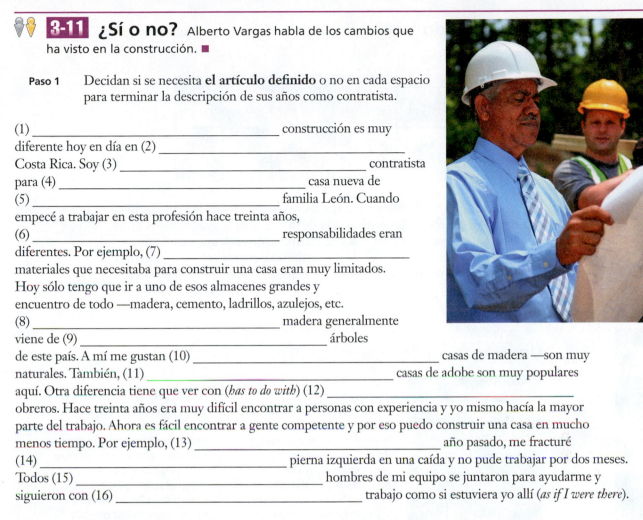

3-11 **¿Sí o no?** Alberto Vargas habla de los cambios que ha visto en la construcción. ■

Paso 1   Decidan si se necesita **el artículo definido** o no en cada espacio para terminar la descripción de sus años como contratista.

(1) _____ construcción es muy diferente hoy en día en (2) _____ Costa Rica. Soy (3) _____ contratista para (4) _____ casa nueva de (5) _____ familia León. Cuando empecé a trabajar en esta profesión hace treinta años, (6) _____ responsabilidades eran diferentes. Por ejemplo, (7) _____ materiales que necesitaba para construir una casa eran muy limitados. Hoy sólo tengo que ir a uno de esos almacenes grandes y encuentro de todo —madera, cemento, ladrillos, azulejos, etc. (8) _____ madera generalmente viene de (9) _____ árboles de este país. A mí me gustan (10) _____ casas de madera —son muy naturales. También, (11) _____ casas de adobe son muy populares aquí. Otra diferencia tiene que ver con (*has to do with*) (12) _____ obreros. Hace treinta años era muy difícil encontrar a personas con experiencia y yo mismo hacía la mayor parte del trabajo. Ahora es fácil encontrar a gente competente y por eso puedo construir una casa en mucho menos tiempo. Por ejemplo, (13) _____ año pasado, me fracturé (14) _____ pierna izquierda en una caída y no pude trabajar por dos meses. Todos (15) _____ hombres de mi equipo se juntaron para ayudarme y siguieron con (16) _____ trabajo como si estuviera yo allí (*as if I were there*).

Paso 2   Expliquen por qué usaron (o no usaron) **el artículo definido** en el **Paso 1.**

Paso 3   Escribe las respuestas, en oraciones completas, a las siguientes preguntas, poniendo mucha atención al uso de **los artículos definidos e indefinidos.** Después compara tus respuestas con las de un/a compañero/a.

1. ¿Cuál es la profesión del Sr. Vargas?
2. ¿Cuál es su nacionalidad?
3. ¿Qué tipo de casa le gusta más? ¿Por qué?
4. ¿Cuándo empezó a trabajar en esta profesión?
5. ¿Cuáles son los cambios que han ocurrido en esta profesión desde que empezó a trabajar él?
6. ¿Qué pasó en el trabajo después de fracturarse la pierna?

3-12 **Un poco de todo** Túrnense para contestar las siguientes preguntas. Pongan atención a **los artículos.** ■

1. En la construcción de una casa, ¿cuál es la diferencia entre las responsabilidades del arquitecto y las del contratista?
2. ¿Cuáles son los materiales que usaron en la construcción de tu casa o de la casa de tus padres?
3. ¿Cuáles son las consideraciones al escoger materiales de construcción para una casa?
4. ¿Es importante que los diseñadores tengan un título universitario o cuenta más la experiencia?
5. ¿Cuáles son algunos de los problemas que puede tener un negocio de construcción de casas?

ESCUCHA

Un programa de televisión

03-13 to 03-14

Estrategia

Listening for the main ideas

When listening for the main ideas, you are not focusing on details, but rather on the main points. For example, if you were getting ready to go to work or class and are listening to the weather report, you would probably want to know the maximum high and low temperatures in your area and whether there will be precipitation. You would not necessarily listen for what the temperature and weather conditions were on the other side of the country. *Listening for the main ideas* means focusing on the most important points. Those can be dictated based on your need for and use of the information.

3-13 **Antes de escuchar** Mientras Mari Carmen limpia su casa, ella escucha (¡y también mira de vez en cuando!) el programa de televisión *¡Estamos en casa!* en el que muestran unas casas extraordinarias de su área. A Mari Carmen le encanta el programa y mientras está limpiando le gusta imaginarse a ella y a su familia viviendo en una de esas grandes mansiones. Escribe **tres** ideas principales que pueden estar incluidas en la descripción de una mansión grande. ■

1. _____
2. _____
3. _____

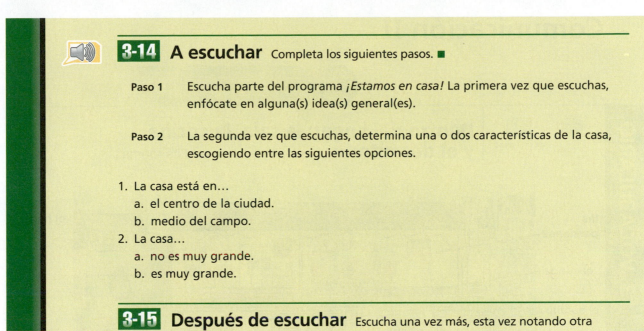

3-14 **A escuchar** Completa los siguientes pasos. ■

Paso 1   Escucha parte del programa *¡Estamos en casa!* La primera vez que escuchas, enfócate en alguna(s) idea(s) general(es).

Paso 2   La segunda vez que escuchas, determina una o dos características de la casa, escogiendo entre las siguientes opciones.

1. La casa está en…
   a. el centro de la ciudad.
   b. medio del campo.
2. La casa…
   a. no es muy grande.
   b. es muy grande.

3-15 **Después de escuchar** Escucha una vez más, esta vez notando otra idea principal. ■

¿Cómo andas? I

	Feel confident	Need to review
Having completed **Comunicación I**, I now can . . .		
• describe houses and their surroundings. (p. 110)	☐	☐
• discuss past events. (MSL)	☐	☐
• specify people, places, and things. (p. 115)	☐	☐
• relate information about home improvements. (p. 117)	☐	☐
• note main ideas. (p. 120)	☐	☐

Comunicación II

¡Anda! Curso elemental, Capítulo 3. La casa; Los quehaceres de la casa, Apéndice 2.

3 VOCABULARIO

03-15 to 03-19

Dentro del hogar: la sala, la cocina y el dormitorio   Depicting a home and its rooms

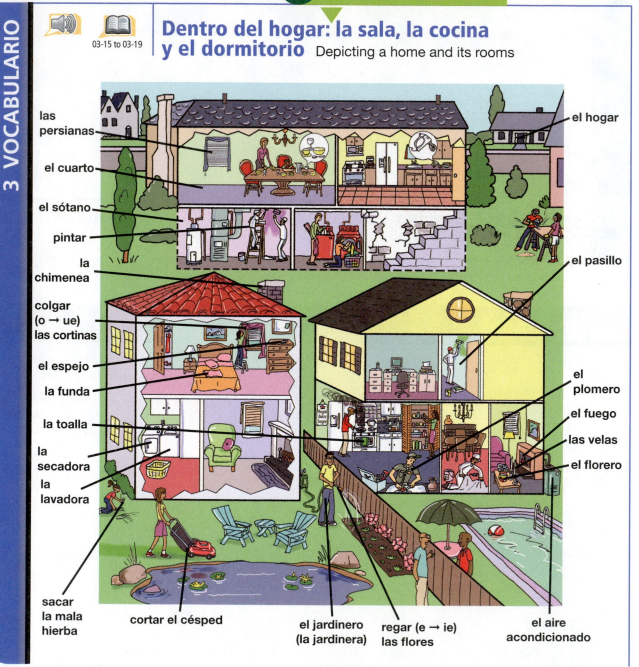

las persianas

el hogar

el cuarto

el sótano

pintar

la chimenea

el pasillo

colgar (o → ue) las cortinas

el espejo

el plomero

la funda

el fuego

la toalla

las velas

la secadora

el florero

la lavadora

sacar la mala hierba

cortar el césped

el jardinero (la jardinera)

regar (e → ie) las flores

el aire acondicionado

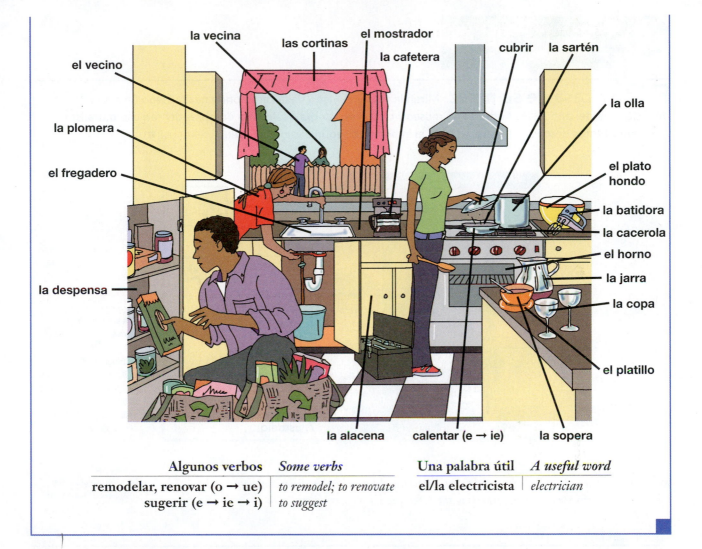

- la vecina
- el vecino
- las cortinas
- el mostrador
- la cafetera
- cubrir
- la sartén
- la olla
- la plomera
- el fregadero
- el plato hondo
- la batidora
- la cacerola
- el horno
- la jarra
- la copa
- la despensa
- el platillo
- la alacena
- calentar (e → ie)
- la sopera

Algunos verbos	Some verbs
remodelar, renovar (o → ue)	to remodel; to renovate
sugerir (e → ie → i)	to suggest

Una palabra útil	A useful word
el/la electricista	electrician

REPASO

¡Hola!

Repaso & Spanish/English Tutorials   03-20 to 03-23

El imperfecto   Sharing about situations in the past and how things used to be

For a complete review of the imperfect, go to MySpanishLab or refer to **Capítulo 8** of *¡Anda! Curso elemental* in Appendix 3 of your textbook. The vocabulary activities that appear in your textbook incorporate this grammar point. Practicing new vocabulary with a review grammar point helps to strengthen and increase your knowledge of Spanish.

3-16 Buena memoria Escoge **cinco** letras diferentes. Bajo cada letra escribe todas las palabras que empiecen con esta letra del vocabulario de **Dentro del hogar** que recuerdes. Después, compara tu lista con la de un/a compañero/a. ¿Quién tiene mejor memoria? ■

MODELO	a	c	f
	alacena	cafetera	fuego

♻ *¡Anda! Curso elemental*, Capítulo 3. La casa, Apéndice 2; Capítulo 11. Las preposiciones y los pronombres preposicionales, Apéndice 3.

3-17 **La casa de su niñez** Miren la foto y el plano de la casa donde nació Diego Rivera el 8 de diciembre del año 1886. Ahora es un museo y contiene una gran colección de obras del famoso muralista mexicano. Juntos describan la casa, usando **el imperfecto** según el modelo. ¡Sean creativos! ▪

1. Sala
2. Dormitorio
3. Vestidor
4. Dormitorio de la tía Vicenta
5. Dormitorio del matrimonio Rivera
6. Comedor
7. Estudio

Fíjate

The words *la habitación, la recámara, el cuarto,* and *la alcoba* are common words for *el dormitorio.* Sometimes different words are used in different Spanish-speaking countries. In *¡Anda! Curso intermedio,* you are learning vocabulary that tends to be used the most universally across the Spanish-speaking world.

MODELO   *Cuando Diego vivía en la casa, sus padres dormían en un dormitorio que estaba enfrente del dormitorio de la tía. Creo que Diego dormía en…*

3-18 **La casa de mi niñez** Completa los siguientes pasos. ▪

Paso 1   Dibuja un plano sencillo (*simple*) de la casa de tu niñez o de la de un/a amigo/a. Incluye los cuartos y detalles sobre el exterior; por ejemplo, la cerca, el jardín, la piscina, etc.

Paso 2   Descríbele la casa a un/a compañero/a, usando por lo menos **ocho** oraciones en **el imperfecto.** Tu compañero/a va a dibujar lo que dices.

MODELO   *La casa de mi niñez tenía una cerca de madera alrededor de la casa…*

Paso 3   Comparen los dos dibujos para ver si las describieron e interpretaron bien. Túrnense.

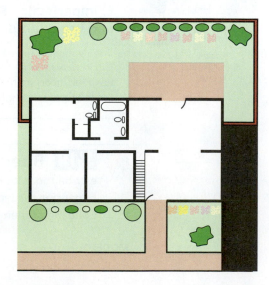

¡Anda! Curso elemental,
Capítulo 3. Los colores;
Capítulo 7. La comida,
Apéndice 2.

3-19 ¿Y tu vida? Piensen en su niñez y túrnense para compartir la siguiente información. ■

MODELO E1: *¿Qué tipo de comida guardaba tu familia en el refrigerador y en la despensa?*
        E2: *Mi familia guardaba refrescos, leche, frutas, verduras y condimentos en el refrigerador. En la despensa…*

1. ¿Qué tipo de comida guardaba tu familia en el refrigerador y en la despensa?
2. ¿Cuántas almohadas necesitabas para dormir?
3. ¿De qué colores eran tus sábanas, fundas y toallas?
4. ¿Usabas cortinas o persianas?
5. ¿Tenías tocadores o nada más que armarios?
6. ¿Te permitían tus padres cocinar o usar una sartén?
7. ¿Cuántas familias vivían en tu barrio o en tu cuadra?
8. ¿Te caían bien los vecinos?

¡Anda! Curso elemental,
Capítulo 3. La casa,
Apéndice 2.

3-20 Una imagen vale Mira el dibujo en la página 122. Imagina que tienes que describirle a alguien lo que pasaba (usando **el imperfecto**) en estas casas y sus alrededores. Túrnense para crear **ocho** oraciones cada uno/a. ■

MODELO *Había sábanas y fundas rosadas. La casa no se calentaba con la chimenea porque hacía calor y buen tiempo.*

Workbooklet

¡Anda! Curso
intermedio, Capítulo
Preliminar A. Los
artículos definidos e
indefinidos, pág. 6.

3-21 El mundo es un pañuelo ¿Cuánto sabes de tus compañeros y de sus pasados? Entrevístalos para encontrar a los que puedan contestar afirmativamente a las siguientes preguntas. ■

Paso 1 Usa **el imperfecto** para crear las preguntas.

MODELO *¿Tenía piscina tu casa?*

Paso 2 Pregúntaselas a tus compañeros/as de clase. Si alguien contesta que **sí**, tiene que firmar su nombre en el espacio apropiado.

MODELO E1: *¿Tenía piscina tu casa?*
        E2: *Sí, mi casa tenía piscina.*
        E1: *Firma aquí, por favor.*
             Charlie

tu casa / tener / piscina	las casas en tu barrio / ser / de ladrillo	tú / componer / cosas rotas	tu casa / tener / un estanque
Charlie			
tus hermanos / cortar / el césped	tu casa / haber / azulejos	tu casa / haber / chimenea	tu familia y tú / quemar / madera en la chimenea
tu casa / tener / un muro enfrente	tú / usar / la lavadora	tú / guardar / cosas especiales / en tu tocador	tú / renovar / tu casa con la ayuda de revistas (*magazines*)

¡Anda! Curso intermedio, Capítulo 2. El subjuntivo para expresar pedidos, mandatos y deseos, pág. 91.

3-22 **¡La lotería!** ¡Tu esposo/a y tú acaban de ganar 80.000 euros! Túrnense para describir sus planes para la renovación y la decoración de su casa vieja, usando por lo menos **ocho** oraciones. ■

MODELO

E1: *Primero quiero que renovemos los mostradores de la cocina. Sugiero usar azulejos del sur de España.*

E2: *Buena idea. Me gusta. Quizás construyamos alacenas de madera y tal vez las pintemos blancas…*

loterias.com

15 millones de euros esta semana en Euromillones

¡JUEGA HOY!

No dejes que se te escapen los 15 millones que trae el bote de Euromillones.

Compra por Internet de forma fácil, cómoda y segura.

$ **JUEGA AQUÍ**

4 GRAMÁTICA

03-24 to 03-27 · Spanish/English Tutorials · ¡Hola!

El subjuntivo para expresar sentimientos, emociones y dudas

Expressing doubt, emotions, and sentiments

In **Capítulo 2,** you learned about the **subjunctive** to express **volition** or **will** (commands, requests, and wishes). In Spanish, you also use the **subjunctive** to express **feelings, emotions, doubt,** and **probability.**

Dudo que podamos renovar esta casa. No creo que sea una opción para nosotros.

¡Qué potencial! No creo que la casa necesite mucho trabajo. Pintamos… unas cortinas nuevas y ya está.

Estrategia

You may want to review the present tense subjunctive forms on p. 87 and the sentence construction with verbs of volition on p. 91 before beginning this section.

Fíjate

Gustar (to like) and most verbs like it (see *Capítulo* 1, p. 39) can express feelings and emotions.

1. Some verbs and phrases used to express **feelings** and **emotions:**

alegrarse de	to be happy (about)	ser una lástima	to be a shame
avergonzarse de (o → ue)	to feel (to be) ashamed of	sentir (e → ie → i)	to regret
gustar	to like	temer / tener miedo (de)	to fear; to be afraid (of)
ser bueno/malo	to be good/bad		

sorprender(se) — surprised

Me alegro de que tengas un presupuesto.

I'm happy that you have a budget.

Pepa **teme** que ella y su esposo no tengan el dinero para pagar el alquiler este mes.

Pepa fears that she and her husband do not have the money to pay the rent this month.

Nos gusta que la casa esté bien decorada ahora.

We like (the fact) that the house is well decorated now.

Es una lástima que no podamos comprarla.

It's a shame we cannot buy it.

2. Some verbs used to express **doubt** and **probability:**

dudar	*to doubt*	**no pensar**	*not to think*
no creer	*not to believe; not to think*	**ser dudoso**	*to be doubtful*
no estar seguro (de)	*to be uncertain*	**ser probable**	*to be probable*

Marco **no cree** que nosotros sepamos suficiente para renovar una casa.

Marco doesn't think that we know enough to renovate a house.

No estoy segura de que Hosun tenga un jardinero.

I am not sure that Hosun has a gardener.

3. The verbs **creer, estar seguro de,** and **pensar** do **not** use the **subjunctive,** but rather the indicative, after **que** because they do not express doubt.

DOUBT

dudar, no creer, no estar seguro (de), no pensar

No creo que podamos terminar de renovar el baño para septiembre.

I don't believe that we can finish renovating the bathroom by September.

Julio **no está seguro de que** esta lavadora sea la mejor que jamás ha tenido.

Julio is not certain that this washing machine is the best he has ever had.

CERTAINTY

no dudar, creer, estar seguro (de), pensar

Creo que podemos terminar de renovar el baño para septiembre.

I believe that we can finish renovating the bathroom by September.

Julio **está seguro de que** esta lavadora es la mejor que jamás ha tenido.

Julio is certain that this washing machine is the best he has ever had.

4. When only one subject/group of people expressing **feelings, emotions, doubt,** or **probability** exists, you must use the **infinitive** and **NOT** the **subjunctive.**

Se alegran (de) comprar una casa en aquel barrio.

They are happy to buy a house in that neighborhood.

¡Explícalo tú!

After studying the previous presentation on the subjunctive, answer the following questions:

1. In which part of the sentence do you place the verb that expresses feelings, emotions, or doubts: to the right or the left of **que?**
2. Where do you put the subjunctive form of the verb: to the right or the left of **que?**
3. What word joins the two parts of the sentence?
4. When you have only one subject/group of people and you are expressing **feelings, emotions, doubt,** or **probability,** do you use a subjunctive sentence?

✔ Check your answers to the preceding questions in Appendix 1.

3-23 **Práctica** Terminen las siguientes oraciones de manera apropiada. Tienen que decidir si necesitan usar **el subjuntivo** o **el indicativo**. ■

comprar	organizar	pagar	preparar	querer

MODELO   Nos alegramos de que nuestros padres… / una lavadora y una secadora nuevas.

*Nos alegramos de que nuestros padres **compren** una lavadora y una secadora nuevas.*

1. Mis padres no creen que nosotros… / una casa nueva este año.
2. Dudan que yo… / la comida todos los días.
3. ¿Estás seguro de que ella siempre… / las facturas?
4. No pienso que su ahijada… / las alacenas. Es muy perezosa.
5. Creo que él… / construir un muro de cemento.

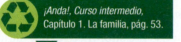

♻ *¡Anda!, Curso intermedio,* Capítulo 1. La familia, pág. 53.

3-24 **Optimista o pesimista**
Hay optimistas y pesimistas en este mundo.
¡Hoy es tu día para jugar a ser el/la pesimista!
Túrnense para responder de manera pesimista. ■

MODELO   Creo que los platos y las copas hacen juego (*match*).

PESIMISTA: *No creo que los platos y las copas hagan juego.*

1. Creo que el sótano de mis tíos necesita reparaciones.
2. Mi madrina está remodelando su casa y no duda que los azulejos son del color correcto.
3. Los gemelos Sánchez creen que su horno calienta bien y que no necesitan uno nuevo.
4. Estoy segura de que mis primos son buenos cocineros y que nunca queman la comida.
5. Creemos que tu padrino te va a regalar una nueva casa de madera para tu cumpleaños.

3-25 **Lo siento, pero lo dudo** No estás de acuerdo con lo que te dice tu compañero/a. Responde con **Dudo que…**, **No creo que…**, etc. ■

MODELO   E1: Mi cuñada quema la comida todos los días.

E2: *Dudo que tu cuñada queme la comida todos los días.*

1. Mi casa es tan sofisticada como la Casa Blanca.
2. Lavo las toallas, las sábanas y las fundas todos los días.
3. Nos mudamos todos los años.
4. Vivo en una casa con dos piscinas.
5. Mis padrinos tienen unos espejos de Francia del siglo XVII.

3-26 **Mis quehaceres** Siempre hay cosas que hacer y tu compañero/a te va a ayudar. Túrnense para responder con gratitud (**me alegro, me gusta, me encanta,** etc.). ■

¡Anda! Curso elemental, Capítulo 3. Los quehaceres de la casa, Apéndice 2.

MODELO E1: pintar el despacho
E2: *Me alegro de que pintes el despacho.*

1. comprar la comida para la cena
2. cortar el césped
3. hacer la cama con nuevas sábanas, fundas y almohadas
4. barrer el piso
5. organizar la despensa
6. limpiar el sótano

3-27 **Mis opiniones** Tus abuelos te regalan una casa vieja. Estás agradecido/a pero necesitas renovarla. ■

Paso 1 Escribe por lo menos **cinco** ideas que expresen **duda, sentimientos** o **emociones** sobre el proyecto.

MODELO *Voy a renovar la cocina. Primero, necesito encontrar a un buen contratista. Creo que el contratista debe tener buenas referencias. Temo que la renovación sea cara…*

Paso 2 Comparte tus ideas con **tres** compañeros.

¡Anda! Curso intermedio, Capítulo 1. El aspecto físico y la personalidad, pág. 34; Algunos estados, pág. 46.

3-28 **El futuro es dudoso** Dos amigos suyos van a casarse. Expresen sus opiniones en por lo menos **cinco** oraciones sobre la boda (*wedding*) y/o su futuro. ¡Sean creativos! Después, compartan sus oraciones con sus compañeros/as. ■

MODELO *En el futuro, dudo que se pongan de acuerdo sobre cómo gastar el dinero. Ella es muy gastadora y él es muy tacaño. Por ejemplo, ella quiere gastar $5.000 dólares en un horno y una estufa, pero él no cree que sea muy importante…*

¡Anda! Curso intermedio, Capítulo 2. Deportes, pág. 72; Pasatiempos y deportes, pág. 86.

¡Anda! Curso elemental, Capítulo 2. Los pasatiempos y los deportes; Capítulo 5. El mundo de la música, El mundo del cine, Apéndice 2.

3-29 **Y otra cosa…** Expresa tus dudas, sentimientos y emociones con respecto a tus pasatiempos y diversiones. Comparte la información con un/a compañero/a. ■

MODELO *Me encanta mi familia y creo que debemos ver la televisión mucho menos y hablar mucho más. Me alegro de que tengamos tiempo para reunirnos y comer juntos, pero…*

5 GRAMÁTICA

03-28 to 03-31   ¡Hola! Spanish/English Tutorials

Estar + el participio pasado
Reporting results of actions

In **Capítulo 1,** you learned about the **present perfect** tense (present tense of **haber** [**he, has, ha,** etc.] + past participle [**-ado/ido**]). You can also use the **past participle as an adjective.**

   Estar + *past participle* describes the **result of an action.** The verb **estar** can be used in the **present** or **imperfect tense.**

Las ventanas **están cerradas.**   *The windows are closed. (Someone closed the windows.)*

La puerta **estaba abierta** cuando yo llegué.   *The door was open when I arrived. (Someone opened the door.)*

La casa ya **está pintada;** la terminamos ayer.   *The house is already painted; we finished it yesterday. (Someone painted the house.)*

¡Explícalo tú!

Based on the examples above, what rule can you state with regard to what determines the endings of the past participles (**-ado / -ido**) when used as adjectives?

✔ Check your answer to the preceding question in Appendix 1.

¡Anda! Curso intermedio, Capítulo 1. El presente perfecto, pág. 49.

3-30   Mi casa es tu casa Tu compañero/a y tú han trabajado mucho hoy. Túrnense para describir lo que ya han hecho. ■

MODELO   puerta / pintar
          La puerta está pintada.

1. factura mensual / pagar
2. platos / guardar
3. toallas / lavar
4. silla rota / reparar
5. césped / cortar
6. cerca / pintar
7. cortinas / colgar
8. flores / regar

PERFILES

03-32

La importancia de la casa y de su construcción

La construcción de los lugares donde la gente vive es personal y refleja los gustos y las necesidades de las personas que los van a habitar. Muchas personas se especializan en el trabajo de mejorar los edificios, por fuera y por dentro *(inside)*. Aquí tienes tres ejemplos del intento de crear un espacio agradable y útil para vivir o pasar el tiempo.

Eduardo Xol (n. 1966), nativo de Los Ángeles y de padres mexicanos, ha ganado fama como diseñador de exteriores y de jardines. Desde pequeño trabajó con su familia y aprendió mucho del arte de la jardinería. Ahora hace recomendaciones sobre este tema al público en el programa *Extreme Makeover Home Edition*.

Sandra Tarruella e **Isabel López** son unas diseñadoras de interiores muy conocidas en España. En el año 2009, recibieron el premio Interiorismo Plus al mejor Proyecto Hotelero por el Hotel Eme en Sevilla. Desde entonces, cada una tiene su propio estudio de interiorismo pero no hay duda que los proyectos de las dos figuran entre los más modernos y populares del país.

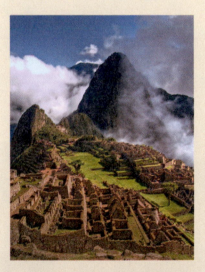

La civilización incaica (1438–1532) demostró mucho talento en la construcción con piedra. Sus ruinas indican que los incas eran buenos arquitectos. Sus casas y templos estaban construidos de piedras masivas que se ajustaban *(fit)* juntas unas con otras, tan perfectamente que no había necesidad de mortero *(mortar)*.

Preguntas

1. ¿En qué son semejantes *(similar)* y en qué son diferentes los trabajos de las personas representadas?
2. ¿Qué es más importante para ti: el exterior o el interior de tu casa? ¿Por qué?
3. ¿Cuál es el cuarto de tu casa que más te gusta? ¿Por qué?

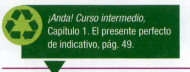

¡Anda! Curso intermedio, Capítulo 1. El presente perfecto de indicativo, pág. 49.

¡Anda! Curso elemental, Capítulo 3. Los quehaceres de la casa, Apéndice 2; Capítulo 10, Los mandatos informales, Apéndice 3.

3-31   Por favor   Completen los siguientes pasos. ◼

Paso 1   Túrnense para formar **mandatos informales** y para responder de manera positiva a su amigo/a un poco exigente (*demanding*).

MODELO   quemar los papeles

       E1:   *Por favor, quema los papeles.*

       E2:   *Ya están quemados.*

Por favor,

1. cerrar las ventanas de tu cuarto.
2. apagar la chimenea.
3. lavar las cacerolas en el fregadero.
4. guardar la batidora en la alacena.
5. organizar los comestibles en la despensa.
6. pintar los pasillos de color azul.
7. cubrir la almohada con una funda limpia.
8. reparar las persianas rotas.

Paso 2   Ahora cambien las respuestas al **imperfecto.**

MODELO   Ya están quemados.

         Ya estaban quemados.

3-32   ¿Eres competitivo?   Túrnense para hacer el papel de una persona que siempre quiere hacer las cosas mejor que los demás. ◼

MODELO   No tengo tiempo para decorar mi apartamento.

         Mi apartamento está bien decorado.

1. No tengo tiempo para cortar el césped.
2. Necesito pintar el pasillo.
3. Nunca guardo mi ropa limpia.
4. No puedo hacer la cama todos los días.
5. Necesito renovar la cocina.
6. Nunca tengo tiempo para lavar mi carro.
7. Debo poner la mesa cuando invito a mis amigos a comer.
8. No me gusta barrer el suelo.

3-33 **Ya lo hicimos** Juntos hagan una lista de por lo menos **ocho** cosas que hicieron ayer. Después, conviertan la lista a oraciones completas usando **el participio pasado.** ■

MODELO   *Ayer saqué la basura.*
                La basura está sacada.

 3-34 **¿Qué pasó?** Necesitan ayudar a la policía porque hubo un crimen en el apartamento del vecino. Miren el dibujo y describan, con **participios pasados,** lo que vieron al entrar en el apartamento. Túrnense. ■

Estrategia

These words may be useful in your description: *abrir, cerrar, desordenar, hacer, poner, romper, sacar, tirar* (to throw).

 ¡Anda! Curso elemental, Capítulo 7. El pretérito, Apéndice 3.

 3-35 **¡Ya soy responsable!** Imagínense que es la primera vez que viven solos y sus padres están muy preocupados. ■

Paso 1   Inventen una conversación entre un/a hijo/a y el padre/la madre. ¿Cuáles son las preguntas de los padres y cuáles son las respuestas del hijo/de la hija responsable? Usen **el participio pasado.**

MODELO   E1: *¿Pagaste las facturas de este mes?*
               E2: *Sí mamá. Todas las facturas están pagadas.*

Paso 2   Presenten la conversación a su profesor/a y a sus compañeros/as de clase.

¡CONVERSEMOS!

03-33

ESTRATEGIAS COMUNICATIVAS Extending, accepting, and declining invitations

A good way to improve your Spanish is to spend time with Spanish speakers. To do this, you need to know how to extend, accept, or decline an invitation.

Use the expressions below when you wish to extend, accept, or decline an invitation:

Para invitar a alguien	*To extend an invitation*	**Para rechazar una invitación**	*To decline an invitation*
• Quisiera invitarte/ le/les...	I would like to invite you (all) . . .	• Me da mucha pena, pero...	I'm really sorry, but . . .
• ¿Está/s/n libre/s...?	Are you (all) free . . .?	• Lo siento, pero no puedo esta vez/en esta ocasión. Tengo otro compromiso.	I'm sorry, but I can't this time. I have another commitment. / I have other plans.
• ¿Podría/s/n venir...?	Could you (all) come . . .?		
Para aceptar una invitación	*To accept an invitation*	• Nos/Me encantaría, pero...	We'll would love to, but . . .
• Nos/Me encantaría...	We'll would love to . . .	• Lástima, pero...	It's a shame/pity, but . . .
• ¡Claro! ¡Por supuesto!	Sure! Of course!		
• ¡Con mucho gusto!	It would be a pleasure!		

 3-36 **Diálogos** Escucha los diálogos y contesta las siguientes preguntas. ▪

1. ¿Para qué es la primera invitación?
2. ¿Puede ir Laura? ¿Qué dice?
3. ¿A qué invitan Paco y Verónica a Inés y a Jorge?
4. ¿Pueden ir? ¿Qué dice Inés?

3-37 **¡Bienvenido!** Piensen en un personaje histórico a quien quieran invitar a cenar. Luego escriban un mini-diálogo. Su compañero/a hace el papel del invitado y puede aceptar o negar la invitación, pero necesita explicar por qué. ▪

MODELO

E1: *Saludos, Sr. Quijote.*

E2: *Buenos días. ¿Lo conozco?*

E1: *No, pero he leído el libro sobre su vida y me gustó mucho. Espero que usted pueda cenar conmigo esta noche.*

E2: *Ah, muchísimas gracias, pero lo siento, esta vez no puedo. Tengo otro compromiso… Tengo una cita con Dulcinea…*

3-38 **¿Aceptas o no?** Mira la siguiente lista de invitaciones y decide si quieres aceptar o no cada una. Con un/a compañero/a, dramaticen las situaciones y luego cambien de papel y háganlo de nuevo. ■

1. Un amigo te invita a una fiesta latina en su casa donde se va a bailar mucho; no sabes bailar.
2. Tu profesor/a de español quiere que la clase vaya a su casa para una tertulia (*informal social gathering*). Tienen que hablar toda la noche en español. Responde por toda la clase (nosotros).
3. Tu novio/a quiere que conozcas a sus padres. Te ha invitado a cenar en casa con ellos. No tienes ropa apropiada en este momento.
4. Tus vecinos te han invitado a una barbacoa en su casa, pero eres vegetariano/a.
5. Tu amigo va a ayudar a construir unas casas para Hábitat para la Humanidad durante las vacaciones de primavera y te invita a acompañarlo.

MODELO   E1:   *Hola, Juanita. Quisiera invitarte al baile este sábado.*

          E2:   *Ah, ¡qué bueno! ¡Claro que sí!…*

3-39 **Una casa de vacaciones** Quieres alquilar una casa para ir de vacaciones, pero quieres más información sobre la propiedad. Solamente has leído un anuncio en el periódico y no la describe con mucho detalle. ■

Estudiante 1: Llama al/a la dueño/a y pídele una descripción. Pregúntale lo que quieras sobre la casa: por ejemplo, ¿Hay piscina? ¿De qué está hecha la casa? ¿Cómo es la cocina?

Estudiante 2: Eres el/la dueño/a. Describe la casa lo mejor posible, indicando cuáles son los mejores aspectos de la casa y de sus alrededores (*surroundings*) e invita al cliente a verla.

MODELO   E1:   *Muy buenos días, señora. ¿Usted todavía tiene una casa disponible o ya está alquilada?*

          E2:   *¡Claro! ¡Por supuesto! ¿Qué quiere saber? ¿Desea que le describa la casa?…*

3-40 **Manos a la obra** Tu vecino/a te pide que le ayudes con un proyecto de mejoramiento de su casa. Con un/a compañero/a de clase, creen un diálogo entre tu vecino/a y tú, teniendo en cuenta que: ■

TÚ	EL/LA VECINO/A
• tu vecino/a te cae bien y no quieres ofenderlo/a	• necesitas hacer las reparaciones de casa, pero no te gusta trabajar a solas
• no te gusta trabajar en la casa ni hacer renovaciones	• quieres conocer mejor a tu vecino/a y crees que esta es la mejor manera
• no eres muy hábil con las herramientas (*tools*), pero tienes un juego (*set*) nuevo que tus padres te regalaron; nunca lo has usado	• has visto que tu vecino/a tiene muchas herramientas buenas y te parecen nuevas

MODELO   E1:   *Hola, Raúl. ¿Qué tal?*

          E2:   *Hola, pues muy bien, ¿y tú? ¿Qué haces?*

          E1:   *Pienso renovar mi sala. A propósito, ¿me quieres ayudar? Temo que no pueda hacerlo yo mismo…*

ESCRIBE

Una lista detallada

03-34

Estrategia

Process writing (Part 3): Supporting details

Unless you are jotting down a quick note or outline, you will need to add details that support your main ideas or statements. These details provide additional information that clarify and expand upon your main thoughts, conveying your message more vividly. Details can be in the form of facts, examples, or reasons. One way to begin is to supply two or three supporting details for each main idea in your writing.

3-41 **Antes de escribir** Vas a mudarte a otra ciudad en otro estado. Te has comunicado con un agente de bienes raíces (*real estate*) para poder encontrar tu "casa ideal". El agente quiere que escribas una descripción de lo que constituye tu casa ideal; es decir, ¿qué tiene que tener tu casa? ¿cómo es? ■

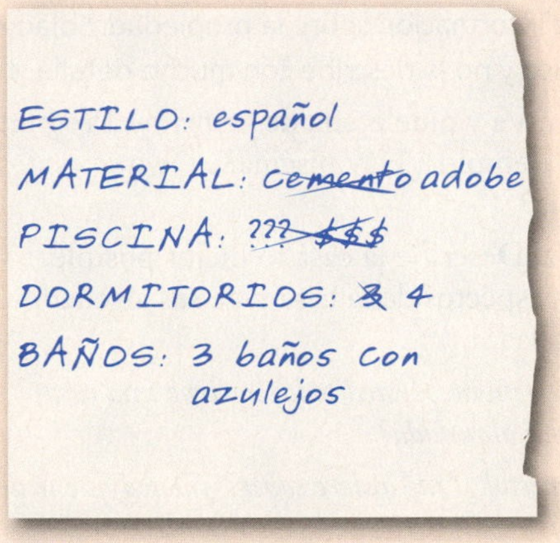

ESTILO: español
MATERIAL: ~~cemento~~ adobe
PISCINA: ??? ~~$$$~~
DORMITORIOS: ~~2~~ 4
BAÑOS: 3 baños con azulejos

3-42 **A escribir** Para escribir tu descripción de casa, completa los siguientes pasos. ■

Paso 1 Indica las **cinco** cosas más importantes que buscas en tu casa ideal.

Paso 2 Añade **dos** detalles apropiados con cada idea principal para que el agente entienda perfectamente lo que quieres.

Paso 3 Escribe la descripción completa. Debe tener por lo menos **diez** oraciones. Crea por lo menos **cuatro** oraciones en **el subjuntivo.**

MODELO *Mi casa ideal necesita tener ciertas características. La casa debe ser de adobe; me gustan las casas de estilo español y es bueno que sea de color blanco…*

3-43 **Después de escribir** Compara la descripción de tu casa ideal con la de un/a compañero/a de clase. ¿En qué son semejantes y en qué son diferentes tus descripciones? ■

¿Cómo andas? II

	Feel confident	Need to review

Having completed **Comunicación II,** I now can . . .

- depict a home and its rooms. (p. 122) ☐ ☐
- share about situations in the past and how things used to be. (MSL) ☐ ☐
- express doubt, emotions, and sentiments. (p. 126) ☐ ☐
- report results of actions. (p. 130) ☐ ☐
- identify people who specialize in home and architectural design. (p. 131) ☐ ☐
- extend, accept, and decline invitations. (p. 134) ☐ ☐
- add supporting details to a description. (p. 136) ☐ ☐

Vistazo cultural

RAL • VISTAZO CULTURAL • VISTAZO CULTURAL • VISTAZO CULTURAL • VISTAZO CULTURAL • VISTAZO CULTURAL • VISTAZO CULTURAL • VIS

Arq. Ana María Pintado Escudero,
Arquitectura

03-35 to 03-36

Las casas y la arquitectura en España

Saqué mi Maestría en Diseño Arquitectónico en la Escuela Técnica Superior de Arquitectura de la Universidad de Navarra. Ahora logré mi sueño de ser arquitecta. Trabajo en la firma Duarte Verano, Arquitectos que está localizada en Marbella, España. Mis colegas y yo diseñamos edificios maravillosos.

La Casa Batlló

El exterior de *La Casa Batlló* en Barcelona se destaca por su decoración, sus curvas y sus chimeneas peculiares. Antonio Gaudí (1852–1926), un arquitecto catalán, remodeló un edificio tradicional existente y sobre su base construyó este original edificio en el año 1906 como residencia de la familia Batlló, a quien se debe su nombre.

La manzana de la discordia en Barcelona

En una sola cuadra del Passeig de Gràcia, una ruta principal en Barcelona, se encuentran tres ejemplos maravillosos de la arquitectura modernista. Esta cuadra se llama *la manzana de la discordia*.

El patio de la Casa Sorolla

Joaquín Sorolla y Bastida (1863–1923) fue un pintor realista e impresionista de Valencia. Construyó la casa donde también tenía su estudio en el año 1911 en Madrid. Pintó más de veintiocho vistas desde su jardín, captándolo principalmente durante la primavera con muchas flores.

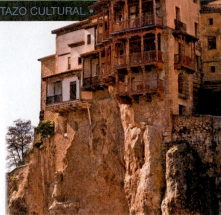

Las casas colgantes de España

Es dudoso que se encuentren casas más precarias que las casas colgantes de Cuenca. Cuelgan de un precipicio al lado del río Huécar. Antes, servían de hogar para la gente del pueblo. Hoy, una de las casas está convertida en el Museo de Arte Abstracto Español y otra es un restaurante famoso.

El puente del Alamillo, Sevilla y El museo de las Ciencias Príncipe Felipe

Santiago Calatrava (n. 1951), nativo de Valencia, es el arquitecto más conocido de España y uno de los más famosos del mundo. Tiene títulos en arquitectura y en ingeniería civil; también ha estudiado pintura y dibujo. Sus estructuras son distintas, modernas, bonitas y llamativas (*striking*).

El parador de Carmona

Los paradores son lugares de turismo dirigidos por el gobierno de España. Son edificios viejos e históricos como palacios, monasterios, conventos y mansiones. Todos están renovados y sirven como hoteles; cada uno tiene su propio restaurante con la comida típica de la región. Algunos datan del siglo X.

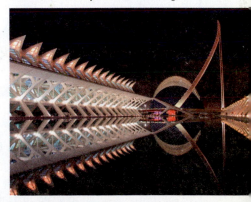

Una casa cueva en Andalucía

¿Te gustan las cuevas (*caves*)? ¡Es posible que sea tu nueva casa! Las casas cuevas han empezado a ser populares, sobre todo en Andalucía. Las cuevas han sido renovadas en hogares muy cómodos y modernos con teléfono, electricidad, agua corriente y hasta acceso al Internet.

Preguntas

1. ¿Cuáles son las semejanzas (*similarities*) y diferencias entre los edificios y las construcciones en esta presentación?
2. Compara la construcción de tu edificio favorito en este vistazo con la de tu casa ideal.
3. ¿Cómo y dónde se ve la influencia de la arquitectura española en los Estados Unidos y otras partes del mundo hispano?

EPISODIO 3

Laberinto peligroso

📖 03-40

Lectura

| Estrategia | Establishing a purpose for reading; determining the main idea |

First, identify your purpose for reading. Is it for pleasure, to find specific information, or to research a topic? Next, skim the passage for the main idea(s). Make use of prior strategies such as predicting from titles and/or illustrations, identification of cognates, and use of background knowledge to help pinpoint the main topics of the reading.

3-44 **Antes de leer** En lugar de tratar de leer y comprender todas las palabras de un texto, muchas veces es más útil tratar de extraer las ideas generales del texto. Antes de leer el episodio, completa los siguientes pasos. ■

Paso 1 Lee superficialmente y rápidamente el episodio y contesta las siguientes preguntas.

1. ¿Quiénes son los protagonistas en este episodio?
2. ¿Quién llega al café antes?
3. ¿Qué hace en el café?
4. ¿De qué habla con la otra persona?

Paso 2 Basándote en tus respuestas a las preguntas del **Paso 1** y en el título del episodio, escribe una oración indicando cuál crees que va a ser la idea general del episodio.

🔊 DÍA19 *Planes importantes*

Estaba harto de estar solo en casa, así que Cisco decidió dar un paseo hasta un café para tomar algo y seguir trabajando allí. Cuando llegó al café, pudo sentarse en una mesa grande porque no había mucha gente, sólo un hombre que tomaba algo y estudiaba unos informes°. Cisco *reports* pidió un café, sacó la computadora y los libros, y se puso a trabajar. Después de un rato, el otro cliente se levantó bruscamente para salir del café y con la prisa se le cayó una página al suelo.

Cuando Cisco llevaba una hora allí solo, una voz conocida le sorprendió:

—¿Qué haces tú aquí? —le preguntó Celia.

—Nada. Vivo cerca y quería tomar un café —respondió Cisco, mientras cerraba su computadora *to hide* y trataba de esconder° los libros.

—¿Y estos libros? —preguntó Celia.

—Para un artículo —dijo Cisco.

—Me sorprende que trabajes aquí —dijo Celia—. ¿Puedes concentrarte?

—Sí, ya ves que está muy tranquilo y así salgo de casa. ¿Quieres sentarte y tomar algo? —respondió Cisco.

—Me encantaría, pero no quiero interrumpirte —dijo Celia.

—No, el artículo está casi terminado —mintió Cisco—. Además necesito un descanso.

—Está bien —dijo Celia.

—¿Qué tal te sientes? ¿Ya te has recuperado de lo que te pasó durante el seminario?

—Sí, no fue nada. Creo simplemente que estaba cansada —respondió Celia, mientras se sentaba.

—¿Has ido al médico? —preguntó Cisco.

—¡Qué exagerado! Estoy bien. No me he vuelto a sentir mal desde entonces, y fue hace dos semanas. De verdad, no creo que sea nada importante —insistió Celia.

you fainted —Pero te desmayaste°. No creo que sea mala idea ir al médico —insistió Cisco.

Celia quería cambiar de tema y trataba de mirar los títulos de los libros que había sobre la mesa, pero solo pudo ver una revista.

—¿Estás escribiendo sobre casas? —le preguntó Celia, señalando la revista.

—No, es que quiero hacer unos cambios en mi casa. Cuando la compré tenía planes para renovarla, pero como tengo mucho trabajo, no puedo dedicarle mucho tiempo a eso.

—Es una lástima que no tengas más tiempo para una cosa tan importante. ¿Qué cambios quieres hacer? —preguntó Celia.

—Muchísimos. Estoy añadiendo un baño y voy a cambiar la cocina y acabar el sótano.

—¿Tienes contratista? —preguntó Celia.

—No, estoy haciéndolo todo yo. Para algunas cosas necesito un plomero, pero yo hago todo lo que pueda —dijo Cisco.

—Me sorprende que sepas hacer tantas cosas, pero me parece muy bien que tomes esa iniciativa.

—También tiene que ver con mi presupuesto. Para hacer tanto trabajo, es fundamental que haga todo lo que pueda. Comprar todos los materiales y encima contratar a otras personas para hacer las reformas, ¡imagínate todas las facturas!

—¿Y no quieres pedir un préstamo? —preguntó Celia.

—La hipoteca ya es mucho. Y también me gusta hacer las cosas con mis propias manos.

—¿En qué cuarto estás trabajando ahora? —preguntó Celia.

—El baño está casi terminado, así que pronto voy a empezar en la cocina.

—Tengo ganas de aprender a hacer esas cosas, pero supongo que primero debería comprar la casa —reflexionó Celia.

—¿Qué tipo de casas te gustan?

—Sencillas, no demasiado grandes. Quiero tener una con un buen jardín, eso es fundamental, y una cocina grande y una gran chimenea en la sala —respondió Celia.

—A mí también me gustan mucho las chimeneas. ¿Piensas comprar una casa pronto?

—No sé. Todavía no he hecho planes tan importantes —respondió Celia, mirando hacia abajo y tocándose la frente.

—¿Estás bien? —preguntó Cisco con un tono preocupado.

—Sí, pero estoy un poco cansada y me duele la cabeza. Creo que debería irme —Celia dijo mientras abría el bolso para sacar una propina para el camarero.

En su bolso encontró una nota que la asustó mucho.

3-45 **Después de leer** Contesta las siguientes preguntas. ■

1. Al principio del episodio, ¿qué ocurrió con el hombre que estaba en el café?
2. ¿Por qué crees que Cisco le dijo a Celia que su artículo estaba casi terminado?
3. ¿Por qué crees que Celia no quería hablar sobre el incidente que ocurrió en el seminario?
4. ¿Qué planes tenía Cisco para su casa?
5. ¿Cómo era la casa ideal de Celia?
6. ¿Qué le ocurrió a Celia al final del episodio?

 # Video

03-41 to 03-42

3-46 **Antes del video** En los últimos episodios, Cisco ha estado trabajando en un artículo importante, y al final de *Planes importantes* Celia estaba asustada. En el próximo episodio del video, vas a ver qué asustó a Celia y también vas a aprender más sobre el artículo de Cisco. Antes de ver el episodio, contesta las siguientes preguntas. ■

1. ¿Qué tema ha estado investigando Cisco en los últimos episodios?
2. ¿Por qué crees que no se sentía bien Celia?
3. ¿Qué crees que había en la nota que asustó a Celia?

Dudo que sea una broma (*joke*).

¿Por qué tenía tanta prisa Cisco? ¿Ocultaba (*Was he hiding*) algo?

El poder curativo de las plantas en las selvas tropicales es algo que me apasiona…

Episodio 3

«*Una nota misteriosa*»

Relájate y disfruta el video.

3-47 **Después del video** Contesta las siguientes preguntas. ■

1. ¿Qué dijo la nota que Celia encontró en su bolso? ¿Cómo reaccionó Cisco a la nota?
2. ¿Cómo era el apartamento de Celia?
3. ¿Con qué tipo de especialista necesitaba hablar Cisco?
4. ¿Cómo concluyó el episodio?

LETRAS

03-47 to 03-51

Acabas de terminar otro episodio de **Laberinto peligroso.** Explora más lecturas en la colección literaria, **Letras.**

Y por fin, ¿cómo andas?

	Feel confident	Need to review
Having completed this chapter, I now can . . .		

Comunicación I

* describe houses and their surroundings. (p. 110) ☐ ☐
* discuss past events. (MSL) ☐ ☐
* specify people, places, and things. (p. 115) ☐ ☐
* note main ideas. (p. 120) ☐ ☐

Comunicación II

* depict a home and its rooms. (p. 122) ☐ ☐
* share about situations in the past and how things used to be. (MSL) ☐ ☐
* express doubt, emotions, and sentiments. (p. 126) ☐ ☐
* report results of actions. (p. 130) ☐ ☐
* extend, accept, and decline invitations. (p. 134) ☐ ☐
* add supporting details to a description. (p. 136) ☐ ☐

Cultura

* relate information about home improvements. (p. 117) ☐ ☐
* identify people who specialize in home and architectural design. (p. 131) ☐ ☐
* investigate housing and architecture in Spain. (p. 138) ☐ ☐

Laberinto peligroso

* pinpoint a text's main ideas and hypothesize the origin of Celia's threatening note. (p. 140) ☐ ☐
* speculate on Celia and Cisco's relationship and what happened to her at the seminar. (p. 142) ☐ ☐

Comunidades

* use Spanish in real-life contexts. (SAM) ☐ ☐

Letras

* read and understand a short story using literary terms. (Literary Reader) ☐ ☐

La construcción de casas y sus alrededores	Housing materials and surroundings
la acera	sidewalk
el adobe	adobe
los azulejos	ceramic tiles
el cemento	cement
la cerca	fence
el césped	grass; lawn
la cuadra	city block
el estanque	pond
el ladrillo	brick
la madera	wood
la manguera	garden hose
el muro	wall (around a house)
la piscina	swimming pool
el yeso	plaster

Handwritten margin notes: arcos arches, sotano basement, cement, porche porch

Algunos verbos	Some verbs
alquilar	to rent
añadir	to add
comparar con	to compare with
componer	to repair; to fix an object
construir	to construct
gastar	to spend; to wear out
mudarse	to move
ponerse de acuerdo	to agree; to reach an agreement
quemar	to burn
reparar	to repair

Algunas palabras útiles	Some useful words
el alquiler	rent
el/la arquitecto/a	architect
el/la carpintero/a	carpenter
el/la contratista	contractor
el/la diseñador/a	designer
el/la dueño/a	owner
la factura (mensual)	(monthly) bill
la hipoteca	mortgage
el/la obrero/a	worker
el préstamo	loan
el presupuesto	budget

Dentro del hogar	Inside the home
el aire acondicionado	air conditioning
la chimenea	fireplace; chimney
el cuarto	room
el fuego	fire
el hogar	home
la lavadora	washing machine
la secadora	dryer
el pasillo	hall
el sótano	basement

La sala	Living room
el florero	vase
las velas	candles

La cocina	Kitchen
la alacena	cupboard
la cafetera	coffeemaker
la batidora	hand-held beater; mixer; blender
la cacerola	saucepan
la copa	goblet; wine glass
las cortinas	curtains
la despensa	pantry
el fregadero	kitchen sink
el horno	oven
la jarra	pitcher
el mostrador	countertop
la olla	pot
el platillo	saucer
el plato hondo	bowl
la sartén	skillet; frying pan
la sopera	soup bowl
la toalla	towel

El dormitorio	Bedroom
el espejo	mirror
la funda (de almohada)	pillowcase
las persianas	blinds

Algunos verbos	Some verbs
calentar (e → ie)	to heat
colgar (o → ue)	to hang
cortar el césped	to cut the grass
cubrir	to cover
pintar	to paint
remodelar, renovar (o → ue)	to remodel, to renovate
regar (e → ie) las flores	to water the flowers
sacar la mala hierba	to weed
sugerir (e → ie → i)	to suggest

Algunas palabras útiles	Some useful words
el/la electricista	electrician
el/la jardinero/a	gardener
el/la plomero/a	plumber
el/la vecino/a	neighbor

4

¡Celebremos!

Hay celebraciones por todas partes del mundo y por muchos motivos diferentes. Algunas se asocian con temas religiosos y son formales. Otras tienen que ver con eventos familiares y celebran las épocas de la vida, el paso del tiempo o las relaciones personales. ¡Y algunas celebraciones son simplemente fiestas para divertirse con amigos, música y buena comida!

PREGUNTAS

1 ¿Qué piensas que celebran estas personas?

2 ¿Qué fiestas te gusta celebrar más y por qué?

3 ¿Cómo y con quiénes celebras los eventos importantes de la vida?

Comunicación I

04-01 to 04-03

Las celebraciones y los eventos de la vida
Expressing information about celebrations and life events

la luna de miel

el novio

el compromiso

la Navidad

el regalo

el aniversario de boda

la graduación

la novia

el Día de las Brujas

el bautizo

el bebé

el Día de San Valentín

el cumpleaños   el novio   la boda   la novia   la Pascua

Las celebraciones y los eventos de la vida	*Life events and celebrations*
el baile	*dance*
la cita	*date*
El Día de la Madre/	*Mother's Day,*
del Padre/	*Father's Day,*
de la Independencia, etc.	*Independence Day, etc.*
El Día de los Muertos	*Day of the Dead*
el nacimiento	*birth*
la primera comunión	*First Communion*
la quinceañera	*fifteenth birthday celebration*

Verbos	*Verbs*
celebrar	*to celebrate*
cumplir… años	*to have a birthday/to turn . . . years old*
dar a luz	*to give birth*
discutir	*to argue; to discuss*
disfrazarse	*to disguise oneself; to wear a costume*
enamorarse (de)	*to fall in love (with)*
engañar	*to deceive*
estar comprometido/a	*to be engaged*
estar embarazada	*to be pregnant*
pelear(se)	*to fight*
salir (con)	*to go out (with)*
tener una cita	*to have a date*

REPASO

*Repaso &
Spanish/English
Tutorials*   04-04 to 04-08

El pretérito y el imperfecto   Reporting and narrating past events

For a complete review of the preterit and the imperfect, go to MySpanishLab or refer to **Capítulo 9** of *¡Anda! Curso elemental* in Appendix 3 of your textbook. The vocabulary activities that appear in your textbook incorporate this grammar point. Practicing new vocabulary with a review grammar point helps to strengthen and increase your knowledge of Spanish.

Estrategia

To help you remember vocabulary, use images in association with the words. You could create visual flash cards with pictures instead of English translations. Also, try to associate these celebrations with activities you might do to acknowledge them. When you put your vocabulary into a personal context, it becomes more meaningful to you and you will retain it better.

4-1 **¿Cuál fue?** Anoche hubo muchas celebraciones. Lean lo que hicieron estas personas en distintas celebraciones e indiquen de qué celebración se trata cada situación. Túrnense. ■

a. El Día de las Brujas
b. el bautizo
c. el aniversario de boda
d. el nacimiento

1. Los niños se disfrazaron y fueron a una fiesta.
2. Sara dio a luz a una niña.
3. Hoy hace veinte años que Gastón y Patricia se casaron.
4. Julia y Felipe llevaron a su bebé a la iglesia y hubo una ceremonia con los padrinos y un cura (*priest*).

Fíjate

Other words you might find useful are:
el embarazo = pregnancy
el noviazgo = engagement; courtship.

4-2 **Y la palabra es...** Escuchen mientras el/la profesor/a explica la actividad. Van a tener que describir palabras, según el modelo. ■

MODELO tener una cita

una persona invita a otra a salir; entonces salen juntos; pueden ser más que amigos; el amor es una posibilidad...

4-3 **La cita de Paula y Pablo** Elijan el verbo apropiado para terminar el pasaje. Después discutan por qué son correctos. Túrnense. ■

(1) Eran / Fueron las cinco de la tarde cuando Pablo (2) decidía / decidió llamar a Paula. Paula (3) hacía / hizo yoga cuando (4) sonaba / sonó el teléfono. (5) Era / Fue Pablo y la (6) quería / quiso invitar a cenar con él. A las siete y media la (7) recogía / recogió (8) e iban / y fueron en coche al restaurante Tío Tapa. El restaurante (9) era / fue pequeño pero acogedor (*cozy*). (10) Se sentaban / Se sentaron en el patio y (11) empezaban / empezaron a conocerse. (12) Pedían / Pidieron diferentes tapas y cerveza. Después de tres horas de comer, beber y conversar (13) decidían / decidieron irse a un club para bailar. (14) Se divertían / Se divirtieron mucho en su primera cita.

4-4 Una celebración en Sevilla
Adriano estudia este semestre en Sevilla, España. Le escribe un email a su madre sobre una experiencia muy interesante. ■

Paso 1   Termina el email con las formas correctas de los verbos apropiados en **el pretérito** o **el imperfecto.** Después compara tu trabajo con el de un/a compañero/a.

andar	decir	empezar	encontrarse	leer
llamar	llegar	salir	ser (×2)	tener

Querida mamá:

¡Me gusta Sevilla más que nunca! Anoche yo (1) _____ *Don Quijote* cuando mi amigo Luis me (2) _____.

Él me (3) _____ que (4) _____ una sorpresa para mí y que me recogería (*would pick me up*) en diez minutos. Cuando (5) _____ del piso (apartamento) vi que (6) _____ una noche perfecta con buena temperatura, una brisa deliciosa y un cielo estrellado. (7) _____ las once y media cuando Luis (8) _____. Inmediatamente nosotros (9) _____ a caminar a un lugar secreto (por lo menos para mí). (10) _____ por casi media hora y por fin (11) _____ en un lugar con mucha gente y fue muy emocionante.

Estrategia

Attempt to work with a different partner in each class. This enables you to help and learn from a variety of your peers, an important and highly effective learning technique. Equally important is the fact that working in small groups, rather than as a large class, gives you more opportunities and time to practice Spanish, as well as to get to know your classmates better.

decir	divertirse	esperar	estar	iluminar
moverse	parecer	ser	ubicarse (*to be located*)	volver

Me (12) _____ que toda la gente (13) _____ algo importante. Nosotros (14) _____ cerca de la entrada de un sitio grande y oscuro. A las doce en punto 20.000 bombillas (15) _____ una gran portada. ¡Era el comienzo de la famosa Feria de Abril! Entonces toda la masa de personas (16) _____ para dentro.

Según me (17) _____ Luis, este año es diferente porque hay un nuevo lugar para la Feria —los terrenos del Charco de la Pava, junto al río Guadalquivir. En el pasado la Feria (18) _____ en el Barrio de los Remedios, donde vivo yo ahora con doña Esperanza. Según Luis la razón por la que cambiaron de lugar (19) _____ la alta demanda de casetas (casas pequeñas donde la gente come, bebe, baila y descansa durante la Feria).

Yo (20) _____ a la Feria al día siguiente donde (21) _____ muchísimo. Mamá —la música, el baile, los caballos, la comida, las copas— ¡todo fue increíble!

Besos,
Adriano

Paso 2   Ahora, expliquen el uso de los verbos y los tiempos verbales del **Paso 1.**

MODELO   1. leía

describes what was going on when another action interrupted; he was reading when Luis called

Workbooklet

4-5 **Tres momentos importantes** Piensa en los momentos importantes de tu vida. ■

Paso 1 Escribe sobre **tres** eventos importantes que tuvieron lugar en tu vida, contestando las preguntas, según el modelo.

Estrategia

Concentrate on spelling and accent marks. If you are a visual learner, try color-coding the words that have accents or writing the accents in a different color to call attention to those forms of the verb.

¿CUÁNDO FUE?	¿DÓNDE ESTABAS?	¿CON QUIÉN(ES) ESTABAS?	¿QUÉ PASÓ?	¿CÓMO TE SENTÍAS?
el quince de mayo	la playa	mis padres	conocí a mi novio	feliz

Paso 2 Escribe **tres** oraciones (una para cada evento) resumiendo toda la información. Después comparte la información con un/a compañero/a.

MODELO *El quince de mayo estaba en la playa con mi familia cuando conocí a mi novio. Me sentía muy feliz…*

¡Anda! Curso elemental, Capítulo 2. Los deportes y los pasatiempos; Capítulo 10. El viaje, Apéndice 2.

4-6 **El Hotel Playa Sol** Lean el anuncio del Hotel Playa Sol. Después escriban un párrafo creativo de **seis** a **ocho** oraciones sobre lo que les ocurrió allí a Andrea y Roberto, una pareja de Guadalajara, México. ■

¡Bodas en el paraíso!
Hotel Playa Sol es su lugar.

El Hotel Playa Sol tiene un bello jardín tropical donde un sendero° con velas y antorchas° lo conduce hacia una playa hermosa donde su ser amado lo espera…

path
candles and torches

2 GRAMÁTICA

04-09 to 04-12 Spanish/English Tutorials

El pasado perfecto (pluscuamperfecto)
Discussing events that *had* occurred

In **Capítulo 1** you learned to express actions that began in the past and continue into the present by using the equivalent of *have/has* ____ *-ed* (form of **haber + ado/ido**), the **present perfect**.

En los últimos tres años, muchos de mis amigos **se han casado**.	*In the past three years, many of my friends have gotten married.*
Nos hemos peleado mucho recientemente.	*We have fought a lot lately.*

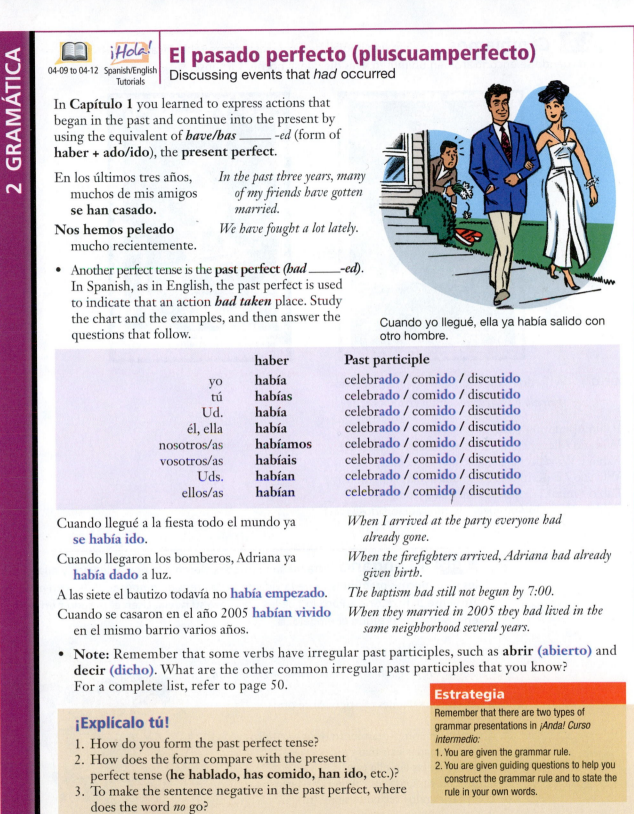

Cuando yo llegué, ella ya había salido con otro hombre.

- Another perfect tense is the **past perfect** (*had* ____ *-ed*). In Spanish, as in English, the past perfect is used to indicate that an action **had taken** place. Study the chart and the examples, and then answer the questions that follow.

	haber	Past participle
yo	**había**	celebrado / comido / discutido
tú	**habías**	celebrado / comido / discutido
Ud.	**había**	celebrado / comido / discutido
él, ella	**había**	celebrado / comido / discutido
nosotros/as	**habíamos**	celebrado / comido / discutido
vosotros/as	**habíais**	celebrado / comido / discutido
Uds.	**habían**	celebrado / comido / discutido
ellos/as	**habían**	celebrado / comido / discutido

Cuando llegué a la fiesta todo el mundo ya **se había ido**.	*When I arrived at the party everyone had already gone.*
Cuando llegaron los bomberos, Adriana ya **había dado** a luz.	*When the firefighters arrived, Adriana had already given birth.*
A las siete el bautizo todavía no **había empezado**.	*The baptism had still not begun by 7:00.*
Cuando se casaron en el año 2005 **habían vivido** en el mismo barrio varios años.	*When they married in 2005 they had lived in the same neighborhood several years.*

- **Note:** Remember that some verbs have irregular past participles, such as **abrir (abierto)** and **decir (dicho)**. What are the other common irregular past participles that you know? For a complete list, refer to page 50.

Estrategia

Remember that there are two types of grammar presentations in *¡Anda! Curso intermedio*:
1. You are given the grammar rule.
2. You are given guiding questions to help you construct the grammar rule and to state the rule in your own words.

¡Explícalo tú!

1. How do you form the past perfect tense?
2. How does the form compare with the present perfect tense (**he hablado, has comido, han ido**, etc.)?
3. To make the sentence negative in the past perfect, where does the word *no* go?
4. Which verbs have irregular past participles?

✔ Check your answers to the preceding questions in **Appendix 1.**

4-7 Cambiamos Digan lo que habían hecho ya los artistas Pablo Picasso y Wifredo Lam cuando se encontraron en un museo a las diez de la noche. Túrnense. ■

MODELO   Wifredo / comer en un restaurante cubano
Wifredo había comido en un restaurante cubano.

1. Pablo / pintar un cuadro
2. Wifredo / llevar cuadros a dos museos
3. Pablo y Wifredo / aprender nuevas técnicas
4. Wifredo / experimentar con una acuarela (*watercolor*)
5. Pablo / mirar la joyería de su hija Paloma
6. Pablo y Wifredo / conocer algunos aficionados (*fans*)

4-8 El engaño Esta mañana ustedes vieron a la novia de Paco y ella les hizo muchas preguntas sobre la vida de Paco antes de empezar a salir con ella. Túrnense para decirle a Paco lo que les preguntó su novia. Usen **el pasado perfecto** en sus oraciones según el modelo. ■

MODELO   notar algo diferente (yo)
Me preguntó si yo había notado algo diferente.

1. tener conversaciones contigo sobre otras mujeres (yo)
2. observar un comportamiento (*behavior*) raro (yo)
3. recibir llamadas extrañas (tú)
4. verte en fiestas sin ella (yo)
5. venir a mi casa con otra mujer (tu hermano y tú)
6. comprar regalos recientemente (tú)
7. ir a bares juntos (tú y yo)
8. mentir o decir la verdad (yo)

¡Anda! Curso elemental, Capítulo Preliminar A. Los adjetivos de nacionalidad, Apéndice 2. Capítulo 4. Las expresiones afirmativas y negativas, Apéndice 3.

4-9 **Sí, me encanta el español** ¿Qué habían hecho ustedes antes de tomar este curso de español para demostrar su interés por la lengua y la cultura hispana? Túrnense. ■

MODELO ver una película de un director de España (yo)

Había visto una película de un director español.

1. leer una novela de una escritora de Argentina (mi compañero/a y yo)
2. viajar a un lugar turístico en Honduras (Clara)
3. pedir comida de El Salvador en un restaurante (Jorge y Julián)
4. escribir un poema para imitar a una poeta de Chile (yo)
5. ser voluntario/a en una clínica en Guatemala (el/la profesor/a)
6. escuchar música de Puerto Rico (mis amigos)
7. conversar con unos hombres de Colombia sobre su país (mis padres y yo)
8. ver una telenovela de México (tú)

Estrategia

In the *modelo,* you will note the use of the adjective of nationality *español* that replaces the country *España.* Practice adjectives of nationality in the remainder of **4-9.**

4-10 **¿Qué había pasado?** Túrnense para describir lo que **había pasado** antes de sacar cada foto. ■

MODELO *El cura ya había bautizado al bebé cuando llegamos.*

1.

2.

3.

4.

5.

El Día de los Muertos

04-13

La tradición del Día de los Muertos tiene su origen en una celebración indígena y representa una combinación de unas creencias (*beliefs*) precolombinas y cristianas. Se celebra principalmente en México y en las comunidades mexicanas en los Estados Unidos. El primero y el dos de noviembre, las familias van al cementerio para limpiar y decorar con flores las tumbas de sus parientes que ya han muerto. También construyen ofrendas (altares) en las casas o en lugares públicos en honor de los difuntos (muertos). Allí ponen unos recuerdos de cada persona: una fotografía, la comida y la bebida que le habían gustado en la vida y flores. El altar y las ofrendas simbolizan la conexión que los difuntos habían tenido con la familia mientras vivían. Durante estos días los niños reciben dulces en forma de esqueletos (*skeletons*) y calaveras (*skulls*) y muchas personas preparan el pan de muerto para llevar al cementerio o poner en las ofrendas. Es un tiempo para recordar a los parientes difuntos y celebrar sus vidas.

Preguntas

1. ¿Cómo se honra a los difuntos el primero y el dos de noviembre?
2. ¿Qué simbolizan las ofrendas y para qué sirven?
3. Piensa en las actitudes ante las etapas de la vida que representan estas tradiciones. ¿En qué son semejantes y en qué son diferentes a las actitudes de tu cultura? ¿Te parecen tristes o alegres estas tradiciones? ¿Por qué?

4-11 **Antes de graduarme** ¿Qué cosas interesantes habías hecho antes de graduarte de la escuela secundaria? En grupos de seis a ocho estudiantes, túrnense para compartir algunas de las cosas que habían hecho. Tienen que recordar y repetir lo que todas las personas dicen. ■

MODELO   E1 (TINA): *Antes de graduarme había trabajado en Zara.*

E2 (TOM): *Antes de graduarme había visitado veinte estados de los Estados Unidos y Tina había trabajado en Zara.*

E3 (SAM): *Antes de graduarme había estudiado un verano en España, Tom había visitado veinte estados de los Estados Unidos y Tina había trabajado en Zara.*

¡Anda! Curso intermedio, Capítulo 1. Algunas características físicas, pág. 34. Algunas características personales, pág. 35.

4-12 La foto nos habla

Imagina lo que había pasado en el momento antes de sacar la foto. Sé creativo, inventando personas y situaciones. Escribe por lo menos **ocho** oraciones usando **el pasado perfecto.** Después, comparte tu historia con tus compañeros de clase. ■

ESCUCHA

Un mensaje de teléfono

04-14

Estrategia	When listening, always determine the main idea(s) first and *then* take note of supporting details. Jotting down the details is helpful. You can then use your notes to confirm and verify your information. When listening	to someone in person, you can confirm and verify by asking follow-up questions for clarification. If you are listening to a recording, there is always the option to replay what you have heard for confirmation and verification of details.
Listening for details		

4-13 Antes de escuchar

Rogelio trabaja para un famoso cocinero latino, Aarón Sánchez, el dueño del restaurante Paladar en Nueva York. Rogelio va al mercado cuando se da cuenta de que tiene un mensaje del gerente (*manager*) de la cocina. ¿Qué crees que dice el gerente en su mensaje? Escribe **dos** detalles que crees que debe recordar Rogelio. ■

1. _____

2. _____

4-14 A escuchar Completa los siguientes pasos. ■

Paso 1   La primera vez que escuchas, capta la idea general.

Paso 2   Al escuchar el mensaje por segunda vez, escribe **tres** detalles que Rogelio debe recordar.

1. _____   2. _____   3. _____

Paso 3   Compara lo que escribiste con lo que escribió un/a compañero/a.

4-15 Después de escuchar Miren o escuchen un anuncio sobre un producto

específico, y escriban **tres** detalles que el anuncio presenta sobre el producto. ■

¿Cómo andas? I

	Feel confident	Need to review
Having completed the **Comunicación I,** I now can . . .		
• express information about celebrations and life events. (p. 148)	☐	☐
• report and narrate past events. (MSL)	☐	☐
• discuss events that *had* occurred. (p. 153)	☐	☐
• relate information about celebrations and traditions in the Hispanic world. (p. 156)	☐	☐
• register details. (p. 157)	☐	☐

Comunicación II

♻ *¡Anda! Curso elemental*, Capítulo 7. La comida; La preparación de las comidas, Apéndice 2.

3 VOCABULARIO

04-15 to 04-17

La comida y la cocina
Describing foods and their preparation

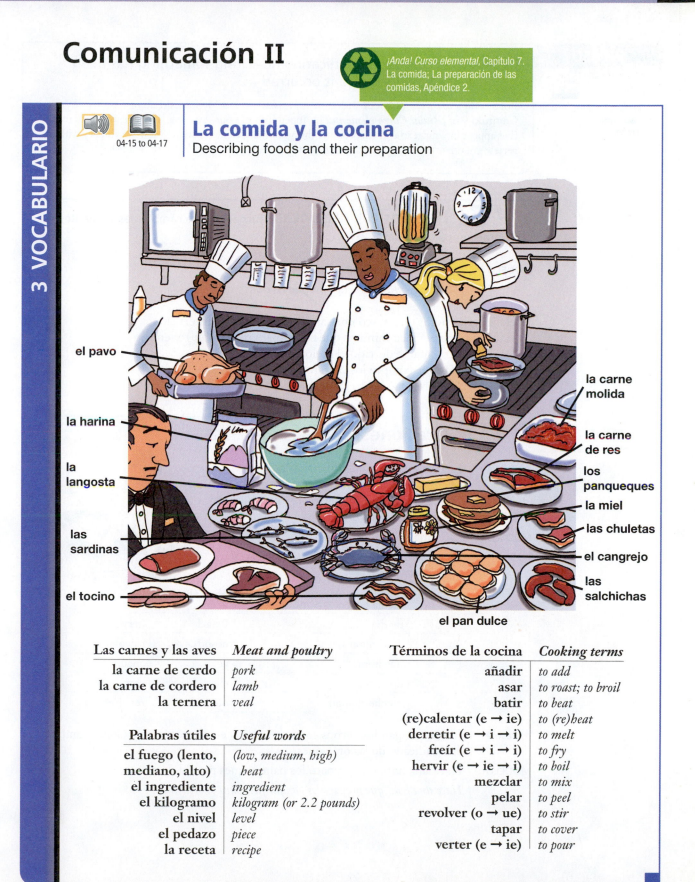

el pavo
la harina
la langosta
las sardinas
el tocino
el pan dulce
la carne molida
la carne de res
los panqueques
la miel
las chuletas
el cangrejo
las salchichas

Las carnes y las aves	*Meat and poultry*
la carne de cerdo	*pork*
la carne de cordero	*lamb*
la ternera	*veal*

Palabras útiles	*Useful words*
el fuego (lento, mediano, alto)	*(low, medium, high) heat*
el ingrediente	*ingredient*
el kilogramo	*kilogram (or 2.2 pounds)*
el nivel	*level*
el pedazo	*piece*
la receta	*recipe*

Términos de la cocina	*Cooking terms*
añadir	*to add*
asar	*to roast; to broil*
batir	*to beat*
(re)calentar (e → ie)	*to (re)heat*
derretir (e → i → i)	*to melt*
freír (e → i → i)	*to fry*
hervir (e → ie → i)	*to boil*
mezclar	*to mix*
pelar	*to peel*
revolver (o → ue)	*to stir*
tapar	*to cover*
verter (e → ie)	*to pour*

REPASO

Repaso &
Spanish/English
Tutorials

04-18 to 04-20

Expresiones con *hacer* Indicating how long something has been going on or how long ago it occurred

For a complete review of **hacer** with time expressions, go to MySpanishLab or refer to **Capítulo 9** of *¡Anda! Curso elemental* in Appendix 3 of your textbook. The vocabulary activities that appear in your textbook incorporate this grammar point. Practicing new vocabulary with a review grammar point helps to strengthen and increase your knowledge of Spanish.

4-16 **Haciendo preguntas** Túrnense para cambiar las siguientes oraciones en preguntas. ◼

MODELO Hace un mes que busco la receta.

¿Cuánto tiempo hace que buscas la receta?

1. Hace varias horas que busco una sartén española en el Internet.
2. Hace cuarenta y cinco minutos que cocino la ternera a fuego lento.
3. Hace una hora que se derritió el hielo.
4. Hace dos días que compré los camarones y los cangrejos.
5. Hace diez minutos que busco los ingredientes.

4-17 **Oraciones** Completa los siguientes pasos. ◼

Paso 1 Escribe **seis** oraciones diferentes utilizando palabras de cada columna, más otras palabras necesarias. Después comparte las oraciones con un/a compañero/a.

MODELO hace una hora que yo preparar

Hace una hora que preparo los panqueques para el desayuno.

Hace	media hora	que	tú	freír…
	un día		Rafael	hervir…
	diez minutos		nosotros	calentar…
	una hora		yo	añadir…
	dos horas		ellas	asar…
	mucho tiempo		mi madre	revolver…

Paso 2 Juntos pongan los verbos en las oraciones en **el pretérito.** ¿Cómo cambia el significado de las oraciones?

MODELO Hace una hora que preparo los panqueques para el desayuno.

Hace una hora que preparé los panqueques para el desayuno.

¡Anda! Curso elemental, Capítulo 7. La comida;
La preparación de las comidas, Apéndice 2.

4-18 **¡Delicioso!** Hay muchos chefs famosos hoy en día, en parte a causa del Food Network y el Cooking Channel. Una es Ingrid Hoffman, una apasionada cocinera y estrella de Food Network y Univisión. Con un/a compañero/a completen esta entrevista con ella utilizando las expresiones con **hacer** con los verbos en paréntesis y los tiempos indicados. ■

PERIODISTA (P):   Saber cocinar bien es un gran talento. ¿De dónde viene su atracción por la cocina?

INGRID HOFFMAN (IH):   (1) _____ (estar obsesionada con la comida / treinta años). Yo me crié en Colombia, en las Antillas Holandesas y en los Estados Unidos con una madre colombiana y un padre colombo-alemán y con una mezcla de culturas y sabores diferentes.

P: ¿Cuándo empezó a cocinar?

IH: (2) _____ (empezar a cocinar / veinte y ocho años) con mi mamá. Era tan pequeña que me tenía que subir en un banquito para llegar a la estufa y a la despensa.

P: ¡Impresionante! Y cuando no está en la cocina ¿qué le gusta hacer?

IH: Pues, trabajo bastante porque (3) _____ (abrir una tienda / cinco años), La Capricieuse, y también (4) _____ (comprar un restaurante / dos años) en Miami, Roca. Pero cuando tengo tiempo libre sé disfrutarlo. Me encantan el arte, la música, el mar, estar al aire libre, ir al cine, reunirme con mi familia y amigos, viajar y soñar.

P: Muchas gracias por la entrevista. (5) _____ (ver su programa en la televisión / mucho tiempo) *Simply Delicioso.* ¿Quiere invitarme a cenar?

IH: Gracias a usted. Ha sido un placer. Hmmm… ¿qué le gusta comer?

4-19 **¿Cuánto tiempo hace?** Túrnense para crear y contestar preguntas. ∎

Paso 1 Escriban **cuatro** preguntas siguiendo el modelo.

MODELO Hace _____ que / (no) comer carne de cerdo / tú

¿Cuánto tiempo hace que comes carne de cerdo? /

¿Cuánto tiempo hace que no comes carne de cerdo?

Paso 2 Ahora pregunta y contesta.

MODELO E1: *¿Cuánto tiempo hace que no comes carne de cerdo?*

E2: *Hace veinte años que no como carne de cerdo.*
¡La detesto!

Un mercado en Barcelona, España

Workbooklet

4-20 **Firma aquí** Circula por la clase hasta encontrar a un estudiante que pueda contestar afirmativamente cada pregunta. ∎

MODELO desayunar con huevos y tocino hace dos días

E1: *¿Hace dos días que desayunaste con huevos y tocino?*

E2: *No, no desayuné con huevos y tocino hace dos días. Nunca como tocino porque no me gusta.*

E1: *¿Hace dos días que desayunaste con huevos y tocino?*

E3: *Sí, hace dos días desayuné con huevos y tocino y hoy también.*

E1: *Pues, firma aquí, por favor.*
    Tomás

¡Anda! Curso elemental, Capítulo 7. La comida, Apéndice 2.

1. comer langosta y otros mariscos hace muchos años

   _____

2. empezar a trabajar como camarero/a hace una semana

   _____

3. ver un programa en el Food Network hace dos o tres días

   _____

4. tomar un café con leche y azúcar hace una hora

   _____

5. pedir comida italiana en un restaurante elegante hace uno o dos meses

   _____

6. preparar una comida vegetariana con verduras, legumbres y fruta hace una semana

   _____

7. comer pescado preparado a la parrilla hace tres o cuatro semanas

   _____

8. preparar una ensalada grande con lechuga, tomate, cebolla, pavo y queso hace uno o dos días

   _____

4-21 **Conversando** Habla con varios compañeros de clase utilizando las siguientes preguntas para guiar la conversación. ■

1. Si sabes cocinar, ¿cuánto tiempo hace que aprendiste? ¿Cómo aprendiste? ¿Cuáles son tus platos favoritos para preparar? Si no sabes cocinar, ¿cuáles son tus platos favoritos para comer?

2. ¿Cuánto tiempo hace que una persona te preparó una comida especial? ¿Quién fue esa persona? ¿Qué preparó?

3. ¿Cuánto tiempo hace que hiciste las compras para la semana (comida)? ¿Cuándo fue? ¿Qué compraste?

4. ¿Te gustan los programas de cocina en la televisión? ¿Cuánto tiempo hace que ves esos programas? ¿Quién es tu cocinero/a favorito/a?

5. ¿Cuánto tiempo hace que cenaste en un restaurante caro? ¿Qué comiste? ¿Con quién estuviste?

4 VOCABULARIO

04-21 to 04-24

Más comida Expanding on foods

¡Anda! Curso elemental, Capítulo 7. La comida; La preparación de las comidas, Apéndice 2.

Algunas frutas y verduras

el pimiento

el pepino

los hongos

los espárragos

la zanahoria

los guisantes

la coliflor

las espinacas

el apio

la calabaza

el ajo

la col

la sandía

las aceitunas

el plátano

la toronja

la fresa

la piña

el mango

la papaya

el aguacate

el durazno

la ciruela

la cereza

Algunos postres, dulces y botanas

las palomitas de maíz

el bombón

el flan

el batido

la dona

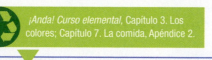
¡Anda! Curso elemental, Capítulo 3. Los colores; Capítulo 7. La comida, Apéndice 2.

Workbooklet

4-22 **¿De qué colores son?**

Paso 1   Organicen las diferentes comidas del vocabulario nuevo **Más comida** según su color.

MODELO   VERDE: la col, el apio...

Paso 2   Ahora añadan otras comidas a las listas.

BLANCO	AMARILLO	ROJO	VERDE	MARRÓN	ROSADO	ANARANJADO	OTRO

¡Anda! Curso elemental, Capítulo 5. Los números ordinales, Apéndice 3; Capítulo 7. La comida, Apéndice 2.

4-23 **Eres poeta** Sigue las instrucciones para crear un poema estilo *cinquain* —un poema corto de cinco versos (*lines*) sobre una de las frutas o verduras que acaban de aprender. Después comparte tu poema con los compañeros de clase. ▪

primer verso: una o dos palabras para indicar el tema

segundo verso: dos o tres palabras que describan el tema

tercer verso: tres o cuatro palabras que expresen acción

cuarto verso: cuatro o cinco palabras que expresen una actitud personal

quinto verso: una o dos palabras para aludir (referirse) nuevamente al tema

MODELO   *La toronja*

El sol anaranjado

Me da mucha vida

Cada mañana me despierta

Pura energía

4-24 **¿Cuáles son tus favoritas?** Completa los siguientes pasos. ▪

Paso 1 Haz una lista de tus comidas favoritas y de cómo las prefieres: crudas (**C**), hervidas (**H**), asadas (**A**), a la parrilla (**P**) o fritas (**F**).

¡Anda! Curso elemental, Capítulo 7. La comida; La preparación de las comidas, Apéndice 2.

Vocabulario útil

crudo/a	*raw*
hervido/a	*boiled*
asado/a	*grilled*
a la parrilla	*grilled; barbecued*
frito/a	*fried*

Fíjate

A *plátano* is a cooking banana, known in the United States as a plantain. While bananas are usually eaten raw and are sweet, *plátanos* are firmer, less sweet, and are always cooked in some way before eating. They are a staple food in many tropical regions, much like potatoes in other cultures and climates.

FRUTAS	VERDURAS	PESCADOS	MARISCOS	AVES	CARNES	POSTRES	OTROS COMESTIBLES
durazno (C)	hongos (H)		cangrejo (F)				
	plátanos (H)						

Paso 2 Compara la lista con las de otros compañeros.

MODELO E1: *¿Cuáles de las comidas prefieres crudas?*

E2: *Prefiero comer las zanahorias, el durazno, los tomates y la lechuga crudos.*

E3: *Yo solo como las verduras crudas en la ensalada…*

4-25 **Y ahora son dueños**

Usando el cuadro de la actividad **4-24**, en grupos de tres o cuatro creen un menú para un restaurante pequeño incorporando las comidas favoritas en platos especiales. Deben ponerle un nombre al restaurante y decidir qué tipo de restaurante es. Después, presenten los menús a los otros compañeros y voten por el mejor restaurante del grupo. ▪

EL RESTAURANTE

PLATOS

POSTRES

Workbooklet

¡Anda! Curso elemental, Capítulo 7.
La comida, Apéndice 2.

4-26 **Una cena virtual** Según el
Libro Guinness de los Records, Casa Botín es el
restaurante más antiguo del mundo. Fundado
en Madrid en el año 1725, es uno de los
restaurantes más famosos de España. Ahora van
a conocer el restaurante de manera virtual. ■

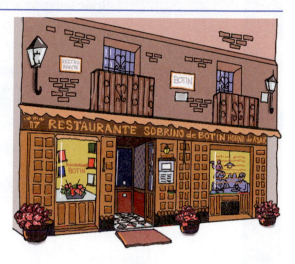

Paso 1   Estás en Madrid y tienes mucha hambre
y dinero. Vas a Casa Botín para cenar
con tus amigos. Mira la carta (el menú)
en el Internet y decide qué platos
quieres pedir.

Paso 2   Ahora entrevista a **cinco** personas y
apunta sus comidas. Decide si sus
selecciones son *sanas* o *no muy sanas.*

COMIDA SANA	COMIDA NO MUY SANA

Paso 3   Comunica tus resultados a tus compañeros de clase.

MODELO   *El veinticinco por ciento de los estudiantes no sigue una dieta sana porque…*

¡Anda! Curso elemental,
Capítulo 7. La comida,
La preparación de las
comidas, Apéndice 2.

4-27 **Entrevista** Circula por la sala de clase haciendo y contestando las
siguientes preguntas. ■

1. ¿Sigues una dieta sana? Explica, dando unos ejemplos.
2. ¿Qué comida(s) te gusta(n) menos? ¿Por qué?
3. Cuando preparas una comida especial para tu novio/a, esposo/a o amigos, ¿qué sueles
   preparar? (soler preparar = *usually prepare*)
4. ¿Qué ingredientes sueles poner (o comer) en una ensalada?
5. ¿Te gusta el pescado? ¿las aves? ¿la carne? ¿Cómo lo(s)/la(s) prefieres?
6. ¿Eres un/a buen/a cocinero/a? Explica.

¡Anda! Curso elemental,
Capítulo 7. La comida;
La preparación de las
comidas, Apéndice 2.

4-28 **Otra entrevista** Escribe **seis** preguntas sobre las preferencias
de comida y las dietas sanas. Circula por la sala de clase haciendo tus preguntas y
contestando las preguntas de las otras personas. ■

MODELO   E1:   *¿Cuál es la comida que comes con más frecuencia?*

E2:   *Como hamburguesas con queso con más frecuencia.*

E1:   *¿Cuántas veces por semana las comes?*

E2:   *Las como por lo menos tres veces por semana.*

E2:   *¿Prefieres pelar las frutas y verduras antes de comerlas?*

5 GRAMÁTICA

04-25 to 04-28 Spanish/English Tutorials

El presente perfecto de subjuntivo
Specifying what *has* happened

You have already worked with the **present perfect** (*he llamado, has comido*, etc.) and **past perfect** (*había llamado, habías comido*, etc.) **indicative.**

The **present perfect subjunctive** is formed in a similar way.

Present subjunctive form of *haber* **+ past participle** is used when the subjunctive mood is needed.

Study the forms and examples below, and then answer the questions that follow.

Espero que mis padres hayan puesto más dinero en mi cuenta.

	Present subjunctive of *haber*	Past participle
yo	**haya**	prepar**ado** / com**ido** / serv**ido**
tú	**hayas**	prepar**ado** / com**ido** / serv**ido**
Ud.	**haya**	prepar**ado** / com**ido** / serv**ido**
él, ella.	**haya**	prepar**ado** / com**ido** / serv**ido**
nosotros/as	**hayamos**	prepar**ado** / com**ido** / serv**ido**
vosotros/as	**hayáis**	prepar**ado** / com**ido** / serv**ido**
Uds.	**hayan**	prepar**ado** / com**ido** / serv**ido**
ellos/as	**hayan**	prepar**ado** / com**ido** / serv**ido**

Mis padres **han preparado** una comida fabulosa.
Espero que mis padres **hayan preparado** una comida fabulosa.

My parents have prepared a fabulous meal.
I hope (that) my parents have prepared a fabulous meal.

Hemos comido en Casa Botín.
Dudan que **hayamos comido** en Casa Botín.

We have eaten at Casa Botín.
They doubt (that) we have eaten at Casa Botín.

Siempre nos **han servido** muy rápido.
Es bueno que siempre nos **hayan servido** muy rápido.

They have always served us quickly.
It is a good thing (that) they have always served us quickly.

¡Explícalo tú!

1. How is the present perfect subjunctive formed?
2. When is it used?

✔ Check your answers to the preceding questions in **Appendix 1.**

Workbooklet

4-29 **Batalla** Llena un cuadro con **nueve** verbos diferentes de la lista en las formas indicadas del **presente perfecto de subjuntivo**. Pregúntense si tienen esos verbos. La primera persona con tres **X** gana. Repitan el juego. ■

añadir (yo), asar (ellos), batir (ella), dar (nosotros), decir (tú), disfrazarse (Ud.), discutir (ellos), engañar (yo), hacer (yo), hervir (ellas), mezclar (tú), oír (yo), poner (Ud.), querer (Uds.), revolver (él), salir (nosotros), traer (yo), verter (ella), ver (ellas)

MODELO   E1: ¿Tienes *hayas hecho*?

E2: No, no tengo *hayas hecho*.
¿Tienes *haya revuelto*?

E1: Sí, tengo *haya revuelto…*

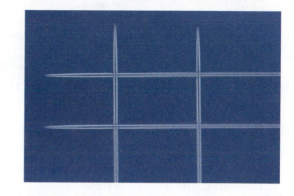

¡Anda! Curso intermedio,
Capítulo 2. El subjuntivo
para expresar pedidos,
mandatos y deseos,
pág. 91; Capítulo 3.
El subjuntivo para
expresar sentimientos,
emociones y dudas,
pág. 126.

4-30 **Decisiones** Elige entre **el presente perfecto de indicativo** y el **presente perfecto de subjuntivo** para terminar la siguiente conversación entre Rosalía y Miguel. Túrnense. ■

ROSALÍA: ¡Hola, Miguel! ¿Qué tal (1) has estado / hayas estado? Tanto tiempo sin verte. Es increíble que no (2) has cambiado / hayas cambiado en absoluto. Te ves igual. ¿Qué (3) has estado haciendo / hayas estado haciendo?

MIGUEL: Hola, Rosalía. ¡Es obvio que no (4) has hablado / hayas hablado con mi mamá! Se lo está diciendo a todos porque está muy orgullosa: hace seis meses que trabajo como consejero de las estrellas, quiero decir de la gente famosa e importante. Por ejemplo, recientemente (5) he tenido / haya tenido que aconsejar (*counsel*) a una mujer joven (no puedo mencionar su nombre) que no se (6) ha portado / haya portado bien —muchas fiestas, muchos bares, muchas citas— ya sabes. Además, también (7) he aconsejado / haya aconsejado a muchos atletas profesionales. Oye, dudo que tu trabajo (8) ha sido / haya sido tan difícil como el mío. A propósito, ¿qué (9) has hecho / hayas hecho recientemente?

ROSALÍA: (*¡Umf! Dudo que* (10) has estudiado / hayas estado *interesado en otra persona que no seas tú… piensa ella antes de contestar.*) Bueno, yo escribo columnas para el periódico. Nuestro enfoque es tratar de ayudar a la gente buena, honesta y humilde —ayudar a la sociedad en general. Por ejemplo, hoy si quieres, puedes leer un reportaje de dos de mis colegas que (11) han resuelto / hayan resuelto un crimen de unas personas avaras que (12) han maltratado / hayan maltratado a unas personas mayores. ¡Qué mundo éste! ¿Verdad?

MIGUEL: Pues, sí… (*le comenta totalmente desinteresado*). Mira, allí está José Luis. No me (13) ha visto / haya visto en por lo menos seis meses. Oye, José Luis, ven acá. Tanto tiempo sin verte…

¡Anda! Curso elemental, Capítulo 7. El pretérito; Algunos verbos irregulares en el pretérito, Apéndice 3.

 ¡Anda! Curso intermedio, Capítulo 2. El subjuntivo para expresar pedidos, mandatos y deseos, pág. 91; Capítulo 3. El subjuntivo para expresar sentimientos, emociones y dudas, pág. 126.

4-31 No te creo Tienes un amigo que casi nunca dice la verdad. Túrnense para responder a sus comentarios usando las siguientes expresiones. ■

no creo	dudo	es imposible	es improbable	no es cierto

MODELO　　E1: *Cené con Barack y Michelle Obama.*

　　　　　　　E2: *Dudo que hayas cenado con ellos.*

1. Cuando estuve en Casa Botín, vi a Leticia Ortiz, la futura reina de España.
2. Me invitaron a cocinar en el programa *Simply Delicioso*.
3. Rafael acaba de escribir un libro de cocina y una casa editorial muy famosa lo quiere publicar.
4. Mis hermanas abrieron un restaurante nuevo en la isla Roatán en Honduras. Está justo en la playa.
5. ¡Me comprometí! Mi novia es Cameron Díaz y me ha dicho que me ama.

¡Anda! Curso intermedio, Capítulo 2. El subjuntivo para expresar pedidos, mandatos y deseos, pág. 91; Capítulo 3. El subjuntivo para expresar sentimientos, emociones y dudas, pág. 126.

4-32 ¿Y yo? Ahora escribe una lista de **seis** cosas que te han ocurrido recientemente. **Dos** de las cosas no deben ser verdaderas. Después, en grupos de tres o cuatro, túrnense para leer y responder a las oraciones. ■

Fíjate

Some expressions to use in activity **4-32** are: *No creo que… , Creo que…, Dudo que…, Es verdad que…,* and *Es probable que….* For other expressions, consult pages 91 and 126 on *el subjuntivo.*

MODELO　　E1: *He ido a El Salvador cuatro veces.*

　　　　　　　E2: *Es probable que hayas ido a El Salvador cuatro veces.*

　　　　　　　E3: *Dudo que hayas ido a El Salvador cuatro veces.*

　　　　　　　E4: *Es cierto que has ido a El Salvador cuatro veces.*

　　　　　　　E1: *Hakeem tiene razón. No he ido a El Salvador nunca.*

4-33 **Anticipando la cita** Esta noche Inés tiene una cita con alguien que no conoce. Tiene muchas dudas y se arrepiente de (*regrets*) haber aceptado salir con él. Terminen sus pensamientos usando siempre **el presente perfecto de subjuntivo** y otras palabras apropiadas. Túrnense y sean creativos, añadiendo detalles. ■

MODELO   Ojalá que él (ducharse)…

              Ojalá que él se haya duchado antes de venir a recogerme.

1. Espero que (ir al cajero automático)…
2. Dudo que (comprarme flores)…
3. Es probable que (no tener tiempo de)…
4. No creo que (hablar con… sobre…)…
5. Es preferible que (graduarse de)…
6. No ha venido y es tarde. Tal vez (decidir)…

PERFILES

04-29 to 04-30

Grandes cocineros del mundo hispano

Se dice que cocinar bien es un arte. Aquí hay unos ejemplos de "artistas" de la cocina de varias partes del mundo hispano.

Patricia Quintana es una famosa cocinera, maestra y autora de docenas de libros de la cocina mexicana. Si has ido a su restaurante en México, D.F., *Izote*, es muy probable que hayas comido una de sus recetas que combinan las tradiciones culinarias mexicanas de elote (maíz) y chiles con la alta cocina mexicana.

Hace años que **Ferran Adrià Acosta** (n. 1962) es considerado el mejor cocinero del mundo por muchos críticos gastronómicos. Era propietario del restaurante El Bulli en España que se cerró en el año 2011 para reinventarse como una fundación gastronómica. Es notable que Adrià, quien empezó su carrera lavando platos, llegara a crear un restaurante de tres estrellas en la guía Michelin.

Es posible que hayas visto a la cocinera argentina **Dolli Irigoyen** (n. 1950) en la televisión. Durante varios años protagonizó su propia serie de programas de cocina. Es también autora de un libro de cocina y ha creado su propio restaurante en Buenos Aires, el Espacio Dolli.

Preguntas

1. ¿Cómo se han hecho famosas estas personas?
2. Compara a una de estas personas con algún/alguna cocinero/a famoso/a de los Estados Unidos. ¿Qué sabes de él/ella?
3. Es notable que estas personas se consideren grandes artistas del mundo culinario. ¿Qué opinas tú de los cocineros como artistas?

¡Anda! Curso intermedio, Capítulo 2. El subjuntivo para expresar pedidos, mandatos y deseos, pág. 91; Capítulo 3. El subjuntivo para expresar sentimientos, emociones y dudas, pág. 126.

4-34 **¿Qué habrían hecho?** Imagínense que pueden conversar con Patricia Quintana, Dolli Irigoyen y Ferran Adrià Acosta para pedir consejos sobre la comida. Ustedes tienen las siguientes situaciones y ellos les necesitan ofrecer comentarios. Inventen sus comentarios, usando **el presente perfecto de subjuntivo** y **el presente de subjuntivo.** ■

MODELO   Sra. Quintana, me gusta cocinar pero no he tenido tiempo para hacerlo recientemente.

Es bueno que hayas cocinado en el pasado y que te haya gustado. Para tener más tiempo para preparar una comida sugiero que prepares todos los ingredientes la noche anterior…

1. Sra. Quintana, he leído muchos de sus libros de la cocina Mexicana, pero no puedo elegir mis recetas favoritas.
2. Sra. Irigoyen, hemos visto muchos de sus programas de cocina en la televisión, pero sus recetas nos han parecido muy difíciles.
3. Sr. Adrià, siempre he querido ser cocinero en un restaurante conocido, pero es casi imposible encontrar un trabajo así.
4. Sr. Adrià, hace seis años que soy dueño de un restaurante de mucho éxito, pero en los últimos dos años no he tenido tiempo para experimentar con nuevas recetas.
5. Sres. Quintana, Irigoyen y Adrià, siempre he querido ser famosa. He estudiado para ser cocinera y he trabajado en el mismo restaurante por cinco años. Todo el mundo conoce al dueño del restaurante pero nadie sabe quién soy yo.

¡CONVERSEMOS!

ESTRATEGIAS COMUNICATIVAS Asking for and giving directions

The need to ask for and give directions comes up often. Below are some useful phrases for politely requesting and giving directions.

Para pedir indicaciones
- **¿Me podría/n decir cómo se llega a...?**
- **Perdón, ¿sabe/n usted / ustedes llegar al...?**
- **Estoy perdido/a. ¿Puede/n usted / ustedes decirme dónde está...?**
- **¿Cómo voy / llego a...?**

Asking for directions
Could you (all) tell me how to get to . . . ?
Pardon, do you (all) know how to get to . . . ?
I'm lost. Can you tell me where . . . is?

How do I go / get to . . . ?

Para dar indicaciones
- **Vaya/n/ Siga/n derecho / todo recto.**
- **Doble/n a la derecha / izquierda.**
- **Tome/n un taxi / autobús.**
- **Al llegar a…, doble/n…**

Giving directions
Go straight.
Turn right / left.
Take a taxi / bus.
When you get to . . . , turn . . .

 4-35 **Diálogos** Escucha los diálogos y haz las siguientes actividades. ▪

1. ¿A qué mercado va el turista? ¿Cómo piensa viajar allí?
2. ¿Adónde quieren ir Nines y Mercedes?
3. ¿Por qué quieren ir allí ellas?
4. En la **Situación 1,** dibuja un mapa para el turista para que pueda llegar a la estación de autobuses.
5. En la **Situación 2,** dales de nuevo las indicaciones (*directions*) a Nines y a Mercedes.

> **Fíjate**
>
> *La esquina* (corner) and *la cuadra* (block) are important words to know when giving directions.

4-36 **¿Cómo llegamos?** En grupos de tres o cuatro personas, dramaticen la siguiente situación. ▪

Una delegación de estudiantes internacionales de países hispanohablantes ha llegado a tu ciudad. Ellos quieren saber dónde pueden comer en tu ciudad y qué sirven de comer en los distintos restaurantes. Explíquenles cómo llegar a algunos restaurantes y qué tipo de comida sirven.

MODELO E1: *Hola. ¿Me podría decir cómo llegar a un restaurante mexicano y cuáles son sus platos especiales?*

  E2: *Sí, mi favorito está muy cerca. Siga derecho…*

4-37 Mi restaurante favorito es…

Habla con un/a compañero/a de clase para compartir información sobre tu restaurante favorito. Explícale por qué es tu favorito. Entonces cada uno debe darle indicaciones al otro para llegar al restaurante. ■

4-38 Vamos a comer

Quieren ir a comer en tu ciudad y necesitan formular un plan: ■

1. ¿Adónde quieren ir?
2. ¿Qué tipo de comida esperan encontrar?
3. ¿Cómo se llega al restaurante?

En un grupo de tres, hagan su plan. Usen el vocabulario y las estructuras de este capítulo y sean creativos.

MODELO

E1: *Vamos al restaurante Mixto —creo que tienen buena comida allí.*

E2: *¿Dónde está? Espero que tengan bistec a la parrilla.*

E3: *Es fácil llegar —he ido antes. Salgan por la puerta principal de la universidad, sigan recto dos cuadras y doblen a la izquierda. Está a mano derecha.*

E4: *Es bueno que hayas ido allí antes. ¿Qué tipo de comida sirven?*

4-39 Una entrevista

Con un/a compañero/a de clase, dramatiza la siguiente situación. Eres reportero/a para la revista *Buen provecho.* Vas a entrevistar a un cocinero famoso del restaurante X. Prepara una lista de preguntas sobre la historia del restaurante, la experiencia del cocinero y su plato favorito. Al final, pregúntale cómo llegar al restaurante. El cocinero debe preparar unas respuestas apropiadas para las preguntas. Traten de usar el vocabulario y la gramática del capítulo en la entrevista. ■

MODELO

E1 (REPORTERO): *Gracias por darme esta entrevista. Hace tiempo que quiero conocerlo. Tengo muchas preguntas para usted.*

E2 (COCINERO): *De nada. Es un placer también para mí. Un reportero de su revista me contactó hace un año, pero no he podido hacer la entrevista hasta ahora…*

ESCRIBE

04-33 to 04-34

Un artículo de revista

Estrategia		
Process writing (Part 4): Sequencing events	Narratives about events— past, present, or future—have a logical sequence that the reader can follow. Using a logical sequence in your writing will give it cohesion and make it flow naturally.	Expressions such as those listed can be used to indicate the natural order of events in your narrative. These words also provide smooth transitions between portions of your writing.

Adverbios y expresiones adverbiales	*Adverbs and adverbial expressions*
al principio, primero	*at first, first, in the beginning*
el primer día / mes	*the first day / month*
luego, entonces	*then, next*
antes (de)	*before*
después (de)	*afterward, after*
en seguida	*immediately (after)*
más tarde	*later*
pronto	*soon*
por fin, finalmente	*finally*
al final	*at the end*
por último	*last (in a list)*

4-40 **Antes de escribir** Vas a escribir un artículo sobre una celebración local que tiene lugar en tu ciudad. Primero selecciona una celebración. Luego, haz una lista de los datos y los eventos (nombre de la celebración, la fecha, el lugar, etc.). ■

4-41 **A escribir**

Ahora ha llegado el momento de escribir tu artículo.

- Primero, toma la lista que escribiste y empieza el artículo incluyendo los datos.
- Luego, pon tu lista de los eventos en orden cronológico, conectándolos con las expresiones nuevas como **primero, luego, después,** etc.
- Entonces añade a cada evento los detalles que sean interesantes como la descripción de una competencia, la comida, etc.

Finalmente, asegúrate de que en el artículo:

- hayas puesto los eventos en orden cronológico usando las expresiones de esta sección.
- hayas escrito por lo menos **ocho** oraciones.

4-42 **Después de escribir** Comparte tu artículo con un/a compañero/a. Haz una comparación de las dos celebraciones que ustedes han descrito. ¿En qué son semejantes y en qué son diferentes? Comunica esta información al resto de la clase. ■

¿Cómo andas? II

	Feel confident	Need to review
Having completed **Comunicación II,** I now can . . .		
• describe foods and their preparation. (p. 159)	☐	☐
• indicate how long something has been going on or how long ago it occurred. (MSL)	☐	☐
• expand on foods. (p. 164)	☐	☐
• specify what *has* happened. (p. 168)	☐	☐
• name and provide details about three people known for creating excellent cuisine. (p. 172)	☐	☐
• use appropriate expressions when asking for and giving directions. (p. 174)	☐	☐
• write about events in a logical order. (p. 176)	☐	☐

Vistazo cultural

RAL • VISTAZO CULTURAL • VISTAZO CULTURAL • VISTAZO CULTURAL • VISTAZO CULTURAL • VISTAZO CULTURAL • VISTAZO CULTURAL • VIS

Carmen Barreto Molina,
estudiante de Artes Culinarias

04-35

Tradiciones de Guatemala, Honduras y El Salvador

Soy estudiante en el Instituto Femenino de Estudios Superiores de Guatemala, y hace tres años que estudio artes culinarias. Siempre había pensado en estudiar la comida y la cultura de otros países. En mis cursos he aprendido que muchas veces la comida típica es una parte integral de las celebraciones culturales. Aquí les ofrezco un vistazo a unas fiestas de diferentes culturas y unos platos típicos de algunos países.

Antigua, Guatemala

Durante la Semana Santa en Antigua, Guatemala, las procesiones religiosas pasan sobre "alfombras" en las calles. Estas alfombras se hacen principalmente de aserrín (*sawdust*) de muchos colores y a veces de verduras, de plantas, de flores y hasta de pan. La gente ha planeado sus diseños por meses pero se hacen en las veinticuatro horas antes de comenzar las procesiones.

Las máscaras guatemaltecas

Hace siglos que las máscaras tradicionales tienen un papel muy importante en las celebraciones guatemaltecas. El uso de las máscaras data de los tiempos precolombinos y aún de los conquistadores. Se habían usado para representar animales, diablos, santos y otras figuras míticas que aparecían en las historias y los bailes folklóricos. Hoy en día la gente se disfraza con máscaras para celebrar eventos tanto sociales como religiosos.

Un plato guatemalteco

Un plato típico guatemalteco es *pepián* o *pipián*. Es un rico plato tradicional a base de tomates, chiles, pollo y otras verduras como la papa. También contiene especias y a veces se sirve como un guisado (*stew*). A menudo se come con tortillas.

Copán, Honduras

En Santa Rosa de Copán, un pueblo en las montañas de Honduras, la celebración de la Semana Santa es impresionante. Hay seis desfiles que celebran diferentes partes de la historia de la Pascua. El viernes santo, una procesión pasa por el pueblo sobre una alfombra de flores extendida en la calle.

El Día de Garífuna, Honduras

El doce de abril se celebra "El Día de Garífuna", el aniversario de la llegada de los Garífuna a Honduras hace más de doscientos años. El pueblo Garífuna es de herencia africana y caribeña. La fecha se celebra con baile, música, teatro y desfiles (*parades*).

Comida salvadoreña

Las pupusas son la comida más común en El Salvador. Son tortillas a base de masa de maíz con relleno de queso, frijoles y/o carne de algún tipo. Por un decreto legislativo salvadoreño del año 2005, el segundo domingo del mes de noviembre de cada año es "El Día Nacional de las Pupusas".

Juayúa, El Salvador

Este pueblo se conoce por su famosa Iglesia del Cristo Negro, cuyo santo patrón se celebra cada enero con un festival. También es famoso por su feria gastronómica. Hace más de veinticinco años que se festeja cada fin de semana con un festival de comida típica salvadoreña pero también unos platos exóticos e internacionales.

Preguntas

1. ¿Qué elementos tienen en común estas celebraciones?
2. ¿Qué comidas tradicionales se mencionan? ¿En cuáles de estas celebraciones es probable que se haya servido comida?
3. Compara estas celebraciones con otras que has estudiado y con las celebraciones en los Estados Unidos. ¿Qué celebración o tradición prefieres y por qué?

EPISODIO 4

04-38 to 04-39

Laberinto peligroso

Lectura

Estrategia	**Identifying details and supporting elements**

Main ideas usually come at the beginning of a passage or a paragraph. Generally, what follows are supporting elements such as details that explain or clarify the main idea.

To identify supporting elements, you might want to use a graphic organizer such as a web to help categorize several main ideas and their details. Sometimes subtitles or subheadings exist to help clarify the supporting details.

4-43 **Antes de leer** Para algunos textos (como los artículos periodísticos o las novelas de detectives) es muy importante fijarse en los detalles. Contesta las siguientes preguntas sobre algunos detalles importantes de los episodios anteriores. ■

1. ¿Qué le pasó a Celia durante la conferencia y después de tomar café con Cisco?
2. ¿Por qué necesitaban Celia y Cisco hablar con el Dr. Huesos?
3. ¿Qué decía la nota que Celia encontró en su bolso? ¿Cómo reaccionaron Celia y Cisco?

DÍA 20

Colaboradores, competidores y sospechosos

Mientras Cisco le hablaba sobre sus comidas favoritas, Celia pensaba en el mensaje de correo electrónico que había recibido: "Te estoy observando". ¿Quién se lo había mandado? ¿La persona que le había dejado la nota ayer? ¿Por qué se había sentido mal durante la conferencia y en el café? Había consultado varios periódicos para ver si otros habían sufrido esos síntomas, pero no había encontrado nada relevante.

—¿Estás bien? —Cisco interrumpió sus pensamientos.

get distracted

—Sí. ¿Por qué me lo preguntas? —respondió Celia bruscamente, mientras intentaba recordar lo que había estado diciendo antes de distraerse°.

—Porque te he preguntado algo y no me has respondido. ¿Me has estado escuchando? —preguntó Cisco, un poco molesto.

—Siento no haberte prestado atención. Estoy preocupada, por eso tengo la mente en otro lugar —reconoció Celia.

—¿Puedo ayudarte?

—¿Me enviaste algún correo? —preguntó Celia, con un tono acusatorio.

—No. ¿Por qué?

joke

—Porque es posible que me hayas querido hacer una broma° de muy mal gusto —dijo Celia, indignada.

180

—¿Cómo?

—Recibí un mensaje como la nota que encontré cuando salíamos del café ayer —explicó Celia.

—No he sido yo —repitió Cisco.

—¿Estás seguro?

—No lo hice. —insistió—. ¿Me crees?

—Está bien, Cisco, no creo que me hayas enviado el mensaje —Por fin Celia estaba más tranquila.

—¿Y ahora me contestas la pregunta? ¿Has terminado el café?

—Sí, lo he terminado. ¿Nos vamos? —respondió Celia.

—Sí, tengo mucho trabajo.

—Yo también, y además camino a casa necesito comprar un regalo para una amiga que dio a luz hace un mes. Hace tanto tiempo que no estoy con ningún bebé… no sé qué comprarle —dijo Celia mientras salían del café.

—¿Un libro? —sugirió Cisco.

—Tal vez, pero como es un bautizo, mejor algo religioso. Me emociona mucho que me haya invitado y quiero demostrárselo dándole algo apropiado.

—Hay una tienda de objetos religiosos cerca del mercado de comida orgánica —mencionó Cisco.

—Está bien, voy para allá. Hasta luego.

kiss —Cuídate —respondió Cisco dándole un beso° en la mejilla.

Era la una cuando Celia llegó a casa. Inmediatamente volvió a la investigación con la que la había ayudado el Dr. Huesos. Cisco había llegado a su casa media hora antes y trabajaba en lo mismo. Cada uno en su propia casa, Celia y Cisco leían cientos de páginas web y numerosos artículos. Cada uno por su parte tomó conciencia de la situación en las selvas tropicales.

2.471 acres Cisco descubrió que la destrucción de las selvas había empezado hacía décadas, y que nada mejoraba: cada año seguían destruyéndose miles de hectáreas°. Aunque algunos gobiernos y compañías tenían cierta responsabilidad, los contrabandistas eran un enorme problema. Ganaban mucho dinero vendiendo ilegalmente sus recursos naturales, especialmente la madera y los pájaros exóticos. Ya se habían extinguido muchas especies de plantas y animales, y el impacto en los indígenas era tremendo: dependían de la selva para comer, tratar heridas y enfermedades, construir casas, defenderse; la necesitaban para vivir. Antes de empezar este proyecto, Cisco no se había dado cuenta del poder de las selvas. Muchas de las sustancias que contenían sus plantas eran medicinales, y otras eran peligrosas y podían usarse para crear armas biológicas.

Aunque estaba satisfecho con su progreso, sabía que Celia podía ser una gran colaboradora en el proyecto. La respetaba por su inteligencia, sinceridad y honradez. Mientras abría el correo electrónico para escribirle, sonó el teléfono. Lo contestó y era Ramón, un oficial de El Salvador, uno de los contactos de su familia, que le devolvía la llamada. Después de hablar con él, empezó a prepararse porque esa noche se casaba uno de sus mejores amigos.

Hacía dos horas que había salido para la boda cuando alguien forzó la entrada a su casa. ¡Encendió la computadora y copió todo lo que Cisco había descubierto!

4-44 **Después de leer** Contesta las siguientes preguntas. ∎

1. ¿Por qué estaba preocupada Celia?
2. ¿Qué pensaba Celia que Cisco había hecho?
3. Según la investigación de Cisco, ¿quiénes tenían la culpa de la destrucción de las selvas tropicales? ¿Cuáles han sido las consequencias?
4. ¿Por qué crees que se titula el episodio *Colaboradores, competidores y sospechosos*?

 # Video

04-40 to 04-41

4-45 **Antes del video** En *Colaboradores, competidores y sospechosos*, viste cómo avanzaba Cisco con su investigación sobre las selvas tropicales. En el episodio en video, vas a ver cómo avanza el proyecto de Celia. Antes de ver el episodio, contesta las siguientes preguntas. ∎

1. ¿Por qué piensas que Celia sospechaba que Cisco le había enviado el mensaje?
2. ¿De qué piensas que hablaron Cisco y Ramón?
3. ¿Quién crees que entró en el apartamento de Cisco?

Espero que lo hayas pasado muy bien.

¿Es posible que alguien haya intentado envenenarme *(poison me)*?

Javier, hay algo que debes saber…

Episodio 4

«¿Mágica o malvada?»

Relájate y disfruta el video.

4-46 **Después del video** Contesta las siguientes preguntas. ∎

1. ¿Dónde había estado Celia antes de llegar a su casa al comienzo del episodio?
2. Compara y contrasta los resultados de la investigación de Cisco con los de Celia.
3. ¿Qué pensaba Celia que podía haber pasado en la conferencia cuando se enfermó?
4. ¿Cómo concluyó el episodio?

LETRAS

04-45 to 04-50

Acabas de terminar otro episodio de **Laberinto peligroso.** Explora más lecturas en la colección literaria, **Letras.**

Y por fin, ¿cómo andas?

	Feel confident	Need to review
Having completed this chapter, I now can . . .		

Comunicación I

• express information about celebrations and life events. (p. 148)	☐	☐
• report and narrate past events. (MSL)	☐	☐
• discuss events that *had* occurred. (p. 153)	☐	☐
• register details. (p. 157)	☐	☐

Comunicación II

• describe foods and their preparation. (p. 159)	☐	☐
• indicate how long something has been going on or how long ago it occurred. (MSL)	☐	☐
• expand on foods. (p. 164)	☐	☐
• specify what *has* happened. (p. 168)	☐	☐
• use appropriate expressions when asking for and giving directions. (p. 174)	☐	☐
• write about events in a logical order. (p. 176)	☐	☐

Cultura

• relate information about celebrations and traditions in the Hispanic world. (p. 156)	☐	☐
• name and provide details about three people known for creating excellent cuisine. (p. 172)	☐	☐
• share and compare cultural information regarding celebrations and traditions in Guatemala, Honduras, and El Salvador. (p. 178)	☐	☐

Laberinto peligroso

• identify details and supporting elements in a text and speculate about threatening notes. (p. 180)	☐	☐
• hypothesize about mysterious intruders. (p. 182)	☐	☐

Comunidades

• use Spanish in real-life contexts. (SAM)	☐	☐

Literatura

• identify the structure of a poem. (Literary Reader)	☐	☐

VOCABULARIO ACTIVO 🔊

Las celebraciones y los eventos de la vida	Life events and celebrations
el aniversario de boda	*wedding anniversary*
el baile	*dance*
el bautizo	*baptism*
el bebé	*baby*
la boda	*wedding*
la cita	*date*
el compromiso	*engagement*
el cumpleaños	*birthday*
El Día de las Brujas	*Halloween*
El Día de San Valentín	*Valentine's Day*
El Día de la Madre/ del Padre/de la Independencia, etc.	*Mother's Day, Father's Day, Independence Day, etc.*
El Día de los Muertos	*Day of the Dead*
la graduación	*graduation*
la luna de miel	*honeymoon*
el nacimiento	*birth*
la Navidad	*Christmas*
el/la novio/a	*boyfriend/girlfriend; groom/bride*
la Pascua	*Easter*
la primera comunión	*First Communion*
la quinceañera	*fifteenth birthday celebration*
el regalo	*present*

Verbos	Verbs
celebrar	*to celebrate*
cumplir... años	*to have a birthday/ to turn . . . years old*
dar a luz	*to give birth*
discutir	*to argue; to discuss*
disfrazarse	*to wear a costume; to disguise oneself*
enamorarse (de)	*to fall in love (with)*
engañar	*to deceive*
estar comprometido/a	*to be engaged*
estar embarazada	*to be pregnant*
pelear(se)	*to fight*
salir (con)	*to go out (with)*
tener una cita	*to have a date*

La comida y la cocina	Food and kitchen

Las carnes y las aves	Meat and poultry
la carne de cerdo	*pork*
la carne de cordero	*lamb*
la carne de res	*beef*
la carne molida	*ground beef*
las chuletas	*chops*
el pavo	*turkey*
las salchichas	*sausages*
la ternera	*veal*
el tocino	*bacon*

El pescado y los mariscos	Fish and seafood
el cangrejo	*crab*
la langosta	*lobster*
las sardinas	*sardines*

Más comidas — *More foods*

la harina	*flour*
la miel	*honey*
el pan dulce	*sweet roll*
los panqueques	*pancakes*

Términos de la cocina — *Cooking terms*

añadir	*to add*
asar	*to roast; to broil*
batir	*to beat*
(re)calentar (e → ie)	*to (re)heat*
derretir (e → i → i)	*to melt*
freír (e → i → i)	*to fry*
hervir (e → ie → i)	*to boil*
mezclar	*to mix*
pelar	*to peel*
revolver (o → ue)	*to stir*
tapar	*to cover*
verter (e → ie)	*to pour*

Palabras útiles — *Useful words*

el fuego (lento, mediano, alto)	*(low, medium, high) heat*
el ingrediente	*ingredient*
el kilogramo	*kilogram (or 2.2 pounds)*
el nivel	*level*
el pedazo	*piece*
la receta	*recipe*

Las frutas — *Fruit*

el aguacate	*avocado*
la cereza	*cherry*
la ciruela	*plum*
el durazno	*peach*
la fresa	*strawberry*
el mango	*mango*
la papaya	*papaya*
la piña	*pineapple*
la sandía	*watermelon*
la toronja	*grapefruit*

Las verduras — *Vegetables*

las aceitunas	*olives*
el ajo	*garlic*
el apio	*celery*
la calabaza	*squash; pumpkin*
la col	*cabbage*
la coliflor	*cauliflower*
los espárragos	*asparagus*
las espinacas	*spinach*
los guisantes	*peas*
los hongos	*mushrooms*
el pepino	*cucumber*
el pimiento	*pepper*
el plátano	*plantain (Lat. America)*
la zanahoria	*carrot*

Algunos postres, dulces y botanas — *Some desserts, candies, and snacks*

el batido	*milkshake*
el bombón	*sweet; candy*
la dona	*donut*
el flan	*caramel custard*
las palomitas de maíz	*popcorn*

5

Viajando por aquí y por allá

¿Te gusta ir de viaje? En el mundo hispano hay muchos lugares bonitos que puedes visitar. Hay lagos, montañas, playas, ciudades con centros comerciales y parques de atracciones. Y la tecnología puede llegar hasta cualquiera de esos lugares. ¡Vamos a explorar!

PREGUNTAS

1 ¿Cómo prefieres viajar? ¿Por qué?

2 ¿Adónde te gusta viajar?

3 ¿Cómo usamos la tecnología para viajar?, ¿y en nuestra vida diaria?

Comunicación I

Los viajes   Discussing travel and means of transportation

05-01 to 05-03

¡Anda! Curso elemental, Capítulo 2. Los deportes y los pasatiempos; Capítulo 4. Los lugares; Capítulo 10. Los medios de transporte; El viaje, Apéndice 2.

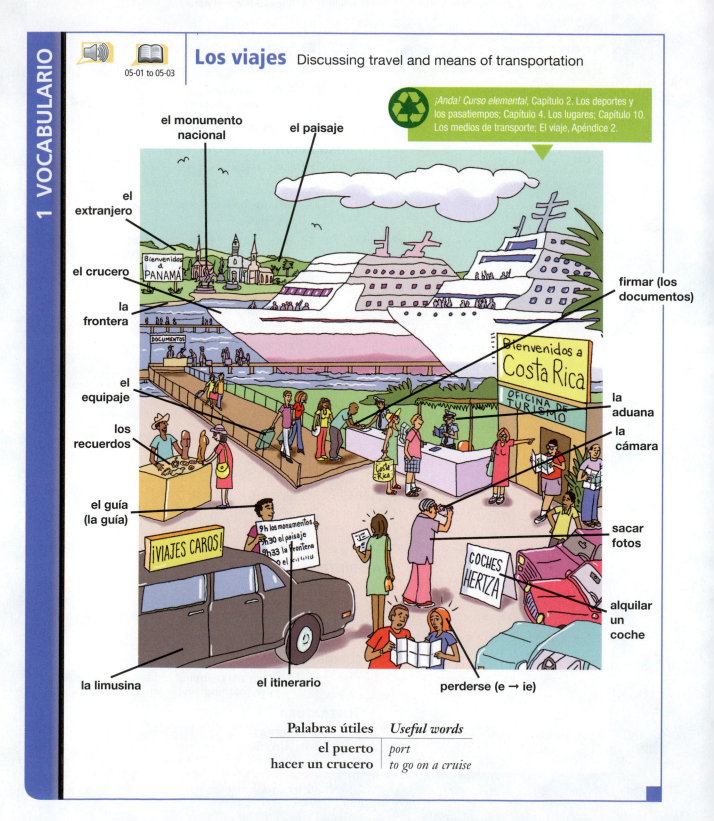

el monumento nacional

el paisaje

el extranjero

el crucero

la frontera

el equipaje

los recuerdos

el guía (la guía)

la limusina

el itinerario

firmar (los documentos)

la aduana

la cámara

sacar fotos

alquilar un coche

perderse (e → ie)

Palabras útiles	*Useful words*
el puerto	*port*
hacer un crucero	*to go on a cruise*

Repaso & Spanish Tutorial

05-04 to 05-06

REPASO

Por* y *para Expressing time, location, purpose, destination, and direction

For a complete review of **por** and **para**, go to MySpanishLab or refer to **Capítulo 11** of *¡Anda! Curso elemental* in Appendix 3 of your textbook. The following vocabulary activities that appear in your textbook incorporate this grammar point. Practicing new vocabulary with a review grammar point helps to strengthen and increase your knowledge of Spanish.

5-1 **Viaje** ¿Qué necesitas para viajar? Con un grupo de cuatro compañeros/as de clase, hagan una lista de lo que necesitan y/o lo que van a ver en su "viaje". Cada persona del grupo debe tomar por lo menos **dos** turnos. ¡Diviértanse! ∎

MODELO	E1 [JOE]:	*Llevo un mapa.*
	E2 [ABBY]:	*Voy a la frontera y Joe lleva un mapa.*
	E3 [MARK]:	*Uso un guía para no perderme, Abby va a la frontera y Joe lleva un mapa…*

 ¡Anda! Curso intermedio, Capítulo 2. El subjuntivo para expresar pedidos, mandatos y deseos, pág. 91.

 ¡Anda! Curso elemental, Capítulo 10. Los medios de transporte; El viaje, Apéndice 2.

5-2 **En un mundo (im)perfecto**

Siempre hay recuerdos de los viajes. Termina las siguientes oraciones de manera lógica, usando el vocabulario nuevo de **Los viajes**. ∎

MODELO   Mañana, mis amigos y yo salimos para…
            Mañana, mis amigos y yo salimos para Panamá en un crucero de dos semanas.

1. Me gustó pasear por…
2. Mis amigos y yo salimos para…
3. Fui a la frontera por…
4. Compraron unos recuerdos para…
5. ¿Alquilaste un coche por…?
6. Yo pagué más de $100 por…

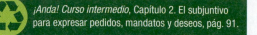 *¡Anda! Curso intermedio*, Capítulo 2. El subjuntivo para expresar pedidos, mandatos y deseos, pág. 91.

 ¡Anda! Curso elemental, Capítulo 10. Los medios de transporte; El viaje, Apéndice 2.

5-3 Agentes de viajes

Ustedes son agentes de viajes y les dan a sus clientes recomendaciones sobre los viajes que ellos van a hacer. Túrnense. Sean creativos y usen **por** y **para** cuando sea posible. ■

MODELO   ir por tren

Es aconsejable que vayan por tren porque es más rápido y económico.

1. no manejar en esa ciudad
2. revisar el coche antes de alquilarlo
3. comprar un boleto de ida y vuelta
4. llegar a tiempo al aeropuerto
5. renovar (*renew*) el pasaporte
6. no llevar demasiado equipaje

Estrategia

Remember that you can use the following verbs and expressions to create your recommendations for **5-3**: *aconsejar, recomendar (e → ie), sugerir (e → ie → i), es aconsejable / deseable / mejor / preferible / recomendable que…*

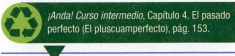

¡Anda! Curso intermedio, Capítulo 4. El pasado perfecto (El pluscuamperfecto), pág. 153.

¡Anda! Curso elemental, Capítulo 8. El imperfecto, Apéndice 3; Capítulo 10. Los medios de transporte, Apéndice 2.

5-4 **¿Por o para?** Carlos planea las vacaciones de la familia. ■

Paso 1   Túrnense para descubrir los planes finales de Carlos usando **por** y **para.**

Carlos y su familia trabajaban demasiado. (1) _____ más de cinco años habían hablado de irse de vacaciones y (2) _____ fin decidieron que iban a hacerlo (3) _____ finales de julio. Era el primero de mayo y todavía no habían decidido (4) _____ cuánto tiempo se iban a ir. Carlos quería ir (5) _____ tres semanas y hacer un crucero (6) _____ el Caribe, pero sus hermanos y sus padres no podían dejar el trabajo (7) _____ más de diez días. Tampoco les quedaba mucho dinero (8) _____ las vacaciones porque acababan de renovar su casa.

Entonces, ya era hora de decidir adónde y cómo ir. (9) _____ Carlos, si no podían hacer un crucero, era mejor alquilar una camioneta (*truck*) y una tienda de campaña y viajar (10) _____ el oeste de los Estados Unidos (11) _____ conocer los parques nacionales. Se puede hacer camping (12) _____ menos dinero que quedarse en un hotel. También, Carlos pensaba pasar (13) _____ la carretera Panamericana, quizás la parte entre Denver, Albuquerque y San Antonio. Sabía que había atascos (*traffic jams*) a causa de la construcción, pero no le importaba. Sus padres se conocieron en un pueblo en la carretera Panamericana cerca de San Antonio, y Carlos pensaba que (14) _____ esa razón iba a ser una buena sorpresa (15) _____ ellos. (16) _____ ayudar a sus padres, Carlos tenía la intención de planear toda la ruta yendo (17) _____ unos caminos interesantes en vez de pura autopista.

Decidieron tomar sus sugerencias, y sus padres se lo agradecieron. (18) _____ los hermanos no fue tan emocionante aquella decisión; ¡querían ir a Disneylandia!

Paso 2   Túrnense para explicar por qué usaron **por** o **para** en cada espacio en blanco. Sigan el modelo.

MODELO   1. Por, *duration of time*

5-5 **Preguntas para Carlos**   Túrnense para hacerle **seis** preguntas a Carlos de la actividad **5-4** sobre sus planes, y luego contéstenlas. Pueden añadir información. Practiquen **por** y **para** en sus preguntas y sus respuestas. ■

Estrategia

When you create with language, you use *critical thinking skills* such as *hypothesizing*. Create questions that might not be directly answered in **5-4.** Then create hypothetical, plausible answers that Carlos might give.

MODELO   E1:   *¿Por qué querías viajar por el Caribe en un crucero?*

E2 (CARLOS):   *Quería viajar por el Caribe en un crucero porque me gustan las playas y quería descansar y relajarme un poco.*

¡Anda! Curso elemental, Capítulo 9.
El pretérito y el imperfecto, Apéndice 3.

5-6 **Mi viaje en un crucero por el río Amazonas** Lee el
folleto sobre el crucero y después escribe una entrada de diario para describir lo que
viste e hiciste durante el viaje. Puedes añadir más detalles. Usa por lo menos **cinco** de
las palabras nuevas de **Los viajes**. También usa **por** y **para** por lo menos **cinco** veces.
Después, compara tu entrada con la de un/a compañero/a. ■

MODELO   Querido diario:

Ȃ   El domingo pasado salimos de Iquitos, Perú, para Tabatinga, en Brasil. Hicimos un
        viaje por barco por el río Amazonas. Vimos e hicimos muchas cosas interesantes.
        Por ejemplo, por la mañana...

RÍO AMAZONAS

Este crucero de siete días
sale los domingos de Iquitos,
Perú, y lo lleva en el barco
RÍO AMAZONAS a
Tabatinga, Brasil, de regreso
a Iquitos. Viajar en un barco
cómodo le permite gozar de
un recorrido inolvidable por
la selva y conocer algunas
comunidades nativas.
También puede observar la
exuberante flora y fauna de
la selva tropical.

El barco
RÍO AMAZONAS:

ITINERARIO:
• **Primer día:** Navegación río abajo
  a través de la zona industrial de
  Iquitos y una breve visita a los
  campos de caña de azúcar°.   *sugar cane*
• **Segundo día:** Observación de aves°   pájaros
  por la mañana. Visita a pueblos
  indígenas.
• **Tercer día:** Caminata por la selva,
  pesca de pirañas en un lago pequeño
  y observación de los caimanes°.   un tipo de *alligator*
• **Cuarto día:** Llegada a la Isla de
  Santa Rosa. Mañana libre para
  pasear y hacer compras.
• **Quinto día:** Por la mañana, visita
  a la villa de Atacuari; por la tarde,
  visita al remoto hospital de leprosos
  de San Pablo.
• **Sexto día:** Breve parada en Pijuayal
  para un chequeo de documentos,
  una visita a Pevas para intercambiar
  artículos fabricados por artesanía
  de los nativos.
• **Séptimo día:** Llegada a Iquitos
  temprano por la mañana.

2 VOCABULARIO

05-07 to 05-09

Viajando por coche
Becoming familiar with cars and automobile travel

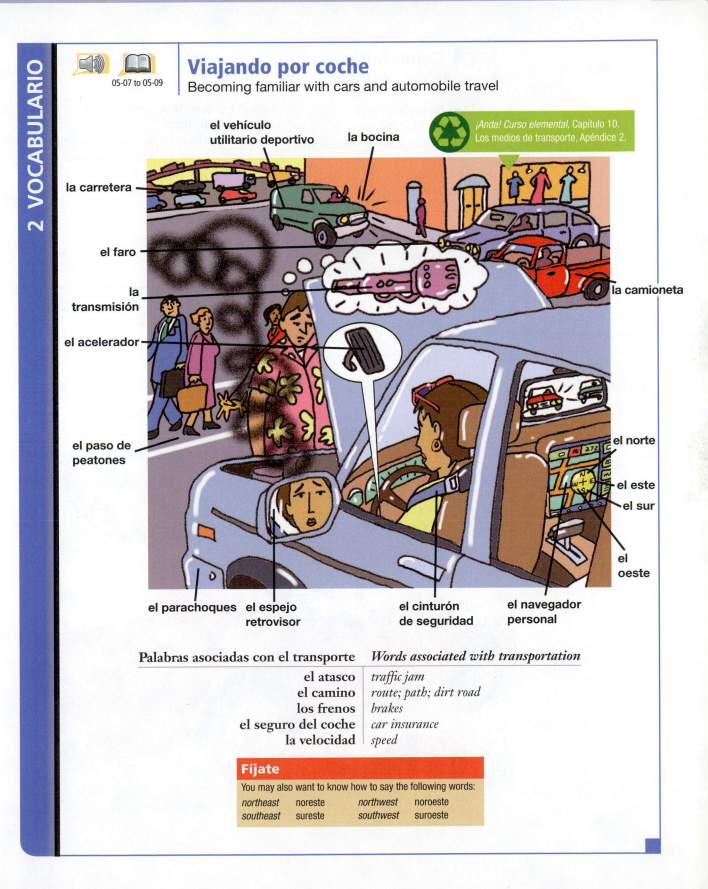

¡Anda! Curso elemental, Capítulo 10.
Los medios de transporte, Apéndice 2.

el vehículo utilitario deportivo
la bocina
la carretera
el faro
la transmisión
el acelerador
el paso de peatones
la camioneta
el norte
el este
el sur
el oeste
el parachoques
el espejo retrovisor
el cinturón de seguridad
el navegador personal

Palabras asociadas con el transporte	*Words associated with transportation*
el atasco	*traffic jam*
el camino	*route; path; dirt road*
los frenos	*brakes*
el seguro del coche	*car insurance*
la velocidad	*speed*

Fíjate

You may also want to know how to say the following words:

northeast	noreste	*northwest*	noroeste
southeast	sureste	*southwest*	suroeste

5-7   **Combinaciones**   Combinen los elementos de las dos columnas para formar oraciones lógicas. Túrnense.

1. _____ Deja de tocar la bocina…
2. _____ Cruzaron la calle…
3. _____ Compré una transmisión nueva…
4. _____ Salieron esta mañana…
5. _____ Para obedecer la ley (*the law*)…
6. _____ Piden setecientos dólares al año…

a. por el seguro de coche.
b. para la frontera.
c. siempre se pone el cinturón de seguridad.
d. para el vehículo utilitario deportivo viejo.
e. por el paso de peatones.
f. para no molestar a los vecinos.

¡Anda! Curso elemental, Capítulo 10.
Los medios de transporte, Apéndice 2.

Workbooklet

5-8   **Mi carrito**   ¿Conoces bien tu carro? Escribe los nombres de las partes en el dibujo. Después, comparte tu trabajo con un/a compañero/a.

Estrategia

When you study vocabulary, writing the words down is a useful technique. Making a list helps you remember the new words better and learn their spellings. Study the words from your written list by looking at each English word as a prompt and saying the Spanish word. Check off the words you know well, and then concentrate on those you do not know yet.

5-9 **Piloto de carreras (*Race car driver*)** Juan Pablo Montoya empezó a competir oficialmente en carreras de karting de su país a la edad de seis años. Vamos a ver lo que él nos cuenta. Completa el siguiente párrafo sobre Montoya con las palabras apropiadas de la siguiente lista. Después, comparte tu trabajo con un/a compañero/a. ■

Fíjate

The term *karting* refers to racing in go-karts, smaller-sized cars built for children to race on tracks. They are often found at amusement parks.

Fíjate

In Spanish-speaking countries, dates are written differently: day/month/year, e.g., *17/6/2014.*

Número del vehículo:	42
Fecha de Nacimiento:	20/09/1975
Lugar de Nacimiento:	Bogotá, Colombia
Altura:	1,68 m
Peso:	72 kg.
Residencia:	Miami, Florida
Familia:	Connie, esposa, e hijos Sebastian, Paulina & Manuela
Pasatiempos:	deportes aquáticos, golf

carretera	cinturones	bocina	frenos
navegador personal	transmisión	velocidad	vehículo utilitario deportivo

Desde niño me han gustado las carreras. De karting fui a Fórmula Uno, donde me quedé por varios años. Pero desde el año 2007 soy piloto de carreras de stock car con NASCAR y vivo en los Estados Unidos. Mucha gente me pregunta cuál es mi carro favorito —aunque tengo varios coches muy buenos, mi favorito es mi (1) _____. Tiene más de doscientas mil millas, pero es como nuevo para mí porque lo acabo de restaurar (*restore*). Por ejemplo, anda bien porque la (2) _____ es nueva. Para la seguridad de mis hijos puse nuevos (3) _____. Para poder parar con rapidez y precisión, tengo unos (4) _____ nuevos también. Es un coche muy seguro y lo suficientemente grande para poder llevar a mis hijos con todas sus cosas y mis perros a la playa o de excursión. Para no perderme compré un (5) _____. Una cosa que no cambié fue la (6) _____ porque funciona y suena (*sounds*) muy bien. Cuando quiero correr más (ir más rápido), no lo hago en la (7) _____ donde hay muchos otros carros; me meto en mi auto de carrera y puedo ir a alta (8) _____ en la pista de carreras.

5-10 **Un coche distinto** Lleva a clase una foto de un coche. Puede ser un coche extraordinario o un coche "regular". Descríbeselo a un/a compañero/a de clase usando por lo menos **diez** palabras nuevas del vocabulario **Viajando por coche.** ■

3 GRAMÁTICA

05-10 to 05-12   ¡Hola! Spanish/English Tutorials

Los pronombres relativos *que* y *quien*
Connecting sentences and clarifying meaning

The words **que** and **quien** can link two parts of a sentence. When used in this way **que** (*that, which, who, whom*) and **quien(es)** (*who, whom*):

- do not have accents.
- refer back to ***nouns*** in the **main clause** (main part of the sentence).
- provide a smooth transition from one idea to another, eliminating the repetition of the noun.

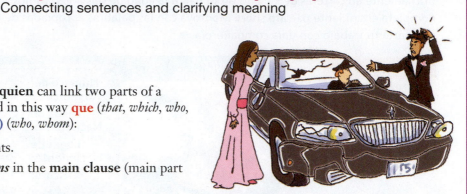

¡¿Es ésta la limusina que alquilamos por $200?!

1. Que is the **most frequently used** and can refer to ***people, places, things, or ideas***.

| ¿Es ésta | **la limusina** | **que** | alquilamos por doscientos dólares? |
| *Is this* | *the limosine* | *(that)* | *we rented for two hundred dollars?* |

La agente de viajes **que** conocimos ayer viajó por todo el mundo hace tres años.

The travel agent (that) we met yesterday traveled around the world three years ago.

El itinerario y los mapas son algunas de las cosas **que** necesitamos llevar con nosotros.

The itinerary and the maps are some of the things (that) we need to take with us.

El monumento nacional **que** quieren visitar está en el centro de la ciudad.

The national monument (that) they want to visit is in the center of the city.

2. Quien(es) may also be used in a clause set off by commas when it refers ***to people,*** BUT **que** is normally used instead of **quien.**

El guía, **quien** / **que** nos llevó por toda la ciudad, no nos acompaña mañana.

The guide, who took us around the city, is not accompanying us tomorrow.

3. What follows are some additional guidelines for using **que** and **quien:**

   a. Use **que** after the simple prepositions **a, con, de,** and **en** to refer to *places, things, or abstract ideas*—NOT *people.*

   b. To refer to *people* after the simple prepositions **a, con, de,** and **en**, *you must use* **quien(es).**

El **avión en que** volamos ahora es uno de los más grandes del mundo.

The plane in which we are now flying is one of the largest in the world.

Los **peatones con quienes** cruzan necesitan apurarse un poco.

The pedestrians with whom they are crossing need to speed up a bit.

Fíjate

Note that while the word *that* can sometimes be omitted in English, **que** and **quien** are always needed in Spanish:

   *El atasco **que** vimos ayer duró cuatro horas.*
   The traffic jam (that) we saw yesterday lasted four hours.

Fíjate

A *dependent clause* cannot stand alone as a complete sentence and depends on the main clause to complete its meaning. In the following sentence, the underlined portion is the dependent clause:

   El itinerario y los mapas son algunas de las cosas ***que** dejamos en casa.*

5-11 **Selecciones** Termina el siguiente párrafo con **que** y **quien**. Después, compara tu trabajo con el de un/a compañero/a. Túrnense para explicar sus elecciones. ■

La agencia (1) _____ ofrece viajes baratos no tiene problemas económicos sino unos arreglos muy especiales con la comunidad. Ayer, sin embargo, cuando llamamos a la agencia, el agente con (2) _____ hablamos no nos pudo ayudar mucho. Ese agente, (3) _____ se mudó aquí de Santiago, Chile, no sabe mucho sobre las ofertas (4) _____ tienen. Por ejemplo, no sabe si hay cruceros muy económicos (5) _____ hagan giras por todo el Caribe. Mis padres, (6) _____ hacen un viaje casi todos los años, dicen que hay cruceros enormes (7) _____ salen del puerto de nuestra ciudad. Dicen que se puede hacer muchas actividades a bordo: nadar en la piscina, relajarse en el jacuzzi, tomar el sol, asistir a diferentes clases para hacer ejercicio, como el pilates y el yoga, ir al cine, visitar los bares y las discotecas para tomar y bailar y comer las veinticuatro horas del día. ¡Mis amigas, con (8) _____ pienso hacer el crucero, nunca van a querer dormir!

5-12 **¿Has visitado la luna?** Combinen las oraciones usando **que** y **quien** para evitar la repetición. ■

MODELO   El Valle de la Luna está en Bolivia. El Valle de la Luna es un lugar muy curioso.
El Valle de la Luna, que está en Bolivia, es un lugar muy curioso.

1. El Valle de la Luna está a diez kilómetros del centro de La Paz. Es un lugar muy extraño.
2. El paisaje ofrece un gran contraste. Es un paisaje extraterrestre.
3. El Valle de la Luna está al lado de un pueblo. El pueblo se llama Malilla.
4. El día que estuve allí había un hombre encima de una roca enorme. El hombre tocaba una flauta.
5. El taxista nos cobró veinte dólares por llevarnos allí. Nos encontramos con el taxista al lado del bar Max Beber.

¡Anda! Curso elemental, Capítulo 9.
El pretérito y el imperfecto, Apéndice 2.

5-13 **La historia de Rapunzel** Su profesor/a los va a poner en grupos de tres o cuatro estudiantes y les va a dar ocho papeles que contienen la historia de Rapunzel. Ustedes tienen que poner los papeles en orden y contar la historia. ■

5-14 **¿Quién puede ser?** En grupos de cuatro o cinco, túrnense para dar pistas (*clues*) sobre una persona de la clase hasta que alguien pueda adivinar quién es. Enfóquense en el uso de **que** y **quien**. ■

MODELO   E1:   *Estoy pensando en una persona que tiene una camioneta roja y lleva jeans.*
                 También es una persona a quien le gusta mucho el básquetbol y con quien
                 trabajo mucho en la clase.
          E2:   *¿Es Mark?*
          E1:   *Sí, es Mark.*

5-15 **Biografía** Ahora piensen en unas personas famosas para continuar el juego de la actividad **5-14.** Deben dar de **tres** a **cinco** pistas, o más si los compañeros no pueden adivinar quién es. ■

4 VOCABULARIO

05-13 to 05-16

Las vacaciones Planning and illustrating vacations

¡Anda! Curso elemental, Capítulo 10.
El viaje, Apéndice 2.

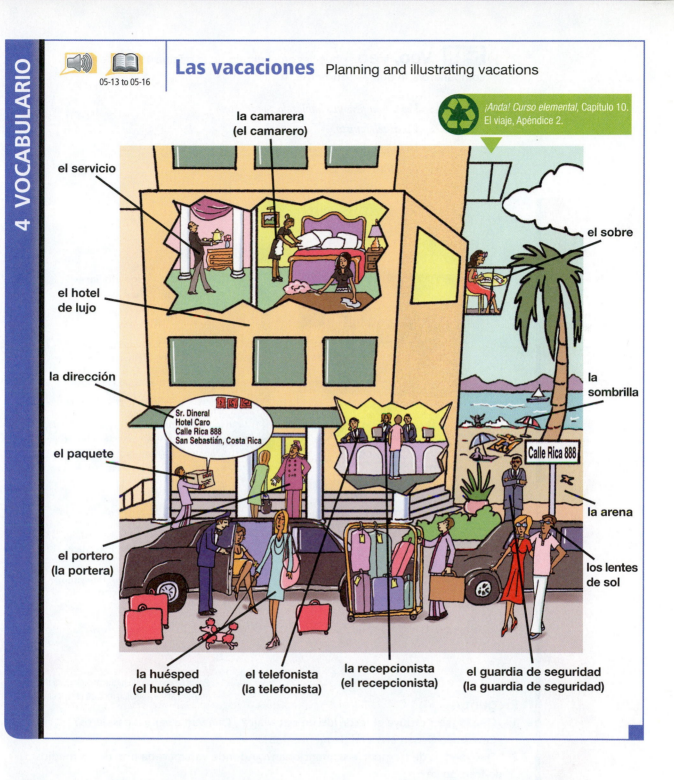

la camarera
(el camarero)

el servicio

el sobre

el hotel
de lujo

la dirección

la sombrilla

Sr. Dineral
Hotel Caro
Calle Rica 888
San Sebastián, Costa Rica

el paquete

Calle Rica 888

el portero
(la portera)

la arena

los lentes
de sol

la huésped
(el huésped)

el telefonista
(la telefonista)

la recepcionista
(el recepcionista)

el guardia de seguridad
(la guardia de seguridad)

5-16 Veo, veo ¿Qué ves en el dibujo de la página 199? Dile a un/a compañero/a lo que ves. Túrnense. ■

MODELO   E1: *Veo a una persona hablando por teléfono.*

E2: *Ves al telefonista.*

E2: *Veo algo para proteger los ojos.*

E1: *Ves los lentes de sol.*

NOTAS CULTURALES

05-17 to 05-18

El fin del mundo y los glaciares en cinco días:

Para los viajeros que quieren algo diferente en sus vacaciones

Día 1: *Punta Arenas:* Llegada entre las 09:00 y las 16:00 horas al puerto en el crucero "Sueño". Cóctel de bienvenida con el capitán, quien encabeza el crucero.

Día 2: *Isla Magdalena y los pingüinos:* Visita la Isla Magdalena y los pingüinos magallánicos. Excursión al Parque Nacional Cabo de Hornos. Noche a bordo.

Día 3: *Ushuaia:* Navegación y llegada a Ushuaia, Tierra del Fuego, la ciudad más austral del mundo. Gira de la ciudad. Noche en hotel de 4 estrellas.

Día 4: *El Calafate y el Perito Moreno:* Traslado° al aeropuerto; vuelo a Calafate. Exploración de los glaciares masivos de El Calafate, Patagonia. Noche en hotel de 4 estrellas.   °*transfer*

Día 5: *El Calafate – Punta Arenas:* Desayuno. Traslado en autobús al aeropuerto. Vuelo a Punta Arenas.

Fíjate

Perito Moreno is one of the few glaciers that is growing and expanding instead of receding.

Preguntas

1. ¿Qué lugares incluye el recorrido de este viaje? ¿Qué van a ver los pasajeros? ¿Con quién tienen el cóctel de bienvenida?
2. ¿Qué medios de transporte se mencionan? ¿Adónde van en cada uno de los medios de transporte?
3. ¿Cuáles son los medios de transporte más comunes para las vacaciones en tu cultura?

5-17 **Entrevista** Circula por la sala de clase haciendo y contestando las siguientes preguntas. Debes hablar por lo menos con **cinco** personas diferentes. Después, tu profesor/a va a pedirles la información para averiguar qué tienen en común. ■

1. Cuando viajas, ¿normalmente te quedas en hoteles de lujo o en hoteles más económicos? ¿Por qué?
2. Típicamente, ¿en qué se diferencian los hoteles de lujo de los hoteles más económicos?
3. ¿Te gusta tomar el sol o prefieres quedarte bajo una sombrilla cuando estás en la playa? ¿Por qué?
4. ¿Siempre llevas lentes de sol? ¿Qué marca (*brand*) prefieres? ¿Cuánto te costaron? ¿Dónde los compraste? ¿Por qué te gustan?
5. ¿Coleccionas sellos o tarjetas postales? ¿Conoces a alguien que los coleccione? ¿De dónde has recibido tarjetas postales?

Estrategia

Answer in complete sentences when working with your classmates. Even though it may seem mechanical at times, using complete sentences leads to increased comfort with speaking Spanish.

5-18 **Nuestra historia** Mira el dibujo en la página 199, **Las vacaciones.** Con un/a compañero/a, creen una historia sobre lo que pasó aquel día. Túrnense, incluyendo por lo menos **diez** oraciones. ■

MODELO   Empezó como un día normal en el Hotel Caro.

E1:   *Hacía sol y no llovía en la playa.*

E2:   *Pero, llegaron dos huéspedes en una limusina…*

¡Anda! Curso elemental, Capítulo 9. Un resumen de los pronombres de complemento directo e indirecto y reflexivos. Apéndice 3.

5-19 **Tus vacaciones ideales** ¡Qué suerte! Ganaste $100.000 dólares en un concurso para realizar el viaje de tus sueños. Después de regresar del viaje, te entrevistó un periodista de la revista *Viajes*. Un/a estudiante hace el papel del periodista y el/la otro/a el papel del ganador. Túrnense para formar y contestar las siguientes preguntas usando **el pretérito** y **el imperfecto.** ■

1. ¿Adónde / decidir / ir? ¿Por qué?
2. ¿En qué hotel / quedarse?
3. ¿Qué servicios / ofrecer / en el hotel?
4. Cuando / estar / en el hotel, ¿cómo / pasar / el tiempo (día y noche)?
5. ¿Viajar / por la región? ¿Qué excursiones / hacer?
6. ¿Perderse / en algún momento? Da algún ejemplo.
7. ¿Sacar / muchas fotos?
8. ¿Cómo / viajar? —¿Alquilar / un carro / o / ir / en taxi y autobús / o / caminar?

Estrategia

Both you and your partner should answer the questions individually, according to your dream vacations.

ESCUCHA

05-19 to 05-21

Un anuncio de radio

Estrategia	When pinpointing specific information, it is usually necessary for you to know the topic or context of what you will hear in advance. Then you need to anticipate what you will want and/or need to know. When pinpointing specific information, you may wish to	write or make a brief mental list of specific questions or topics upon which you will focus your listening. When performing this strategy in real life in an interpersonal setting, you would want to follow up with clarifying questions if you did not glean all the details.
Pinpointing specific information		

5-20 Antes de escuchar

Vas a escuchar un anuncio de radio para la agencia de viajes Zona del Viaje. Si estás pensando en tomar un viaje y oyes este anuncio, ¿qué información esperas sacar? Escribe **tres** cosas que crees que vas a escuchar en el anuncio. ■

1. _____

2. _____

3. _____

5-21 A escuchar Lee esta lista de información que puede ser importante para este tipo de promoción y escucha el anuncio. ■

1. El tipo de viaje	
2. Las ofertas (*special offers*)	
3. El precio	
4. Lo que está incluido en ese precio	
5. Cómo comprar el viaje	

5-22 Después de escuchar Llena el cuadro de la actividad **5-21** con la

información que escuchaste y compáralo con el de un/a compañero/a. Después, decidan si el viaje es una buena oferta y si a ustedes les gustaría hacerlo. ■

¿Cómo andas? I

	Feel confident	Need to review
Having completed **Comunicación I,** I now can . . .		
• discuss travel and means of transportation. (p. 188)	☐	☐
• express time, location, purpose, destination, and direction. (MSL)	☐	☐
• become familiar with cars and automobile travel. (p. 193)	☐	☐
• connect sentences and clarify meaning. (p. 196)	☐	☐
• plan and illustrate vacations. (p. 199)	☐	☐
• compare notes on travel and transportation. (p. 200)	☐	☐
• pinpoint specific information. (p. 202)	☐	☐

Comunicación II

¡Anda! Curso elemental, Capítulo 2.
En la universidad, Apéndice 2.

5 VOCABULARIO

05-22 to 05-23

La tecnología y la informática
Indicating how technology is useful, both at home and in travel

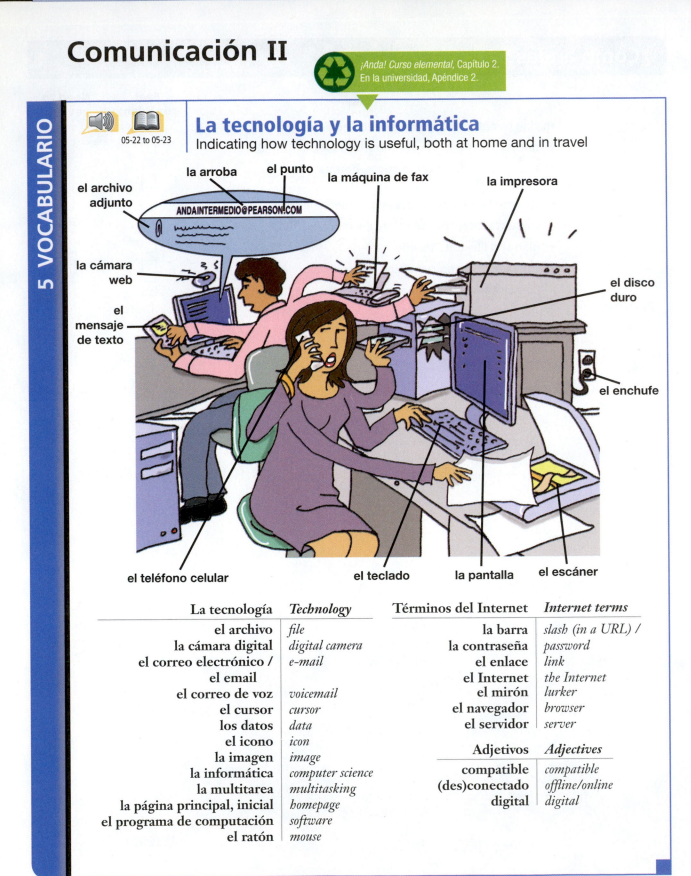

el archivo adjunto

la arroba

el punto

la máquina de fax

la impresora

ANDAINTERMEDIO@PEARSON.COM

la cámara web

el disco duro

el mensaje de texto

el enchufe

el teléfono celular

el teclado

la pantalla

el escáner

La tecnología	*Technology*
el archivo	*file*
la cámara digital	*digital camera*
el correo electrónico / el email	*e-mail*
el correo de voz	*voicemail*
el cursor	*cursor*
los datos	*data*
el icono	*icon*
la imagen	*image*
la informática	*computer science*
la multitarea	*multitasking*
la página principal, inicial	*homepage*
el programa de computación	*software*
el ratón	*mouse*

Términos del Internet	*Internet terms*
la barra	*slash (in a URL) /*
la contraseña	*password*
el enlace	*link*
el Internet	*the Internet*
el mirón	*lurker*
el navegador	*browser*
el servidor	*server*

Adjetivos	*Adjectives*
compatible	*compatible*
(des)conectado	*offline/online*
digital	*digital*

REPASO

¡Hola!

Repaso &
Spanish/English
Tutorials

05-24 to 05-26

El pretérito y el imperfecto (continuación)
Conversing about events in the past

For a complete review of the preterit and the imperfect, go to MySpanishLab or refer to **Capítulo 9** of *¡Anda! Curso elemental* in Appendix 3 of your textbook. The following vocabulary activities that appear in your textbook incorporate this grammar point. Practicing new vocabulary with a review grammar point helps to strengthen and increase your knowledge of Spanish.

5-23 **¿Cierto o falso?** Es el año 2050. Un abuelo habla con su nieta, y bromea (*jokes around*) con ella sobre cómo era la tecnología en el año 2000. La nieta decide si las oraciones del abuelo son ciertas o falsas. Si son falsas, corríjanlas (*correct them*) para hacerlas ciertas. Túrnense. ■

Fíjate

Most Spanish-speaking countries use either *el computador* or *la computadora* for *computer*. In Spain, *el ordenador* is used.

MODELO   E1 (ABUELO):   Cuando usaba el Internet necesitaba tener un mirón.

          E2 (NIETA):   *No, abuelo. Cuando usted usaba el Internet necesitaba tener un navegador.*

1. Guardaba mis documentos en el mirón.
2. Mandaba mensajes, revisaba el presupuesto personal y escribía un reporte —todo a la vez— la multitarea era parte de mi vida.
3. Para comprar algo por el Internet necesitaba usar la impresora y el disco duro, pero una vez no los usé.
4. Podía leer mi correo electrónico sin la pantalla.
5. El cursor y el teclado eran necesarios para poder escribir los correos electrónicos en la computadora.

♻ *¡Anda! Curso elemental*, Capítulo 5. Los pronombres de complemento directo; Capítulo 8. Los pronombres de complemento indirecto, Apéndice 3.

5-24 **Busco un cibercafé que…**

Ustedes son unos ejecutivos importantes de una compañía multinacional y están en Arequipa, Perú, para una conferencia. Necesitan acceso a la tecnología porque la maleta en que tenían todos los materiales para la presentación se perdió. Encuentran este anuncio sobre el Cibercafé Dos Mundos. Hablen de lo que pueden hacer (y de lo que no pueden hacer) allí para preparar de nuevo la presentación. ¡Sean creativos! ■

MODELO   *Es bueno que el Cibercafé Dos Mundos tenga un fax. Entonces podemos decirle a la secretaria que nos mande una copia de los documentos que están en la maleta perdida.*

CIBERCAFÉ DOS MUNDOS

Plaza Bolívar
Arequipa, Perú
tel. (54)-42-3082
www.cibercafedm.pe

PUEDES CONECTAR TU EQUIPO

Workbooklet

¡Anda! Curso elemental, Capítulo 5. Los pronombres de complemento directo; Capítulo 8. Los pronombres de complemento indirecto; Capítulo 9. Expresiones con *hacer,* Apéndice 3.

5-25 **La tecnología en mi vida** Llena el cuadro con información sobre el uso que tú haces de la tecnología. Después, pídele a un/a compañero/a su información. Usa **los pronombres de complemento directo e indirecto** para evitar la repetición. Finalmente, compartan sus datos con otros compañeros para averiguar qué tienen ustedes en común. ■

MODELO teléfono celular

E1: *¿Tienes un teléfono celular?*

E2: *Sí, y es un teléfono nuevo de Motorola.*

E1: *¿Cuándo lo compraste?*

E2: *Lo compré hace cinco meses.*

E1: *¿Cuántas veces al día lo usas?*

E2: *Lo uso por lo menos veinte veces al día.*

E1: *¿Para qué lo usas?*

E2: *Lo uso para llamar a mis amigos, para mandar mensajes de texto y para leer mi email.*

Estrategia

Note the options for answering the questions in **5-25.** As you work with your partner, always push yourself to be as creative as possible. By varying your answers, you practice and review more of the structures, which in turn helps you become a strong speaker of Spanish.

APARATO	MARCA (*BRAND*)	CUANDO LO/ LA COMPRÉ	CON QUÉ FRECUENCIA LO/LA USO	PARA QUÉ LO/LA USO
teléfono celular	Motorola	Hace cinco meses	Por lo menos veinte veces al día	Para llamar a mis amigos, para mandar mensajes de texto y para leer mi email
calculadora				
cámara digital				
cámara de video digital				
fax				
reproductor de MP3				
televisión HD o 1080p				

5-26 **¿Qué puede ser?** Van a describir aparatos electrónicos usando cuatro pistas (*clues*). ∎

Paso 1 En grupos de tres o cuatro, escojan un aparato y escriban las cuatro pistas. La primera pista debe ser la más general y la cuarta la más específica.

MODELO E1: (escáner)

Es tan útil como una computadora.

Se comunica con una computadora.

Copia y transmite información.

Con esta máquina, puedo mandarle por computadora una página de un libro a mi amiga.

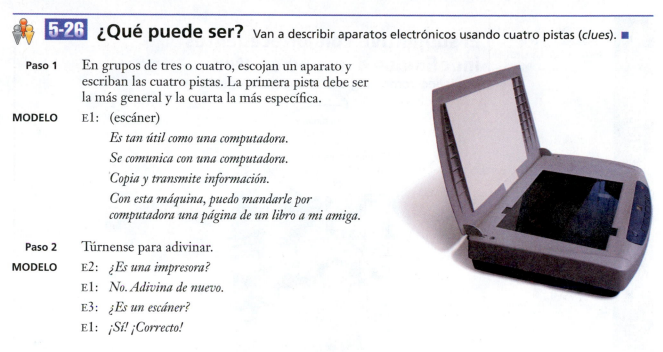

Paso 2 Túrnense para adivinar.

MODELO E2: *¿Es una impresora?*

E1: *No. Adivina de nuevo.*

E3: *¿Es un escáner?*

E1: *¡Sí! ¡Correcto!*

Paso 3 Escojan dos aparatos para presentar a los otros grupos.

5-27 **Un invento muy importante** En grupos de tres o cuatro, inventen un aparato que mejore la calidad (*quality*) de nuestra vida. Necesitan describir el aparato con un dibujo y con palabras, explicar sus usos y decir a quién(es) le(s) ayudaría (*would help*). ∎

05-27 to 05-29　Spanish/English Tutorials

El subjuntivo con antecedentes indefinidos o que no existen

Depicting something that is uncertain or unknown

> Pero Gerardo, yo necesito una computadora en la que realmente pueda hacer mi trabajo... ¡no un juguete!

So far you have used the **subjunctive** to indicate **wishes, recommendations, suggestions,** and **commands.** You have also used it to express **doubt, uncertainty, disbelief,** and **denial** as well as **emotions** and **opinions.**

　　The **subjunctive** is also used to express the possibility that something is **uncertain** or **nonexistent.** If it is clear that the *person, place or thing* does exist, then the indicative is used. Note the following sentences.

Quiero comprar **una** computadora que **sea** compatible con el sistema que tengo.	*I want to buy **a** computer that is compatible with the system I have.* (may not exist)
Quiero comprar **la** computadora que **es** compatible con el sistema que tengo.	*I want to buy **the** computer that is compatible with the system I have.* (the computer exists)
Necesitamos **un** servidor que **sea** lo suficientemente grande para satisfacer todas nuestras necesidades.	*We need **a** server that is large enough to accommodate all our needs.* (does not yet exist for the speaker)
Necesitamos **el** servidor que **es** lo suficientemente grande para satisfacer todas nuestras necesidades.	*We need **the** server that is large enough to accommodate all our needs.* (the server exists)
No conocemos a nadie que **sepa** cifrar los documentos.	*We don't know anyone who knows how to encrypt the documents.* (speakers do not know anyone)
Conocemos a alguien que **sabe** cifrar los documentos.	*We know someone who knows how to encrypt the documents.* (speakers do know someone)

Estrategia

To determine whether you should use the subjunctive or the indicative, ask the question: *Does the person, place, or thing exist at that moment for the speaker?* If it does, then use the indicative; if not, the subjunctive is needed.

5-28 **Trabajos nuevos** Son ayudantes para el jefe de una compañía internacional nueva que necesita muchos empleados. Usando la información de la lista, túrnense para describir al tipo de persona que necesitan o buscan. ■

MODELO   hablar varios idiomas

Necesito / Busco un secretario / ayudante que hable varios idiomas.

1. saber organizar una oficina
2. querer trabajar los fines de semana
3. tener experiencia con muchos programas de computación
4. hablar inglés perfectamente
5. ser honesto/a y eficiente
6. entender los programas de computación de la oficina
7. escribir bien las cartas y reportes
8. ser intérprete y traductor/a

5-29 **A repasar** Han hablado de los aparatos tecnológicos que tienen, e incluso han inventado un aparato nuevo. Ahora vamos a repasar un poco. Terminen las siguientes oraciones de manera lógica. ■

MODELO   Quiero un teléfono celular que (no existe todavía)…

Quiero un teléfono celular que no sea tan caro.

Quiero el teléfono celular que (ya existe)…

Quiero el teléfono celular que cuesta veinte dólares, como el que tiene Pati.

1. Mis padres quieren una computadora que…
2. Mis padres quieren la computadora que…
3. Necesito un teléfono celular que…
4. Necesito el teléfono celular que…
5. Busco una cámara digital que…
6. Quiero comprar la cámara digital que…

5-30   El mío es mejor Tu amigo/a siempre tiene lo mejor de todo y siempre lo exagera. Túrnense para responder tal como respondería él/ella (*as he/she would respond*) a las siguientes oraciones. ■

MODELO   Busco una computadora que _____ (reconocer) mi voz.

E1:   *Busco una computadora que reconozca mi voz.*

E2 (AMIGO):   *Yo tengo una computadora que reconoce mi voz y me llama por teléfono cuando tengo un correo electrónico importante.*

1. Necesito una pantalla para mi computadora que _____ (ser) tan grande como la pantalla de mi televisión.
2. Quiero encontrar una impresora que _____ (poder) imprimir, copiar y escanear.
3. ¿Hay una computadora que _____ (escribir) lo que dice una persona?
4. ¿Tienes un teléfono que _____ (poder) mostrar películas?
5. No existe un carro que _____ (ser) realmente económico.
6. Busco una televisión que _____ (tener) todas las características que _____ (tener) mi computadora.

5-31   El teléfono ideal Hoy en día un teléfono celular es mucho más que un teléfono —es útil pero también puede ser casi como un juguete (*toy*). ¿Cuáles son las características y usos más importantes para ti? Haz una descripción de **tres** o **cuatro** oraciones sobre el teléfono perfecto para ti, usando **el subjuntivo con antecedentes indefinidos o que no existen**. Después, comparte la descripción con un/a compañero/a. ■

MODELO   *Quiero un teléfono que sea pequeño y que…*

5-32   ¡No existen! Hagan una lista de por lo menos **diez** cosas que no existen, pero que quieren que existan. Sigan el modelo. ■

MODELO   E1:   *No existe un tren que sea tan rápido como un avión.*

E2:   *No existe un IPhone que sea barato.*

…

5-33   Enamórate en BuscaPareja.com Piensas utilizar un servicio en Internet para encontrar el amor. Pero primero, necesitas decidir cuáles son las características personales en una pareja más importantes para ti. Haz una lista de **diez** características y después compártelas con un/a compañero/a. Usa **el subjuntivo.** ■

MODELO   *Necesito un hombre / una mujer que sea inteligente. Busco una persona que…*

7 VOCABULARIO

Las acciones relacionadas con la tecnología
Describing technology

05-30 to 05-32

Algunos verbos	Some verbs		
actualizar	*to update*	**guardar**	*to save; to file*
arrancar	*to boot up; to start up*	**hacer clic**	*to click*
borrar	*to delete; to erase*	**hacer la conexión**	*to log on*
cifrar	*to encrypt*	**imprimir**	*to print*
conectar	*to connect*	**navegar**	*to navigate; to surf*
congelar	*to freeze; to crash*	**pegar**	*to paste*
cortar	*to cut*	**prender**	*to start*
descargar	*to download*	**pulsar el botón derecho**	*to right-click*
deshacer	*to undo*	**reiniciar**	*to reboot*
digitalizar	*to digitalize*	**sabotear**	*to hack*
enchufar	*to plug in*		
escanear	*to scan*		

Estrategia

Another way to study new vocabulary is to create flash cards. It is best to study the vocabulary by looking at the English word and saying or writing the Spanish word.

♻ *¡Anda! Curso elemental*, Capítulo 7.
El pretérito, Apéndice 3.

5-34 **Poner todo en orden**   Juntos pongan las siguientes oraciones en orden correcto para explicar lo que hizo José Luis con su computadora. ■

_____ Después de que se abrió mi página principal, fui a leer mi correo electrónico.

_____ Hice la conexión con mi contraseña.

_____ Después de borrar el *spam*, abrí un mensaje de mi sobrino que tenía un archivo adjunto.

_____ No sé cómo, pero alguien la había desenchufado. Entonces, la enchufé.

_____ Navegué por el Internet un poco y por fin apagué la computadora.

_____ Mi página principal se abrió.

_____ Borré unos treinta mensajes de *spam*.

_____ Imprimí el archivo que era una foto de él detrás del volante de su coche nuevo.

_____ Traté de encender la computadora, pero no prendió.

_____ Luego la prendí.

Fíjate

You may have noticed that many technology words are cognates in English, e.g., *fax, escanear*. Because much of the technology originated in the United States with English words, much of the terminology has entered the Spanish language as cognates. This is a common way that languages evolve. What are some words that fall into this category?

5-35 **Ayer en el cibercafé**   Ayer fue un día de mucho trabajo en el cibercafé. Describan el dibujo, incluyendo en la descripción por lo menos **una oración** sobre cada persona. ■

Marcela

Kyung

Lorenzo

Rosalía

Roberto

Arturo

> ♻ *¡Anda! Curso elemental*, Capítulo 8. Los pronombres de complemento directo e indirecto usados juntos; Capítulo 10. Los mandatos informales, Apéndice 3.

5-36 **¿Qué debo hacer?** Túrnense para darle consejos a su amigo Federico. ■

Fíjate

Text messaging is very popular in the Spanish-speaking world. What follows are some common abbreviations.

100pre (*siempre*)
a2 (*adiós*)
aslas (*gracias*)
ac (*hace*)
bb (*bebé*)

MODELO   E1 (FEDERICO):   Quiero mostrarles las fotos de mis vacaciones en Perú.

E2 (USTEDES):   *Descarga las fotos y muéstranoslas.*

1. Mi computadora funciona mal y tarda mucho en abrir las ventanas nuevas.
2. Este programa de computación no hace lo que necesito.
3. Mi iPhone se congeló.
4. No me gusta leer los documentos que me mandan en la pantalla.
5. Necesito información sobre los cibercafés de Barcelona.
6. Tengo demasiados mensajes en mi correo electrónico.

Workbooklet

5-37 **El uso de la computadora** ¿Cómo usas tu computadora? ¿Cuánto tiempo pasas delante de tu computadora? ■

Paso 1   Completa el cuadro con tu información personal.

	PROGRAMA DE COMPUTACIÓN O PÁGINA WEB	ACCIÓN(ES)	DÍAS	HORAS	MINUTOS
YO					
E1					
E2					
E3					

Paso 2   Entrevista a por lo menos **tres** personas para averiguar cómo ellos usan la computadora.

MODELO   E1:   *¿Qué programas de computadora usas más?*

E2:   *Uso Word y PowerPoint más.*

E1:   *¿Cuáles son tus páginas web favoritas?*

E2:   *Escribo mucho en Facebook y…*

Paso 3   Comparen cómo todos los estudiantes de la clase usan la computadora. ¿En qué aspectos son parecidos? ¿En qué aspectos son diferentes?

MODELO   E1:   *Paso una hora al día de lunes a viernes escribiendo documentos en Word. ¿Y ustedes?*

E2:   *Yo paso menos tiempo en Word; generalmente media hora durante la semana. Trabajo más con Excel por mi trabajo.*

E3:   *Escribo en Word una hora, pero paso tres horas en Facebook…*

PERFILES

05-33 to 05-34

Viajando hacia el futuro

La tecnología puede ser muy útil: nos ayuda a comunicarnos, trabajar y viajar. Las siguientes personas tienen algo que ver con la tecnología, los viajes o las dos cosas a la vez.

¿Conoces a alguien que sea astronauta? **Franklin Díaz-Chang** (n. 1950), de San José, Costa Rica, comenzó a trabajar para la NASA como astronauta en el año 1981 y ha participado en siete vuelos al espacio exterior. Tiene un doctorado en física aplicada del Instituto Tecnológico de Massachusetts.

Fíjate

Franklin Díaz-Chang's father is a Costa Rican of Chinese descent.

¿Hay muchas personas a quienes no les guste andar en bicicleta? **Alberto Contador** (n. 1982 en Madrid, España) ha andado mucho en bicicleta. Ha ganado el Tour de Francia tres veces, en los años 2007, 2009 y 2010. También en el año 2008 ganó el Giro de Italia y la Vuelta a España. Con esto, se convirtió en el quinto corredor de la historia en ganar las tres grandes competencias de ciclismo.

Augusto Ulderico Cicaré (n. 1937 en Polvaredas, Argentina): A los doce años abandonó sus estudios formales y se dedicó a los inventos tecnológicos. Se enamoró del vuelo, y por fin elaboró la máquina de su pasión: el helicóptero. Hoy en día sigue inventando y es el jefe de la compañía de helicópteros Cicaré, famosos en todo el mundo.

Preguntas

1. ¿Cómo usan estas personas la tecnología para viajar?
2. Estas personas utilizan la tecnología en sus profesiones de una manera u otra. ¿Cómo piensas usar la tecnología en tu futuro?
3. ¿Qué profesiones utilizan la tecnología con más frecuencia?

5-38 **¡Tengo la pantalla negra!** Hace cinco días que pediste ropa nueva por el Internet. Estabas tratando de ver el estado de tu pedido (*order*) cuando de repente ¡tu computadora se congeló! Llama para pedir asistencia técnica. Crea un diálogo con un/a compañero/a, preguntando y describiendo lo que pasó en **ocho** pasos. Incluye por lo menos **cinco** de los siguientes verbos. ■

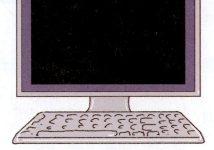

apagar	borrar	descargar	funcionar	grabar
guardar	imprimir	navegar	prender	quemar

MODELO   E1: *¿En qué puedo servirle?*

E2: *¡Mi computadora se congeló!*

5-39 **Entrevista** Circula por la clase haciendo y contestando las siguientes preguntas. ■

1. ¿Cuántos cibercafés hay cerca de la casa de tus padres?, y ¿cerca de la universidad? ¿Por qué crees que hay tantos (o tan pocos)? ¿Qué hacen las personas en los cibercafés?
2. ¿Cuál es más inteligente: la computadora o el ser humano (*human being*)? Explica.
3. ¿Cuáles son algunas cosas que la computadora puede hacer que una persona no puede hacer? ¿Cuáles son algunas cosas que una computadora no puede hacer que una persona sí puede?
4. ¿Tienes la televisión por cable o satélite? ¿Cuántos canales recibes? ¿Cuántos canales recibes que son en español?
5. ¿Cómo te comunicas con tus compañeros/as? ¿y con amigos que viven lejos de ti?
6. ¿Cómo te comunicas con tus padres y otros parientes?
7. ¿Cuál es el aparato que no tienes, pero que más necesitas? ¿Por qué lo necesitas? ¿Qué marca prefieres? ¿Cuánto cuesta?
8. ¿Es la tecnología siempre aplicable, necesaria y/o deseada?

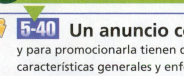
¡Anda! Curso elemental, Capítulo 10. Los mandatos informales; Los mandatos formales, Apéndice 3.

5-40 **Un anuncio comercial** Han creado un nuevo modelo de computadora a la moda, y para promocionarla tienen que crear un anuncio comercial de **quince segundos**. Deben hablar de las características generales y enfocarse en lo que es realmente nuevo (e increíble) de su producto. Pueden empezar con unas cuantas preguntas retóricas, usando el **subjuntivo con antecedentes indefinidos o que no existen**. ■

MODELO   *¿Quiere comprar una computadora que haga todo su trabajo y más en un instante? ¿Existe una computadora que no necesite un teclado tradicional? Fíjense en el nuevo modelo RELÁMPAGO…*

¡CONVERSEMOS!

05-35 to 05-36

ESTRATEGIAS COMUNICATIVAS Asking for input and expressing emotions

Many aspects of our lives (including travel and using technology) have us asking for opinions and suggestions as well as expressing emotions. What follows is a variety of ways to ask for input and to respond to situations both positively and negatively.

Para obtener información	Asking for input		
• ¿Qué le/te parece?	What do you think (about the idea)?	• ¡No puede ser!	This / It can't be!
		• ¿Le/Te importa?	Do you mind?
• ¡Qué bueno!	Good!	• ¡Ya no lo aguanto!	I can't take it anymore!
• ¡Fenomenal!	Phenomenal!	• ¿Le/Te importa si...?	Do you mind if . . . ?
• ¿Le/Te parece bien?	Do you like the suggestion?		
• ¡Formidable!	Super!	**Para expresar emoción**	**Expressing emotions**
• ¡Qué emoción!	How exciting!, How cool!	• ¡Qué barbaridad!	How awful!
• ¿Qué opina/s?	What do you think?	• ¡Qué pena!	What a pity / shame!
• ¡No me digas!	You don't say!, No way!		
• ¿Qué dice/s?	What do you say?		

5-41 **Diálogo** Adriana quiere que ella y su esposo David planeen unas vacaciones para celebrar su aniversario de boda. Ella busca una gira que tenga un poco de todo. Escucha el diálogo para descubrir los detalles. ■

1. ¿Qué sugiere Adriana?
2. ¿Qué recomienda David?
3. ¿Qué pasa al final y cómo se expresan?

5-42 **¿Quién me puede ayudar?** Haz una llamada para buscar a alguien que te pueda ayudar con un aparato tecnológico que no está funcionando. Túrnense, usando el vocabulario de este capítulo y las expresiones nuevas. ■

MODELO
E1: *¿Aló?*
E2: (Quieres hablar con alguien que sepa algo de tu aparato.)
E1: *¿En qué le puedo ayudar?*
E2: (Dile que tu aparato no funciona y quieres saber su opinión de la situación.)
E1: *¿Qué opina usted?*
E2: (Expresa tu frustración con la situación.)

5-43 **¿Qué opinas?** ¡Están en un atasco y van a llegar tarde al aeropuerto donde van a iniciar el viaje de sus sueños! Creen un diálogo de por lo menos **ocho** interacciones, expresando su frustración y pidiendo sugerencias. ∎

MODELO   E1:   *¡Qué barbaridad! ¡Qué atasco!*

              E2:   *¿Qué te parece si tomamos la carretera?…*

> ♻ *¡Anda! Curso intermedio*, Capítulo 4.
> El presente perfecto de subjuntivo, pág. 168.

5-44 **¿Conoces a alguien que…?** Conocemos a muchas personas que han tenido una gran variedad de experiencias en sus vidas. ∎

orkbooklet

Paso 1   Pregúntales a tus compañeros si conocen a alguien a quien le hayan pasado las siguientes cosas.

¿CONOCES A ALGUIEN QUE…?		
haber ido en una limusina _____	tener un iPad _____	haber hecho un crucero _____
haber borrado archivos importantes sin querer	navegar diariamente en la computadora	haber creado una página personal en el Internet
haber tenido un accidente porque los frenos no funcionar _____	no tener teléfono celular _____	usar demasiado la bocina _____

Paso 2   Cuando tu compañero/a contesta, pídele una opinión o expresa una emoción apropiada.

MODELO   E1:   *¿Conoces a alguien que haya ido en una limusina?*

             E2:   *No, no conozco a nadie que haya ido en una limusina.*

             E1:   *¿Qué opinas de las limusinas?…*

                     o

             E2:   *Sí. Yo he ido en una limusina.*

             E1:   *¡Qué emoción! ¿Te gustó?…*

> ♻ *¡Anda! Curso intermedio*, Capítulo 2. El subjuntivo para expresar pedidos, mandatos y deseos, pág. 91; Capítulo 4. Las celebraciones y los eventos de la vida, pág. 148; La comida y la cocina, pág. 159.

5-45 **¿Qué te parece?** Tu compañero/a de clase y tú acaban de obtener un trabajo ideal como planeadores de fiestas exóticas. ¡Su cliente es Oprah Winfrey y quiere que planeen una fiesta extraordinaria para cien personas fuera de los Estados Unidos! Creen un diálogo de por lo menos **veinte** oraciones que incluya la siguiente información: ∎

1. El destino y cómo llegar
2. Los invitados (*guests*) y la comida
3. Sus dudas acerca de la existencia de ciertas cosas (*certain things*)
4. Pregúntense sus opiniones y expresen sus emociones

MODELO   E1:   *¡No puede ser! Oprah Winfrey nos llamó y quiere que planeemos una fiesta para ella.*

             E2:   *¡No me digas! ¿Qué te parece… ?*

ESCRIBE

05-37

El proceso de revisar

Estrategia	
Peer editing	Before you begin to edit a peer's writing sample, it is helpful to know upon what to focus your attention. Two important categories are *clarity* and *accuracy*. *Clarity* refers to how well you, the reader, understand the message of the writing.

Accuracy pertains to how correctly the writer has used the target language. For example, are the grammar and punctuation correct? The peer editor helps the original writer improve upon the sample with suggestions and corrections.

5-46   Antes de revisar Estudia la siguiente guía de revisión. Luego cambia papeles con tu compañero/a y lee su composición. ■

Estrategia

Peer editing gives you the opportunity to read a classmate's work carefully. This will, in turn, help you edit and polish your own writing.

LA GUÍA DE REVISIÓN

I. Clarity of expression

1. What is the main idea of the narration?
    State it in your own words; then verify with the author.
    _____

2. My favorite part is: _____

3. Something I do not understand: _____

II. Accuracy of Grammar and Punctuation

The peer editor should check for the following:

1. Agreement (*Concordancia*)
    _____ Subject/verb agreement (e.g., *Mi hermana y yo fuimos.*)
    _____ Noun/adjective agreement (e.g., *Llegamos a una playa bonita.*)
2. _____ Usage of the preterit and the imperfect (e.g., *Cuando yo era niña fui a…*)
3. _____ Usage of subjunctive, where appropriate
4. _____ Spelling and accent marks

5-47   A revisar Ahora, usa la guía para revisar la narración. ■

1. Lee el párrafo por primera vez y concéntrate en la claridad de expresión. Si no entiendes algo, debes indicarlo. Si tienes algunas ideas para mejorar o aclarar el párrafo, escríbelas.

2. Ahora, lee el párrafo otra vez para ver si la gramática es correcta. Si encuentras un error, escribe las correcciones.

3. Haz comentarios beneficiosos para tu compañero/a y también señala (*point out*) las partes que consideras bien hechas.

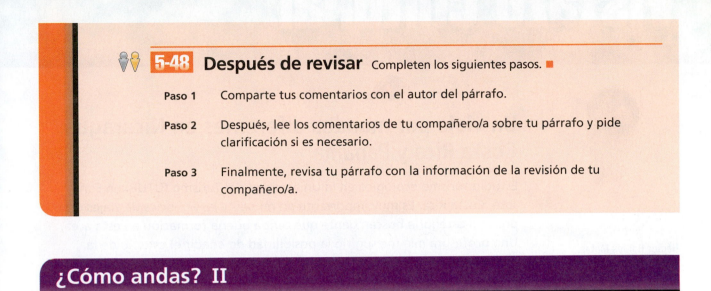

5-48 **Después de revisar** Completen los siguientes pasos. ■

Paso 1 Comparte tus comentarios con el autor del párrafo.

Paso 2 Después, lee los comentarios de tu compañero/a sobre tu párrafo y pide clarificación si es necesario.

Paso 3 Finalmente, revisa tu párrafo con la información de la revisión de tu compañero/a.

¿Cómo andas? II

	Feel confident	Need to review
Having completed **Comunicación II**, I now can . . .		
• indicate how technology is useful, both at home and in travel. (p. 204)	☐	☐
• converse about events in the past. (MSL)	☐	☐
• depict something that is uncertain or unknown. (p. 208)	☐	☐
• describe technology. (p. 211)	☐	☐
• identify some people for whom travel and technology are important. (p. 214)	☐	☐
• ask for input and express emotions. (p. 216)	☐	☐
• use peer editing to improve narrative expression. (p. 218)	☐	☐

Vistazo cultural

RÁL • VISTAZO CULTURAL • VISTAZO CULTURAL • VISTAZO CULTURAL • VISTAZO CULTURAL • VISTAZO CULTURAL • VISTAZO CULTURAL • VISTAZO CULTURAL • VIS

05-38 to 05-39

Un viaje por mundos diferentes en Nicaragua, Costa Rica y Panamá

Héctor Robles Matos,
estudiante de turismo

Estudio turismo ecológico en la Universidad del Turismo (UTUR) en San José, Costa Rica. Es muy importante en mi país y las agencias de viajes de primera categoría buscan gente que tenga buena formación en esta área. Una profesora mía me sugirió la posibilidad de añadir el estudio de la administración hotelera. Con esta combinación, va a ser muy fácil conseguir un buen trabajo que me guste.

Algunos autobuses decorados en América Central

Estos autobuses pintados son un método popular de transporte público en muchas ciudades latinas, y en la Ciudad de Panamá se llaman *los diablos rojos*. Tienen diseños artísticos y/o folklóricos, y los chóferes tienen mucho orgullo (*pride*) de su artesanía creativa. Muchos clientes esperan en la parada hasta que llegue su autobús favorito.

Las islas de Maíz

Un lugar muy tranquilo para las vacaciones caribeñas son las islas de Maíz, que quedan a unas cincuenta millas de la costa de Nicaragua. La arena es blanca, el clima agradable, hay buenos lugares para bucear y hacer snorkeling, y los costos son bajos. Estas islas son un paraíso tropical.

La construcción del canal de Panamá: 1534–1914

La construcción del canal fue terminada en el año 1914 a un costo de unos $375.000.000. Hoy en día, su tecnología e ingeniería siguen siendo impresionantes. La primera investigación de la posibilidad del canal fue en el año 1534, después de la exploración de la región por Vasco Núñez de Balboa, explorador español.

El canopy en Costa Rica

¿Buscas una aventura que sea divertida y única? Una excursión por el canopy de la selva en líneas de cable puede ser para ti. Es una actividad muy popular para los ecoturistas; se puede apreciar la naturaleza desde un punto muy alto en los árboles de la selva nubosa.

La tecnología "verde"

En Costa Rica, la tecnología está convirtiendo los desperdicios (*waste products*) de animales en formas de energía. En un intento de ser más "verde", se cambia el gas metano a combustible para la calefacción y la electricidad. Este ejemplo buenísimo de reciclaje apoya el ecoturismo, de mucha importancia para el país.

La isla Ometepe con los volcanes Concepción y Maderas

El lago Nicaragua, también conocido como el lago Cocibolca, es el lago más grande de América Central. Contiene un archipiélago de más de 350 isletas y una isla grande, Ometepe, formada de dos volcanes: Concepción y Maderas. Es el único lago del mundo que tiene tiburones de agua dulce (*freshwater*).

El volcán Arenal cerca de La Fortuna, Costa Rica

A muchos turistas les gusta combinar una visita al volcán Arenal y luego una caminata en la selva nubosa (*cloud forest*) de Monteverde. La ruta más corta entre estos dos lugares turísticos es el muy popular viaje de *jeep-boat-jeep*. Cruzando el lago Arenal recorta el viaje a tres horas. ¡Qué viaje!

Preguntas

1. ¿Cuáles son los medios de transporte indicados en los tres países?
2. ¿Cómo se usa la tecnología para crear un planeta más "verde"?
3. En los capítulos anteriores, has tenido *un vistazo* de México, España, Honduras, Guatemala y El Salvador. De todos estos lugares incluyendo los tres países de este capítulo, ¿adónde prefieres ir de viaje? ¿Por qué?

Laberinto peligroso

EPISODIO 5

05-42

Lectura

Estrategia   Using a dictionary

It is important to learn the skillful use of a dictionary. Learning how to use one will help you properly identify parts of speech and word usage. As a language learner, you will need to pay attention to dictionary abbreviations and conventions. Additionally, cross-checking (looking up Spanish to English and vice versa) will help you pinpoint the best translation for a particular context. Remember, you do not have to look up every word—just those whose meaning is vital for your comprehension.

5-49 **Antes de leer** Cuando leemos, muchas veces no entendemos todas las palabras que hay en el texto, y por eso es importante tener un buen diccionario que nos ayude. Sin embargo, antes de consultar un diccionario hay que tratar de adivinar el significado de la palabra por medio del contexto. Basándote en el contexto de cada oración y la definición de la palabra en un diccionario, escribe una definición para cada palabra. ■

a. **cómplice** / Ella era su cómplice en el crimen.

b. **crónica** / Leímos diferentes crónicas para la clase de historia.

c. **ladrón** / Los detectives descubrieron quién era el ladrón.

d. **bibliotecario** / El bibliotecario me ayudó a encontrar el libro.

e. **equivocado** / Se dio cuenta de que estaba equivocado; su novia no le había mentido.

f. **exposición** / En el museo hicieron una exposición de las obras de artistas locales.

DÍA 23

Cómplices, crónicas, mapas y ladrones

Celia llegó tarde porque había estado navegando en el Internet buscando más datos. Cisco la estaba esperando. Después de conversar sobre cosas que no tenían mucha importancia, Celia intentó cambiar el tema de la conversación.

—¿Qué tal vas con tus proyectos? —preguntó.

—Bastante bien; estoy haciendo unas investigaciones interesantes —respondió Cisco.

pretending   —¿Te puedo preguntar qué temas estás investigando? —preguntó Celia, fingiendo° poco interés.

smiling   —¿Sabes que no hay nadie que sepa nada de lo que estoy investigando? —preguntó Cisco, sonriendo°.

—Sí y también te puedo decir que no conozco a ningún periodista que hable de sus investigaciones con otros periodistas, aunque sean amigos. Todos somos tan competitivos —afirmó Celia, mirándole los ojos.

—Entonces, ¿por qué me preguntas lo que estoy haciendo? —preguntó Cisco, todavía sonriendo.

—Porque busco un colaborador que sea inteligente y que tenga contactos en la ciudad. Creo que es posible que tú seas esa persona. ¿Estoy equivocada? —respondió Celia.

coincidence —¡Qué casualidad°! Para uno de mis proyectos yo también necesito un colaborador, uno que tenga experiencia como investigador. Busco a alguien a quien le interese el tema del medio ambiente, más concretamente las selvas tropicales. Pienso que es muy probable que tú seas la persona perfecta —dijo Cisco.

confidence —Tienes razón. Me interesa mucho el medio ambiente y he estudiado las selvas tropicales —afirmó Celia, con seguridad°.

—¿Recientemente? —En lugar de preguntar, parecía que Cisco pedía una confirmación de algo que ya sabía.

—Sí —confirmó Celia, sonriendo.

Entonces, empezaron a compartir algunos de los resultados que sus respectivas investigaciones habían producido. Con cada dato que salía, estaban cada vez más fascinados porque descubrían todo lo que tenían en común. Los dos querían aprender más sobre los indígenas que vivían en las selvas tropicales y que dependían de esas selvas para vivir. Celia dijo que tenía muchas ganas de viajar por esos lugares y de perderse por las selvas. Quería conocer a los indígenas, de quienes sabía que podía aprender mucho. Cisco reaccionó con mucha emoción porque él también quería hacer ese viaje. Pero se preguntaba, ¿con quién podía compartir una experiencia tan singular? Celia le respondió que él tenía que buscar a otra compañera de viaje porque ella no iba a hacer ningún viaje con él. Cisco respondió con un comentario parecido, explicándole que no buscaba el sufrimiento que tenía que ser ir al extranjero con una mujer como Celia. Después de ese *exchange* intercambio° incómodo, volvieron a hablar de las selvas tropicales. Celia propuso un viaje a un lugar más cercano: la biblioteca.

Al llegar a la biblioteca, descubrieron que había una gran colección de mapas antiguos de las selvas, y que algunas personas los usaban para identificar los mejores lugares donde encontrar plantas medicinales. Los bibliotecarios, quienes estaban digitalizando toda la colección para facilitar el acceso de los investigadores a los mapas y también para proteger esos documentos tan antiguos y frágiles, los ayudaron a encontrar los mapas de las zonas que más les interesaban y también les enseñaron la exposición en la biblioteca de crónicas de la época colonial, libros históricos muy importantes que tenían datos relevantes a su investigación. Mientras exploraban los testimonios de los cronistas, Celia miró hacia arriba y vio a un hombre a quien creía conocer. No sabía de dónde ni por qué lo conocía.

robbery Unos días más tarde, el periódico los sorprendió con una noticia sobre el robo° de algunos de los mapas que habían consultado. También había desaparecido una de las crónicas de la exposición. ¡Parecía increíble!

5-50 **Después de leer** Contesta las siguientes preguntas. ■

1. ¿Por qué estaba sorprendido Cisco cuando Celia le preguntó por el tema de su investigación?
2. ¿Por qué le preguntó Celia a Cisco por el tema de su investigación?
3. ¿Por qué quería colaborar Cisco con Celia?
4. ¿A dónde querían viajar Celia y Cisco? ¿Por qué querían viajar allí?
5. ¿Por qué fueron Celia y Cisco a la biblioteca?
6. ¿Qué robaron los ladrones de la biblioteca?

Video

05-43 to 05-44

5-51 **Antes del video** En *Cómplices, crónicas, mapas y ladrones* viste cómo cambia la relación entre Cisco y Celia. Antes de ver el episodio en video, contesta las siguientes preguntas. ■

1. ¿Por qué crees que Celia y Cisco buscaban ayuda para sus investigaciones?
2. ¿Por qué piensas que dijeron que no querían viajar juntos?
3. ¿Quién crees que era el hombre que Celia vio en la biblioteca?
4. ¿Por qué piensas que los ladrones robaron los mapas y la crónica de la biblioteca?

Sé que había un gran atasco en la carretera principal.

Hace unos días también desaparecieron algunos documentos del laboratorio en el que trabajo.

La persona que ha robado estos mapas debía conocer perfectamente el funcionamiento de los diferentes sistemas de seguridad informáticos.

Episodio 5

«¿Somos sospechosos?»

Relájate y disfruta el video.

5-52 **Después del video** Contesta las siguientes preguntas. ■

1. ¿Por qué tenían que hablar Celia y Cisco con la policía?
2. ¿Qué esperan los policías que Celia y Cisco puedan hacer?
3. ¿Qué recordó Celia del hombre que vio en la biblioteca?
4. ¿Qué decía el mensaje de correo electrónico que recibieron Celia y Cisco?

LETRAS

05-48 to 05-53

Acabas de terminar otro episodio de **Laberinto peligroso.** Explora más lecturas en la colección literaria, **Letras.**

Y por fin, ¿cómo andas?

	Feel confident	Need to review
Having completed this chapter, I now can . . .		

Comunicación I
- discuss travel and means of transportation. (p. 188) ☐ ☐
- express time, location, purpose, destination, and direction. (MSL) ☐ ☐
- become familiar with cars and automobile travel. (p. 193) ☐ ☐
- connect sentences and clarify meaning. (p. 196) ☐ ☐
- plan and illustrate vacations. (p. 199) ☐ ☐
- pinpoint specific information. (p. 202) ☐ ☐

Comunicación II
- indicate how technology is useful, both at home and in travel. (p. 204) ☐ ☐
- converse about events in the past. (MSL) ☐ ☐
- depict something that is uncertain or unknown. (p. 208) ☐ ☐
- describe technology. (p. 211) ☐ ☐
- ask for input and express emotions. (p. 216) ☐ ☐
- use peer editing to improve narrative expression. (p. 218) ☐ ☐

Cultura
- compare notes on travel and transportation. (p. 200) ☐ ☐
- identify some people for whom travel and technology are important. (p. 214) ☐ ☐
- share information about interesting vacations and explore green initiatives in Nicaragua, Costa Rica, and Panama. (p. 220) ☐ ☐

Laberinto peligroso
- employ a bilingual dictionary with a reading passage and relate Celia and Cisco's discoveries in their research of the rain forest. (p. 222) ☐ ☐
- hypothesize about threatening e-mails. (p. 224) ☐ ☐

Comunidades
- use Spanish in real-life contexts. (SAM) ☐ ☐

Literatura
- distinguish elements in a sonnet. (Literary Reader) ☐ ☐

VOCABULARIO ACTIVO 🔊

Los viajes — *Trips*

la aduana	*customs*
la cámara	*camera*
el crucero	*cruise ship; cruise*
el equipaje	*luggage*
el extranjero	*abroad*
la frontera	*border*
el/la guía	*guide*
el itinerario	*itinerary*
la limusina	*limousine*
el monumento nacional	*national monument; monument of national importance*
la oficina de turismo	*tourism office*
el paquete	*package*
el paisaje	*countryside, landscape*
el puerto	*port*
los recuerdos	*souvenirs*

Las vacaciones — *Vacations*

la arena	*sand*
el/la camarero/a	*maid*
la dirección	*direction*
el/la guardia de seguridad	*security guard*
el hotel de lujo	*luxury hotel*
el/la huésped	*guest*
los lentes de sol	*sunglasses*
el paquete	*package*
el/la portero/a	*doorman*
el/la recepcionista	*receptionist*
el servicio	*room service*
el sobre	*envelope*
la sombrilla	*umbrella*
el/la telefonista	*telephone operator*

Viajando por coche — *Traveling by car*

el acelerador	*accelerator, gas pedal*
la bocina	*horn*
la camioneta	*van; station wagon; small truck*
la carretera	*highway*
el cinturón de seguridad	*seat belt*
el espejo retrovisor	*rearview mirror*
el este	*east*
el faro	*headlight*
los frenos	*brakes*
el navegador personal	*GPS; navigation system*
el norte	*north*
el oeste	*west*
el parachoques	*bumper*
el paso de peatones	*crosswalk*
el sur	*south*
la transmisión	*transmission*
el vehículo utilitario deportivo	*sport utility vehicle (SUV)*

Palabras asociadas con el transporte — *Words associated with transportation*

el atasco	*traffic jam*
el camino	*route; path; dirt road*
el seguro del coche	*car insurance*
la velocidad	*speed*

Verbos útiles — *Useful verbs*

alquilar un coche	*to rent a car*
firmar (los documentos)	*to sign (documents)*
hacer un crucero	*to go on a cruise*
perderse (e → ie)	*to get lost*
sacar fotos	*to take pictures/photos*

La tecnología	Technology
el archivo	file
la cámara digital	digital camera
la cámara web	web camera
el correo electrónico; el email	e-mail
el correo de voz	voicemail
el cursor	cursor
los datos	data
el disco duro	hard drive
el enchufe	plug
el escáner	scanner
el icono	icon
la imagen	image
la impresora	printer
la informática	computer science
la máquina de fax	fax machine
el mensaje de texto	text message
la multitarea	multitasking
la página principal, inicial	homepage
la pantalla	screen
el programa de computación	software
el ratón	mouse
el teclado	keyboard
el teléfono celular	cell phone

Términos del Internet	Internet terms
el archivo adjunto	attachment
la arroba	at (in an e-mail address/ message: @)
la barra	slash (in a URL: /)
la contraseña	password
el enlace	link
el Internet	the Internet
el mirón	lurker
el navegador	browser
el punto	dot (in a URL)
el servidor	server

Algunos adjetivos	Some adjectives
compatible	compatible
(des)conectado	offline; online
digital	digital

Algunos verbos	Some verbs
actualizar	to update
arrancar	to boot up, to start up
borrar	to delete; to erase
cifrar	to encrypt
conectar	to connect
congelar	to freeze; to crash
cortar	to cut
deshacer	to undo
descargar	to download
digitalizar	to digitalize
enchufar	to plug in
escanear	to scan
guardar	to save; to file
hacer clic	to click
hacer la conexión	to log on
imprimir	to print
navegar	to navigate; to surf
pegar	to paste
prender	to start
pulsar el botón derecho	to right-click
reiniciar	to reboot
sabotear	to hack

6

¡Sí, lo sé!

This chapter is a recycling chapter, designed for you to see just how much you have progressed in your quest to learn and use Spanish. The *major points* of **Capítulos 1–5** are included in this chapter, providing you with the opportunity to "put it all together." You will be pleased to see how much more you know and are able to do with the Spanish language.

Because this is a recycling chapter, no new vocabulary is presented. The intention is that you review the vocabulary of **Capítulos 1–5** thoroughly, focusing on the words that you personally have difficulty remembering.

All learners are different in terms of what they have mastered and what they still need to practice. Take the time with this chapter to determine what you feel confident with and what concepts you need to review. Then devote your efforts to what you personally need to practice.

Remember, language learning is a process. Like any skill, learning Spanish requires practice, review, and then more practice!

OBJETIVOS

COMUNICACIÓN

To describe yourself, your family, and others

To share ideas about sports and pastimes

To describe homes in depth

To relate past celebrations and plan future ones, and describe foods and their preparation

To plan and give details regarding future and past travels, and indicate how technology is useful

To express what *has* and *had* happened

To express wishes, doubts, feelings, and emotions

To link together simple and complex ideas

To refer to people and things that may or may not exist

To engage in additional communication practice (SAM)

CULTURA

To synthesize information about families, sports and pastimes, homes and their construction, celebrations, and traveling in the United States, Mexico, Spain, Honduras, Guatemala, El Salvador, Nicaragua, Costa Rica, and Panama

To compare and contrast the countries you learned about in **Capítulos 1–5**

To explore further the chapter's cultural themes (SAM)

LABERINTO PELIGROSO

To review and create with **Laberinto peligroso**

COMUNIDADES

To use Spanish in real-life contexts (SAM)

LITERATURA

To review and reflect about the selections in **Letras**

Organizing Your Review

The following research-based tips can help you organize your review. These suggestions will help you utilize your time and energy.

1 Reviewing Strategies

1. Make a list of the *major* topics you have studied and need to review, dividing them into three categories: *vocabulary, grammar,* and *culture.* These are the topics on which you need to focus the majority of your time and energy.
Note: The two-page chapter openers for each chapter can help you determine the major topics.
2. Allocate a minimum of an hour each day over a period of days to review. Budget the majority of your time for the major topics. After beginning with the most important grammar and vocabulary topics, review the secondary/supporting grammar topics and the culture. Cramming the night before a test is *not* an effective way to review and retain information.
3. Many educational researchers suggest that you start your review with the most recent chapter, or in this case, **Capítulo 5.** The most recent chapter is the freshest in your mind, so you tend to remember the concepts better, and you will experience quick success in your review.
4. Spend the greatest amount of time on concepts in which you determine *you* need to improve. Revisit the self-assessment tools **Y por fin, ¿cómo andas?** in each chapter to see how you rated yourself. Those tools are designed to help you become good at self-assessing what you need to work on the most.

2 Reviewing Grammar

1. When reviewing grammar, begin with the *subjunctive,* because this is the most important topic you have learned in the first semester. Begin with how the subjunctive is formed in both regular and irregular verbs, and then progress to how and when it is used. Once you feel confident with using the subjunctive correctly, then proceed to the additional new grammar points and review them.
2. As you assess what you personally need to review, you may determine that you still need more practice with the **preterit** and the **imperfect.** Although these past tenses were the focus of your previous Spanish classes, you may determine that you need additional practice expressing yourself well in the past tenses. If so, review the **preterit** and **imperfect** and pay special attention to the

activities in this chapter that require you to use these tenses.
3. Good ways to review include redoing activities in your textbook, redoing activities in your Student Activities Manual, and (re)doing activities on MySpanishLab.

3 Reviewing Vocabulary

1. When studying vocabulary, it is usually most helpful to look at the English word and then say or write the word in Spanish. Make a special list of words that are difficult for you to remember, writing them in a small notebook or in an electronic file. Pull out your list every time you have a few minutes (in between classes, waiting in line at the grocery store, etc.) to review the words. The **Vocabulario activo** pages at the end of each chapter will help you organize the most important words of each chapter.
2. Saying vocabulary (which includes verbs) out loud helps you retain the words better.

4 Overall Review Technique

1. Get together with someone with whom you can practice speaking Spanish. If you need something to spark the conversation, take the drawings from each vocabulary presentation in *¡Anda! Curso intermedio* and say as many things as you can about each picture. Have a friendly challenge to see who can make more complete sentences or create the longest story about the pictures. This will help you build your confidence and practice stringing sentences together to speak in paragraphs.
2. Yes, it is important for you to know "mechanical" pieces of information such as verb endings. *But*, it is *much more important* that you are able to take those mechanical pieces of information and put them all together, creating meaningful and creative samples of your speaking and writing on the themes of the five chapters.
3. You are well on the road to success if you can demonstrate that you can speak and write in paragraphs, using a wide variety of verb tenses and vocabulary words correctly. Keep up the good work!

Comunicación

06-01 to 06-06

Capítulo Preliminar A y Capítulo 1

Capítulo Preliminar A y Capítulo 1.

Workbooklet

6-1 ¿Quiénes son? Lee los siguientes anuncios de citas del Internet. ■

Estrategia

Before beginning each activity, make sure that you have reviewed and identified recycled chapters and their concepts carefully so that you are able to move through the activity seamlessly as you put it all together!

¡Anda! Curso elemental, Capítulo 1. Los adjetivos descriptivos, Apéndice 3

¡Anda! Curso intermedio, Capítulo 1. El aspecto físico y la personalidad, pág. 34.

CITAS EN EL INTERNET

Dama honesta (21 años), chistosa, delgada, con unos tatuajes interesantes, busca caballero educado, trabajador, generoso y con cicatriz, sin compromiso. Foto 14823

Mujer costarricense (35 años) amable, en forma, busca un caballero mayor de 30 años, generoso, divertido y sin compromiso para una bonita relación. Foto 75527

Chileno (35 años), me encantan la playa, los deportes y bailar, busco dama atractiva sin perforación del cuerpo, de buen carácter, alegre y cortés para llenar mi vida de amor. Foto 59232

Caballero (50 años) educado y de buena familia, busco una dama hermosa, de pelo largo, para una relación profunda y permanente. Foto 47520

CITAS EN EL INTERNET

Nombre _____

Edad _____

Características físicas _____

_____

_____

Personalidad _____

_____

Me gusta(n) _____

No me gusta(n) _____

Busco una pareja... _____

_____

Paso 1 Contesta las siguientes preguntas. Túrnense.

1. De las fotos, ¿quién escribió cada anuncio personal? ¿cómo lo sabes?
2. ¿Qué persona te parece la más interesante y por qué?
3. ¿Cuál te parece la menos interesante y por qué?

Paso 2 Escribe tu propio anuncio y compártelo con un/a compañero/a.

Estrategia

As you study your vocabulary or grammar, it might be helpful to organize the information into a word web. Start with the concept you want to practice, such as *las personalidades,* write the word in the center of the page, and draw a circle around it. Then, as you brainstorm how your other vocabulary fits into *las personalidades,* you can create circles that branch off from your main idea. For example, you might write *positivas* and *negativas* in circles. Once you have your categories arranged, add vocabulary that belongs to each category. Branching from *positivas* might be *alegre.* Branching from *negativas* might be *gastador/a.*

¡Anda! Curso elemental, Capítulo 1. Los adjetivos descriptivos. Capítulo 9. El pretérito y el imperfecto, Apéndice 3.

 ¡Anda! Curso intermedio, Capítulo 1. El aspecto físico y la personalidad, pág. 34.

6-2 Identificaciones Estabas en un café con unos amigos cuando de repente vieron a dos personas corriendo por la calle. La última persona gritaba —¡Ladrón! ¡Me robaste mi dinero! ¡Párenlo!— Un policía llegó y ahora tienes que describirle al policía cómo eran el criminal y la víctima. ■

Paso 1 Explícale lo que pasó a tu compañero/a, describiéndole al ladrón y a su víctima. Puedes escogerlos entre los del dibujo. Sé creativo/a.

Paso 2 Basándose en tu explicación, tu compañero/a tiene que identificar al ladrón y a su víctima. Usa **el pretérito** y **el imperfecto** cuando sea apropiado. Túrnense.

MODELO E1: *El ladrón corría muy rápido, pero la víctima, muy enojada, no podía correr tan rápido. La víctima tenía pelo…*

E2: *Entonces, ¿el ladrón fue _____ y la víctima fue _____?*

E1: *¡Sí! / No, voy a explicártelo de nuevo…*

Estrategia
You may wish to create names or descriptions for each of the characters in the lineup in order to identify them.

 ¡Anda! Curso intermedio, Capítulo 1. El presente perfecto de indicativo, pág. 49.

6-3 ¿Qué tal has estado? Estás en una fiesta de tu clase de graduación de la escuela secundaria. Hace muchos años que no ves a tus compañeros. Describe lo que has hecho en los últimos años, usando por lo menos **ocho** verbos diferentes en **el presente perfecto** *(haber + -ado / -ido).* Túrnense. ■

MODELO E1: *Hola, Bernardo. Tanto tiempo que no nos hemos visto. ¿Qué has hecho en estos últimos años?*

E2: *Hola, Jaime. ¿Qué he hecho? Pues, muchas cosas. Primero, he trabajado para una compañía…*

Estrategia
Remember to use the *present perfect* (*haber* + *-ado/-ido*) to state what you or others *has/have done.* Also remember that *-ado/-ido* often translates to the *-ed* verb form in English.

¡Anda! Curso elemental, Capítulo 1.
La familia, Apéndice 2.

6-4 Nuestras familias Completen los siguientes pasos. ▪

¡Anda! Curso intermedio, Capítulo 1. El aspecto físico y la personalidad, pág. 34; Algunos verbos como gustar, pág. 39; La familia, pág. 53.

Paso 1 Con un/a compañero/a, túrnense para describir a su familia, o a una familia o persona famosa. Trata de usar por lo menos **diez** oraciones con un mínimo de **cinco** verbos diferentes. Incluye: aspectos de su personalidad, su descripción física, qué o quién(es) le(s) fascina(n)/falta(n), qué cosas especiales han hecho en su vida, etc.

MODELO E1: *Me fascinan mis dos hermanastros. Cuando los conocí, me cayeron mal, pero siempre han tenido unas personalidades interesantes. Por ejemplo, Joaquín es chistoso y Manolo es callado…*

Paso 2 Ahora descríbele la familia de tu compañero/a a otro miembro de tu clase, usando por lo menos **cinco** oraciones. Si no recuerdas bien los detalles o si necesitas clarificación, pregúntale a tu compañero/a.

MODELO E2: *Adriana tiene dos hermanastros. Al principio le cayeron mal, pero ahora le fascinan. Uno es chistoso; el otro es callado…*

Estrategia

People rarely remember *everything* they hear! It is important that you feel comfortable asking someone to repeat information or asking for clarification using expressions such as *¿Qué dijiste? ¿Me lo puedes repetir, por favor?*

Estrategia

With situations like those in **6-4**, it is not essential that *all* details be remembered. Nor is it essential in this type of scenario to repeat *verbatim* what someone has said; it is totally acceptable to express the same idea in different words.

Estrategia

Focus on using as much of the vocabulary from *Capítulo 1* as possible in your descriptions. Remember to create negative sentences as well: e.g., *A mi mamá no le gustan mucho los tatuajes.*

Estrategia

In this chapter you will encounter a variety of rubrics to self-assess how well you are doing.

Estrategia

You and your instructor can use this rubric to assess your progress for **6-1** through **6-4**.

Rúbrica

All aspects of our lives benefit from self-reflection and self-assessment. Learning Spanish is an aspect of our academic and future professional lives that benefits greatly from such a self-assessment. Also coming into play is the fact that, as college students, you personally are being held accountable for your learning and are expected to take ownership for your performance. Having said that, we instructors can assist you greatly by letting you know what we expect of you. It will help you determine how well you are doing with the recycling of **Capítulo Preliminar A** and **Capítulo 1.** This rubric is meant first and foremost for you to use as a self-assessment, but you can also use it to peer-assess. Your instructor may use the rubric to assess your progress as well.

	3 EXCEEDS EXPECTATIONS	2 MEETS EXPECTATIONS	1 APPROACHES EXPECTATIONS	0 DOES NOT MEET EXPECTATIONS
Duración y precisión	• Has at least 10 sentences and includes all the required information. • May have errors, but they do not interfere with communication.	• Has 7–9 sentences and includes all the required information. • May have errors, but they rarely interfere with communication.	• Has 4–7 sentences and includes some of the required information. • Has errors that interfere with communication.	• Supplies fewer sentences and little of the required information in *Approaches Expectations.* • If communicating at all, has frequent errors that make communication limited or impossible.
Gramática nueva del *Capítulo 1*	• Makes excellent use of the chapter's new grammar (e.g., **verbs similar to *gustar*** and **the present perfect indicative**). • Uses a wide variety of new verbs when appropriate.	• Makes good use of the chapter's new grammar (e.g., **verbs similar to *gustar*** and **the present perfect indicative**). • Uses a variety of new verbs when appropriate.	• Makes use of some of the chapter's new grammar (e.g., **verbs similar to *gustar*** and **the present perfect indicative**). • Uses a limited variety of new verbs when appropriate.	• Uses little if any of the chapter's grammar (e.g., **verbs similar to *gustar*** and **the present perfect indicative**).
Vocabulario nuevo del *Capítulo 1*	• Uses many of the new vocabulary words (e.g., **physical and personality descriptions, emotional states,** and **the family**).	• Uses a variety of the new vocabulary words (e.g., **physical and personality descriptions, emotional states,** and **the family**).	• Uses some of the new vocabulary words (e.g., **physical and personality descriptions, emotional states,** and **the family**).	• Uses few, if any, new vocabulary words (e.g., **physical and personality descriptions, emotional states,** and **the family**).
Gramática y vocabulario de repaso/reciclaje del *Capítulo 1*	• Does an excellent job using review grammar (e.g., **object pronouns** and **the preterit**) and vocabulary to support what is being said. • Uses a wide array of review verbs. • Uses review vocabulary appropriately while utilizing new vocabulary.	• Does a good job using review grammar (e.g., **object pronouns** and **the preterit**) and vocabulary to support what is being said. • Uses an array of review verbs. • Uses some review vocabulary, but focuses predominantly on new vocabulary.	• Does an average job using review grammar (e.g., **object pronouns** and **the preterit**) and vocabulary to support what is being said. • Uses a limited array of review verbs. • Uses mostly review vocabulary and some new vocabulary.	• Almost solely uses the present tense. • If speaking at all, relies almost completely on vocabulary from beginning Spanish course.
Esfuerzo	• Clearly the student made his/her best effort.	• The student made a good effort.	• The student made an effort.	• Little or no effort went into the activity.

Capítulo 2.

  Capítulo 2
06-07 to 06-12

¡Anda! Curso elemental, Capítulo 2. Los deportes y los pasatiempos, Apéndice 2.

¡Anda! Curso intermedio, Capítulo 2. Deportes, pág. 72; Los mandatos de *nosotros/as*, pág. 78; Pasatiempos y deportes, pág. 86.

 6-5 **Vamos de vacaciones y...** ¡Tu compañero/a y tú van a tener diez gloriosos días de vacaciones después de los exámenes! ¿Qué van a hacer? Túrnense para crear oraciones usando **los mandatos de *nosotros/as*** y **el vocabulario de los deportes y los pasatiempos.** Sigan el modelo. ■

MODELO
E1: *¡Estamos de vacaciones! Juguemos al vóleibol.*

E2: *Muy bien. Juguemos al vóleibol y patinemos en monopatín.*

E1: *Muy bien. Juguemos al vóleibol, patinemos en monopatín y buceemos.*

E2: *...*

¡Anda! Curso elemental, Capítulo 2. Los deportes y los pasatiempos, Apéndice 2.

Workbooklet

¡Anda! Curso intermedio, Capítulo 2. Deportes, pág. 72; Pasatiempos y deportes, pág. 86.

6-6 **¿Qué tenemos en común?** ¿Qué hacían tu compañero/a de clase y tú durante sus años de la escuela secundaria? Túrnense para hacerse **diez** preguntas para ver qué deportes y pasatiempos tenían en común. Escriban sus respuestas en un diagrama de Venn. ■

Estrategia

Before doing **6-6**, review the formation and uses of *el pretérito* and *el imperfecto*, pp. 47 and 123.

MODELO
E1: *¿Comentabas en un blog?*

E2: *Sí, comenté en un blog por lo menos una vez... quizás dos veces. ¿y tú? ¿Comentabas en un blog?*

E1: *Sí, comentaba mucho en un blog. ¡Hacíamos la misma cosa!*

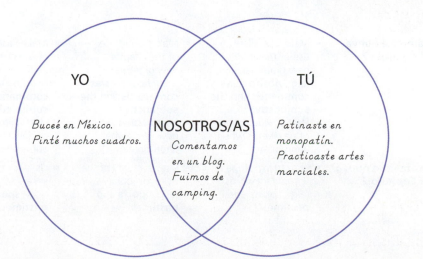

YO

Buceé en México.
Pinté muchos cuadros.

NOSOTROS/AS
Comentamos en un blog.
Fuimos de camping.

TÚ

Patinaste en monopatín.
Practicaste artes marciales.

¡Anda! Curso elemental, Capítulo 11. El subjuntivo, Apéndice 3.

¡Anda! Curso intermedio, Capítulo 2. Deportes, pág. 72; Pasatiempos y deportes, pág. 86.

6-7　Artuditu, quiero que…　¡Ah… el mundo moderno! ¡Tienes un robot que hace todo lo que tu familia y tú quieran! Dile por lo menos **ocho** cosas, con **ocho** verbos diferentes, que tu familia y tú quieren que haga. Usen **el subjuntivo.** Túrnense. ■

MODELO　*Robot, por favor, quiero que me traigas las cartas para jugar al póquer. Van a venir diez amigos a la casa para jugar. Entonces, también necesito que prepares unos sándwiches. Luego, mi mamá dice que es necesario que limpies la cocina…*

Estrategia

After doing **6-7** using the subjunctive, practice with the *tú* and *usted* commands: e.g., *Robot, trae las cartas por favor* or *traiga las cartas* or *tráemelas* or *tráigamelas.*

Rúbrica

Estrategia

You and your instructor can use this rubric to assess your progress for **6-5** through **6-7.**

	3 **EXCEEDS** **EXPECTATIONS**	**2** **MEETS** **EXPECTATIONS**	**1** **APPROACHES** **EXPECTATIONS**	**0** **DOES NOT MEET** **EXPECTATIONS**
Duración y precisión	• Has at least 8 sentences and includes all the required information. • May have errors, but they do not interfere with communication.	• Has 5–7 sentences and includes all the required information. • May have errors, but they rarely interfere with communication.	• Has 4 sentences and includes some of the required information. • Has errors that interfere with communication.	• Supplies fewer sentences and little of the required information in *Approaches Expectations.* • If communicating at all, has frequent errors that make communication limited or impossible.
Gramática nueva del *Capítulo 2*	• Makes excellent use of the chapter's new grammar (e.g., **nosotros/as commands** and **the subjunctive**). • Uses a wide variety of new verbs when appropriate.	• Makes good use of the chapter's new grammar (e.g., **nosotros/as commands** and **the subjunctive**). • Uses a variety of new verbs when appropriate.	• Makes use of some of the chapter's new grammar (e.g., **nosotros/as commands** and **the subjunctive**). • Uses a limited variety of new verbs when appropriate.	• Uses little if any of the chapter's new grammar (e.g., **nosotros/as commands** and **the subjunctive**).
Vocabulario nuevo del *Capítulo 2*	• Uses many of the new vocabulary words (e.g., **sports** and **pastimes**).	• Uses a variety of the new vocabulary words (e.g., **sports** and **pastimes**).	• Uses some of the new vocabulary words (e.g., **sports** and **pastimes**).	• Uses few, if any, new vocabulary words (e.g., **sports** and **pastimes**).

	3 **EXCEEDS** **EXPECTATIONS**	**2** **MEETS** **EXPECTATIONS**	**1** **APPROACHES** **EXPECTATIONS**	**0** **DOES NOT MEET** **EXPECTATIONS**
Gramática y vocabulario de repaso/reciclaje del *Capítulo 2*	• Does an excellent job using review grammar (e.g., **formal/informal commands** and **the subjunctive**) and vocabulary to support what is being said. • Uses a wide array of review verbs. • Uses review vocabulary appropriately while utilizing new vocabulary.	• Does a good job using review grammar (e.g., **formal/informal commands** and **the subjunctive**) and vocabulary to support what is being said. • Uses an array of review verbs. • Uses some review vocabulary, but focuses predominantly on new vocabulary.	• Does an average job using review grammar (e.g., **formal/informal commands** and **the subjunctive**) and vocabulary to support what is being said. • Uses a limited array of review verbs. • Uses mostly review vocabulary and some new vocabulary.	• Almost solely uses the present tense. • If speaking at all, relies almost completely on vocabulary from beginning Spanish course.
Esfuerzo	• Clearly the student made his/her best effort.	• The student made a good effort.	• The student made an effort.	• Little or no effort went into the activity.

Capítulo 3

06-13 to 06-17

Capítulo 3.

¡Anda! Curso elemental, Capítulo 3. La casa, Apéndice 2. Capítulo 11. El subjuntivo, Apéndice 3.

¡Anda! Curso intermedio, Capítulo 1. Algunos verbos como *gustar*, pág. 39; Capítulo 3. La construcción de casas y sus alrededores, pág. 110; Dentro del hogar, pág. 122.

6-8 **Mi hogar favorito** Mira las fotos y descríbele tu hogar favorito a un/a compañero/a. Dile por qué te gusta el hogar y explica por qué no te gustan los otros hogares. En tu descripción, incluye información sobre los materiales con los que han construido el hogar y los alrededores del hogar. Utiliza por lo menos **ocho** oraciones y usa **el subjuntivo** cuando sea necesario. Túrnense. ■

MODELO   *Me encanta la casa tradicional. Quizás sea difícil de construir y dudo que sea barata, pero ¡me fascina el color del ladrillo!…*

¡Anda! Curso elemental, Capítulo 3. La casa, Apéndice 2.

¡Anda! Curso intermedio, Capítulo 3. La construcción de casas y sus alrededores, pág. 110; Dentro del hogar, pág. 122.

6-9 **Adivina** Trae unas revistas o páginas de unas revistas que tengan fotos de casas y sus interiores. Describe una de las casas detalladamente para que tu compañero/a adivine cuál estás describiendo. Túrnense. ■

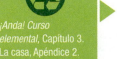
Workbooklet

6-10 **Y aquí recomiendo…** ¡Qué emoción! ¡Acabas de ganar $75.000,00 U.S. para renovar la cocina y el dormitorio de tus sueños! Dibuja tus planes y descríbeselos en detalle a tu compañero/a. Túrnense. ■

¡Anda! Curso elemental, Capítulo 3. La casa, Apéndice 2.

MODELO *Empiezo en la cocina con alacenas y mostradores nuevos. Quiero que las alacenas sean de madera y los mostradores de color café…*

¡Anda! Curso intermedio, Capítulo 3. La construcción de casas y sus alrededores, pág. 110; Dentro del hogar, pág. 122.

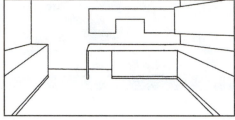

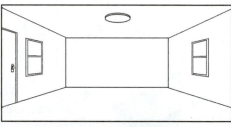

¡Anda! Curso elemental, Capítulo 3. La casa, Apéndice 2.

¡Anda! Curso intermedio, Capítulo 3. La construcción de casas y sus alrededores, pág. 110; Dentro del hogar, pág. 122.

Workbooklet

6-11 **En venta** Estás trabajando en una compañía de ventas de casas. Escoge una de las siguientes situaciones y escribe una descripción donde incluyas por lo menos **diez** detalles. Busca algunas fotos en el Internet para incluir con tu descripción. ■

SITUACIÓN 1: Tienes que vender tu propia casa.

SITUACIÓN 2: Tienes que vender dos casas: una que vale quince millones de dólares y la otra que vale setenta y cinco mil dólares.

FOTO

Dirección _____

Descripción _____

_____

_____

Precio _____

Teléfono _____

¡Anda! Curso elemental, Capítulo 3. La casa; Capítulo 11. El medio ambiente, Apéndice 2. Capítulo 11. El subjuntivo, Apéndice 3.

¡Anda! Curso intermedio, Capítulo 3. La construcción de casas y sus alrededores, pág. 110; Dentro del hogar, pág. 122. El subjuntivo para expresar sentimientos, emociones y dudas, pág. 126.

6-12 **Mis dudas** El futuro no es siempre seguro. ■

Estrategia

For **6-12,** consider the following emotions: *tener miedo, dudar, temer, esperar, no creer.* Also consider as suggestions the following categories of uncertainty: *el dinero, el trabajo, el matrimonio, los hijos, la jubilación,* etc.

Estrategia

You may wish to incorporate review vocabulary from *¡Anda! Curso elemental, Capítulo 11, El medio ambiente, Appendix 2* in **6-12.**

Paso 1   Expresa **ocho** dudas, sentimientos y emociones que tus amigos, tus parientes y tú tengan sobre el futuro. Usa **el subjuntivo.**

MODELO   *Dudo que haya menos contaminación del aire y del agua en el futuro. Mis padres tienen miedo de no tener suficiente dinero para su jubilación. Mi hermano teme que su mujer gaste demasiado dinero para reparar su casa…*

Paso 2   Menciona por lo menos **cuatro** sentimientos, emociones y dudas de tu compañero/a.

MODELO   *Mi compañera Mandy duda que su hermano y su cuñada tengan suficiente dinero para reparar su casa…*

Estrategia

Being a good listener is an important life skill. Repeating what your classmate said gives you practice in demonstrating how well you listened.

Rúbrica

Estrategia
You and your instructor can use this rubric for **6-8** through **6-12**.

	3 **EXCEEDS EXPECTATIONS**	**2** **MEETS EXPECTATIONS**	**1** **APPROACHES EXPECTATIONS**	**0** **DOES NOT MEET EXPECTATIONS**
Duración y precisión	• Has at least 8 sentences and includes all the required information. • May have errors, but they do not interfere with communication.	• Has 5–7 sentences and includes all the required information. • May have errors, but they rarely interfere with communication.	• Has 4 sentences and includes some of the required information. • Has errors that interfere with communication.	• Supplies fewer sentences and little of the required information in *Approaches Expectations*. • If communicating at all, has frequent errors that make communication limited or impossible.
Gramática nueva del *Capítulo 3*	• Makes excellent use of **the subjunctive.**	• Makes good use of **the subjunctive.**	• Makes use of **the subjunctive.**	• Uses little, if any, of **the subjunctive.**
Vocabulario nuevo del *Capítulo 3*	• Uses many of the new vocabulary words (e.g., **homes and their surroundings**).	• Uses a variety of the new vocabulary words (e.g., **homes and their surroundings**).	• Uses some of the new vocabulary words (e.g., **homes and their surroundings**).	• Uses few, if any, new vocabulary words (e.g., **homes and their surroundings**).
Gramática y vocabulario de repaso/reciclaje del *Capítulo 3*	• Does an excellent job using review grammar (e.g., **the preterit** and **the imperfect**) and vocabulary to support what is being said. • Uses a wide array of review verbs. • Uses review vocabulary appropriately while utilizing new vocabulary.	• Does a good job using review grammar (e.g., **the preterit** and **the imperfect**) and vocabulary to support what is being said. • Uses an array of review verbs. • Uses some review vocabulary, but focuses predominantly on new vocabulary.	• Does an average job using review grammar (e.g., **the preterit** and **the imperfect**) and vocabulary to support what is being said. • Uses a limited array of review verbs. • Uses mostly review vocabulary and some new vocabulary.	• Uses grammar almost solely from beginning Spanish course. • If speaking at all, relies almost completely on vocabulary from beginning Spanish course.
Esfuerzo	• Clearly the student made his/her best effort.	• The student made a good effort.	• The student made an effort.	• Little or no effort went into the activity.

Capítulo 4

Capítulo 4.

06-19 to 06-25

♻ *¡Anda! Curso intermedio*, Capítulo 2. Deportes, pág. 72; Pasatiempos y deportes, pág 86; Capítulo 3. La construcción de casas y sus alrededores, pág. 110; Dentro del hogar, pág. 122; Capítulo 4. El pasado perfecto, pág. 153; El presente perfecto de subjuntivo, pág. 168.

Workbooklet

6-13 **Adivina** Formen grupos de cuatro. ■

Estrategia

Although you are focusing on the *Capítulo 4* grammar review in **6-13,** for maximum success, review vocabulary from *Capítulo 2, Deportes*, p. 72; *Pasatiempos y deportes*, p. 86; *Capítulo 3, La construcción de casas y sus alrededores*, p. 110; *Dentro del hogar*, p. 122.

Paso 1 Una persona sale del grupo y los otros tres estudiantes dicen y escriben si creen que su compañero/a ha hecho cada una de las cosas de la lista.

Paso 2 El/La compañero/a regresa al grupo para confirmar.

MODELO

E1: *Angie, ¡es imposible que hayas cosido algo!*

E2 (ANGIE): *Es cierto que no he cosido nada.*

E3: *Angie, dudamos que hayas reparado la casa.*

E2 (ANGIE): *No tienen razón. Sí, he reparado la casa… un poco.*

E1: *Angie,…*

Estrategia

Note the use of the *perfect tenses* (*haber* + *-ado/-ido*) in the *modelo* of **6-13:** e.g., *que hayas cosido, he cosido, que hayas reparado, he reparado*. Activity **6-13** was created to help you use those tenses.

	ESTUDIANTE 1 Angie		ESTUDIANTE 2		ESTUDIANTE 3		ESTUDIANTE 4	
	DUDAMOS	**CREEMOS**	**DUDAMOS**	**CREEMOS**	**DUDAMOS**	**CREEMOS**	**DUDAMOS**	**CREEMOS**
1. coser algo	Es imposible que haya cosido algo.							
2. reparar la casa	Dudamos que haya reparado la casa.							
3. …								
4. …								

¡Anda! Curso elemental, Capítulo 7. La comida; La preparación de las comidas, Apéndice 2.

¡Anda! Curso intermedio, Capítulo 1. El aspecto físico y la personalidad, pág. 34; Capítulo 4. La comida y la cocina, pág. 159.

6-14 Observándolos

Imagina que has estado observando a las siguientes personas. Una cosa que notaste fue lo que comían. Descríbele a tu compañero/a las personas que aparecen en las fotos (sus personalidades, sus características físicas, lo que (no) comían, etc.). Usa por lo menos **ocho** oraciones. Túrnense. ■

¡Anda! Curso elemental, Capítulo 7. La comida; La preparación de las comidas, Apéndice 2.

¡Anda! Curso intermedio, Capítulo 4. Las celebraciones y los eventos de la vida, pág. 148; La comida y la cocina, pág. 159.

Workbooklet

6-15 ¡Fiesta!

¡Qué emoción! Todos tus amigos y tu familia vienen para festejar (*celebrate*) contigo. ■

Paso 1 Decide qué ocasión festejas.

Paso 2 Planea el menú.

Paso 3 Escribe una receta para un plato que vas a servir.

DE LA COCINA DE
RECETA PARA
INGREDIENTES

Paso 4 Comparte tus ideas con un/a compañero/a.

¡Anda! Curso elemental, Capítulo Preliminar A. El tiempo; Capítulo 7. La comida; La preparación de las comidas, Apéndice 2.

¡Anda! Curso intermedio, Capítulo 4. La comida y la cocina, pág. 159

Estrategia

Note that in **6-16** you will need to use the *preterit* and *imperfect* tenses to report what happened.

6-16 ¡Luces, cámara, acción!

¡Te invitaron a informar sobre la fiesta del siglo en Hollywood! Haz un reportaje, incluyendo por lo menos **diez** detalles. Puedes empezar con información sobre qué tiempo hacía aquella noche. Hazle tu reportaje oralmente a un/a compañero/a de clase o a toda la clase. ■

Rúbrica

Estrategia

You and your instructor can use this rubric for **6-14** through **6-16**.

	3 **EXCEEDS EXPECTATIONS**	**2** **MEETS EXPECTATIONS**	**1** **APPROACHES EXPECTATIONS**	**0** **DOES NOT MEET EXPECTATIONS**
Duración y precisión	• Has at least 8 sentences and includes all the required information. • May have errors, but they do not interfere with communication.	• Has 5–7 sentences and includes all the required information. • May have errors, but they rarely interfere with communication.	• Has 4 sentences and includes some of the required information. • Has errors that interfere with communication.	• Supplies fewer sentences and little of the required information in *Approaches Expectations*. • If communicating at all, has frequent errors that make communication limited or impossible.
Gramática nueva del *Capítulo 4*	• Makes excellent use of the chapter's new grammar (e.g., **past perfect** and **present perfect subjunctive**). • Uses a wide variety of new verbs when appropriate.	• Makes good use of the chapter's new grammar (e.g., **past perfect** and **present perfect subjunctive**). • Uses a variety of new verbs when appropriate.	• Makes use of some of the chapter's new grammar (e.g., **past perfect** and **present perfect subjunctive**). • Uses a limited variety of new verbs when appropriate.	• Uses little if any of the chapter's grammar (e.g., **past perfect** and **present perfect subjunctive**).
Vocabulario nuevo del *Capítulo 4*	• Uses many of the new vocabulary words (e.g., **celebrations** and **food**).	• Uses a variety of the new vocabulary words (e.g., **celebrations** and **food**).	• Uses some of the new vocabulary words (e.g., **celebrations** and **food**).	• Uses few, if any, new vocabulary words (e.g., **celebrations** and **food**).
Gramática y vocabulario de repaso/reciclaje del *Capítulo 4*	• Does an excellent job using review grammar (e.g., **the preterit, the imperfect,** and *hacer* **with time expressions**) and vocabulary to support what is being said. • Uses a wide array of review verbs. • Uses review vocabulary appropriately while utilizing new vocabulary.	• Does a good job using review grammar (e.g., **the preterit, the imperfect,** and *hacer* **with time expressions**) and vocabulary to support what is being said. • Uses an array of review verbs. • Uses some review vocabulary, but focuses predominantly on new vocabulary.	• Does an average job using review grammar (e.g., **the preterit, the imperfect,** and *hacer* **with time expressions**) and vocabulary to support what is being said. • Uses a limited array of review verbs. • Uses mostly review vocabulary and some new vocabulary.	• Almost solely uses the present tense. • If speaking at all, relies almost completely on vocabulary from beginning Spanish course.
Esfuerzo	• Clearly the student made his/her best effort.	• The student made a good effort.	• The student made an effort.	• Little or no effort went into the activity.

Capítulo 5

06-26 to 06-30

Capítulo 5.

¡Anda! Curso elemental, Capítulo 10. El viaje, Apéndice 2; Capítulo 11. El subjuntivo, Apéndice 3.

6-17 **¿Adónde vamos?** Planea tus vacaciones ideales. Expresa tus ideas usando por lo menos **diez** oraciones. Usa **el subjuntivo** en por lo menos **dos** de las oraciones. Comparte tus ideas con un/a compañero/a.

MODELO   *Vamos a hacer un crucero. Busco un crucero que no sea muy caro porque no tengo mucho dinero en este momento. Quiero visitar varios puertos. Mis hermanos van a venir y espero que no se pierdan…*

¡Anda! Curso intermedio, Capítulo 5. Los viajes, pág. 188; El subjuntivo con antecedentes indefinidos o que no existen, pág. 208.

¡Anda! Curso elemental, Capítulo 11. El subjuntivo, Apéndice 3.

¡Anda! Curso intermedio, Capítulo 5. La tecnología y la informática, pág. 204; Las acciones relacionadas con la tecnología, pág. 211; El subjuntivo con antecedentes indefinidos o que no existen, pág. 208.

6-18 **Busco ayuda…** En el mundo digital, las cosas no siempre funcionan. Tienes que llamar a un número de ayuda (*help line*). Crea un diálogo con un/a compañero/a. Usen **el subjuntivo** para expresar lo que ustedes necesitan.

MODELO   E1:   *¿En qué puedo servirle?*

E2:   *Busco a alguien que me pueda ayudar. Mi computadora ha borrado todos mis archivos.*

E1:   *¿Cómo? Necesito que mi supervisor me ayude. No sé nada de impresoras.*

E2:   *¿Impresoras? ¡No necesito que me hable de impresoras! ¡Necesito a alguien que sepa algo sobre computadoras!*

E2:   *…*

Rúbrica

Estrategia

You and your instructor can use this rubric for **6-17** and **6-18**.

	3 **EXCEEDS EXPECTATIONS**	**2** **MEETS EXPECTATIONS**	**1** **APPROACHES EXPECTATIONS**	**0** **DOES NOT MEET EXPECTATIONS**
Duración y precisión	• Has at least 8 sentences and includes all the required information. • May have errors, but they do not interfere with communication.	• Has 5–7 sentences and includes all the required information. • May have errors, but they rarely interfere with communication.	• Has 4 sentences and includes some of the required information. • Has errors that interfere with communication.	• Supplies fewer sentences and little of the required information in *Approaches Expectations*. • If communicating at all, has frequent errors that make communication limited or impossible.
Gramática nueva del *Capítulo 5*	• Makes excellent use of the chapter's new grammar (e.g., **relative pronouns** and **the subjunctive**). • Uses a wide variety of new verbs when appropriate.	• Makes good use of the chapter's new grammar (e.g., **relative pronouns** and **the subjunctive**). • Uses a variety of new verbs when appropriate.	• Makes use of some of the chapter's new grammar (e.g., **relative pronouns** and **the subjunctive**). • Uses a limited variety of new verbs when appropriate.	• Uses little if any of the chapter's grammar (e.g., **relative pronouns** and **the subjunctive**).
Vocabulario nuevo del *Capítulo 5*	• Uses many of the new vocabulary words (e.g., **travel** and **technology**).	• Uses a variety of the new vocabulary words (e.g., **travel** and **technology**).	• Uses some of the new vocabulary words (e.g., **travel** and **technology**).	• Uses few, if any, new vocabulary words (e.g., **travel** and **technology**).
Gramática y vocabulario de repaso/reciclaje del *Capítulo 5*	• Does an excellent job using review grammar (e.g., *por* and *para,* **the preterit and the imperfect**) and vocabulary to support what is being said. • Uses a wide array of review verbs. • Uses review vocabulary appropriately while utilizing new vocabulary.	• Does a good job using review grammar (e.g., *por* and *para,* **the preterit and the imperfect**) and vocabulary to support what is being said. • Uses an array of review verbs. • Uses some review vocabulary, but focuses predominantly on new vocabulary.	• Does an average job using review grammar (e.g., *por* and *para,* **the preterit and the imperfect**) and vocabulary to support what is being said. • Uses a limited array of review verbs. • Uses mostly review vocabulary and some new vocabulary.	• Uses grammar almost solely from beginning Spanish course. • If speaking at all, relies almost completely on vocabulary from beginning Spanish course.
Esfuerzo	• Clearly the student made his/her best effort.	• The student made a good effort.	• The student made an effort.	• Little or no effort went into the activity.

Un poco de todo

06-31 to 06-38

6-19 **Tengo talento** Escribe un poema en verso libre o una canción sobre uno de los siguientes temas. ■

TEMAS

- Mi mejor amigo
- Mi tiempo libre
- Hogar, dulce hogar
- El viaje
- La tecnología: ¿amiga o enemiga?
- Una de las selecciones de literatura: *Poema I* de *Versos sencillos*, *Fútbol a sol y sombra*, *Yo y el ladrón*, *Tres cosas* o *Al partir*

6-20 **¿Lo quiere?** Celia, de **Laberinto peligroso,** le escribe un correo electrónico a un hombre que conoció durante sus días en el FBI. ¿De qué le escribe?, ¿del pasado?, ¿de sus días trabajando con él en el FBI o del presente?, ¿de sus días participando en el seminario de Javier?, ¿de sus planes para su casa ideal?, ¿de unas vacaciones?, ¿de su relación con él? Escribe ese mensaje por Celia en por lo menos **diez** oraciones. ■

Enviar	Enviar más tarde	Guardar	Añadir ficheros	Responder	Responder a todos	Firma	Contactos	Nombres de control	Imprimir

Para:
De:
Asunto:

tamaño medio B I U T

Episodio 6

6-21 **El juego de la narración** Túrnense para crear una narración oral sobre **Laberinto peligroso.** ¡Incluyan muchos detalles! ■

MODELO   E1: *Laberinto peligroso es un misterio muy imaginativo.*

               E2: *Hay tres protagonistas que se llaman…*

               E1: *…*

Estrategia

Another way to approach **6-22** is to hypothesize what *will happen* to the characters of *Laberinto peligroso.* You will need to use the construction form **ir + a +** *infinitive,* for example, *Cisco y Celia van a pelearse mucho porque los dos van a querer escribir sobre el mismo tema.*

6-22 **Su versión** En la actividad **6-21,** narraron una versión de **Laberinto peligroso.** Ahora es su turno como escritores. Sean muy creativos y creen su propia versión imaginativa. Su profesor/a les va a explicar cómo hacerlo. Empiecen con la oración del modelo. ¡Diviértanse! ■

MODELO   *Javier conocía a otros dos periodistas, Celia y Cisco, y los invitó a participar en un seminario que él enseñaba.*

6-23 **Tu propia película** Eres director/a de cine y puedes crear tu propia versión de **Laberinto peligroso**. Primero, pon las fotos en el orden correcto y después escribe el diálogo para la película. Luego, puedes filmar tu versión. ■

Estrategia

When creating your interview questions, decide whether you should use *tú* or *usted*. What will guide your decision?

6-24 **¿Cómo eres?** Conoces un poco a los estudiantes y a los profesionales de los países que hemos estudiado en **Vistazo cultural**. ¿Qué más quieres saber de ellos? Escribe por lo menos **diez** preguntas que quieras hacerles. Sé creativo/a. Escribe por lo menos **tres** preguntas usando **el presente** o **pasado perfecto (haber + -ado / -ido)** y **tres** preguntas usando **el subjuntivo.** ■

MODELO
1. ¿Dónde ha vivido usted?
2. ¿Le gusta montar a caballo?
3. ¿Necesita viajar mucho para su trabajo?...

Workbooklet

6-25 **Aspectos interesantes** Escribe por lo menos **tres** cosas interesantes sobre cada uno de los siguientes países. ■

Estrategia

You have read numerous cultural notes throughout the first 5 chapters. To help you organize the material, make a chart in your notes of the most important information, or dedicate a separate page for each country and write down the unique cultural items of that particular country.

MÉXICO	ESPAÑA	HONDURAS	GUATEMALA

EL SALVADOR	NICARAGUA	COSTA RICA	PANAMÁ

6-26 **Un/a agente de viajes** Durante el verano, tienes la oportunidad de trabajar en una agencia de viajes. Tienes unos clientes que quieren visitar un país hispanohablante. Escoge uno de los países que estudiamos y recomiéndales el país, usando por lo menos **seis** oraciones. ■

6-27 **Mis favoritos** Describe tu país favorito (de **Vistazo cultural**) o tu persona favorita (de **Perfiles**) de los **Capítulos 1** a **5**. En por lo menos **diez** oraciones, explica por qué te gusta y lo que encuentras interesante e impresionante de ese país o persona. ■

6-28 **Compáralos** Escoge dos de los países que estudiamos y escribe las diferencias y semejanzas (*similarities*) entre los dos. ■

MODELO   *En México y en Nicaragua se practican deportes acuáticos porque los dos países tienen costas…*

6-29 ¡A jugar! En grupos de tres o cuatro, preparen las respuestas para las siguientes categorías de *¿Lo sabes?,* un juego como *Jeopardy!,* y después las preguntas correspondientes. Sugieran valores de dólares, pesos, euros, etc. ¡Buena suerte! ■

CATEGORÍAS

VOCABULARIO	VERBOS	CULTURA
El aspecto físico y la personalidad	Verbos como **gustar**	Personas importantes
La familia	Los tiempos perfectos	Estados Unidos
Los deportes y los pasatiempos	Los mandatos de **nosotros/as**	México
La construcción de casas y sus alrededores	El subjuntivo	España
Dentro del hogar		Honduras
Algunas celebraciones		Guatemala
La comida		El Salvador
Los viajes		Nicaragua
La tecnología		Costa Rica
		Panamá

MODELOS

VOCABULARIO
CATEGORÍA: EL ASPECTO FÍSICO

Respuesta: pelo en el mentón
Pregunta: *¿Qué es "una barba"?*

VERBOS
CATEGORÍA: EL SUBJUNTIVO

Respuesta: Es importante que tú _____ (venir).
Pregunta: *¿Qué es "vengas"?*

CULTURA
CATEGORÍA: PERSONAS IMPORTANTES

Respuesta: Alberto Contador
Pregunta: *¿Quién es un atleta español que practica ciclismo y ganó varias veces el Tour de Francia?*

¿LO SABES?

Notas culturales	Perfiles	Vistazo cultural

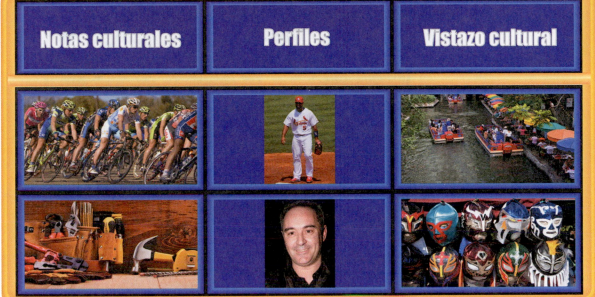

¿LO SABES? DOBLE

Notas culturales	Perfiles	Vistazo cultural

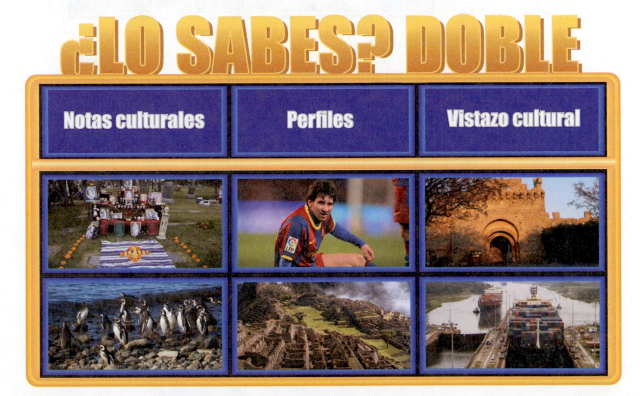

6-30 **¿Qué opinan?** Tu compañero/a y tú fueron al teatro para ver la obra *La vida es sueño.* Después, fueron a un café para discutir lo que vieron. Túrnense para compartir sus opiniones. ■

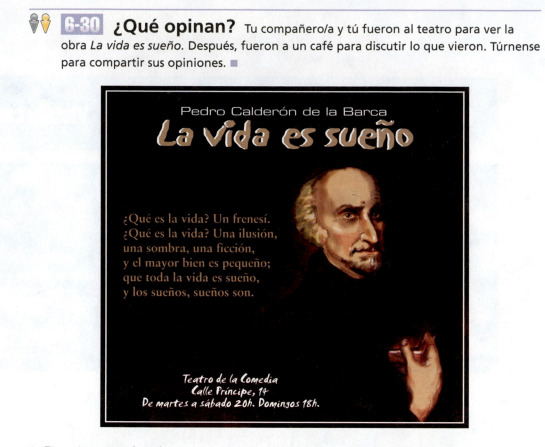

Pedro Calderón de la Barca
La vida es sueño

¿Qué es la vida? Un frenesí.
¿Qué es la vida? Una ilusión,
una sombra, una ficción,
y el mayor bien es pequeño;
que toda la vida es sueño,
y los sueños, sueños son.

Teatro de la Comedia
Calle Príncipe, 14
De martes a sábado 20h. Domingos 18h.

1. Para ti, ¿qué es la vida?
2. ¿Por qué dice Calderón que "la vida es sueño (*dream*)"? ¿Qué puede significar?
3. ¿En qué aspecto(s) puede ser la vida "un frenesí"? Da ejemplos de tu vida.
4. ¿Cuándo se puede comparar la vida a una sombra (*shadow*)?, ¿y a una ficción?

6-31 **Querido/a autor/a...** Escríbele una carta a uno de los autores de las selecciones de **Letras**. Dile lo que más te gusta de su obra y lo que no te gusta o lo que no entiendes muy bien. Compara su obra literaria con la de otro/a autor/a que leíste. ■

Y por fin, ¿cómo andas?

	Feel confident	Need to review

Having completed this chapter, I now can . . .

Comunicación

- describe myself, my family, and others. ☐ ☐
- share ideas about sports and pastimes. ☐ ☐
- describe homes in depth. ☐ ☐
- relate past celebrations and plan future ones, and describe foods and their preparation. ☐ ☐
- plan and give details regarding future and past travels, and indicate how technology is useful. ☐ ☐
- express what *has* and *had* happened. ☐ ☐
- express wishes, doubts, feelings, and emotions. ☐ ☐
- link together simple and complex ideas. ☐ ☐
- refer to people and things that may or may not exist. ☐ ☐

Cultura

- synthesize information about families, sports and pastimes, homes and their construction, celebrations, and traveling in the United States, Mexico, Spain, Honduras, Guatemala, El Salvador, Nicaragua, Costa Rica, and Panama. ☐ ☐
- compare and contrast the countries I learned about in **Capítulos 1–5.** ☐ ☐

Laberinto peligroso

- review and create with **Laberinto peligroso.** ☐ ☐

Comunidades

- use Spanish in real-life contexts. ☐ ☐

Literatura

- review and reflect about the selections in **Letras.** ☐ ☐

Appendix 1

Answers to ¡Explícalo tú! (Inductive Grammar Answers)

Capítulo Preliminar A

8. Los verbos con cambio de raíz

1. What is a rule that you can make regarding all four groups (e → ie, e → i, o → ue, and u → ue) of stem-changing verbs and their forms?

   Nosotros / vosotros **look like the infinitive. All the other forms have a spelling change.**

2. With what group of stem-changing verbs would you place each of the following verbs?

demostrar	o → ue	encerrar	e → ie
devolver	o → ue	perseguir	e → i

10. Un repaso de *ser* y *estar*

Compare the following sentences and answer the questions below.

   Su hermano **es** simpático.
   Su hermano **está** enfermo.

1. Why do you use a form of **ser** in the first sentence?
   It is a characteristic that remains relatively constant.

2. Why do you use a form of **estar** in the second sentence?
   It describes a physical condition that can change.

11. El verbo *gustar*

1. To say you like or dislike one thing, what form of **gustar** do you use?
   gusta

2. To say you like or dislike more than one thing, what form of **gustar** do you use?
   gustan

3. Which words in the examples mean *I?* **(me)** *You?* **(te)** *He/She?* **(le)** *You (all)?* **(les/os)** *They?* **(les)** *We?* **(nos)**

4. If a verb is needed after **gusta / gustan,** what form of the verb do you use?
   You use the infinitive form of the verb.

Capítulo 2

2. Los mandatos de *nosotros/as*

1. Where are object pronouns placed when used with affirmative commands?
   They follow, and are attached to, the commands.

2. Where are object pronouns placed when used with negative commands?
   They precede the commands.

3. When do you need to add a written accent mark?
   Add a written accent mark when pronunciation would change without it.

4. El subjuntivo para expresar pedidos, mandatos y deseos

1. In **Part A,** how many verbs are in each sample sentence?
   There are two verbs in each sentence.

2. Which verb is in the present indicative: the verb in blue or the one in red?
   The verb in blue is in the present indicative.

3. Which verb is in the present subjunctive: the verb in blue or the one in red?
   The verb in red is in the present subjunctive.

4. Is there a different subject for each verb?
   yes

5. What word joins the two distinct parts of the sentence?
   the conjunction *que*

6. State a rule for the use of the subjunctive in the sentences from **Part A.**
   The present subjunctive is used when the verb in the present indicative requests or suggests something. There must be a change of subject also.

7. State a rule for the sentences in **Part B.**
   If the subject does not change, the infinitive is used.

Capítulo 3

4. El subjuntivo para expresar sentimientos, emociones y dudas

1. In which part of the sentence do you place the verb that expresses feelings, emotions, or doubts: to the right or to the left of **que**?
to the left

2. Where do you put the subjunctive form of the verb: to the right or to the left of **que**?
to the right

3. What word joins the two parts of the sentence?
the conjunction *que*

4. When you have only one subject/group of people and you are expressing **feelings, emotions, doubt,** or **probability,** do you use a subjunctive sentence?
No, the infinitive is used.

5. *Estar* + el participio pasado

Based on the examples above, what rule can you state with regard to what determines the endings of the past participles (**-ado / -ido**) when used as adjectives?
When used as an adjective, the past participle must agree in number and gender with the noun it modifies.

Capítulo 4

2. El pasado perfecto (pluscuamperfecto)

1. How do you form the past perfect tense?
It is formed with the imperfect tense of *haber* **and the past participle.**

2. How does the form compare with the present perfect tense (**he hablado, has comido, han ido,** etc.)?
It is similar, but *haber* **must be in the imperfect (a past) tense.**

3. To make the sentence negative in the past perfect, where does the word *no* go?
It goes before / in front of the form of *haber.*

4. Which verbs have irregular past participles?
several verbs: e.g., abrir, decir, escribir, hacer, morir, poner, volver, ver

5. El presente perfecto de subjuntivo

1. How is the present perfect subjunctive formed?
It is formed with the present subjunctive of *haber* **and the past participle.**

2. When is it used?
It is used when the subjunctive mood is needed in a sentence.

2. Repaso del subjuntivo: El subjuntivo en cláusulas sustantivas, adjetivales y adverbiales

El subjuntivo en cláusulas sustantivas
Having studied the preceding examples of the subjunctive, answer the following questions to complete your review:

1. How many verbs are in each sentence?
two

2. Which verb in the sentence is *not* in the **subjunctive**?
the one in the main clause / before (to the left of) *que*

3. Which verb is in the **subjunctive**?
the verb in the subordinate clause / after (to the right of) *que*

4. Is there a different subject for each verb?
yes

5. What word joins the two distinct parts of the sentence?
que

6. State a rule for the use of the subjunctive to express **volition** and **will, feelings** and **emotions, doubt, uncertainty,** and **probability.**
When the verb in the main clause expresses doubt, uncertainty, influence, opinion, feelings, hope, wishes, or desires and there is a change of subject, the verb in the second (subordinate) clause must be in the subjunctive.

El subjuntivo con antecedentes indefinidos o que no existen

1. What kinds of verbs tell you that there is a possibility that something or someone is uncertain or nonexistent?
verbs such as *buscar, no conocer,* **and** *dudar*

2. If you know that something or someone exists, do you use the indicative or the subjunctive?
If the person, place, or thing being talked about exists in the mind of the speaker, then the indicative is used. If not, the subjunctive is needed.

El subjuntivo en cláusulas adverbiales
Having studied the previous examples, answer the following questions to complete your review:

1. Which conjunctions **always** use the subjunctive?
   The *subjunctive* is always used after these conjunctions: *a menos que, en caso (de) que, antes (de) que, para que, con tal (de) que,* and *sin que*. After *aunque, a pesar de que, cuando, en cuanto, tan pronto como,* and *después que,* you use the subjunctive if the action has not yet occurred.

2. Which conjunctions **never** use the subjunctive?
   The indicative is always used after these conjunctions: *ahora que, puesto que,* and *ya que*.

3. Which conjunctions **sometimes** use the subjunctive?
   ***Aunque, a pesar de que, cuando, en cuanto, tan pronto como,* and *después que* sometimes use the subjunctive.**

4. What question do you ask yourself with these types of conjunctions?
   With these conjunctions, you must ask yourself whether the action has already occurred. If so, the indicative is used; if not, the subjunctive is used. Always use the indicative after *ahora que, puesto que,* and *ya que*. Always use the subjunctive after *a menos que, en caso (de) que, antes (de) que, para que, con tal (de) que,* and *sin que*.

Capítulo 11

7. La voz pasiva

1. What are the nouns (*people, places, or things*) in the sample sentences of **passive** with **ser**?
   a. **el pulso (subject), la enfermera (object of preposition)**
   b. **la presión (subject), el médico (object of preposition)**
   c. **los resultados (subject), la cirujana (object of preposition)**
   d. **las recetas (subject), el neurólogo (object of preposition)**

2. In the **passive** with **ser** sentences,
   a. what form (person: e.g., first, second, third) of each verb is used?
   3rd person
   b. what determines whether each verb is singular or plural?
   the subject
   c. with what does each past participle (**-ado / -ido**) agree?
   the subject

3. With the **passive** *se* sentences, do you still have the same subjects and objects as in the **passive** with **ser**?
   no, only subjects (recipients)

4. What form of the verb is used with the **passive** *se*? What determines whether that form is singular or plural?
   third person; must agree with the subject

5. Is the doer clear in the **passive** *se* sentences?
   no

Appendix 2

Vocabulary from *¡Anda! Curso elemental*

Capítulo Preliminar A de *¡Anda! Curso elemental*

Los saludos *Greetings*

Bastante bien. *Just fine.*
Bien, gracias. *Fine, thanks.*
Buenos días. *Good morning.*
Buenas noches. *Good evening.;*
    Good night.
Buenas tardes. *Good afternoon.*
¿Cómo está usted? *How are you?*
    (formal)
¿Cómo estás? *How are you?* (familiar)
¡Hola! *Hi!; Hello!*
Más o menos. *So-so.*
Muy bien. *Really well.*
¿Qué tal? *How's it going?*
Regular. *Okay.*
¿Y tú? *And you?* (familiar)
¿Y usted? *And you?* (formal)

Las despedidas *Farewells*

Adiós. *Good-bye.*
Chao. *Bye.*
Hasta luego. *See you later.*
Hasta mañana. *See you tomorrow.*
Hasta pronto. *See you soon.*

Las presentaciones *Introductions*

¿Cómo te llamas? *What is your name?*
    (familiar)
¿Cómo se llama usted? *What is your name?*
    (formal)
Encantado/a. *Pleased to meet you.*
Igualmente. *Likewise.*
Me llamo… *My name is . . .*
Mucho gusto. *Nice to meet you.*
Quiero presentarte a… *I would like to*
    introduce you to . . . (familiar)
Quiero presentarle a… *I would like to*
    introduce you to . . . (formal)
Soy… *I am . . .*

Expresiones útiles para la clase *Useful classroom expressions*
Preguntas y respuestas *Questions and answers*

¿Cómo? *What?; How?*
¿Cómo se dice… en español? *How do you*
    say . . . in Spanish?
¿Cómo se escribe… en español? *How do*
    you write . . . in Spanish?
Lo sé. *I know.*
No. *No.*
No comprendo. *I don't understand.*
No lo sé. *I don't know.*
Sí. *Yes.*
¿Qué es esto? *What is this?*
¿Qué significa? *What does it mean?*
¿Quién? *Who?*

Expresiones de cortesía *Polite expressions*

De nada. *You're welcome.*
Gracias. *Thank you.*
Por favor. *Please.*

Mandatos para la clase *Classroom instructions (commands)*

Abra(n) el libro en la página… *Open your*
    book to page . . .
Cierre(n) el/los libro/s. *Close your book/s.*
Conteste(n). *Answer.*
Escriba(n). *Write.*
Escuche(n). *Listen.*
Lea(n). *Read.*
Repita(n). *Repeat.*
Vaya(n) a la pizarra. *Go to the board.*

Las nacionalidades *Nationalities*

alemán/alemana *German*
canadiense *Canadian*
chino/a *Chinese*
cubano/a *Cuban*
español/a *Spanish*
estadounidense (norteamericano/a)
    American
francés/francesa *French*
inglés/inglesa *English*
japonés/japonesa *Japanese*
mexicano/a *Mexican*
nigeriano/a *Nigerian*
puertorriqueño/a *Puerto Rican*

Los números 0–30 *Numbers 0–30*

cero *0*
uno *1*
dos *2*
tres *3*
cuatro *4*
cinco *5*
seis *6*
siete *7*
ocho *8*
nueve *9*
diez *10*
once *11*
doce *12*
trece *13*
catorce *14*
quince *15*
dieciséis *16*
diecisiete *17*
dieciocho *18*
diecinueve *19*
veinte *20*
veintiuno *21*
veintidós *22*
veintitrés *23*
veinticuatro *24*
veinticinco *25*
veintiséis *26*
veintisiete *27*
veintiocho *28*
veintinueve *29*
treinta *30*

La hora *Telling time*

A la… / A las… *At . . . o'clock.*
¿A qué hora… ? *At what time . . . ?*
… de la mañana *. . . in the morning*
… de la noche *. . . in the evening*
… de la tarde *. . . in the afternoon, early*
    evening
¿Cuál es la fecha de hoy? *What is today's*
    date?
Es la… / Son las… *It's . . . o'clock.*
Hoy es… *Today is . . .*
Mañana es… *Tomorrow is . . .*
la medianoche *midnight*
el mediodía *noon*
¿Qué día es hoy? *What day is*
    today?
¿Qué hora es? *What time is it?*
y cinco *five minutes after the hour*

Los días de la semana *Days of the week*

lunes *Monday*
martes *Tuesday*
miércoles *Wednesday*
jueves *Thursday*
viernes *Friday*
sábado *Saturday*
domingo *Sunday*

Los meses del año *Months of the year*

enero *January*
febrero *February*
marzo *March*
abril *April*
mayo *May*
junio *June*
julio *July*
agosto *August*
septiembre *September*
octubre *October*
noviembre *November*
diciembre *December*

Las estaciones *Seasons*

el invierno *winter*
la primavera *spring*
el otoño *autumn; fall*
el verano *summer*

Expresiones del tiempo *Weather expressions*

Está nublado. *It's cloudy.*
Hace buen tiempo. *The weather is nice.*
Hace calor. *It's hot.*
Hace frío. *It's cold.*
Hace mal tiempo. *The weather is bad.*
Hace sol. *It's sunny.*
Hace viento. *It's windy.*
Llueve. *It's raining.*
la lluvia *rain*
Nieva. *It's snowing.*
la nieve *snow*
la nube *cloud*
¿Qué tiempo hace? *What's the weather like?*
el sol *sun*
la temperatura *temperature*
el viento *wind*

Algunos verbos *Some verbs*

gustar *to like*
ser *to be*

Capítulo 1 de ¡Anda! Curso elemental

La familia *Family*

el/la abuelo/a *grandfather/grandmother*
los abuelos *grandparents*
el/la esposo/a *husband/wife*
el/la hermano/a *brother/sister*
los hermanos *brothers and sisters; siblings*
el/la hijo/a *son/daughter*
los hijos *sons and daughters; children*
la madrastra *stepmother*
la madre / la mamá *mother / mom*
el/la nieto/a *grandson/grandaughter*
el padrastro *stepfather*
el padre / el papá *father / dad*
los padres *parents*
el/la primo/a *cousin*
los primos *cousins*
el/la tío/a *uncle/aunt*
los tíos *aunts and uncles*

La gente *People*

el/la amigo/a *friend*
el/la chico/a *boy/girl*
el hombre *man*
el/la joven *young man/young woman*
el/la muchacho/a *boy/girl*
la mujer *woman*
el/la niño/a *little boy/little girl*
el/la novio/a *boyfriend/girlfriend*
el señor (Sr.) *man; gentleman; Mr.*
la señora (Sra.) *woman; lady; Mrs.*
la señorita (Srta.) *young woman; Miss*

Los adjetivos *Adjectives*

La personalidad y otros rasgos *Personality and other characteristics*

aburrido/a *boring*
antipático/a *unpleasant*
bueno/a *good*
cómico/a *funny; comical*
inteligente *intelligent*
interesante *interesting*
malo/a *bad*
paciente *patient*
perezoso/a *lazy*
pobre *poor*
responsable *responsible*
rico/a *rich*
simpático/a *nice*
tonto/a *silly; dumb*
trabajador/a *hard-working*

Las características físicas *Physical characteristics*

alto/a *tall*
bajo/a *short*
bonito/a *pretty*
débil *weak*
delgado/a *thin*
feo/a *ugly*
fuerte *strong*
gordo/a *fat*
grande *big; large*
guapo/a *handsome/pretty*
joven *young*
mayor *old*
pequeño/a *small*

Los números 31–100 *Numbers 31–100*

treinta y uno *31*
treinta y dos *32*
treinta y tres *33*
treinta y cuatro *34*
treinta y cinco *35*
treinta y seis *36*
treinta y siete *37*
treinta y ocho *38*
treinta y nueve *39*
cuarenta *40*
cuarenta y uno *41*
cincuenta *50*
cincuenta y uno *51*
sesenta *60*
setenta *70*
ochenta *80*
noventa *90*
cien *100*

Un verbo *A verb*

tener *to have*

Otras palabras útiles *Other useful words*

muy *very*
(un) poco *(a) little*

Vocabulario útil *Useful vocabulary*

más *plus*
menos *minus*
son *equals*
por ciento *percent*
por *times; by*
dividido por *divided by*

Capítulo 2 de ¡Anda! Curso elemental

Las materias y las especialidades
Subjects and majors

la administración de empresas *business*
la arquitectura *architecture*
el arte *art*
la biología *biology*
las ciencias (*pl.*) *science*
el derecho *law*
los idiomas (*pl.*) *languages*
la informática *computer science*
la literatura *literature*
las matemáticas (*pl.*) *mathematics*
la medicina *medicine*
la música *music*
la pedagogía *education*
el periodismo *journalism*
la psicología *psychology*
el semestre *semester*

En la sala de clase   In the classroom

los apuntes (*pl.*) *notes*
el bolígrafo *ballpoint pen*
el borrador *eraser*
el/la compañero/a de clase *classmate*
la composición *composition*
el cuaderno *notebook*
el escritorio *desk*
el/la estudiante *student*
el examen *exam*
el lápiz *pencil*
el libro *book*
el mapa *map*
la mesa *table*
la mochila *book bag; knapsack*
el papel *paper*
la pared *wall*
la pizarra *chalkboard*
el/la profesor/a *professor*
la puerta *door*
la sala de clase *classroom*
la silla *chair*
la tarea *homework*
la tiza *chalk*
la ventana *window*

Los verbos   Verbs

abrir *to open*
aprender *to learn*
comer *to eat*
comprar *to buy*
comprender *to understand*
contestar *to answer*
correr *to run*
creer *to believe*
enseñar *to teach; to show*
escribir *to write*
esperar *to wait for; to hope*
estar *to be*
estudiar *to study*
hablar *to speak*

leer *to read*
llegar *to arrive*
necesitar *to need*
preguntar *to ask (a question)*
preparar *to prepare; to get ready*
recibir *to receive*
regresar *to return*
terminar *to finish; to end*
tomar *to take; to drink*
trabajar *to work*
usar *to use*
vivir *to live*

Las palabras interrogativas
Interrogative words

¿Adónde? *To where?*
¿Cómo? *How?*
¿Cuál? *Which (one)?*
¿Cuáles? *Which (ones)?*
¿Cuándo? *When?*
¿Cuánto/a? *How much?*
¿Cuántos/as? *How many?*
¿Dónde? *Where?*
¿Por qué? *Why?*
¿Qué? *What?*
¿Quién? *Who?*
¿Quiénes? *Who?*

Los números 100–1.000   Numbers 100–1,000

cien *100*
ciento uno *101*
ciento dos *102*
ciento dieciséis *116*
ciento veinte *120*
doscientos *200*
doscientos uno *201*
trescientos *300*
cuatrocientos *400*
quinientos *500*
seiscientos *600*
setecientos *700*
ochocientos *800*
novecientos *900*
mil *1,000*

Los lugares   Places

el apartamento *apartment*
la biblioteca *library*
la cafetería *cafeteria*
el centro estudiantil *student center; student union*
el cuarto *room*
el edificio *building*
el estadio *stadium*
el gimnasio *gymnasium*
el laboratorio *laboratory*
la librería *bookstore*
la residencia estudiantil *dormitory*
la tienda *store*

La residencia   The dorm

la calculadora *calculator*
el/la compañero/a de cuarto *roommate*
la computadora *computer*
el despertador *alarm clock*
el dinero *money*
el disco compacto (el CD) *compact disk*
el DVD *DVD*
el horario (de clases) *schedule (of classes)*
el radio/la radio *radio*
el reloj *clock; watch*
el reproductor de CD/DVD *CD/DVD player*
la televisión *television*

Los deportes y los pasatiempos
Sports and pastimes

bailar *to dance*
caminar *to walk*
el equipo *team*
escuchar música *to listen to music*
hacer ejercicio *to exercise*
ir de compras *to go shopping*
jugar al básquetbol *to play basketball*
jugar al béisbol *to play baseball*
jugar al fútbol *to play soccer*
jugar al fútbol americano *to play football*
jugar al golf *to play golf*
jugar al tenis *to play tennis*
montar en bicicleta *to ride a bike*
nadar *to swim*
patinar *to skate*
la pelota *ball*
tocar un instrumento *to play an instrument*
tomar el sol *to sunbathe*
ver la televisión *to watch television*

Otras palabras útiles   Other useful words

a menudo *often*
a veces *sometimes; from time to time*
difícil *difficult*
fácil *easy*
hay *there is; there are*
nunca *never*
pero *but*
también *too; also*
y *and*

Emociones y estados   Emotions and states of being

aburrido/a *bored* (with estar)
cansado/a *tired*
contento/a *content; happy*
enfermo/a *ill; sick*
enojado/a *angry*
feliz *happy*
nervioso/a *upset; nervous*
preocupado/a *worried*
triste *sad*

La casa *The house*

el altillo *attic*
el balcón *balcony*
el baño *bathroom*
la cocina *kitchen*
el comedor *dining room*
el cuarto *room*
el dormitorio *bedroom*
la escalera *staircase*
el garaje *garage*
el jardín *garden*
la oficina *office*
el piso *floor; story*
la planta baja *ground floor*
el primer piso *second floor*
la sala *living room*
el segundo piso *third floor*
el sótano *basement*
el suelo *floor*
el techo *roof*
el tercer piso *fourth floor*

Los verbos *Verbs*

conocer *to be acquainted with*
dar *to give*
decir *to say; to tell*
hacer *to do; to make*
oír *to hear*
poder *to be able to*
poner *to put; to place*
querer *to want; to love*
salir *to leave; to go out*
traer *to bring*
venir *to come*
ver *to see*

Los muebles y otros objetos de la casa *Furniture and other objects in the house*

La sala y el comedor *The living room and dining room*

la alfombra *rug; carpet*
el estante *bookcase*
la lámpara *lamp*
el sillón *armchair*
el sofá *sofa*

La cocina *The kitchen*

la estufa *stove*
el lavaplatos *dishwasher*
el microondas *microwave*
el refrigerador *refrigerator*

El baño *The bathroom*

la bañera *bathtub*
el bidet *bidet*

la ducha *shower*
el inodoro *toilet*
el lavabo *sink*

El dormitorio *The bedroom*

la almohada *pillow*
la cama *bed*
la colcha *bedspread; comforter*
la manta *blanket*
las sábanas *sheets*
el tocador *dresser*

Otras palabras útiles en la casa *Other useful words in the house*

amueblado/a *furnished*
el armario *armoire; closet; cabinet*
la cosa *thing*
el cuadro *picture; painting*
el mueble *piece of furniture*
los muebles *furniture*
el objeto *object*

Los quehaceres de la casa *Household chores*

arreglar *to straighten up; to fix*
ayudar *to help*
cocinar, preparar la comida *to cook*
guardar *to put away; to keep*
hacer la cama *to make the bed*
lavar los platos *to wash dishes*
limpiar *to clean*
pasar la aspiradora *to vacuum*
poner la mesa *to set the table*
sacar la basura *to take out the garbage*
sacudir los muebles *to dust*

Los colores *Colors*

amarillo *yellow*
anaranjado *orange*
azul *blue*
beige *beige*
blanco *white*
gris *gray*
marrón *brown*
morado *purple*
negro *black*
rojo *red*
rosado *pink*
verde *green*

Expresiones con *tener* *Expressions with* tener

tener... años *to be . . . years old*
tener calor *to be hot*
tener cuidado *to be careful*

tener éxito *to be successful*
tener frío *to be cold*
tener ganas de + *(infinitive) to feel like + (verb)*
tener hambre *to be hungry*
tener miedo *to be afraid*
tener prisa *to be in a hurry*
tener que + *(infinitive) to have to + (verb)*
tener razón *to be right*
tener sed *to be thirsty*
tener sueño *to be sleepy*
tener suerte *to be lucky*
tener vergüenza *to be embarrassed*

Los números 1.000– 100.000.000 *Numbers 1,000–100,000,000*

mil *1,000*
mil uno *1,001*
mil diez *1,010*
dos mil *2,000*
treinta mil *30,000*
cien mil *100,000*
cuatrocientos mil *400,000*
un millón *1,000,000*
dos millones *2,000,000*
cien millones *100,000,000*

Otras palabras útiles *Other useful words*

a la derecha (de) *to the right (of)*
a la izquierda (de) *to the left (of)*
al lado (de) *beside*
a menudo *often*
a veces *sometimes*
antiguo/a *old*
la calle *street*
el campo *country*
la ciudad *city*
contemporáneo/a *contemporary*
desordenado/a *messy*
encima (de) *on top (of)*
humilde *humble*
limpio/a *clean*
moderno/a *modern*
nuevo/a *new*
la ropa *clothes; clothing*
siempre *always*
sucio/a *dirty*
tradicional *traditional*
viejo/a *old*

Los lugares *Places*

el almacén *department store*
el banco *bank*
el bar; el club *bar; club*
el café *cafe*
el cajero automático *ATM machine*
el centro *downtown*
el centro comercial *mall; business / shopping district*
el cibercafé *Internet café*
el cine *movie theater*
la iglesia *church*
el mercado *market*
el museo *museum*
la oficina de correos; correos *post office*
el parque *park*
la plaza *town square*
el pueblo *town; village*
el restaurante *restaurant*
el supermercado *supermarket*
el teatro *theater*
el templo *temple*

Algunos verbos *Some verbs*

buscar *to look for*
estar de acuerdo *to agree*
mandar una carta *to send / mail a letter*

Otras palabras útiles *Other useful words*

la ciudad *city*
la cuenta *bill; account*
detrás (de) *behind*
enfrente (de) *in front (of)*
el/la mejor *the best*
la película *movie; film*
el/la peor *the worst*

Servicios a la comunidad *Community service*

apoyar a un/a candidato/a *to support a candidate*

ayudar a las personas mayores / los mayores *to help elderly people*
circular una petición *to circulate a petition*
dar un paseo *to go for a walk*
deber *ought to; should*
hacer artesanía *to make arts and crafts*
hacer una hoguera *to light a campfire*
ir de camping *to go camping*
ir de excursión *to take a short trip*
llevar a alguien al médico *to take someone to the doctor*
montar una tienda de campaña *to put up a tent*
organizar *to organize*
participar en una campaña política *to participate in a political campaign*
repartir comidas *to hand out / deliver food*
trabajar como consejero/a *to work as a counselor*
trabajar en un campamento de niños *to work in a summer camp*
trabajar como voluntario/a en la residencia de ancianos *to volunteer at a nursing home*
trabajar en política *to work in politics*
viajar en canoa *to canoe*

Otras palabras útiles *Other useful words*

el deber *obligation; duty*
el voluntariado *volunteerism*

¿Qué tienen que hacer? *What do they have to do?*

(Verbos con cambio de raíz)
(Stem-changing verbs)

almorzar (ue) *to have lunch*
cerrar (ie) *to close*
comenzar (ie) *to begin*
costar (ue) *to cost*
demostrar (ue) *to demonstrate*
devolver (ue) *to return (an object)*
dormir (ue) *to sleep*

empezar (ie) *to begin*
encerrar (ie) *to enclose*
encontrar (ue) *to find*
entender (ie) *to understand*
jugar (ue) *to play*
mentir (ie) *to lie*
morir (ue) *to die*
mostrar (ue) *to show*
pedir (i) *to ask for*
pensar (ie) *to think*
perder (ie) *to lose; to waste*
perseguir (i) *to chase*
preferir (ie) *to prefer*
recomendar (ie) *to recommend*
recordar (ue) *to remember*
repetir (i) *to repeat*
seguir (i) *to follow; to continue (doing something)*
servir (i) *to serve*
volver (ue) *to return*

Otros verbos *Other verbs*

ir *to go*
saber *to know*

Expresiones afirmativas y negativas *Affirmative and negative expressions*

a veces *sometimes*
algo *something; anything*
alguien *someone*
algún *some; any*
alguno/a/os/as *some; any*
jamás *never; not ever* (emphatic)
nada *nothing*
nadie *no one; nobody*
ni... ni *neither . . . nor*
ningún *none*
ninguno/a/os/as *none*
nunca *never*
o... o *either . . . or*
siempre *always*

El mundo de la música *The world of music*

el/la artista *artist*
la batería *drums*
el/la baterista *drummer*
el/la cantante *singer*
el concierto *concert*
el conjunto *group; band*
el/la empresario/a *agent; manager*
la gira *tour*
las grabaciones *recordings*

la guitarra *guitar*
el/la guitarrista *guitarist*
el/la músico/a *musician*
la música *music*
la orquesta *orchestra*
el/la pianista *pianist*
el piano *piano*
el tambor *drum*
el/la tamborista *drummer*
la trompeta *trumpet*
el/la trompetista *trumpet player*

Algunos géneros musicales *Some musical genres*

el jazz *jazz*
la música clásica *classical music*
la música folklórica *folk music*
la música popular *pop music*
la música rap *rap music*
la ópera *opera*
el rock *rock*
la salsa *salsa*

Algunas características *Some characteristics*

apasionado/a *passionate*
cuidadoso/a *careful*
fino/a *fine; delicate*
lento/a *slow*
suave *smooth*

Algunos verbos *Some verbs*

dar un concierto *to give / perform a concert*
ensayar *to practice / rehearse*
grabar *to record*
hacer una gira *to tour*
sacar un CD *to release a CD*
tocar *to play (a musical instrument)*

Otras palabras útiles *Other useful words*

el/la aficionado/a *fan*
la fama *fame*
el género *genre*
la habilidad *ability; skill*
la letra *lyrics*
el ritmo *rhythm*
la voz *voice*

El mundo del cine *The world of cinema*

el actor *actor*
la actriz *actress*
el documental *documentary*
la entrada *ticket*
la estrella *star*
la pantalla *screen*
una película... *a . . . film; movie*
   de acción *action*
   de ciencia ficción *science fiction*
   dramática *drama*
   de guerra *war*
   de humor *funny; comedy*
   de misterio *mystery*
   musical *musical*
   romántica *romantic*
   de terror *horror*

Otras palabras útiles *Other useful words*

el estreno *opening*
la película *film; movie*
una película... *a . . . movie*
   aburrida *boring*
   animada *animated*
   conmovedora *moving*
   creativa *creative*
   emocionante *moving*

   entretenida *entertaining*
   épica *epic*
   espantosa *scary*
   estupenda *stupendous*
   imaginativa *imaginative*
   impresionante *impressive*
   pésima *heavy; depressing*
   sorprendente *surprising*
   trágica *tragic*

Algunos verbos *Some verbs*

estrenar una película *to release a film / movie*
presentar una película *to show a film / movie*

Los números ordinales *Ordinal numbers*

primer, primero/a *first*
segundo/a *second*
tercer, tercero/a *third*
cuarto/a *fourth*
quinto/a *fifth*
sexto/a *sixth*
séptimo/a *seventh*
octavo/a *eighth*
noveno/a *ninth*
décimo/a *tenth*

Capítulo 7 de ¡Anda! Curso elemental

Las carnes y las aves *Meat and poultry*

las aves *poultry*
el bistec *steak*
la carne *meat*
la hamburguesa *hamburger*
el jamón *ham*
el perro caliente *hot dog*
el pollo *chicken*

El pescado y los mariscos *Fish and seafood*

el atún *tuna*
los camarones (*pl.*) *shrimp*
el pescado *fish*

Las frutas *Fruit*

la banana *banana*
el limón *lemon*
la manzana *apple*
el melón *melon*
la naranja *orange*
la pera *pear*
el tomate *tomato*

Las verduras *Vegetables*

la cebolla *onion*
el chile *chili pepper*
la ensalada *salad*
los frijoles (*pl.*) *beans*
la lechuga *lettuce*
el maíz *corn*
la papa / la patata *potato*
las papas fritas (*pl.*) *french fries; potato chips*
la verdura *vegetable*

Los postres *Desserts*

los dulces *candy; sweets*
las galletas *cookies; crackers*
el helado *ice cream*
el pastel *pastry; pie*
el postre *dessert*
la torta *cake*

Las bebidas *Beverages*

el agua (con hielo) *water (with ice)*
el café *coffee*
la cerveza *beer*
el jugo *juice*
la leche *milk*

el refresco *soft drink*
el té (helado / caliente) *tea (iced / hot)*
el vino *wine*

Más comidas *More foods*

el arroz *rice*
el cereal *cereal*
el huevo *egg*
el pan *bread*
el queso *cheese*
la sopa *soup*
la tostada *toast*

Las comidas *Meals*

el almuerzo *lunch*
la cena *dinner*
la comida *food; meal*
el desayuno *breakfast*
la merienda *snack*

Verbos *Verbs*

almorzar (ue) *to have lunch*
andar *to walk*
beber *to drink*
cocinar *to cook*

conducir *to drive*
cenar *to have dinner*
desayunar *to have breakfast*
merendar *to have a snack*

Los condimentos y las especias Condiments and spices

el aceite *oil*
el azúcar *sugar*
la mantequilla *butter*
la mayonesa *mayonnaise*
la mermelada *jam; marmalade*
la mostaza *mustard*
la pimienta *pepper*
la sal *salt*
la salsa de tomate *ketchup*
el vinagre *vinegar*

Algunos términos de cocina Cooking terms

a la parrilla *grilled*
al horno *baked*
asado/a *roasted; grilled*
bien cocido/a *well done*
bien hecho/a *well cooked*
caliente *hot (temperature)*
cocido/a *boiled; baked*

crudo/a *rare; raw*
duro/a *hard-boiled*
fresco/a *fresh*
frito/a *fried*
helado/a *iced*
hervido/a *boiled*
picante *spicy*
poco hecho/a *rare*
término medio *medium*

En el restaurante In the restaurant

el/la camarero/a *waiter/waitress*
el/la cliente/a *customer; client*
el/la cocinero/a *cook*
la cuchara *soup spoon; tablespoon*
la cucharita *teaspoon*
el cuchillo *knife*
la especialidad de la casa *specialty of the house*
el mantel *tablecloth*
el menú *menu*
el plato *plate; dish*
la propina *tip*
la servilleta *napkin*
la tarjeta de crédito *credit card*
la tarjeta de débito *debit card*
la taza *cup*

el tenedor *fork*
el vaso *glass*

Verbos Verbs

pagar *to pay*
pedir *to order*
reservar una mesa *to reserve a table*

Otras palabras útiles Other useful words

anoche *last night*
anteayer *the day before yesterday*
el año pasado *last year*
ayer *yesterday*
barato/a *cheap*
¡Buen provecho! *Enjoy your meal!*
caro/a *expensive*
cerca (de) *near*
debajo (de) *under; underneath*
encima (de) *on top (of); above*
el fin de semana pasado *last weekend*
el… (jueves) pasado *last . . . (Thursday)*
La cuenta, por favor. *The check, please.*
la semana pasada *last week*
más tarde que *later than*
más temprano que *earlier than*

Capítulo 8 de ¡Anda! Curso elemental

La ropa Clothing

el abrigo *overcoat*
la bata *robe*
la blusa *blouse*
el bolso *purse*
las botas (*pl.*) *boots*
los calcetines (*pl.*) *socks*
la camisa *shirt*
la camiseta *T-shirt*
la chaqueta *jacket*
el cinturón *belt*
el conjunto *outfit*
la corbata *tie*
la falda *skirt*
la gorra *cap*
los guantes *gloves*
el impermeable *raincoat*
los jeans (*pl.*) *jeans*
las medias (*pl.*) *stockings; hose*
la moda *fashion*
los pantalones (*pl.*) *pants*
los pantalones cortos (*pl.*) *shorts*
el paraguas *umbrella*
el pijama *pajamas*
las prendas *articles of clothing*
la ropa interior *underwear*
las sandalias (*pl.*) *sandals*
el sombrero *hat*

la sudadera *sweatshirt*
el suéter *sweater*
los tenis (*pl.*) *tennis shoes*
el traje *suit*
el traje de baño *swimsuit; bathing suit*
el vestido *dress*
las zapatillas (*pl.*) *slippers*
los zapatos (*pl.*) *shoes*

Algunos verbos Some verbs

llevar *to wear; to take; to carry*
prestar *to loan; to lend*

Algunos verbos como gustar Verbs similar to gustar

encantar *to love; delight*
fascinar *to fascinate*
hacer falta *to need; to be lacking*
importar *to matter; to be important*
molestar *to bother*

Las telas y los materiales Fabrics and materials

el algodón *cotton*
el cuero *leather*
la lana *wool*
el poliéster *polyester*

la seda *silk*
la tela *fabric*

Algunos adjetivos Some adjectives

ancho/a *wide*
atrevido/a *daring*
claro/a *light (colored)*
cómodo/a *comfortable*
corto/a *short*
de cuadros *checked*
de lunares *polka-dotted*
de rayas *striped*
elegante *elegant*
estampado/a *print; with a design or pattern*
estrecho/a *narrow; tight*
formal *formal*
incómodo/a *uncomfortable*
informal *casual*
largo/a *long*
liso/a *solid-colored*
oscuro/a *dark*

Otra palabra útil A useful word

el/la modelo *model*

Un verbo A verb

quedar bien / mal *to fit well / poorly*

Algunos verbos reflexivos *Some reflexive verbs*

acordarse de (o → ue) *to remember*
acostarse (o → ue) *to go to bed*
afeitarse *to shave*
arreglarse *to get ready*
bañarse *to bathe*
callarse *to get / keep quiet*
cepillarse (el pelo, los dientes) *to brush (one's hair, teeth)*

despertarse (e → ie) *to wake up; to awaken*
divertirse (e → ie → i) *to enjoy oneself; to have fun*
dormirse (o → ue → u) *to fall asleep*
ducharse *to shower*
irse *to go away; to leave*
lavarse *to wash oneself*
levantarse *to get up; to stand up*
llamarse *to be called*
maquillarse *to put on makeup*

peinarse *to comb one's hair*
ponerse (la ropa) *to put on (one's clothes)*
ponerse (nervioso/a) *to get (nervous)*
quedarse *to stay; to remain*
quitarse (la ropa) *to take off (one's clothes)*
reunirse *to get together; to meet*
secarse *to dry off*
sentarse (e → ie) *to sit down*
sentirse (e → ie → i) *to feel*
vestirse (e → i → i) *to get dressed*

Capítulo 9 de ¡Anda! Curso elemental

El cuerpo humano *The human body*

la boca *mouth*
el brazo *arm*
la cabeza *head*
la cara *face*
la cintura *waist*
el corazón *heart*
el cuello *neck*
el cuerpo *body*
el dedo (de la mano) *finger*
el dedo (del pie) *toe*
el diente *tooth*
la espalda *back*
el estómago *stomach*
la garganta *throat*
la mano *hand*
la nariz *nose*
el oído *inner ear*
el ojo *eye*
la oreja *ear*
el pecho *chest*
el pelo *hair*
el pie *foot*
la pierna *leg*

Algunos verbos *Some verbs*

doler (ue) *to hurt*
estar enfermo/a *to be sick*
estar sano/a; saludable *to be healthy*
ser alérgico/a (a) *to be allergic (to)*

Otras palabras útiles *Other useful words*

la salud *health*
la sangre *blood*

Algunas enfermedades y tratamientos médicos *Illnesses and medical treatments*

el antiácido *antacid*
el antibiótico *antibiotic*
la aspirina *aspirin*
el catarro / el resfriado *cold*
la curita *adhesive bandage*
el/la doctor/a *doctor*
el dolor *pain*
el/la enfermero/a *nurse*
el estornudo *sneeze*
el examen físico *physical exam*
la farmacia *pharmacy*
la fiebre *fever*
la gripe *flu*
la herida *wound; injury*
el hospital *hospital*
la inyección *shot*
el jarabe *cough syrup*
el/la médico/a *doctor*
la náusea *nausea*
las pastillas *pills*
la receta *prescription*
la sala de urgencias *emergency room*
la tos *cough*
la venda / el vendaje *bandage*

Algunos verbos *Some verbs*

acabar de + (infinitive) *to have just finished + (something)*
caer(se) *to fall down*
cortar(se) *to cut (oneself)*
curar(se) *to cure; to be cured*
enfermar(se) *to get sick*
estornudar *to sneeze*
evitar *to avoid*
guardar cama *to stay in bed*
lastimar(se) *to get hurt*
mejorar(se) *to improve; to get better*
ocurrir *to occur*
quemar(se) *to burn; to get burned*
romper(se) *to break*
tener…
   alergia (a) *to be allergic (to)*
   (un) catarro, resfriado *to have a cold*
   (la/una) gripe *to have the flu*
   una infección *to have an infection*
   tos *to have a cough*
   un virus *to have a virus*
tener dolor de… *to have a . . .*
   cabeza *headache*
   espalda *backache*
   estómago *stomachache*
   garganta *sore throat*
toser *to cough*
tratar de *to try to*
vendar(se) *to bandage (oneself); to dress (a wound)*

Capítulo 10 de ¡Anda! Curso elemental

El transporte *Transportation*

el autobús *bus*
el avión *airplane*
la bicicleta *bicycle*
el camión *truck*
el carro/el coche *car*
el metro *subway*
la moto(cicleta) *motorcycle*
el taxi *taxi*
el tren *train*

Otras palabras útiles *Other useful words*

la autopista *highway; freeway*
el boleto *ticket*
la calle *street*
la cola *line (of people)*
el estacionamiento *parking*
la gasolinera *gas station*
la licencia (de conducir) *driver's license*
la multa *traffic ticket; fine*
la parada *bus stop*
el peatón *pedestrian*
el/la policía *policeman*

el ruido *noise*
el semáforo *auto repair shop*
el taller mecánico *traffic light*
el tráfico *traffic*

Algunas partes de un vehículo   *Parts of a vehicle*

el aire acondicionado *air conditioning*
el baúl *trunk*
la calefacción *heat*
el limpiaparabrisas *windshield wiper*
la llanta *tire*
la llave *key*
el motor *motor; engine*
el parabrisas *windshield*
el tanque *gas tank*
el volante *steering wheel*

Algunos verbos útiles   *Some useful verbs*

arreglar / hacer la maleta *to pack a suitcase*
bajar (de) *to get down (from); to get off (of)*
cambiar *to change*
caminar, ir a pie *to walk; to go on foot*

dejar *to leave*
doblar *to turn*
entrar *to enter*
estacionar *to park*
funcionar *to work; to function*
ir de vacaciones *to go on vacation*
ir de viaje *to go on a trip*
irse del hotel *to leave the hotel; to check out*
llenar *to fill*
manejar / conducir *to drive*
prestar *to loan; to lend*
registrarse (en el hotel) *to check in*
revisar *to check; to overhaul*
sacar la licencia *to get a driver's license*
subir (a) *to go up; to get on*
viajar *to travel*
visitar *to visit*
volar (o → ue) *to fly; to fly away*

El viaje   *The trip*

el aeropuerto *airport*
la agencia de viajes *travel agency*
el/la agente de viajes *travel agent*
el barco *boat*

el boleto de ida y vuelta *round-trip ticket*
la estación (de tren, de autobús) *(train, bus) station*
el extranjero *abroad*
la maleta *suitcase*
el pasaporte *passport*
la reserva *reservation*
el sello *postage stamp*
la tarjeta postal *postcard*
las vacaciones *vacation*
los viajeros *travelers*
el vuelo *flight*

El hotel   *The hotel*

el botones *bellman*
el cuarto doble *double room*
el cuarto individual *single room*
la recepción *front desk*

Algunos lugares   *Some places*

el lago *lake*
las montañas *mountains*
el parque de atracciones *theme park*
la playa *beach*

Capítulo 11 de ¡Anda! Curso elemental

Algunos animales   *Some animals*

el caballo *horse*
el cerdo *pig*
el conejo *rabbit*
el elefante *elephant*
la gallina *chicken; hen*
el gato *cat*
la hormiga *ant*
el insecto *insect*
el león *lion*
la mosca *fly*
el mosquito *mosquito*
el oso *bear*
el pájaro / el ave *bird*
el perro *dog*
el pez (*pl.*, los peces) *fish*
la rana *frog*
la rata *rat*
el ratón *mouse*
la serpiente *snake*
el toro *bull*
la vaca *cow*

Algunos verbos   *Some verbs*

cuidar *to take care of*
preocuparse (por) *to worry about; to concern oneself with*

Las cuestiones políticas   *Political issues*

el bienestar *well-being; welfare*

la defensa *defense*
la delincuencia *crime*
el desempleo *unemployment*
la deuda (externa) *(foreign) debt*
el impuesto *tax*
la inflación *inflation*

Otras palabras útiles   *Other useful words*

los animales domésticos *domesticated animals; pets*
los animales en peligro de extinción *endangered species*
los animales salvajes *wild animals*
el árbol *tree*
el bosque *forest*
la cueva *cave*
la finca *farm*
la granja *farm*
el hoyo *hole*
el lago *lake*
la montaña *mountain*
el océano *ocean*
peligroso/a *dangerous*
el río *river*
la selva *jungle*

El medio ambiente   *The environment*

el aluminio *aluminum*
la botella *bottle*

la caja (de cartón) *(cardboard) box*
la contaminación *pollution*
el derrame de petróleo *oil spill*
el huracán *hurricane*
el incendio *fire*
la inundación *flood*
la lata *can*
el papel *paper*
el periódico *newspaper*
el plástico *plastic*
el terremoto *earthquake*
la tormenta *storm*
el tornado *tornado*
el tsunami *tsunami*
el vidrio *glass*

Algunos verbos   *Some verbs*

apoyar *to support*
botar *to throw away*
combatir *to fight; to combat*
contaminar *to pollute*
cuidar *to take care of*
elegir *to elect*
estar en huelga *to be on strike*
evitar *to avoid*
hacer daño *to (do) damage; to harm*
llevar a cabo *to carry out*
luchar *to fight; to combat*
matar *to kill*
meterse en política *to get involved in politics*
plantar *to plant*

proteger *to protect*
reciclar *to recycle*
reforestar *to reforest*
reutilizar *to reuse*
resolver (o → ue) *to resolve*
sembrar (e → ie) *to sow*
votar *to vote*

La política *Politics*

el alcalde/la alcaldesa *mayor*
el/la candidato/a *candidate*
el/la dictador/a *dictator*
el/la diputado/a *deputy; representative*
el/la gobernador/a *governor*
la guerra *war*
la huelga *strike*
el/la juez/a *judge*
el juicio *jury*
el/la presidente/a *president*
el rey/la reina *king/queen*
el/la senador/a *senator*

Las preposiciones *Prepositions*

a *to; at*
a la derecha de *to the right of*
a la izquierda de *to the left of*
acerca de *about*
(a)fuera de *outside of*
al lado de *next to*
antes de *before (time / space)*
cerca de *near*
con *with*

de *of; from; about*
debajo de *under; underneath*
delante de *in front of*
dentro de *inside of*
desde *from*
después de *after*
detrás de *behind*
en *in*
encima de *on top of*
enfrente de *across from; facing*
entre *among; between*
hasta *until*
lejos de *far from*
para *for; in order to*
por *for; through; by; because of*
según *according to*
sin *without*
sobre *over; about*

Las administraciones y los regímenes *Administrations and regimes*

el congreso *congress*
la corte *court*
la democracia *democracy*
la dictadura *dictatorship*
el estado *state*
el gobierno *government*
la ley *law*
la monarquía *monarchy*
la presidencia *presidency*
la provincia *province*

la región *region*
el senado *senate*

Las elecciones *Elections*

la campaña *campaign*
el discurso *speech*
la encuesta *survey; poll*
el partido político *political party*
el voto *vote*

Otras palabras útiles *Other useful words*

el aire *air*
la basura *garbage*
la calidad *quality*
la capa de ozono *ozone layer*
el cielo *sky; heaven*
el desastre *disaster*
la destrucción *destruction*
la ecología *ecology*
el efecto invernadero *global warming*
la lluvia ácida *acid rain*
la naturaleza *nature*
el planeta *planet*
puro/a *pure*
el recurso natural *natural resource*
la selva tropical *jungle; (tropical) rain forest*
la Tierra *Earth*
la tierra *land; soil*
la tragedia *tragedy*
el vertedero *dump*
vivo/a *alive; living*

Appendix 3

Grammar from *¡Anda! Curso elemental*

El alfabeto

The Spanish alphabet is quite similar to the English alphabet except in the ways the letters are pronounced. Learning the proper pronunciation of the individual letters in Spanish will help you pronounce new words and phrases.

Letter	Letter Name	Examples
a	a	adiós
b	be	buenos
c	ce	clase
d	de	día
e	e	español
f	efe	por favor
g	ge	luego
h	hache	hola
i	i	señorita
j	jota	julio
k	ka	kilómetro
l	ele	luego
m	eme	madre
n	ene	noche
ñ	eñe	mañana
o	o	cómo
p	pe	por favor
q	cu	qué
r	ere	señora
s	ese	saludos
t	te	tarde
u	u	usted
v	uve	nueve
w	doble ve o uve doble	Washington
x	equis	examen
y	ye o i griega	yo
z	zeta	pizarra

Los pronombres personales

The chart below lists the subject pronouns in Spanish and their equivalents in English. As you will note, Spanish has several equivalents for *you*.

yo	*I*	nosotros/as	*we*
tú	*you (fam.)*	vosotros/as	*you (pl., Spain)*
usted	*you (form.)*	ustedes	*you (pl.)*
él	*he*	ellos	*they (masc.)*
ella	*she*	ellas	*they (fem.)*

Generally speaking, **tú** (you, singular) is used for people with whom you are on a first-name basis, such as family members and friends.

Usted, abbreviated **Ud.,** is used with people you do not know well, or with people with whom you are not on a first-name basis. **Usted** is also used with older people, or with those to whom you want to show respect.

Spanish shows gender more clearly than English. **Nosotros** and **ellos** are used to refer to either all males or to a mixed group of males and females. **Nosotras** and **ellas** refer to an all-female group.

El verbo *ser*

You have already learned the subject pronouns in Spanish. It is time to put them together with a verb. First, consider the verb *to be* in English. The *to* form of a verb, as in *to be* or *to see* is called an *infinitive*. Note that *to be* has different forms for different subjects.

to be			
I	am	we	are
you	are	you (all)	are
he, she, it	is	they	are

Verbs in Spanish also have different forms for different subjects.

ser (*to be*)					
Singular			**Plural**		
yo	**soy**	*I am*	nosotros/as	**somos**	*we are*
tú	**eres**	*you are*	vosotros/as	**sois**	*you are*
Ud.	**es**	*you are*	Uds.	**son**	*you are*
él, ella	**es**	*he/she is*	ellos/as	**son**	*they are*

- In Spanish, subject pronouns are not required, but rather used for clarification or emphasis. Pronouns are indicated by the verb ending. For example:

  Soy means *I am.*

  Es means either *he is, she is,* or *you* (formal) *are.*

- If you are using a subject pronoun, it will appear first, followed by the form of the verb that corresponds to the subject pronoun, and then the rest of the sentence, as in the examples:

  Yo **soy** Mark.　　　　　　**Soy** Mark.

  Él **es** inteligente.　　　　**Es** inteligente.

Capítulo 1 de ¡Anda! Curso elemental

El verbo *tener*

In **Capítulo Preliminar A** you learned the present tense of **ser.** Another very common verb in Spanish is **tener** (*to have*). The present tense forms of the verb **tener** follow.

tener (to have)			
Singular		**Plural**	
yo **tengo** *I have*		nosotros/as **tenemos** *we have*	
tú **tienes** *you have*		vosotros/as **tenéis** *you have*	
Ud. **tiene** *you have*		Uds. **tienen** *you all have*	
él, ella **tiene** *he/she has*		ellos/as **tienen** *they have*	

Sustantivos singulares y plurales

To pluralize singular nouns and adjectives in Spanish, follow these simple guidelines.

1. If the word ends in a vowel, add **-s.**

hermana	→	hermanas	abuelo →	abuelos
día	→	días	mi →	mis

2. If the word ends in a consonant, add **-es.**

mes	→	meses	ciudad →	ciudades
televisión	→	televisiones	joven →	jóvenes

3. If the word ends in a **-z**, change the **z** to **c**, and add **-es.**

lápiz	→	lápices	feliz →	felices

El masculino y el femenino

In Spanish, all nouns (people, places, and things) have a gender; they are either masculine or feminine. Use the following rules to help you determine the gender of nouns. If a noun does not belong to any of the following categories, you must memorize the gender as you learn that noun.

1. Most words ending in **-a** are feminine.

   la hermana, la hija, la mamá, la tía

   *Some exceptions: **el día, el papá,** and words of Greek origin ending in **-ma,** such as **el problema** and **el programa.**

2. Most words ending in **-o** are masculine.

   el abuelo, el hermano, el hijo, el nieto

   *Some exceptions: **la foto** (*photo*), **la mano** (*hand*), **la moto** (*motorcycle*)

   *Note: **la foto** and **la moto** are shortened forms for **la fotografía** and **la motocicleta.**

3. Words ending in **-ción** and **-sión** are feminine.

   la discusión, la recepción, la televisión

   *Note: The suffix **-ción** is equivalent to the English *-tion.*

4. Words ending in **-dad** or **-tad** are feminine.

   la ciudad (*city*), **la libertad, la universidad**

   *Note: these suffixes are equivalent to the English *-ty.*

As you learned in **Capítulo Preliminar A,** words that look alike and have the same meaning in both English and Spanish, such as **discusión** and **universidad,** are known as *cognates.* Use them to help you decipher meaning and to form words.

Los artículos definidos e indefinidos

Like English, Spanish has two kinds of articles, definite and indefinite. The definite article in English is *the;* the indefinite articles are *a, an,* and *some.*

In Spanish, articles and other adjectives mirror the gender (masculine or feminine) and number (singular or plural) of the nouns to which they refer. For example, an article referring to a singular masculine noun must also be singular and masculine. Note the forms of the articles in the following charts.

Los artículos definidos			
el hermano	*the brother*	**los** hermanos	*the brothers / the brothers and sisters*
la hermana	*the sister*	**las** hermanas	*the sisters*

Los artículos indefinidos			
un hermano	*a / one brother*	**unos** hermanos	*some brothers / some brothers and sisters*
una hermana	*a / one sister*	**unas** hermanas	*some sisters*

1. *Definite articles* are used to refer to **the** person, place, or thing.

2. *Indefinite articles* are used to refer to **a** or **some** person, place, or thing.

Adriana es **la** hermana de Eduardo y **los** abuelos de él se llaman Carmen y Manuel.	*Adriana is Eduardo's sister, and his grandparents' names are Carmen and Manuel.*
Jorge tiene **una** tía y **unos** tíos.	*Jorge has an aunt and some uncles.*

Los adjetivos posesivos

You have already used the possessive adjective **mi** (*my*). Other forms of possessive adjectives are also useful in conversation.

   Look at the following chart to see how to personalize talk about your family (*our* dad, *his* sister, *our* cousins, etc.) using possessive adjectives.

Los adjetivos posesivos

mi, mis	*my*	**nuestro/a/os/as**	*our*
tu, tus	*your*	**vuestro/a/os/as**	*your*
su, sus	*your*	**su, sus**	*your*
su, sus	*his, her, its*	**su, sus**	*their*

Note:

1. Possessive adjectives agree in form with the person, place, or thing possessed, *not with the possessor*.

2. Possessive adjectives agree in number (singular or plural), and in addition, **nuestro** and **vuestro** indicate gender (masculine or feminine).

3. The possessive adjectives **tu/tus** (*your*) refer to someone with whom you are familiar and/or on a first name basis. **Su/sus** (*your*) is used when you are referring to people to whom you refer with *usted* and *ustedes*, that is, more formally and perhaps not on a first-name basis. **Su/sus** (*your* plural or *their*) is used when referring to individuals whom you are addressing with *ustedes* or when expressing possession with *ellos* and *ellas*.

mi	*my*	**mis**	*my brothers / siblings*
hermano	*brother*	hermanos	
tu primo	*your cousin*	**tus** primos	*your cousins*
su tía	*her/his/your/ their aunt*	**sus** tías	*her/his/your/their aunts*
nuestra familia	*our family*	**nuestras** familias	*our families*
vuestra mamá	*your mom*	**vuestras** mamás	*your moms*
su hija	*your/their daughter*	**sus** hijas	*your (plural)/ their daughters*

Eduardo tiene una novia.	*Eduardo has a girlfriend.*
Su novia se llama Julia.	*His girlfriend's name is Julia.*
Nuestros padres tienen dos amigos.	*Our parents have two friends.*
Sus amigos son Jorge y Marta.	*Their friends are Jorge and Marta.*

Los adjetivos descriptivos

Descriptive adjectives are words that describe people, places, and things.

1. In English, adjectives usually come before the words they describe (e.g., **the** *red* **car**), but in Spanish, they usually follow the word (e.g., **el coche** *rojo*).

2. Adjectives in Spanish agree with the nouns they modify in number (singular or plural) and in gender (masculine or feminine).

Carlos es un **chico** simpátic**o**.	*Carlos is a nice boy.*
Adela es una **chica** simpátic**a**.	*Adela is a nice girl.*
Carlos y Adela son (unos) **chicos** simpátic**os**.	*Carlos and Adela are (some) nice children.*

3. A descriptive adjective can also follow the verb **ser** directly. When it does, it still agrees with the noun to which it refers, which is the subject in this case.

Carlos es simpátic**o**.	*Carlos is nice.*
Adela es simpátic**a**.	*Adela is nice.*
Carlos y Adela son simpátic**os**.	*Carlos and Adela are nice.*

Las características físicas, la personalidad y otros rasgos

La personalidad	*Personality*		
aburrido/a	*boring*	**interesante**	*interesting*
alto/a	*tall*	**joven**	*young*
antipático/a	*unpleasant*	**malo/a**	*bad*
bajo/a	*short*	**mayor**	*old*
bueno/a	*good*	**paciente**	*patient*
cómico/a	*funny; comical*	**perezoso/a**	*lazy*
débil	*weak*	**pobre**	*poor*
delgado/a	*thin*	**responsable**	*responsible*
fuerte	*strong*	**rico/a**	*rich*
gordo/a	*fat*	**simpático/a**	*nice*
guapo/a	*handsome/pretty*	**tonto/a**	*silly; dumb*
inteligente	*intelligent*	**trabajador/a**	*hard-working*

Las características físicas	Physical characteristics
bonito/a	pretty
feo/a	ugly
grande	big; large
pequeño/a	small

Otras palabras útiles	Other useful words
muy	very
(un) poco	(a) little

Presente indicativo de verbos regulares

Spanish has three groups of verbs which are categorized by the ending of the infinitive. Remember that an infinitive is expressed in English by the word *to: to have*, *to be*, and *to speak* are all infinitive forms of English verbs. Spanish infinitives end in **-ar**, **-er**, or **-ir**.

Verbos que terminan en *-ar*			
comprar	to buy	preguntar	to ask (a question)
contestar	to answer	preparar	to prepare; to get ready
enseñar	to teach; to show	regresar	to return
esperar	to wait for; to hope	terminar	to finish; to end
estudiar	to study	tomar	to take; to drink
hablar	to speak	trabajar	to work
llegar	to arrive	usar	to use
necesitar	to need		

Verbos que terminan en *-er*			
aprender	to learn	correr	to run
comer	to eat	creer	to believe
comprender	to understand	leer	to read

Verbos que terminan en *-ir*			
abrir	to open	recibir	to receive
escribir	to write	vivir	to live

To talk about daily or ongoing activities or actions, you need to use the present tense. You can also use the present tense to express future events.

Mario **lee** en la biblioteca.
{ *Mario reads in the library.*
Mario is reading in the library.

Mario **lee** en la biblioteca mañana.
Mario will read in the library tomorrow.

To form the present indicative, drop the **-ar**, **-er**, or **-ir** ending from the infinitive, and add the appropriate ending. The endings are highlighted in the following chart. Follow this simple pattern with all regular verbs.

	hablar (*to speak*)	comer (*to eat*)	vivir (*to live*)
yo	hablo	como	vivo
tú	hablas	comes	vives
Ud.	habla	come	vive
él, ella	habla	come	vive
nosotros/as	hablamos	comemos	vivimos
vosotros/as	habláis	coméis	vivís
Uds.	hablan	comen	viven
ellos/as	hablan	comen	viven

La formación de preguntas y las palabras interrogativas

Asking yes/no questions

Yes/no questions in Spanish are formed in two different ways:

a. Adding question marks to the statement.

Antonio habla español. → ¿Antonio habla español?

Antonio speaks Spanish. | *Does Antonio speak Spanish?* or *Antonio speaks Spanish?*

As in English, your voice goes up at the end of the sentence. Remember that written Spanish has an upside-down question mark at the beginning of a question.

b. Inverting the order of the subject and the verb.

Antonio habla español. → ¿Habla Antonio español?

SUBJECT + VERB | VERB + SUBJECT

Antonio speaks Spanish. | *Does Antonio speak Spanish?*

Answering yes/no questions

Answering questions is also like English.

¿Habla Antonio español? | *Does Antonio speak Spanish?*

Sí, habla español. | *Yes, he speaks Spanish.*

No, no habla español. | *No, he does not speak Spanish.*

Notice that in the negative response to the question above, both English and Spanish have two negative words.

Information questions

Information questions begin with interrogative words. Study the list of question words below and remember, accents are used on all interrogative words and also on exclamatory words: **¡Qué bueno!** (*That's great!*)

Las palabras interrogativas

¿Qué?	*What?*	**¿Qué** idioma habla Antonio?	*What language does Antonio speak?*
¿Por qué?	*Why?*	**¿Por qué** no trabaja Antonio?	*Why doesn't Antonio work?*
¿Cómo?	*How?*	**¿Cómo** está Antonio?	*How is Antonio?*
¿Cuándo?	*When?*	**¿Cuándo** es la clase?	*When is the class?*
¿Adónde?	*To where?*	**¿Adónde** va Antonio?	*(To) Where is Antonio going?*
¿Dónde?	*Where?*	**¿Dónde** vive Antonio?	*Where does Antonio live?*
¿De dónde?	*From where?*	**¿De dónde** regresa Antonio?	*Where is Antonio coming back from?*
¿Cuánto/a?	*How much?*	**¿Cuánto** estudia Antonio para la clase?	*How much does Antonio study for the class?*
¿Cuántos/as?	*How many?*	**¿Cuántos** idiomas habla Antonio?	*How many languages does he speak?*
¿Cuál?	*Which (one)?*	**¿Cuál** es su clase favorita?	*Which is his favorite class?*
¿Cuáles?	*Which (ones)?*	**¿Cuáles** son sus clases favoritas?	*Which are his favorite classes?*
¿Quién?	*Who?*	**¿Quién** habla cinco idiomas?	*Who speaks five languages?*
¿Quiénes?	*Who? (pl.)*	**¿Quiénes** hablan cinco idiomas?	*Who speaks five languages?*

Note that, although it is not always necessary, when the subject is included in the sentence it follows the verb.

El verbo estar

Another verb that expresses *to be* in Spanish is **estar.** Like **tener** and **ser, estar** is not a regular verb; that is, you cannot simply drop the infinitive ending and add the usual **-ar** endings.

estar (*to be*)

Singular		Plural	
yo	**estoy**	nosotros/as	**estamos**
tú	**estás**	vosotros/as	**estáis**
Ud.	**está**	Uds.	**están**
él, ella	**está**	ellos/as	**están**

Ser and **estar** are not interchangeable because they are used differently. Two uses of **estar** are:

1. To describe the location of someone or something.

   Manuel **está** en la sala de clase. *Manuel is in the classroom.*

   Nuestros padres **están** en México. *Our parents are in Mexico.*

2. To describe how someone is feeling or to express a change from the norm.

   Estoy bien. ¿Y tú? *I'm fine. And you?*

   Estamos tristes hoy. *We are sad today. (Normally we are upbeat and happy.)*

Capítulo 3 de ¡Anda! Curso elemental

Algunos verbos irregulares

Look at the present tense forms of the following verbs. In the first group, note that they all follow the same patterns that you learned in **Capítulo 2** to form the present tense of regular verbs, *except* in the **yo** form.

Group 1

	conocer (*to be acquainted with*)	dar (*to give*)	hacer (*to do; to make*)	poner (*to put; to place*)
yo	cono**zco**	do**y**	ha**go**	pon**go**
tú	conoces	das	haces	pones
Ud.	conoce	da	hace	pone
él, ella	conoce	da	hace	pone
nosotros/as	conocemos	damos	hacemos	ponemos
vosotros/as	conocéis	dais	hacéis	ponéis
Uds.	conocen	dan	hacen	ponen
ellos/as	conocen	dan	hacen	ponen

	salir (*to leave; to go out*)	traer (*to bring*)	ver (*to see*)
yo	sal**go**	tra**igo**	veo
tú	sales	traes	ves
Ud.	sale	trae	ve
él, ella	sale	trae	ve
nosotros/as	salimos	traemos	vemos
vosotros/as	salís	traéis	veis
Uds.	salen	traen	ven
ellos/as	salen	traen	ven

Group 2

In the second group, note that **venir** is formed similarly to **tener.**

venir (*to come*)	
yo	ven**go**
tú	vienes
Ud.	viene
él, ella	viene
nosotros/as	venimos
vosotros/as	venís
Uds.	vienen
ellos/as	vienen

Group 3

In the third group of verbs, note that all of the verb forms have a spelling change except in the **nosotros** and **vosotros** forms.

	decir (*to say; to tell*)	oír (*to hear*)
yo	digo	oigo
tú	dices	oyes
Ud.	dice	oye
él, ella	dice	oye
nosotros/as	decimos	oímos
vosotros/as	decís	oís
Uds.	dicen	oyen
ellos/as	dicen	oyen

	poder (*to be able to*)	querer (*to want; to love*)
yo	puedo	quiero
tú	puedes	quieres
Ud.	puede	quiere
él, ella	puede	quiere
nosotros/as	podemos	queremos
vosotros/as	podéis	queréis
Uds.	pueden	quieren
ellos/as	pueden	quieren

Algunas expresiones con *tener*

The verb **tener,** besides meaning *to have,* is used in a variety of expressions.

tener… años	*to be . . . years old*
tener calor	*to be hot*
tener cuidado	*to be careful*
tener éxito	*to be successful*
tener frío	*to be cold*
tener ganas de + (*infinitive*)	*to feel like + (verb)*
tener hambre	*to be hungry*
tener miedo	*to be afraid*
tener prisa	*to be in a hurry*
tener que + (*infinitive*)	*to have to + (verb)*
tener razón	*to be right*
tener sed	*to be thirsty*
tener sueño	*to be sleepy*
tener suerte	*to be lucky*
tener vergüenza	*to be embarrassed*

—Mamá, **tengo hambre.** ¿Cuándo comemos?

Mom, I'm hungry. When are we eating?

—**Tienes suerte,** hijo. Salimos para el restaurante Tío Tapas en diez minutos.

You are lucky, son. We are leaving for Tío Tapas Restaurant in ten minutes.

Hay

In **Capítulo 2,** you became familiar with **hay** when you described your classroom. To say *there is* or *there are* in Spanish you use **hay.** The irregular form **hay** comes from the verb **haber.**

Hay un baño en mi casa.

There is one bathroom in my house.

Hay cuatro dormitorios también.

There are also four bedrooms.

—¿**Hay** tres baños en tu casa?

Are there three bathrooms in your house?

—No, no **hay** tres baños.

No, there aren't three bathrooms.

Saber y conocer

In **Capítulo 3**, you learned that **conocer** means *to know*. Another verb, **saber**, also expresses *to know*.

saber (*to know*)			
Singular		**Plural**	
yo	**sé**	nosotros/as	**sabemos**
tú	**sabes**	vosotros/as	**sabéis**
Ud.	**sabe**	Uds.	**saben**
él, ella	**sabe**	ellos/as	**saben**

The verbs are not interchangeable. Note when to use each.

Conocer

■ Use **conocer** to express *being familiar or acquainted with people, places, and things.*

Ellos **conocen** los mejores restaurantes de la ciudad.	*They know the best restaurants in the city.*
Yo **conozco** a tu hermano, pero no muy bien.	*I know your brother, but not very well.*

Note:

1. When expressing that *a person* is known, you must use the personal "a." For example, *Conozco **a** tu hermano…*

2. When **a** is followed by **el, a + el = al.** For example, **Conozco al** señor (a + el señor)…

Saber

■ Use **saber** to express *knowing facts, pieces of information,* or *how to do something.*

¿Qué **sabes** sobre la música de Guatemala?	*What do you know about Guatemalan music?*
Yo **sé** tocar la guitarra.	*I know how to play the guitar.*

Los verbos con cambio de raíz

In **Capítulo 3,** you learned a variety of common verbs that are irregular. Two of those verbs were **querer** and **poder,** which are irregular due to some changes in their stems. Look at the following verb groups.

Change e → ie cerrar (*to close*)			
Singular		**Plural**	
yo	cierro	nosotros/as	cerramos
tú	cierras	vosotros/as	cerráis
Ud.	cierra	Uds.	cierran
él, ella	cierra	ellos/as	cierran

Other verbs like **cerrar** (e → ie) are:

comenzar	to begin	pensar	to think
empezar	to begin	perder	to lose; to waste
entender	to understand	preferir	to prefer
mentir	to lie	recomendar	to recommend

Change e → i pedir (*to ask for*)			
Singular		**Plural**	
yo	pido	nosotros/as	pedimos
tú	pides	vosotros/as	pedís
Ud.	pide	Uds.	piden
él, ella	pide	ellos/as	piden

Other verbs like **pedir** (e → i) are:

repetir	to repeat
seguir*	to follow; to continue (doing something)
servir	to serve

*Note: The **yo** form of **seguir** is **sigo.**

Change o → ue encontrar (*to find*)			
Singular		**Plural**	
yo	encuentro	nosotros/as	encontramos
tú	encuentras	vosotros/as	encontráis
Ud.	encuentra	Uds.	encuentran
él, ella	encuentra	ellos/as	encuentran

Other verbs like **encontrar** (o → ue) are:

almorzar	to have lunch	mostrar	to show
costar	to cost	recordar	to remember
dormir	to sleep	volver	to return
morir	to die		

Change u → ue jugar (*to play*)			
Singular		**Plural**	
yo	juego	nosotros/as	jugamos
tú	juegas	vosotros/as	jugáis
Ud.	juega	Uds.	juegan
él, ella	juega	ellos/as	juegan

El verbo *ir*

Another important verb in Spanish is **ir**. Note its irregular present tense forms.

ir (*to go*)			
Singular		**Plural**	
yo	**voy**	nosotros/as	**vamos**
tú	**vas**	vosotros/as	**vais**
Ud.	**va**	Uds.	**van**
él, ella	**va**	ellos/as	**van**

Voy al parque. ¿**Van** ustedes también?

I'm going to the park. Are you all going too?

No, no **vamos** ahora. Preferimos **ir** más tarde.

No, we're not going now. We prefer to go later.

Ir + a + infinitivo

You can use a present tense form of **ir** + **a** + an infinitive to talk about actions that will take place in the future.

Voy a mandar esta carta. ¿Quieres ir?

I'm going to mail this letter. Do you want to come?

Sí. Luego, ¿**vas a almorzar?**

Yes. Then, are you going to have lunch?

Sí, **vamos a comer** comida guatemalteca.

Yes, we are going to eat Guatemalan food.

¡Perfecto! Ya sé que **voy a pedir** unos tamales.

Perfect! I already know that I am going to order some tamales.

Pero, primero, ¡**vamos a ir** al banco!

But first we are going to go to the bank!

Las expresiones afirmativas y negativas

In the previous chapters, you have seen and used a number of the affirmative and negative expressions listed below. Study the list, and learn the ones that are new to you.

Expresiones afirmativas		Expresiones negativas	
a veces	sometimes	jamás	never; not ever (emphatic)
algo	something; anything	nada	nothing
alguien	someone	nadie	no one; nobody
algún	some; any	ningún	none
alguno/a/os/as	some; any	ninguno/a/os/as	none
siempre	always	nunca	never
o... o	either . . . or	ni... ni	neither . . . nor

Look at the following sentences, paying special attention to the position of the negative words, and answer the questions that follow.

—¿Quién llama?

Who is calling?

—**Nadie** llama. (**No** llama **nadie.**)

No one is calling.

—¿Vas al gimnasio todos los días?

Do you go to the gym every day?

—No, **nunca** voy. (No, **no** voy **nunca.**)

No, I never go.

Algún and ningún

1. Forms of **algún** and **ningún** need to agree in gender and number with the nouns they modify.

2. **Alguno** and **ninguno** are shortened to **algún** and **ningún** when they are followed by *masculine, singular nouns.*

3. When no noun follows, use **alguno** or **ninguno** when referring to masculine, singular nouns.

4. The plural form **ningunos** is rarely used.

Study the following sentences.

MARÍA: ¿Tienes **alguna** clase fácil este semestre?

JUAN: No, no tengo **ninguna.** ¡Y **ningún** profesor es simpático!

MARÍA: Vaya, ¿y puedes hacer **algún** cambio?

JUAN: No, no puedo hacer **ninguno.** (No, no puedo tomar **ningún** otro curso.)

Un repaso de ser y estar

You have learned two Spanish verbs that mean *to be* in English. These verbs, **ser** and **estar,** are contrasted below.

SER

Ser is used:

■ **To describe physical or personality characteristics that remain relatively constant**

Gregorio **es** inteligente. *Gregorio is intelligent.*

Yanina **es** guapa. *Yanina is pretty.*

Su tienda de campaña **es** amarilla. *Their tent is yellow.*

Las casas **son** grandes. *The houses are large.*

■ **To explain what or who someone or something is**

El Dr. Suárez **es** profesor de literatura. *Dr. Suárez is a literature professor.*

Marisol **es** mi hermana. *Marisol is my sister.*

■ **To tell time, or to tell when or where an event takes place**

¿Qué hora **es?** *What time is it?*

Son las ocho. *It's eight o'clock.*

Mi clase de español **es** a las ocho y **es** en Peabody Hall. *My Spanish class is at eight o'clock and is in Peabody Hall.*

■ **To tell where someone is from and to express nationality**

Somos de Honduras. *We are from Honduras.*

Somos hondureños. *We are Honduran.*

Ellos **son** de Guatemala. *They are from Guatemala.*

Son guatemaltecos. *They are Guatemalan.*

ESTAR

Estar is used:

- **To describe physical or personality characteristics that can change, or to indicate a change in condition**

  María **está** enferma hoy. *María is sick today.*

  Jorge y Julia **están** tristes. *Jorge and Julia are sad.*

  La cocina **está** sucia. *The kitchen is dirty.*

- **To describe the location of people or places**

  El museo **está** en la calle Quiroga. *The museum is on Quiroga Street.*

  Estamos en el centro comercial. *We're at the mall.*

  ¿Dónde **estás** tú? *Where are you?*

Capítulo 5 de ¡Anda! Curso elemental

Los adjetivos demostrativos

When you want to point out a specific person, place, thing, or idea, you use a *demonstrative adjective*. In Spanish, they are:

Demonstrative adjectives	Meaning	From the perspective of the speaker, it refers to . . .
este, esta, estos, estas	*this, these*	something nearby
ese, esa, esos, esas	*that, those over there*	something farther away
aquel, aquella, aquellos, aquellas	*that, those (way) over there*	something even farther away in distance and/or time . . . perhaps not even visible

Since forms of **este, ese,** and **aquel** are adjectives, they must agree in gender and number with the nouns they modify. Note the following examples.

Este conjunto es fantástico. *This group is fantastic.*

Esta cantante es fenomenal. *This singer is phenomenal.*

Estos conjuntos son fantásticos. *These groups are fantastic.*

Estas cantantes son fenomenales. *These singers are phenomenal.*

Ese conjunto es fantástico. *That group is fantastic.*

Esa cantante es fenomenal. *That singer is phenomenal.*

Esos conjuntos son fantásticos. *Those groups are fantastic.*

Esas cantantes son fenomenales. *Those singers are phenomenal.*

Aquel conjunto es fantástico. *That group (over there) is fantastic.*

Aquella cantante es fenomenal. *That singer (over there) is phenomenal.*

Aquellos conjuntos son fantásticos. *Those groups (over there) are fantastic.*

Aquellas cantantes son fenomenales. *Those singers (over there) are phenomenal.*

Los pronombres demostrativos

Demonstrative pronouns take the place of nouns. They are identical in form and meaning to demonstrative adjectives.

Masculino	Femenino	*Meaning*
este	esta	*this one*
estos	estas	*these*
ese	esa	*that one*
esos	esas	*those*
aquel	aquella	*that one (way over there / not visible)*
aquellos	aquellas	*those (way over there / not visible)*

A demonstrative pronoun must agree in gender and number with the noun it replaces. Observe how demonstrative adjectives and demonstrative pronouns are used in the following sentences.

Yo quiero comprar **este CD,** pero mi hermana quiere comprar **ese.** *I want to buy this CD, but my sister wants to buy that one.*

—¿Te gusta **esa guitarra**? *Do you like that guitar?*

—No, a mí me gusta **esta.** *No, I like this one.*

Estos instrumentos son interesantes, pero prefiero tocar **esos.** *These instruments are interesting, but I prefer to play those.*

En **esta** calle hay varios cines. ¿Quieres ir a **aquel**? *There are several movie theaters on this street. Do you want to go to that one over there?*

Los adverbios

An adverb usually describes a verb and answers the question "how." Many Spanish adverbs end in **-mente,** which is equivalent to the English *-ly*. These Spanish adverbs are formed as follows:

1. Add **-mente** to the *feminine singular* form of an *adjective*.

ADJETIVOS		ADVERBIOS
Masculino	**Femenino**	
rápido	→ *rápida* + -mente →	**rápidamente**
lento	→ *lenta* + -mente →	**lentamente**
tranquilo	→ *tranquila* + -mente →	**tranquilamente**

2. If an *adjective* ends in a *consonant* or in **-e**, simply add **-mente**.

ADJETIVOS		ADVERBIOS
Masculino	**Femenino**	
fácil ➞	*fácil* + -mente ➞	**fácilmente**
suave ➞	*suave* + -mente ➞	**suavemente**

Note: If an adjective has a written accent, it is retained when **-mente** is added.

El presente progresivo

So far you have been learning and using the present tense to communicate ideas. If you want to emphasize that an action is occurring at the moment and is in progress, you can use the *present progressive* tense.

 The English present progressive is made up of a form of the verb *to be* + present participle (*-ing*). Look at the following sentences and formulate a rule for creating the present progressive in Spanish. Use the following questions to guide you.

—¿Qué *estás* **haciendo**?	*What are you doing?*
—*Estoy* **ensayando**.	*I'm rehearsing.*
—¿*Está* **escuchando** música tu hermano?	*Is your brother listening to music?*
—No, *está* **tocando** la guitarra.	*No, he is playing the guitar.*
—¿*Están* **viendo** ustedes la televisión?	*Are you watching television?*
—No, les *estamos* **escribiendo** una carta a nuestros padres.	*No, we are writing a letter to our parents.*

Note: The following are some verbs that have irregular forms in this tense.

creer	creyendo	perseguir	persiguiendo
leer	leyendo	repetir	repitiendo
ir	yendo	seguir	siguiendo
decir	diciendo	servir	sirviendo
mentir	mintiendo	dormir	durmiendo
pedir	pidiendo	morir	muriendo
preferir	prefiriendo		

Los números ordinales

An ordinal number indicates position in a series or order. The first ten ordinal numbers in Spanish are listed below. Ordinal numbers above *décimo* are rarely used.

primer, primero/a	*first*
segundo/a	*second*
tercer, tercero/a	*third*
cuarto/a	*fourth*

quinto/a	*fifth*
sexto/a	*sixth*
séptimo/a	*seventh*
octavo/a	*eighth*
noveno/a	*ninth*
décimo/a	*tenth*

1. Ordinal numbers are adjectives and agree in number and gender with the nouns they modify. They usually *precede* nouns.

el **cuarto** año	*the fourth year*
la **octava** sinfonía	*the eighth symphony*

2. Before masculine, singular nouns, **primero** and **tercero** are shortened to **primer** and **tercer.**

el **primer** concierto	*the first concert*
el **tercer** curso de español	*the third Spanish course*

3. After *décimo*, a cardinal number is used and *follows* the noun.

el piso **catorce**

Hay que + infinitivo

So far when you have wanted to talk about what someone should do, needs to do, or has to do, you have used the expressions **debe, necesita,** or **tiene que.** The expression **hay que** + *infinitive* is another way to communicate responsibility, obligation, or the importance of something. **Hay que** + *infinitive* means:

It is necessary to . . .
You must . . .
One must / should . . .

Para ser un músico bueno **hay que** ensayar mucho.	*To be a good musician it is necessary to rehearse a lot.*
Hay que terminar nuestro trabajo antes de ir al cine.	*We must finish our work before we go to the movie theater.*
Hay que ver la nueva película de Almodóvar.	*You must see the new Almodóvar film.*

Los pronombres de complemento directo y la "a" personal

Direct objects receive the action of the verb and answer the questions *What?* or *Whom?* Note the following examples.

A: I need to do *what?*

B: You need to buy *the concert tickets* by Monday.

A: Yes, I do need to buy *them.*

A: I have to call *whom?*

B: You have to call *your agent.*

A: Yes, I do have to call *him.*

Note the following examples of *direct objects* in Spanish.

María toca **dos instrumentos** muy bien.	*María plays two instruments very well.*
Sacamos **un CD** el primero de septiembre.	*We are releasing a CD the first of September.*
¿Tienes **las entradas**?	*Do you have the tickets?*
No conozco a **Benicio del Toro.**	*I do not know Benicio del Toro.*
Siempre veo a **Selena Gómez** en la televisión.	*I always see Selena Gómez on television.*

Note: In **Capítulo 4,** you learned that to express knowing a person, you put **a** after the verb (**conocer** + **a** + person). Now that you have learned about direct objects, a more global way of stating the rule is: When direct objects refer to *people*, you must use the personal "**a.**" Review the following examples.

People	Things
¡Veo a *Cameron Díaz*!	¡Veo *el coche* de Cameron Díaz!
Hay que ver a *mis padres*.	Hay que ver *la película*.
¿A qué *actores* conoces?	¿Qué *ciudades* conoces?

As in English, we can replace direct objects nouns with *direct object pronouns.*

María **los** toca muy bien.	*María plays them very well.*
Lo sacamos el primero de septiembre.	*We are releasing it the first of September.*
¿**Las** tienes?	*Do you have them?*
No **lo** conozco.	*I do not know him.*
Siempre **la** veo en la televisión.	*I always see her on television.*

In Spanish, direct object pronouns *agree in gender and number with the nouns they replace.* The following chart lists the direct object pronouns.

Singular		Plural	
me	*me*	**nos**	*us*
te	*you*	**os**	*you all*
lo, la	*you*	**los, las**	*you all*
lo, la	*him, her, it*	**los, las**	*them*

Placement of direct object pronouns

Direct object pronouns are:

1. Placed before verbs.

2. Attached to *infinitives* or to *present participles* (**-ando, -iendo**).

¿Tienes los discos compactos?	→	Sí, **los** tengo.
Tengo que traer los instrumentos.	→	**Los** tengo que traer. / Tengo que traer**los.**
Tiene que llevar su guitarra.	→	**La** tiene que llevar. / Tiene que llevar**la.**

—¿Por qué estás escribiendo una canción para tu madre?

—**La** estoy escribiendo porque es su cumpleaños. / Estoy escribiéndo**la** porque es su cumpleaños.

El pretérito (Parte I)

Up to this point, you have been expressing ideas or actions that take place in the present and future. To talk about something you did or something that occurred in the past, you can use the **pretérito** (*preterit*).

Los verbos regulares

Note the endings for regular verbs in the **pretérito** below.

	-ar: comprar	-er: comer	-ir: vivir
yo	compré	comí	viví
tú	compraste	comiste	viviste
Ud.	compró	comió	vivió
él/ella	compró	comió	vivió

	-ar: comprar	-er: comer	-ir: vivir
nosotros/as	compramos	comimos	vivimos
vosotros/as	comprasteis	comisteis	vivisteis
Uds.	compraron	comieron	vivieron
ellos/as	compraron	comieron	vivieron

—¿Dónde está el vino que **compré** ayer?	*Where is the wine that I bought yesterday?*
—Mis primos **bebieron** la botella entera anoche.	*My cousins drank the whole bottle last night.*
—¿Ah, sí? ¿**Comieron** ustedes en casa?	*Really? Did you all eat at home?*
—No, **comimos** en un restaurante chino. ¡**Terminaron** el vino antes de salir a cenar!	*No, we ate at a Chinese restaurant. They finished the wine before we went out to dinner!*

El pretérito (Parte II)

Several verbs have small spelling changes in the preterit. Look at the following charts.

tocar (c → qu)		empezar (z → c)	
yo	toqué	yo	empecé
tú	tocaste	tú	empezaste
Ud.	tocó	Ud.	empezó
él/ella	tocó	él/ella	empezó
nosotros/as	tocamos	nosotros/as	empezamos
vosotros/as	tocasteis	vosotros/as	empezasteis
Uds.	tocaron	Uds.	empezaron
ellos/as	tocaron	ellos/as	empezaron
*(**sacar** and **buscar** have the same spelling change)		*(**comenzar** and **organizar** have the same spelling change)	

jugar (g → gu)		leer (i → y)	
yo	jugué	yo	leí
tú	jugaste	tú	leíste
Ud.	jugó	Ud.	leyó
él/ella	jugó	él/ella	leyó
nosotros/as	jugamos	nosotros/as	leímos
vosotros/as	jugasteis	vosotros/as	leísteis
Uds.	jugaron	Uds.	leyeron
ellos/as	jugaron	ellos/as	leyeron
*(**llegar** has the same spelling change)		*(**creer** and **oír** have the same spelling change)	

—**Toqué** la guitarra con el conjunto de mariachis en un restaurante mexicano anoche.
I played the guitar with a mariachi band at a Mexican restaurant last night.

—¿A qué hora **empezaste**?
At what time did you begin?

—**Empecé** a las nueve.
I began at nine.

—¿**Jugaron** tus hermanos al béisbol hoy?
Did your brothers play baseball today?

—No, **leyeron** un libro de recetas porque van a cocinar una cena especial para nuestros padres.
No, they read a recipe book because they are going to cook a special dinner for our parents.

Some things to remember:

1. With verbs that end in **-car**, the **c** changes to **qu** in the **yo** form to preserve the sound of the hard **c** of the infinitive.

2. With verbs that end in **-zar**, the **z** changes to **c** before **e**.

3. With verbs that end in **-gar**, the **g** changes to **gu** to preserve the sound of the hard **g** (**g** before **e** or **i** sounds like the **j** sound in Spanish).

4. For **leer, creer,** and **oír,** change the **i** to **y** in the third-person singular and plural.

Algunos verbos irregulares en el pretérito

In the first **Comunicación** you learned about verbs that are regular in the **pretérito** and others that have spelling changes. The following verbs are *irregular* in the **pretérito;** they follow patterns of their own. Study the verb charts to determine the similarities and differences among the forms.

	andar (*to walk*)	estar	tener
yo	anduve	estuve	tuve
tú	anduviste	estuviste	tuviste
Ud.	anduvo	estuvo	tuvo
él/ella	anduvo	estuvo	tuvo
nosotros/as	anduvimos	estuvimos	tuvimos
vosotros/as	anduvisteis	estuvisteis	tuvisteis
Uds.	anduvieron	estuvieron	tuvieron
ellos/as	anduvieron	estuvieron	tuvieron

—El lunes pasado llegamos a Santiago y **anduvimos** mucho por la ciudad.
Last Monday we arrived in Santiago and walked a lot throughout the city.

—¿**Estuvieron** en un restaurante o bar interesante?
Were you all in an interesting restaurant or bar?

—Sí, **tuvimos** muy buena suerte y comimos en el mejor restaurante de la ciudad.
Yes, we were very lucky and we ate at the best restaurant in the city.

	conducir (*to drive*)	traer	decir
yo	conduje	traje	dije
tú	condujiste	trajiste	dijiste
Ud.	condujo	trajo	dijo
él/ella	condujo	trajo	dijo
nosotros/as	condujimos	trajimos	dijimos
vosotros/as	condujisteis	trajisteis	dijisteis
Uds.	condujeron	trajeron	dijeron
ellos/as	condujeron	trajeron	dijeron

—¿**Condujiste** de Santiago a Valparaíso?
Did you drive from Santiago to Valparaíso?

—No pude conducir porque no **traje** mi licencia.
I couldn't drive because I didn't bring my driver's license.

—¿Qué te **dijeron** en la agencia Avis?
What did they tell you at the Avis (car rental) agency?

	ir	ser
yo	fui	fui
tú	fuiste	fuiste
Ud.	fue	fue
él/ella	fue	fue
nosotros/as	fuimos	fuimos
vosotros/as	fuisteis	fuisteis
Uds.	fueron	fueron
ellos/as	fueron	fueron

—¿Cómo **fue** el viaje a Chile?　*How was the trip to Chile?*

—¡Fue increíble! Después de Valparaiso **fuimos** a Patagonia.　*It was incredible! After Valparaiso, we went to Patagonia.*

	dar	ver	venir
yo	di	vi	vine
tú	diste	viste	viniste
Ud.	dio	vio	vino
él/ella	dio	vio	vino
nosotros/as	dimos	vimos	vinimos
vosotros/as	disteis	visteis	vinisteis
Uds.	dieron	vieron	vinieron
ellos/as	dieron	vieron	vinieron

	hacer	querer
yo	hice	quise
tú	hiciste	quisiste
Ud.	hizo	quiso
él/ella	hizo	quiso
nosotros/as	hicimos	quisimos
vosotros/as	hicisteis	quisisteis
Uds.	hicieron	quisieron
ellos/as	hicieron	quisieron

	poder	poner	saber
yo	pude	puse	supe
tú	pudiste	pusiste	supiste
Ud.	pudo	puso	supo
él/ella	pudo	puso	supo
nosotros/as	pudimos	pusimos	supimos
vosotros/as	pudisteis	pusisteis	supisteis
Uds.	pudieron	pusieron	supieron
ellos/as	pudieron	pusieron	supieron

—En Santiago **vimos** a mucha gente de la familia de Carlos.　*In Santiago we saw a lot of people in Carlos's family.*

—Sí, ¿y les **diste** los regalos que tu familia mandó?　*Yes, and did you give them the gifts your family sent?*

—Mi madre **vino** con nosotros y ella misma **pudo** darles los regalos.　*My mother came with us and she was able to give them the gifts herself.*

—¿Qué **hiciste** después de visitar a la familia de Carlos?　*What did you do after visiting Carlos's family?*

Verbos con cambio de raíz

The next group of verbs also follows its own pattern. In these stem-changing verbs, the first letters next to the infinitives, listed in parentheses, represent the present-tense spelling changes; the last letters indicate the spelling changes in the **él** and **ellos** forms of the **pretérito.**

	dormir (o → ue → u)	pedir (e → i → i)	preferir (e → ie → i)
yo	dormí	pedí	preferí
tú	dormiste	pediste	preferiste
Ud.	durmió	pidió	prefirió
él/ella	durmió	pidió	prefirió
nosotros/as	dormimos	pedimos	preferimos
vosotros/as	dormisteis	pedisteis	preferisteis
Uds.	durmieron	pidieron	prefirieron
ellos/as	durmieron	pidieron	prefirieron

—Cuando fuiste al restaurante en Valparaíso, ¿qué **pediste**?　*What did you order when you went to the restaurant in Valparaíso?*

—**Pedí** carne de res, pero mi madre **prefirió** pescado. Y después de comer mi madre **durmió** la siesta.　*I ordered beef, but my mother preferred fish. And after eating, my mother took a nap.*

Los pronombres de complemento indirecto

The **indirect object** indicates *to whom* or *for whom* an action is done. Note these examples:

A: My mom bought this dress *for whom*?

B: She bought this dress *for you*.

A: Yes, she bought *me* this dress.

Review the chart of the indirect object pronouns and their English equivalents:

Los pronombres de complemento indirecto	
me	to / for me
te	to / for you
le	to / for you (Ud.)
le	to / for him, her
nos	to / for us
os	to / for you all (vosotros)
les	to / for you all (Uds.)
les	to / for them

Some things to remember:

1. Like direct object pronouns, indirect object pronouns *precede* verb forms and can also be *attached to infinitives and present participles* (**-ando, -iendo**).

¿**Me** quieres dar la chaqueta? ¿Quieres dar**me** la chaqueta?	*Do you want to give me the jacket?*
¿**Me** vas a dar la chaqueta? ¿Vas a dar**me** la chaqueta?	*Are you going to give me the jacket?*
¿**Me** estás dando la chaqueta? ¿Estás dándo**me** la chaqueta?	*Are you giving me the jacket?*
Manolo **te** puede comprar la gorra en la tienda. Manolo puede comprar**te** la gorra en la tienda.	*Manolo can buy you the hat at the store.*
Su hermano **le** va a regalar una camiseta. Su hermano va a regalar**le** una camiseta.	*Her brother is going to give her a T-shirt.*

2. To clarify or emphasize the indirect object, a prepositional phrase (**a** + *prepositional pronoun*) can be added, as in the following sentences. Clarification of **le** and **les** is especially important since they can refer to different people (*him, her, you, them, you all*).

Le presto el abrigo **a él** pero no **le** presto nada **a ella**.	*I'm loaning him my coat, but I'm not loaning her anything.* (clarification)
¿**Me** preguntas **a mí**?	*Are you asking me?* (emphasis)

3. It is common for Spanish speakers to include both an indirect object noun and pronoun in the same sentence, especially when the third person form is used. This is most often done to clarify or emphasize something.

Gustar y verbos como *gustar*

As you already know, the verb **gustar** is used to express likes and dislikes. **Gustar** functions differently from other verbs you have studied so far.

- The person, thing, or idea that is liked is the *subject* (S) of the sentence.
- The person who likes the other person, thing, or idea is the *indirect object* (IO).

(A mí)	**me**	gusta el traje.	*I like the suit.*
(A ti)	**te**	gusta el traje.	*You like the suit.*
(A Ud.)	**le**	gusta el traje.	*You like the suit.*
(A él)	**le**	gusta el traje.	*He likes the suit.*
(A ella)	**le**	gusta el traje.	*She likes the suit.*
(A nosotros/as)	**nos**	gusta el traje.	*We like the suit.*
(A vosotros/as)	**os**	gusta el traje.	*You (all) like the suit.*
(A Uds.)	**les**	gusta el traje.	*You (all) like the suit.*
(A ellos/as)	**les**	gusta el traje.	*They like the suit.*

Note the following:

1. The construction **a** + *pronoun* (**a mí, a ti, a él,** etc.) or **a** + *noun* is optional most of the time. It is used for clarification or emphasis. Clarification of **le gusta** and **les gusta** is especially important since the indirect object pronouns **le** and **les** can refer to different people (*him, her, you, them, you all*).

A él le gusta llevar ropa cómoda. (clarification)	*He likes to wear comfortable clothes.*
A Ana le gusta llevar pantalones cortos. (clarification)	*Ana likes to wear shorts.*
Me gustan esos pantalones largos.	*I like those long pants.*
A mí me gustan más esos cortos (emphasis).	*I like those short ones even more.*

2. Use the plural form **gustan** when what is liked (the subject of the sentence) is plural.

Me gusta **el traje.** →	Me gusta**n** **los trajes.**
I like the suit.	*I like the suits.*

3. To express the idea that one likes *to do* something, **gustar** is followed by an infinitive. In that case you always use the singular **gusta,** even when you use more than one infinitive in the sentence:

Me gusta ir de compras por la mañana.	*I like to go shopping in the morning.*
A Pepe **le gusta leer** revistas de moda y **llevar** ropa atrevida.	*Pepe likes to read fashion magazines and wear daring clothing.*
Nos gusta llevar zapatos cómodos cuando hacemos ejercicio.	*We like to wear comfortable shoes when we exercise.*

The verbs listed below function like **gustar:**

encantar	*to love; to like very much*
fascinar	*to fascinate*
hacer falta	*to need; to be lacking*
importar	*to matter; to be important*
molestar	*to bother*

Me encanta ir de compras.	*I love to go shopping. (I like shopping very much.)*
A Doug y a David **les fascina** la tienda de ropa Rugby.	*The Rugby clothing store fascinates (is fascinating to) Doug and David.*

¿**Te hace falta** dinero para comprar el vestido?

Do you need (are you lacking) money to buy the dress?

A Juan **le importa** el precio de la ropa, no la moda.

The price of the clothing, not the style, matters (is important) to Juan.

Nos molestan las personas que llevan sandalias en invierno.

People who wear sandals in the winter bother us.

Los pronombres de complemento directo e indirecto usados juntos

You have worked with two types of object pronouns, direct and indirect. Now, note how they are used together in the same sentence.

Paula **nos** está devolviendo **las botas.** → Paula **nos las** está devolviendo.

Paula is giving us back the boots.

Paula is giving them back to us.

Ella nunca **nos** presta **sus zapatos.** → Ella nunca **nos los** presta.

She never loans us her shoes.

She never loans them to us.

Paula **me** pide **el bolso** ahora. → Paula **me lo** pide ahora.

Paula is asking me for my purse now.

Paula is asking me for it now.

Mi novio **me** compró **una blusa blanca.** → Mi novio **me la** compró.

My boyfriend bought me a white blouse.

My boyfriend bought it for me.

¡OJO! A change occurs when you use **le** or **les** along with a direct object pronoun that begins with **l**: (**lo, la, los, las**): **le** or **les** changes to **se.**

le → se

Paula **le** pide **el bolso a mi hermana.** → Paula **se lo** pide.

Paula is asking my sister for her purse.

Paula is asking her for it.

Su novio no **le** compró **una chaqueta.** → Su novio no **se la** compró.

Her boyfriend did not buy her a jacket.

Her boyfriend did not buy it for her.

Su novio **le** va a comprar **un traje.** → Su novio **se lo** va a comprar.

Her boyfriend is going to buy her a suit.

Her boyfriend is going to buy it for her.

les → se

Paula **les** devuelve **las botas a ellas.** → Paula **se las** devuelve.

Paula is returning the boots to her.

Paula is returning them to her.

Yo **le** presto **mis zapatos a mi hermana.** → Yo **se los** presto.

I am loaning my shoes to my sister.

I am loaning them to her.

Paula nunca **les** presta **sus cosas.** → Paula nunca **se las** presta.

Paula never loans her things to them.

Paula never loans them to them.

Direct and indirect object pronouns may also be attached to infinitives and present participles. Note that when one is attached, an accent is placed over the final vowel of the infinitive and the next-to-last vowel of the participle.

¿Aquel abrigo? Mi madre **me lo** va a comprar.

¿Aquel abrigo? Mi madre va a comprár**melo.**

That coat over there? My mother is going to buy it for me.

Me lo está comprando ahora.

Está comprándo**melo** ahora.

She is buying it for me now.

Las construcciones reflexivas

Los verbos reflexivos

When the subject both performs and receives the action of the verb, a reflexive verb and pronoun are used.

Reflexive pronouns			
Yo	me	divierto	en las fiestas.
Tú	te	diviertes	en las fiestas.
Usted	se	divierte	en las fiestas.
Él / Ella	se	divierte	en las fiestas.
Nosotros	nos	divertimos	en las fiestas.
Vosotros	os	divertís	en las fiestas.
Ustedes	se	divierten	en las fiestas.
Ellos / Ellas	se	divierten	en las fiestas.

Reflexive pronouns follow the same rules for position as other object pronouns. Reflexive pronouns:

1. precede conjugated verbs.

2. can be attached to *infinitives* and *present participles* (**-ando, -iendo**).

Te vas a dormir.

Vas a dormir**te.**

You are falling asleep.

¿**Se** van a dormir esta noche?

¿Van a dormir**se** esta noche?

Are they going to fall asleep tonight?

¿**Se** están durmiendo?

¿Están durmiéndo**se**?

Are you all falling asleep?

Algunos verbos reflexivos	
acordarse de (o → ue)	to remember
arreglarse	to get ready
callarse	to get / keep quiet
divertirse (e → ie → i)	to enjoy oneself; to have fun
irse	to go away; to leave
lavarse	to wash oneself
levantarse	to get up; to stand up
llamarse	to be called
ponerse (la ropa)	to put on (one's clothes)
ponerse (nervioso/ a)	to get (nervous)
probarse (o → ue) la ropa	to try on clothing
quedarse	to stay; to remain
quitarse (la ropa)	to take off (one's clothes)
reunirse	to get together; to meet
secarse	to dry off
sentarse (e → ie)	to sit down
sentirse (e → ie → i)	to feel

Note: To identify all of the previous verbs as *reflexive,* the infinitives end in **-se.**

El imperfecto

In **Capítulo 7** you learned how to express certain ideas and notions that happened in the past with the preterit. Spanish has another past tense, **el imperfecto,** that *expresses habitual or ongoing past actions, provides descriptions, or describes conditions.*

	-ar: hablar	-er: comer	-ir: vivir
yo	habl**aba**	com**ía**	viv**ía**
tú	habl**abas**	com**ías**	viv**ías**
Ud.	habl**aba**	com**ía**	viv**ía**
él/ella	habl**aba**	com**ía**	viv**ía**
nosotros/as	habl**ábamos**	com**íamos**	viv**íamos**
vosotros/as	habl**abais**	com**íais**	viv**íais**
Uds.	habl**aban**	com**ían**	viv**ían**
ellos/as	habl**aban**	com**ían**	viv**ían**

There are only *three irregular verbs* in the imperfect: **ir, ser,** and **ver.**

	ir	ser	ver
yo	iba	era	veía
tú	ibas	eras	veías
Ud.	iba	era	veía
él/ella	iba	era	veía
nosotros/as	íbamos	éramos	veíamos
vosotros/as	ibais	erais	veíais
Uds.	iban	eran	veían
ellos/as	iban	eran	veían

The imperfect is used to:

1. **provide background information, set the stage, or express a condition that existed**

Llovía mucho.	*It was raining a lot.*
Era una noche oscura y nublada.	*It was a dark and cloudy night.*
La mujer **llevaba** un vestido largo y elegante.	*The woman was wearing a long, elegant dress.*
Estábamos en el segundo año de la universidad.	*We were in our second year of college.*
Adriana **estaba** enferma y no **quería** levantarse.	*Adriana was ill and didn't want to get up / get out of bed.*

2. **describe habitual or often repeated actions**

Íbamos al centro comercial todos los viernes. Nos **divertíamos** mucho.	*We went (used to go) to the mall / shopping district every Friday. We had a lot of fun.*
Cuando **era** pequeño, LeBron **jugaba** al básquetbol por lo menos dos horas al día.	*When he was little, LeBron played (used to play) basketball for at least two hours a day.*
Mis padres siempre **se vestían muy bien** los domingos para ir a la iglesia.	*My parents always dressed very well on Sundays to go to church.*

Some words or expressions for describing habitual and repeated actions are:

a menudo	*often*
casi siempre	*almost always*
frecuentemente	*frequently*
generalmente	*generally*
mientras	*while*
muchas veces	*many times*
mucho	*a lot*
normalmente	*normally*
siempre	*always*
todos los días	*every day*

3. **express *was* or *were* + *-ing***

¿Dormías?	*Were you sleeping?*
Me duchaba cuando Juan llamó.	*I was showering when Juan called.*
Alberto **leía** mientras Alicia **escuchaba** música.	*Alberto was reading while Alicia was listening to music.*

4. **tell time in the past**

Era la una y yo todavía **estudiaba.**	*It was 1:00 and I was still studying.*
Eran las siete y media y los niños **se dormían.**	*It was 7:30 and the children were falling asleep.*

Un resumen de los pronombres de complemento directo e indirecto y reflexivos

You have already learned the forms, functions, and positioning of the *direct* and *indirect object pronouns*, as well as the *reflexive pronouns*. The following is a review:

LOS PRONOMBRES DE COMPLEMENTO **DIRECTO**	LOS PRONOMBRES DE COMPLEMENTO **INDIRECTO**	LOS PRONOMBRES **REFLEXIVOS**
Direct object pronouns tell *what* or *who* receives the action of the verb. They replace direct object nouns and are used to avoid repetition.	Indirect object pronouns tell *to whom* or *for whom* something is done or given.	Reflexive pronouns indicate that the *subject* of a sentence or clause *receives the action of the verb.*
me *me*	**me** *to / for me*	**me** *myself*
te *you*	**te** *to / for you*	**te** *yourself*
lo, la *you*	**le (se)** *to / for you*	**se** *yourself*
lo, la *him/her/it*	**le (se)** *to / for him/ her*	**se** *himself/herself*
nos *us*	**nos** *to / for us*	**nos** *ourselves*
os *you (all)*	**os** *to / for you (all)*	**os** *yourselves*
los, las *you (all)*	**les (se)** *to / for you (all)*	**se** *yourselves*
los, las *them/you*	**les (se)** *to / for them/ you*	**se** *themselves/ yourselves*

Compré la medicina ayer. **La** compré en la Farmacia Fénix. Tengo que dár**se**la a mi hijo.	**Le** compré la medicina ayer. **Le** voy a dar la medicina esta noche.	**Me** cepillo los dientes tres veces al día.
I bought the medicine yesterday. I bought it it at Fénix Pharmacy. I have to give it to my son.	*I bought him the medicine yesterday. I am going to give him the medicine tonight.*	*I brush my teeth three times a day.*

Remember the following guidelines on position and sequence:

Position

- Object pronouns and reflexive pronouns come **before** the verb.

El doctor Sánchez **le** dio una inyección a David.	*Dr. Sánchez gave David a shot.*
Después **se** sintió aliviado.	*Then he felt relieved.*

- Object pronouns and reflexive pronouns can also be placed before or be attached to the end of:

   a. **infinitives**

La enfermera **me** va a llamar.	
La enfermera va a llamar**me.**	*The nurse is going to call me.*
Después **se** va a ir a su casa.	
Después va a ir**se** a su casa.	*Then she is going to go home.*

   b. **present participles (-*ando*, -*endo*, and -*iendo*)**

La está tomando ahora.	
Está tomándo**la** ahora.	*He is taking it now.*
Se está poniendo nervioso.	
Está poniéndo**se** nervioso.	*He is getting nervous.*

Sequence

- When a direct (DO) and indirect object (IO) pronoun are used together, ***the indirect object precedes the direct object.***

- If both the direct and the indirect object pronoun begin with the letter "*l*" the indirect object pronoun changes from **le** or **les** to **se,** as in the following example.

Quiero mandar la carta al director ahora.

$$\downarrow \qquad \downarrow$$

DO	**IO**
la	le (se)
IO	**DO**
se	la

I want to send the letter to the director now.

$$\downarrow \qquad \downarrow$$

DO	**IO**

Se la quiero mandar ahora mismo.	*I want to send it to him right now.*
Quiero mandár**sela** ahora mismo.	

¡Qué! y ¡cuánto!

So far you have used **qué** and **cuánto** as interrogative words, but these words can also be used in exclamatory sentences.

—Felipe, ¡**qué** fiebre tienes!	*Felipe, what a fever you have!*
—María, ¡**cuánto** estornudas!	*María, you are sneezing so much!*
—Mi cabeza, ¡**qué** dolor!	*My head—what pain!*
—**Cuánto** lo siento.	*I'm so sorry. (How sorry I am.)*
—¡**Qué** susto! ¡Se cortó el dedo!	*What a scare! He cut his finger!*
—Se ve muy mal. ¡**Qué** feo!	*It looks really bad. How awful! (It looks awful/ugly.)*
—¡**Qué** doctor! Le salvó la vida.	*What a doctor! He saved his life.*
—**Cuánto** se lo agradezco.	*I'm so thankful. (How grateful I am.)*

Note that in the examples above, **cuánto** accompanies *verbs* and is masculine and singular. When **cuánto** accompanies *nouns* it must agree with them in gender and number:

—¡**Cuántas** recetas y todavía estoy tosiendo!	*So many prescriptions and I am still coughing!*
—Sí, y ¡**cuántos** estudiantes con la misma cosa!	*Yes, and so many students with the same thing!*

El pretérito y el imperfecto

In **Capítulos 7** and **8** you learned about two aspects of the past tense in Spanish, **el pretérito** and **el imperfecto,** which are not interchangeable. Their uses are contrasted below.

The preterit is used:	The imperfect is used:
1. To relate an event or occurrence that refers to *one specific time in the past* ■ **Fuimos** a Cuzco el año pasado. *We went to Cuzco last year.* ■ **Comimos** en el restaurante El Sol y **nos gustó** mucho. *We ate at El Sol restaurant and liked it a lot.*	**1.** To express *habitual* or often *repeated actions* ■ **Íbamos** a Cuzco todos los veranos. *We used to go to Cuzco every summer.* ■ **Comíamos** en el restaurante El Sol todos los lunes. *We used to eat at El Sol Restaurant every Monday.*
2. To relate an act *begun or completed in the past* ■ **Empezó** a llover. *It started to rain.* ■ **Comenzaron** los juegos. *The games began.* ■ La gira **terminó.** *The tour ended.*	**2.** To express *was / were + -ing* ■ **Llovía** sin parar. *It rained without stopping.* ■ **Comenzaban** los juegos cuando llegamos. *The games were beginning when we arrived.* ■ La gira **transcurría** sin ningún problema. *The tour continued without any problems.*
3. To relate a *sequence of events or actions*, each completed and moving the narrative along toward its conclusion ■ **Llegamos** en avión, **recogimos** las maletas y **fuimos** al hotel. *We arrived by plane, picked up our luggage, and went to the hotel.* ■ Al día siguiente **decidimos** ir a Machu Picchu. *The next day we decided to go to Machu Picchu.* ■ **Vimos** muchos ejemplos de la magnífica arquitectura incaica. Después **anduvimos** un poco por el camino de los incas. **Nos divertimos** mucho. *We saw many examples of the magnificent Incan architecture. Afterward we walked a bit on the Incan road. We had a great time.*	**3.** To provide *background* information, set the stage, or express a pre-existing condition ■ **Era** un día oscuro. **Llovía** de vez en cuando. *It was a dark day and it rained once in a while.* ■ Los turistas **llevaban** pantalones cortos y lentes de sol. *The tourists were wearing shorts and sunglasses.* ■ El camino **era** estrecho y **había** muchos turistas. *The path was narrow and there were many tourists.*
4. To relate an action that took place within a specified or *specific amount* (segment*) of time* **Caminé** (por) dos horas. *I walked for two hours.* **Hablamos** (por) cinco minutos. *We talked for five minutes.* **Contemplaron** el templo un rato. *They contemplated the temple for a while.* **Viví** en Ecuador (por) seis años. *I lived in Ecuador for six years.*	**4.** To *tell time* in the past **Era** la una. *It was 1:00.* **Eran** las tres y media. *It was 3:30.* **Era** muy tarde. *It was very late.* **Era** la medianoche. *It was midnight.*
	5. To describe physical and emotional states or characteristics Después del viaje **queríamos** descansar. Yo **tenía** dolor de cabeza y no **me sentía** muy bien. *After the trip we wanted to rest. I had a headache and did not feel well.*

WORDS AND EXPRESSIONS THAT COMMONLY SIGNAL:

Preterit	Imperfect
anoche	a menudo
anteayer	cada semana / mes / año
ayer	con frecuencia
de repente (*suddenly*)	de vez en cuando (*once in a while*)
el fin de semana pasado	mientras
el mes pasado	muchas veces
el lunes pasado / el martes pasado, etc.	frecuentemente
esta mañana	todos los lunes / martes, etc.
una vez, dos veces, etc.	todas las semanas
	todos los días / meses / años
	siempre

Note: The **pretérito** and the **imperfecto** can be used in the same sentence.

Veían la televisión cuando **sonó** el teléfono.   *They were watching television when the phone rang.*

In the preceding sentence, an action was going on (**veían**) when it was interrupted by another action (**sonó el teléfono**).

Expresiones con *hacer*

The verb **hacer** means *to do* or *to make*. You have also used **hacer** in idiomatic expressions dealing with weather.

There are some additional special constructions with **hacer** that deal with time. **Hace** is used:

1. **to discuss an action that began in the past but is still going on in the present.**

hace + *period of time* + que + *verb in present tense*

Hace cuatro días **que** tengo la gripe.   *I've had the flu for four days (and still have it).*

Hace dos años **que** soy enfermera.   *I've been a nurse for two years.*

2. **to ask how long something has been going on.**

cuánto (tiempo) + hace + que + *verb in present tense*

¿Cuántos años **hace que** estudias medicina?   *How many years have you been studying medicine?*

¿Cuánto tiempo **hace que** estudias medicina?   *How long have you been studying medicine?*

¿Cuántos meses **hace que** tu abuela guarda cama?   *How many months has your grandmother been staying in bed?*

¿Cuánto tiempo **hace que** tu abuela guarda cama?   *How long has your grandmother been staying in bed?*

3. **in the preterit to tell how long ago something happened.**

hace + *period of time* + que + *verb in preterit*

Hace cuatro años **que** empecé a estudiar medicina.   *I began to study medicine four years ago.*

Hace seis años **que** me mudé aquí para estudiar.   *I moved here six years ago to study.*

   or

verb in the preterit + hace + *period of time*

Empecé a estudiar medicina **hace** cuatro años.   *I began to study medicine four years ago.*

Me mudé aquí **hace** seis años.   *I moved here six years ago.*

Note that in this construction **hace** can either precede or follow the rest of the sentence. When it follows, **que** is not used.

4. **to ask how long ago something happened.**

cuánto (tiempo) + hace + que + *verb in preterit*

¿Cuánto tiempo **hace que** empezaste a estudiar medicina?   *How long ago did you begin to study medicine?*

¿Cuánto tiempo **hace que** te enfermaste?   *How long ago did you get sick?*

Los mandatos informales

When you need to give orders, advise, or ask people to do something, you use commands. If you are addressing a friend or someone you normally address as **tú**, you use informal commands. You have been responding to **tú** commands since the beginning of *¡Anda! Curso elemental*: **escucha, escribe, abre tu libro en la página…**, etc.

1. The affirmative *tú* command form is the same as the *él, ella, Ud.* form of the present tense of the verb:

Infinitive		Present tense	Affirmative *tú* command
llen**ar**	él, ella, Ud.	llen**a**	llen**a**
le**er**	él, ella, Ud.	le**e**	le**e**
ped**ir**	él, ella, Ud.	pid**e**	pid**e**

Llena el tanque.	*Fill the tank.*
Dobla a la derecha.	*Turn to the right.*
Conduce con cuidado.	*Drive carefully.*
Pide permiso.	*Ask permission.*

There are eight common verbs that have irregular affirmative *tú* commands:

decir	→	**di**	ir	→	**ve**
hacer	→	**haz**	poner	→	**pon**
salir	→	**sal**	tener	→	**ten**
ser	→	**sé**	venir	→	**ven**

Sé respetuoso con los peatones.	*Be respectful of pedestrians.*
Ten cuidado al conducir.	*Be careful when driving.*
Ven al aeropuerto con tu pasaporte.	*Come to the airport with your passport.*
Pon las llaves en la mesa.	*Put the keys on the table.*

2. **To form the negative *tú* (informal) commands:**

   1. Take the **yo** form of the present tense of the verb.
   2. Drop the **-o** ending.
   3. Add *-es* for **-ar** verbs, and add *-as* for **-er** and **-ir** verbs.

Infinitive	Present tense		Negative *tú* command
llenar	yo llen**ø**	+ es	no llen**es**
leer	yo le**ø**	+ as	no le**as**
pedir	yo pid**ø**	+ as	no pid**as**

No llenes el tanque.	*Don't fill the tank.*
No dobles a la derecha.	*Don't turn to the right.*

No conduzcas muy rápido.	*Don't drive very fast.*
No pidas permiso.	*Don't ask permission.*

Verbs ending in **-car, -gar,** and **-zar** have spelling changes in the negative **tú** command. These spelling changes are needed to preserve the sounds of the infinitive endings.

Infinitive	Present tense		Negative *tú* command
sa**car**	yo sa**cø**	c → qu	no sa**ques**
lle**gar**	yo lle**gø**	g → gu	no lle**gues**
empe**zar**	yo empie**zø**	z → c	no empie**ces**

3. **Object and reflexive pronouns are used with *tú* commands in the following ways:**

   a. They are *attached* to the ends of *affirmative* commands. When a command is made up of more than two syllables after the pronoun(s) is / are attached, a written accent mark is placed over the stressed vowel.

Se pinchó una llanta. **¡Cámbiamela!**	*I've got a flat tire. Change it for me!*
Tu bicicleta no funciona. **Revísala.**	*Your bike does not work. Check it.*
Me gusta tu coche. **Préstamelo.**	*I like your car. Loan it to me.*
Llegamos tarde. **¡Estaciónate, por favor!**	*We are late. Park, please!*

   b. They are placed *before negative* **tú** commands.

No se nos pinchó una llanta.	*We don't have a flat tire.*
¡No **me la** cambies!	*Don't change it for me!*
Tu bicicleta funciona.	*Your bicycle works.*
No **la** revises.	*Don't check it.*
No me gusta tu coche.	*I don't like your car.*
No **me lo** prestes.	*Don't loan it to me.*
Llegamos tarde.	*We are late.*
No **te** estaciones aquí, por favor.	*Do not park here, please.*

Los mandatos formales

When you need to influence others by making a request, giving advice, giving instructions, or giving orders to people you normally treat as **Ud.** or **Uds.**, you are going to use a different set of commands: **formal** commands. The forms of these commands are similar to the negative **tú** command forms.

1. **To form the *Ud.* and *Uds.* commands:**

   1. Take the **yo** form of the present tense of the verb.
   2. Drop the **-o** ending.
   3. Add **-e(n)** for **-ar** verbs, and add **-a(n)** for **-er** and **-ir** verbs.

Infinitive	Present tense		Ud. commands	Uds. commands
limpiar	yo limpiø	+ e(n)	(no) limpie	(no) limpien
leer	yo leø	+ a(n)	(no) lea	(no) lean
pedir	yo pidø	+ a(n)	(no) pida	(no) pidan

Llene el tanque. **Llénelo.**	*Fill up the tank. Fill it.*
No limpie el parabrisas. **No lo limpie.**	*Don't clean the windshield. Don't clean it.*
Conduzca el camión para su tío. **Condúzcalo.**	*Drive the truck for your uncle. Drive it.*
No ponga esa gasolina cara en el coche.	*Don't put that expensive gasoline in the car.*
No la ponga en el coche.	*Don't put it in the car.*
Traiga su licencia. **Tráigala.**	*Bring your license. Bring it.*
No busquen sus llaves. **No las busquen.**	*Don't look for your keys. Don't look for them.*

2. **Verbs ending in *-car, -gar,* and *-zar* have spelling changes in the *Ud.* and *Uds.* commands. These spelling changes are needed to preserve the sounds of the infinitive endings.**

Infinitive	Present tense		Ud/Uds. commands
sacar	yo sacø	c → qu	saque(n)
llegar	yo llegø	g → gu	llegue(n)
empezar	yo empiezø	z → c	empiece(n)

3. **These verbs also have irregular forms for the *Ud.* / *Uds.* commands:**

dar	dé(n)	ir	vaya(n)	ser	sea(n)
estar	esté(n)	saber	sepa(n)		

Finally, compare the forms of the *tú* and *Ud. / Uds.* commands:

	Tú commands		Ud. / Uds. commands	
	Affirmative	Negative	Affirmative	Negative
hablar	habla	no hables	hable(n)	no hable(n)
comer	come	no comas	coma(n)	no coma(n)
pedir	pide	no pidas	pida(n)	no pida(n)

Otras formas del posesivo

In **Capítulo 1,** you learned how to say *my, your, his, ours,* etc. (**mi/s, tu/s, su/s, nuestro/a/os/as, vuestro/a/os/as, su/s**). In Spanish you can also show possession with the long (or stressed) forms, the equivalents of the English *of mine, of yours, of his, of hers, of ours,* and *of theirs.*

Singular		Plural		
Masculine	Feminine	Masculine	Feminine	
mío	mía	míos	mías	*mine*
tuyo	tuya	tuyos	tuyas	*yours (fam.)*
suyo	suya	suyos	suyas	*his, hers, yours (for.), theirs (form.)*
nuestro	nuestra	nuestros	nuestras	*ours*
vuestro	vuestra	vuestros	vuestras	*yours (fam.)*

Mi coche funciona bien.	**El coche mío** funciona bien.	**El mío** funciona bien.
Nuestros boletos cuestan mucho.	**Los boletos nuestros** cuestan mucho.	**Los nuestros** cuestan mucho.
¿Dónde están **tus** llaves?	¿Dónde están **las llaves tuyas?**	¿Dónde están **las tuyas?**
Su multa es de $100.	**La multa suya** es de $100.	**La suya** es de $100.

Note that the third-person forms (**suyo/a/os/as**) can have more than one meaning. To avoid confusion, you can use:

article + noun + de + *subject pronoun:*

el coche suyo {
- el coche de él/ella
- el coche de Ud.
- el coche de ellos/ellas
- el coche de Uds.

El comparativo y el superlativo

El comparativo

Just as English does, Spanish uses comparisons to specify which of two people, places, or things has a lesser, equal, or greater degree of a particular quality.

1. **The formula for comparing unequal things follows the same pattern as in English:**

   más + *adjective / adverb / noun* + **que**   *more . . . than*

   menos + *adjective / adverb / noun* + **que**   *less . . . than*

El Hotel Hilton es **más** caro **que** el Motel 6.	*The Hilton is **more** expensive **than** Motel 6.*
El Motel 6 hace reservas **más** rápidamente **que** el Hotel Hilton.	*Motel 6 makes reservations **faster than** the Hilton.*
En esta ciudad hay **menos** hoteles **que** moteles.	*In this city there are **fewer** hotels **than** motels.*

■ When comparing numbers, **de** is used instead of **que:**

El Hilton de Bogotá tiene **más de** doscientos cuartos.	*The Bogotá Hilton has **more than** two hundred rooms.*

2. The formula for comparing two or more *equal* things also follows the same pattern as in English:

tan + *adjective / adverb* + **como** *as . . . as*

tanto(a/os/as) + *noun* + **como** *as much / many . . . as*

La agencia de viajes Mundotur es **tan** conocida **como** Meliá.	*The Mundotur travel agency is **as** well known **as** Meliá.*
Estos vuelos son **tan** caros **como** esos.	*These flights are **as** expensive **as** those.*
Mi coche va **tan** rápido **como** un Ferrari.	*My car is **as** fast **as** a Ferrari.*
No tengo **tantas** maletas **como** tú.	*I don't have **as many** suitcases **as** you (do).*
No hay **tanto** tráfico **como** ayer.	*There isn't **as much** traffic **as** yesterday.*

El superlativo

1. To compare three or more people or things, use the superlative. The formula for expressing the superlative is:

el, la, los, las (*noun*) + **más / menos** + *adjective* (+ **de**)

La agencia de viajes Viking es **la** agencia **más** popular **de** nuestro pueblo.	*The Viking Travel Agency is the most popular (travel) agency in our town.*
—¿Es el aeropuerto Hartsfield de Atlanta **el** aeropuerto **más** concurrido **de** los Estados Unidos?	*Is Atlanta's Hartsfield Airport the busiest airport in the United States?*
—Sí, ¡y el aeropuerto de mi ciudad es **el menos** concurrido!	*Yes, and my city's airport is the least busy!*

2. The following adjectives have irregular comparative and superlative forms.

		Comparative			Superlative	
bueno/a	*good*	**mejor**	*better*	**el/la mejor**	*the best*
malo/a	*bad*	**peor**	*worse*	**el/la peor**	*the worst*
grande	*big*	**mayor**	*bigger*	**el/la mayor**	*the biggest*
pequeño/a	*small*	**menor**	*smaller*	**el/la menor**	*the smallest*
joven	*young*	**menor**	*younger*	**el/la menor**	*the youngest*
viejo/a	*old*	**mayor**	*older*	**el/la mayor**	*the eldest*

Comparative:

Mi clase de español es **mejor que** mis otras clases.	*My Spanish class is better than my other classes.*

Superlative:

Mi clase de español es **la mejor de** mis clases.	*My Spanish class is the best (one) of my classes.*

Capítulo 11 de ¡Anda! Curso elemental

In Spanish, *tenses* such as the present, past, and future are grouped under two different moods, the **indicative** mood and the **subjunctive** mood.

Up to this point you have studied tenses grouped under the *indicative* mood (with the exception of commands) to report what happened, is happening, or will happen. The *subjunctive* mood, on the other hand, is used to express doubt, insecurity, influence, opinion, feelings, hope, wishes, or desires that can be happening now, have happened in the past, or will happen in the future. In this chapter you will learn the present tense of the *subjunctive mood*.

Present subjunctive

To form the subjunctive, take the **yo** form of the present indicative, drop the final **-o**, and add the following endings.

Present indicative	*yo* form		Present subjunctive
estudiar	estudiø	+ e	**estudie**
comer	comø	+ a	**coma**
vivir	vivø	+ a	**viva**

	estudiar	comer	vivir
yo	estudi**e**	com**a**	viv**a**
tú	estudi**es**	com**as**	viv**as**
Ud.	estudi**e**	com**a**	viv**a**
él, ella	estudi**e**	com**a**	viv**a**
nosotros/as	estudi**emos**	com**amos**	viv**amos**
vosotros/as	estudi**éis**	com**áis**	viv**áis**
Uds.	estudi**en**	com**an**	viv**an**
ellos/as	estudi**en**	com**an**	viv**an**

Irregular forms

■ Verbs with irregular **yo** forms maintain this irregularity in all forms of the present subjunctive. Note the following examples.

	conocer	hacer	poner	venir
yo	cono**zc**a	ha**g**a	pon**g**a	ven**g**a
tú	cono**zc**as	ha**g**as	pon**g**as	ven**g**as
Ud.	cono**zc**a	ha**g**a	pon**g**a	ven**g**a
él, ella	cono**zc**a	ha**g**a	pon**g**a	ven**g**a

	conocer	hacer	poner	venir
nosotros/as	conozcamos	hagamos	pongamos	vengamos
vosotros/as	conozcáis	hagáis	pongáis	vengáis
Uds.	conozcan	hagan	pongan	vengan
ellos/as	conozcan	hagan	pongan	vengan

■ Verbs ending in **-car**, **-gar**, and **-zar** have spelling changes in all present subjunctive forms, in order to maintain the sounds of the infinitives.

		Present indicative	Present subjunctive
buscar	c → qu	**yo** buscø	busque
pagar	g → gu	**yo** pagø	pague
empezar	z → c	**yo** empiezø	empiece

	buscar	pagar	empezar
yo	busque	pague	empiece
tú	busques	pagues	empieces
Ud.	busque	pague	empiece
él, ella	busque	pague	empiece
nosotros/as	busquemos	paguemos	empecemos
vosotros/as	busquéis	paguéis	empecéis
Uds.	busquen	paguen	empiecen
ellos/as	busquen	paguen	empiecen

Stem-changing verbs

In the present subjunctive, stem-changing **-ar** and **-er** verbs make the same vowel changes that they do in the present indicative: **e → ie** and **o → ue**.

	pensar (e → ie)	poder (o → ue)
yo	piense	pueda
tú	pienses	puedas
Ud.	piense	pueda
él, ella	piense	pueda
nosotros/as	pensemos	podamos
vosotros/as	penséis	podáis
Uds.	piensen	puedan
ellos/as	piensen	puedan

The pattern is different with the **-ir** stem-changing verbs. In addition to their usual changes of **e → ie**, **e → i**, and **o → ue**, in the **nosotros** and **vosotros** forms the stem vowels change **ie → i** and **ue → u**.

	sentir (e → ie, i)	dormir (o → ue, u)
yo	sienta	duerma
tú	sientas	duermas
Ud.	sienta	duerma
él, ella	sienta	duerma
nosotros/as	sintamos	durmamos
vosotros/as	sintáis	durmáis
Uds.	sientan	duerman
ellos/as	sientan	duerman

The **e → i** stem-changing verbs keep the change in all forms.

pedir (e → i, i)	
yo	pida
tú	pidas
Ud.	pida
él, ella	pida
nosotros/as	pidamos
vosotros/as	pidáis
Uds.	pidan
ellos/as	pidan

Irregular verbs in the present subjunctive

■ The following verbs are irregular in the subjunctive.

	dar	estar	saber	ser	ir
yo	dé	esté	sepa	sea	vaya
tú	des	estés	sepas	seas	vayas
Ud.	dé	esté	sepa	sea	vaya
él, ella	dé	esté	sepa	sea	vaya
nosotros/as	demos	estemos	sepamos	seamos	vayamos
vosotros/as	deis	estéis	sepáis	seáis	vayáis
Uds.	den	estén	sepan	sean	vayan
ellos/as	den	estén	sepan	sean	vayan

Dar has written accents on the first- and third-person singular forms (**dé**) to distinguish them from the preposition **de**. All forms of **estar**, except the **nosotros** form, have written accents in the present subjunctive.

Using the subjunctive

One of the uses of the subjunctive is with fixed expressions that communicate opinion, doubt, probability, and wishes. They are always followed by the subjunctive.

Opinion

Es bueno / malo / mejor que…	*It's good / bad / better that . . .*
Es importante que…	*It's important that . . .*
Es increíble que…	*It's incredible that . . .*
Es una lástima que…	*It's a pity that . . .*
Es necesario que…	*It's necessary that . . .*
Es preferible que…	*It's preferable that . . .*
Es raro que…	*It's rare that . . .*

Doubt and probability

Es dudoso que…	*It's doubtful that . . .*
Es imposible que…	*It's impossible that . . .*
Es improbable que…	*It's unlikely that . . .*
Es posible que…	*It's possible that . . .*
Es probable que…	*It's likely that . . .*

Wishes and hopes

Ojalá (que)… *Let's hope that . . . / Hopefully . . .*

Es necesario que *It's necessary that we protect*
protejamos los animales *endangered species.*
en peligro de extinción.

Es una lástima que
algunas personas no
quieran reciclar el
plástico, el vidrio, el
aluminio y el papel.

It's a shame that some people don't want to recycle plastic, glass, aluminum, and paper.

Ojalá (que) haya menos
destrucción del medio
ambiente en el futuro.

Let's hope that there is less destruction of the environment in the future.

Por y para

As you have seen, Spanish has two main words to express *for*: **por** and **para.** They have distinct uses and are not interchangeable.

POR is used to express:	PARA is used to express:
1. Duration of time (*during, for*) El presidente ocupa la presidencia (**por**) cuatro años consecutivos. *The president holds the presidency for four consecutive years.* El alcalde habló (**por**) más de media hora. *The mayor spoke for more than a half hour.*	**1. Point in time or a deadline (*for, by*)** Es dudoso que todos los problemas se solucionen **para** el final de su presidencia. *It is doubtful that all the problems will be solved by the end of her presidency.* Es importante que bajemos los impuestos **para** el próximo año. *It is important that we lower taxes by next year.*
2. Movement or location (*through, along, past, around*) Los candidatos van **por** la calle hablando con la gente. *The candidates are going through the streets talking with the people.* El rey saluda **por** la ventana. *The king is waving through the window.*	**2. Destination (*for*)** La reina sale hoy **para** Puerto Rico. *The queen leaves for Puerto Rico today.* Los diputados se fueron **para** el Capitolio. *The representatives left for the Capitol.*
3. Motive (*on account of, because of, for*) Decidimos meternos en política **por** nuestros hijos. Queremos asegurarles un futuro mejor. *We decided to get involved in politics because of our children. We want to assure them a better future.* En resumen, nos dijeron que hay que reciclar **por** el futuro de nuestro planeta. *In short, they told us that we must recycle for the future of our planet.*	**3. Recipients or intended person or persons (*for*)** Mi hermano escribe discursos **para** la gobernadora. *My brother writes speeches for the governor.* Necesitamos un avión **para** el dictador. *We need a plane for the dictator.*
4. Exchange (*in exchange for*) Gracias **por** su ayuda, señora Presidenta. *Thank you for your help, Madam President.* Limpiaron el vertedero **por** diez mil dólares. *They cleaned the dump for ten thousand dollars.*	**4. Comparison (*for*)** **Para** un hombre que sabe tanto de la política, no tiene ni idea sobre la delincuencia de nuestras calles. *For a man who knows so much about politics, he has no idea about the crime on our streets.* La tasa de desempleo es bastante baja **para** un país en desarrollo. *The unemployment rate is quite low for a developing country.*

POR is used to express:	PARA is used to express:
5. Means (*by*)	**5. Purpose or goal** (*to, in order to*)
Los diputados discutieron los resultados de las elecciones **por** teléfono.	**Para** recibir más votos, la candidata necesita proponer soluciones **para** los problemas con la deuda externa.
The representatives argued about the election results over the phone.	*(In order) To receive more votes, the candidate needs to propose solutions to the problems with foreign debt.*
¿Los reyes van a viajar **por** barco o **por** avión?	Hay que luchar contra la contaminacón **para** proteger el medio ambiente.
Are the king and queen going to travel by ship or by plane?	*One needs to fight pollution to protect the environment.*

Las preposiciones y los pronombres preposicionales

Besides the prepositions **por** and **para,** there is a variety of useful prepositions and prepositional phrases, many of which you have already been using throughout *¡Anda! Curso elemental.* Study the following list to review the ones you already know and to acquaint yourself with those that may be new to you.

a	*to; at*
a la derecha de	*to the right of*
a la izquierda de	*to the left of*
acerca de	*about*
(a)fuera de	*outside of*
al lado de	*next to*
antes de	*before (time / space)*
cerca de	*near*
con	*with*
de	*of; from; about*
debajo de	*under; underneath*
delante de	*in front of*
dentro de	*inside of*
desde	*from*
después de	*after*
detrás de	*behind*
en	*in*
encima de	*on top of*
enfrente de	*across from; facing*
entre	*among; between*
hasta	*until*
lejos de	*far from*
para	*for; in order to*
por	*for; through; by; because of*
según	*according to*
sin	*without*
sobre	*over; about*

El centro de reciclaje está **a la derecha del** supermercado.	*The recycling center is to the right of the supermarket.*
La alcadesa va a hablar **acerca de** los problemas que tenemos con la protección del cocodrilo cubano.	*The mayor is going to speak about the problems we are having with the protection of the Cuban crocodile.*
Vimos un montón de plástico **encima del** papel.	*We saw a mountain of plastic on top of the paper.*
Quieren sembrar flores **enfrente del** vertedero.	*They want to plant flowers in front of the dump.*
El proyecto no puede tener éxito **sin** el apoyo del gobierno local.	*The project cannot be successful without the support of the local government.*

Los pronombres preposicionales

Study the list of pronouns that are used following prepositions.

mí	*me*	**nosotros/as**	*us*
ti	*you*	**vosotros/as**	*you*
usted	*you*	**ustedes**	*you*
él	*him*	**ellos**	*them*
ella	*her*	**ellas**	*them*

Para mí, es muy importante resolver el problema de la lluvia ácida.	*For me, it's really important to solve the problem of acid rain.*
¿Qué candidato está sentado **enfrente de ti**?	*Which candidate is seated in front of you?*
Se fueron de la huelga **sin nosotros.**	*They left the strike without us.*
Trabajamos **con ellos** para proteger el medio ambiente.	*We work with them to protect the environment.*

*Note that **con** has two special forms:

1. con + mí = **conmigo**

—¿Vienes **conmigo** al discurso?

Are you coming with me to listen to the speech?

2. con + ti = **contigo** *with you*

—Sí, voy **contigo.**

Yes, I'm going with you.

El infinitivo después de preposiciones

In Spanish, if you need to use a verb immediately after a preposition, it must always be in the **infinitive** form. Study the following examples:

Antes de reciclar las latas debes limpiarlas.

Before recycling the cans, you should clean them.

Después de pisar la hormiga la niña empezó a llorar.

After stepping on the ant, the little girl began to cry.

Es fácil decidir **entre reciclar** y **botar.**

It is easy to decide between recycling and throwing away.

Necesitamos trabajar con personas de todos los países **para proteger** mejor la Tierra.

We need to work with people from all countries in order to better protect the Earth.

Ganaste el premio **por estar** tan interesado en el medio ambiente.

You won the prize for being so interested in the environment.

No podemos vivir **sin trabajar** juntos.

We cannot live without working together.

Verb Charts

Regular Verbs: Simple Tenses

Infinitive Present Participle Past Participle	Indicative					Subjunctive		Imperative
	Present	Imperfect	Preterit	Future	Conditional	Present	Imperfect	Commands
hablar hablando hablado	hablo hablas habla hablamos habláis hablan	hablaba hablabas hablaba hablábamos hablabais hablaban	hablé hablaste habló hablamos hablasteis hablaron	hablaré hablarás hablará hablaremos hablaréis hablarán	hablaría hablarías hablaría hablaríamos hablaríais hablarían	hable hables hable hablemos habléis hablen	hablara hablaras hablara habláramos hablarais hablaran	habla (tú), no hables hable (usted) hablemos hablad (vosotros), no habléis hablen (Uds.)
comer comiendo comido	como comes come comemos coméis comen	comía comías comía comíamos comíais comían	comí comiste comió comimos comisteis comieron	comeré comerás comerá comeremos comeréis comerán	comería comerías comería comeríamos comeríais comerían	coma comas coma comamos comáis coman	comiera comieras comiera comiéramos comierais comieran	come (tú), no comas coma (usted) comamos comed (vosotros), no comáis coman (Uds.)
vivir viviendo vivido	vivo vives vive vivimos vivís viven	vivía vivías vivía vivíamos vivíais vivían	viví viviste vivió vivimos vivisteis vivieron	viviré vivirás vivirá viviremos viviréis vivirán	viviría vivirías viviría viviríamos viviríais vivirían	viva vivas viva vivamos viváis vivan	viviera vivieras viviera viviéramos vivierais vivieran	vive (tú), no vivas viva (usted) vivamos vivid (vosotros), no viváis vivan (Uds.)

Regular Verbs: Perfect Tenses

Indicative						Subjunctive			
Present Perfect		Past Perfect		Preterit Perfect		Future Perfect		Conditional Perfect	
he	hablado	había	hablado	hube	hablado	habré	hablado	habría	hablado
has	comido	habías	comido	hubiste	comido	habrás	comido	habrías	comido
ha	vivido	había	vivido	hubo	vivido	habrá	vivido	habría	vivido
hemos		habíamos		hubimos		habremos		habríamos	
habéis		habíais		hubisteis		habréis		habríais	
han		habían		hubieron		habrán		habrían	

Subjunctive			
Present Perfect		Past Perfect	
haya	hablado	hubiera	hablado
hayas	comido	hubieras	comido
haya	vivido	hubiera	vivido
hayamos		hubiéramos	
hayáis		hubierais	
hayan		hubieran	

Irregular Verbs

Infinitive / Present Participle / Past Participle	Indicative					Subjunctive		Imperative
	Present	Imperfect	Preterit	Future	Conditional	Present	Imperfect	Commands
andar andando andado	ando andas anda andamos andáis andan	andaba andabas andaba andábamos andabais andaban	anduve anduviste anduvo anduvimos anduvisteis anduvieron	andaré andarás andará andaremos andaréis andarán	andaría andarías andaría andaríamos andaríais andarían	ande andes ande andemos andéis anden	anduviera anduvieras anduviera anduviéramos anduvierais anduvieran	anda (tú), no andes ande (usted) andemos andad (vosotros), no andéis anden (Uds.)
caer cayendo caído	caigo caes cae caemos caéis caen	caía caías caía caíamos caíais caían	caí caíste cayó caímos caísteis cayeron	caeré caerás caerá caeremos caeréis caerán	caería caerías caería caeríamos caeríais caerían	caiga caigas caiga caigamos caigáis caigan	cayera cayeras cayera cayéramos cayerais cayeran	cae (tú), no caigas caiga (usted) caigamos caed (vosotros), no caigáis caigan (Uds.)
dar dando dado	doy das da damos dais dan	daba dabas daba dábamos dabais daban	di diste dio dimos disteis dieron	daré darás dará daremos daréis darán	daría darías daría daríamos daríais darían	dé des dé demos deis den	diera dieras diera diéramos dierais dieran	da (tú), no des dé (usted) demos dad (vosotros), no deis den (Uds.)
decir diciendo dicho	digo dices dice decimos decís dicen	decía decías decía decíamos decíais decían	dije dijiste dijo dijimos dijisteis dijeron	diré dirás dirá diremos diréis dirán	diría dirías diría diríamos diríais dirían	diga digas diga digamos digáis digan	dijera dijeras dijera dijéramos dijerais dijeran	di (tú), no digas diga (usted) digamos decid (vosotros), no digáis digan (Uds.)

Irregular Verbs (continued)

Infinitive / Present Participle / Past Participle	Indicative Present	Imperfect	Preterit	Future	Conditional	Subjunctive Present	Imperfect	Imperative Commands
estar / estando / estado	estoy estás está estamos estáis están	estaba estabas estaba estábamos estabais estaban	estuve estuviste estuvo estuvimos estuvisteis estuvieron	estaré estarás estará estaremos estaréis estarán	estaría estarías estaría estaríamos estaríais estarían	esté estés esté estemos estéis estén	estuviera estuvieras estuviera estuviéramos estuvierais estuvieran	está (tú), no estés esté (usted) estemos estad (vosotros), no estéis estén (Uds.)
haber / habiendo / habido	he has ha hemos habéis han	había habías había habíamos habíais habían	hube hubiste hubo hubimos hubisteis hubieron	habré habrás habrá habremos habréis habrán	habría habrías habría habríamos habríais habrían	haya hayas haya hayamos hayáis hayan	hubiera hubieras hubiera hubiéramos hubierais hubieran	
hacer / haciendo / hecho	hago haces hace hacemos hacéis hacen	hacía hacías hacía hacíamos hacíais hacían	hice hiciste hizo hicimos hicisteis hicieron	haré harás hará haremos haréis harán	haría harías haría haríamos haríais harían	haga hagas haga hagamos hagáis hagan	hiciera hicieras hiciera hiciéramos hicierais hicieran	haz (tú), no hagas haga (usted) hagamos haced (vosotros), no hagáis hagan (Uds.)
ir / yendo / ido	voy vas va vamos vais van	iba ibas iba íbamos ibais iban	fui fuiste fue fuimos fuisteis fueron	iré irás irá iremos iréis irán	iría irías iría iríamos iríais irían	vaya vayas vaya vayamos vayáis vayan	fuera fueras fuera fuéramos fuerais fueran	ve (tú), no vayas vaya (usted) vamos, no vayamos id (vosotros), no vayáis vayan (Uds.)
oír / oyendo / oído	oigo oyes oye oímos oís oyen	oía oías oía oíamos oíais oían	oí oíste oyó oímos oísteis oyeron	oiré oirás oirá oiremos oiréis oirán	oiría oirías oiría oiríamos oiríais oirían	oiga oigas oiga oigamos oigáis oigan	oyera oyeras oyera oyéramos oyerais oyeran	oye (tú), no oigas oiga (usted) oigamos oíd (vosotros), no oigáis oigan (Uds.)

Irregular Verbs (continued)

Infinitive / Present Participle / Past Participle	Indicative					Subjunctive		Imperative
	Present	Imperfect	Preterit	Future	Conditional	Present	Imperfect	Commands
poder / pudiendo / podido	puedo / puedes / puede / podemos / podéis / pueden	podía / podías / podía / podíamos / podíais / podían	pude / pudiste / pudo / pudimos / pudisteis / pudieron	podré / podrás / podrá / podremos / podréis / podrán	podría / podrías / podría / podríamos / podríais / podrían	pueda / puedas / pueda / podamos / podáis / puedan	pudiera / pudieras / pudiera / pudiéramos / pudierais / pudieran	
poner / poniendo / puesto	pongo / pones / pone / ponemos / ponéis / ponen	ponía / ponías / ponía / poníamos / poníais / ponían	puse / pusiste / puso / pusimos / pusisteis / pusieron	pondré / pondrás / pondrá / pondremos / pondréis / pondrán	pondría / pondrías / pondría / pondríamos / pondríais / pondrían	ponga / pongas / ponga / pongamos / pongáis / pongan	pusiera / pusieras / pusiera / pusiéramos / pusierais / pusieran	pon (tú), no pongas / ponga (usted) / pongamos / poned (vosotros), no pongáis / pongan (Uds.)
querer / queriendo / querido	quiero / quieres / quiere / queremos / queréis / quieren	quería / querías / quería / queríamos / queríais / querían	quise / quisiste / quiso / quisimos / quisisteis / quisieron	querré / querrás / querrá / querremos / querréis / querrán	querría / querrías / querría / querríamos / querríais / querrían	quiera / quieras / quiera / queramos / queráis / quieran	quisiera / quisieras / quisiera / quisiéramos / quisierais / quisieran	quiere (tú), no quieras / quiera (usted) / queramos / quered (vosotros), no queráis / quieran (Uds.)
saber / sabiendo / sabido	sé / sabes / sabe / sabemos / sabéis / saben	sabía / sabías / sabía / sabíamos / sabíais / sabían	supe / supiste / supo / supimos / supisteis / supieron	sabré / sabrás / sabrá / sabremos / sabréis / sabrán	sabría / sabrías / sabría / sabríamos / sabríais / sabrían	sepa / sepas / sepa / sepamos / sepáis / sepan	supiera / supieras / supiera / supiéramos / supierais / supieran	sabe (tú), no sepas / sepa (usted) / sepamos / sabed (vosotros), no sepáis / sepan (Uds.)
salir / saliendo / salido	salgo / sales / sale / salimos / salís / salen	salía / salías / salía / salíamos / salíais / salían	salí / saliste / salió / salimos / salisteis / salieron	saldré / saldrás / saldrá / saldremos / saldréis / saldrán	saldría / saldrías / saldría / saldríamos / saldríais / saldrían	salga / salgas / salga / salgamos / salgáis / salgan	saliera / salieras / saliera / saliéramos / salierais / salieran	sal (tú), no salgas / salga (usted) / salgamos / salid (vosotros), no salgáis / salgan (Uds.)

A43

Irregular Verbs (continued)

Infinitive Present Participle Past Participle	Indicative					Subjunctive		Imperative
	Present	Imperfect	Preterit	Future	Conditional	Present	Imperfect	Commands
ser siendo sido	soy eres es somos sois son	era eras era éramos erais eran	fui fuiste fue fuimos fuisteis fueron	seré serás será seremos seréis serán	sería serías sería seríamos seríais serían	sea seas sea seamos seáis sean	fuera fueras fuera fuéramos fuerais fueran	sé (tú), no seas sea (usted) seamos sed (vosotros), no seáis sean (Uds.)
tener teniendo tenido	tengo tienes tiene tenemos tenéis tienen	tenía tenías tenía teníamos teníais tenían	tuve tuviste tuvo tuvimos tuvisteis tuvieron	tendré tendrás tendrá tendremos tendréis tendrán	tendría tendrías tendría tendríamos tendríais tendrían	tenga tengas tenga tengamos tengáis tengan	tuviera tuvieras tuviera tuviéramos tuvierais tuvieran	ten (tú), no tengas tenga (usted) tengamos tened (vosotros), no tengáis tengan (Uds.)
traer trayendo traído	traigo traes trae traemos traéis traen	traía traías traía traíamos traíais traían	traje trajiste trajo trajimos trajisteis trajeron	traeré traerás traerá traeremos traeréis traerán	traería traerías traería traeríamos traeríais traerían	traiga traigas traiga traigamos traigáis traigan	trajera trajeras trajera trajéramos trajerais trajeran	trae (tú), no traigas traiga (usted) traigamos traed (vosotros), no traigáis traigan (Uds.)
venir viniendo venido	vengo vienes viene venimos venís vienen	venía venías venía veníamos veníais venían	vine viniste vino vinimos vinisteis vinieron	vendré vendrás vendrá vendremos vendréis vendrán	vendría vendrías vendría vendríamos vendríais vendrían	venga vengas venga vengamos vengáis vengan	viniera vinieras viniera viniéramos vinierais vinieran	ven (tú), no vengas venga (usted) vengamos venid (vosotros), no vengáis vengan (Uds.)
ver viendo visto	veo ves ve vemos veis ven	veía veías veía veíamos veíais veían	vi viste vio vimos visteis vieron	veré verás verá veremos veréis verán	vería verías vería veríamos veríais verían	vea veas vea veamos veáis vean	viera vieras viera viéramos vierais vieran	ve (tú), no veas vea (usted) veamos ved (vosotros), no veáis vean (Uds.)

Stem-Changing and Orthographic-Changing Verbs

Infinitive / Present Participle / Past Participle	Indicative					Subjunctive		Imperative
	Present	Imperfect	Preterit	Future	Conditional	Present	Imperfect	Commands
almorzar (ue) (c) almorzando almorzado	almuerzo almuerzas almuerza almorzamos almorzáis almuerzan	almorzaba almorzabas almorzaba almorzábamos almorzabais almorzaban	almorcé almorzaste almorzó almorzamos almorzasteis almorzaron	almorzaré almorzarás almorzará almorzaremos almorzaréis almorzarán	almorzaría almorzarías almorzaría almorzaríamos almorzaríais almorzarían	almuerce almuerces almuerce almorcemos almorcéis almuercen	almorzara almorzaras almorzara almorzáramos almorzarais almorzaran	almuerza (tú), no almuerces almuerce (usted) almorcemos almorzad (vosotros), no almorcéis almuercen (Uds.)
buscar (qu) buscando buscado	busco buscas busca buscamos buscáis buscan	buscaba buscabas buscaba buscábamos buscabais buscaban	busqué buscaste buscó buscamos buscasteis buscaron	buscaré buscarás buscará buscaremos buscaréis buscarán	buscaría buscarías buscaría buscaríamos buscaríais buscarían	busque busques busque busquemos busquéis busquen	buscara buscaras buscara buscáramos buscarais buscaran	busca (tú), no busques busque (usted) busquemos buscad (vosotros), no busquéis busquen (Uds.)
corregir (i, i) (j) corrigiendo corregido	corrijo corriges corrige corregimos corregís corrigen	corregía corregías corregía corregíamos corregíais corregían	corregí corregiste corrigió corregimos corregisteis corrigieron	corregiré corregirás corregirá corregiremos corregiréis corregirán	corregiría corregirías corregiría corregiríamos corregiríais corregirían	corrija corrijas corrija corrijamos corrijáis corrijan	corrigiera corrigieras corrigiera corrigiéramos corrigierais corrigieran	corrige (tú), no corrijas corrija (usted) corrijamos corregid (vosotros), no corrijáis corrijan (Uds.)
dormir (ue, u) durmiendo dormido	duermo duermes duerme dormimos dormís duermen	dormía dormías dormía dormíamos dormíais dormían	dormí dormiste durmió dormimos dormisteis durmieron	dormiré dormirás dormirá dormiremos dormiréis dormirán	dormiría dormirías dormiría dormiríamos dormiríais dormirían	duerma duermas duerma durmamos durmáis duerman	durmiera durmieras durmiera durmiéramos durmierais durmieran	duerme (tú), no duermas duerma (usted) durmamos dormid (vosotros), no durmáis duerman (Uds.)
incluir (y) incluyendo incluido	incluyo incluyes incluye incluimos incluís incluyen	incluía incluías incluía incluíamos incluíais incluían	incluí incluiste incluyó incluimos incluisteis incluyeron	incluiré incluirás incluirá incluiremos incluiréis incluirán	incluiría incluirías incluiría incluiríamos incluiríais incluirían	incluya incluyas incluya incluyamos incluyáis incluyan	incluyera incluyeras incluyera incluyéramos incluyerais incluyeran	incluye (tú), no incluyas incluya (usted) incluyamos incluid (vosotros), no incluyáis incluyan (Uds.)

Stem-Changing and Orthographic-Changing Verbs (continued)

Infinitive Present Participle Past Participle	Indicative					Subjunctive		Imperative
	Present	Imperfect	Preterit	Future	Conditional	Present	Imperfect	Commands
llegar (gu) llegando llegado	llego llegas llega llegamos llegáis llegan	llegaba llegabas llegaba llegábamos llegabais llegaban	llegué llegaste llegó llegamos llegasteis llegaron	llegaré llegarás llegará llegaremos llegaréis llegarán	llegaría llegarías llegaría llegaríamos llegaríais llegarían	llegue llegues llegue lleguemos lleguéis lleguen	llegara llegaras llegara llegáramos llegarais llegaran	llega (tú), no llegues llegue (usted) lleguemos llegad (vosotros), no lleguéis lleguen (Uds.)
pedir (i, i) pidiendo pedido	pido pides pide pedimos pedís piden	pedía pedías pedía pedíamos pedíais pedían	pedí pediste pidió pedimos pedisteis pidieron	pediré pedirás pedirá pediremos pediréis pedirán	pediría pedirías pediría pediríamos pediríais pedirían	pida pidas pida pidamos pidáis pidan	pidiera pidieras pidiera pidiéramos pidierais pidieran	pide (tú), no pidas pida (usted) pidamos pedid (vosotros), no pidáis pidan (Uds.)
pensar (ie) pensando pensado	pienso piensas piensa pensamos pensáis piensan	pensaba pensabas pensaba pensábamos pensabais pensaban	pensé pensaste pensó pensamos pensasteis pensaron	pensaré pensarás pensará pensaremos pensaréis pensarán	pensaría pensarías pensaría pensaríamos pensaríais pensarían	piense pienses piense pensemos penséis piensen	pensara pensaras pensara pensáramos pensarais pensaran	piensa (tú), no pienses piense (usted) pensemos pensad (vosotros), no penséis piensen (Uds.)
producir (zc) (j) produciendo producido	produzco produces produce producimos producís producen	producía producías producía producíamos producíais producían	produje produjiste produjo produjimos produjisteis produjeron	produciré producirás producirá produciremos produciréis producirán	produciría producirías produciría produciríamos produciríais producirían	produzca produzcas produzca produzcamos produzcáis produzcan	produjera produjeras produjera produjéramos produjerais produjeran	produce (tú), no produzcas produzca (usted) produzcamos producid (vosotros), no produzcáis produzcan (Uds.)
reír (i, i) riendo reído	río ríes ríe reímos reís ríen	reía reías reía reíamos reíais reían	reí reíste rio reímos reísteis rieron	reiré reirás reirá reiremos reiréis reirán	reiría reirías reiría reiríamos reiríais reirían	ría rías ría riamos riáis rían	riera rieras riera riéramos rierais rieran	ríe (tú), no rías ría (usted) riamos reíd (vosotros), no riáis rían (Uds.)

Stem-Changing and Orthographic-Changing Verbs (continued)

Infinitive Present Participle Past Participle	Indicative					Subjunctive		Imperative
	Present	Imperfect	Preterit	Future	Conditional	Present	Imperfect	Commands
seguir (i, i) (ga) siguiendo seguido	sigo sigues sigue seguimos seguís siguen	seguía seguías seguía seguíamos seguíais seguían	seguí seguiste siguió seguimos seguisteis siguieron	seguiré seguirás seguirá seguiremos seguiréis seguirán	seguiría seguirías seguiría seguiríamos seguiríais seguirían	siga sigas siga sigamos sigáis sigan	siguiera siguieras siguiera siguiéramos siguierais siguieran	sigue (tú), no sigas siga (usted) sigamos seguid (vosotros), no sigáis sigan (Uds.)
sentir (ie, i) sintiendo sentido	siento sientes siente sentimos sentís sienten	sentía sentías sentía sentíamos sentíais sentían	sentí sentiste sintió sentimos sentisteis sintieron	sentiré sentirás sentirá sentiremos sentiréis sentirán	sentiría sentirías sentiría sentiríamos sentiríais sentirían	sienta sientas sienta sintamos sintáis sientan	sintiera sintieras sintiera sintiéramos sintierais sintieran	siente (tú), no sientas sienta (usted) sintamos sentid (vosotros), no sintáis sientan (Uds.)
volver (ue) volviendo vuelto	vuelvo vuelves vuelve volvemos volvéis vuelven	volvía volvías volvía volvíamos volvíais volvían	volví volviste volvió volvimos volvisteis volvieron	volveré volverás volverá volveremos volveréis volverán	volvería volverías volvería volveríamos volveríais volverían	vuelva vuelvas vuelva volvamos volváis vuelvan	volviera volvieras volviera volviéramos volvierais volvieran	vuelve (tú), no vuelvas vuelva (usted) volvamos volved (vosotros), no volváis vuelvan (Uds.)

Appendix 5

Spanish–English Glossary

A

a bordo on board (5)
a causa de because of (5)
a continuación following (2)
a la derecha de to the right of (7)
a la izquierda de to the left of (7)
a la parrilla grilled; barbecued (4, PB)
a menos que unless (7)
a menudo often (PA)
a pesar de que in spite of (7)
a propósito by the way (4)
A quién corresponda To whom it may concern (5)
a veces sometimes (11)
A ver... Let's see . . . (11)
abeja, la bee (10)
abogado/a, el/la lawyer (8)
abrazar to hug (2, 11)
Abrazos Hugs (8)
abrir to open (PA, 1)
Absolutamente. Absolutely. (10)
abuelo/a, el/la grandfather / grandmother (PA)
acá here (1)
aceituna, la olive (4)
acelerador, el accelerator; gas pedal (5)
aceptar una invitación to accept an invitation (3)
acera, la sidewalk (3)
aclarar to clarify (5)
acogedor/a cozy (4)
aconsejar to recommend; to advise; to counsel (1, 2, 4, 9)
acordarse (o → ue) de to remember (PA)
actual current; present (8)
actualizar to update (5)
actuar to act (8, 9)
acuarela, la watercolor (4, 9)
acuerdo, el compromise; agreement (2, 8, 10)
además besides (10)
adentro inside (3)
adivinar to guess (PA, 1, 8)
adjunto/a attached (PB)
administración de hoteles, la hotel management (8)
administrativo/a administrative (8)
adobe, el adobe (3)
adolescencia, la adolescence (1)
adquisición, la acquisition (8)
aduana, la customs (5)
afeitarse to shave (11)
aficionado/a, el/la fan (1, 2, 4)
afirmativamente affirmatively (1)
afueras, las outskirts (7)
agencia de viajes, la travel agency (6)
agencia, la agency (8)

agente, el/la agent (8)
agobiado/a weighed down; feeling down; overwhelmed (7, 10)
agotado/a exhausted (1)
agotamiento, el depletion (10)
agradable agreeable; pleasant (1)
agradecido/a grateful (3)
agua corriente, el running water (3)
agua dulce, el fresh water (5)
aguacate, el avocado (4)
aguantar to tolerate (9)
ahijado/a, el/la godson / daughter (1)
ahora que now that (7)
ahorrar to save (8)
ahorro, el savings (8)
aire acondicionado, el air conditioning (3)
aislado/a isolated (11)
aislamiento, el isolation (10)
ajo, el garlic (4)
ajustarse to fit (3)
al aire libre in the open air (2)
Al contrario. On / To the contrary. (10)
al final at the end (4)
Al llegar a..., doble/n... When you get to . . . , turn . . . (4)
al principio at first; first; in the beginning (3, 4)
alacena, la cupboard (3)
alcoba, la room (3)
alcoholismo, el alcoholism (11)
alegrarse (de) to be happy (about) (3, 9)
alegre happy; cheerful (1)
alergia, la allergy (11)
alfarería, la pottery; pottery making (9)
alfarero/a, el/la potter (9)
alfombra, la rug (3)
algodón, el cotton (7)
alma, el soul (2)
almohada, la pillow (3)
almorzar (ue) to have lunch (PA)
Aló. Hello. (7)
alquilar to rent (3)
alquilar un coche to rent a car (5)
alquiler, el rent (3)
alrededores, los surroundings (3)
altar, el altar (4)
altura, la height (5)
aludir to allude (4, 7)
amo/a de casa, el homemaker (8)
amable nice (1)
ámbito, el space (7)
ambos/as both (PB)
amenaza, la threat (10)
amenazar to threaten (10)
amortiguar to absorb shock (11)
amplio/a ample (3)
anaranjado/a orange (4)
ancho/a wide (11)
anciano/a elderly (1)

andar to walk (1)
anfitrión / anfitriona, el/la host / hostess (7, 12)
anillo, el ring (7)
animal, el animal (10)
animales en peligro de extinción, los endangered species (10)
animar to encourage (2)
¡Ánimo! Cheer up!; Hang in there! (8)
aniversario de boda, el wedding anniversary (4)
antes (de) que before (*time / space*) (4, 7)
antihistamínico, el antihistamine (11)
antorcha, la torch (4)
anuncio, el advertisement (PA)
añadir to add (PA, 3, 4, 8)
aparato, el apparatus (5)
apariencia, la appearance (1)
apendicitis, la appendicitis (11)
apio, el celery (4)
aplaudir to applaud (9)
aplicado/a applied (5)
apoyo, el support (1)
apreciar to appreciate (5)
aprender to learn (PA)
apretado/a tight (7)
apropiado/a appropriate (2)
apropiarse to take over; to appropriate (8)
apuntar jot down (11)
aquel entonces back then (10)
árbitro/a, el/la referee; umpire (2)
archivo, el file (5)
archivo adjunto, el attachment (5)
ardilla, la squirrel (10)
arena, la sand (5)
aretes, los earrings (7)
árido/a arid; dry (10)
arpa, el harp (7)
arquitecto/a, el/la architect (3)
arrancar to boot up; to start up (5)
arrecife, el coral reef (10)
arreglar to straighten up; to fix (1, 8)
arreglo, el arrangement (5)
arrepentirse de (ie, i) to regret (4, PB)
arriba above; up (5)
arroba, la at (in an e-mail address / message); @ (5)
arroyo, el stream (10)
arruinar to ruin (8)
arte dramático, el performance art (9)
arte visual, el visual arts (9)
artes aplicadas, las applied arts (9)
artes decorativas, las decorative arts (9)
artes marciales, las martial arts (2)
artesanía, la arts and crafts (9)
artesano/a, el/la artisan (9)
articulación, la joint (11)
artículo, el item; article (7)
artista, el/la artist (9)

artritis, la arthritis (**11**)
asado/a grilled (**4, PB**)
asar to roast; to broil (**4**)
ascender (e → ie) to advance; to be promoted; to promote (**8**)
aserrín, el sawdust (**4**)
Así es. That's it. (**7, 10**)
así thus (**2**)
asistente de vuelo, el/la flight attendant (**8**)
asistir a to attend (**5**)
aspecto físico, el physical appearance (**1**)
aspirante, el/la applicant (**8**)
asqueado/a disgusted (**1**)
asustado/a frightened (**1**)
atado/a tied (**8**)
ataque al corazón, el heart attack (**11**)
atasco, el traffic jam (**5**)
atención médica, la medical attention (**11**)
Atentamente Sincerely (**8**)
atleta, el/la athlete (**2**)
atlético/a athletic (**2**)
atletismo, el track and field (**2**)
atraer to attract (**10**)
aun cuando even when (**7**)
aunque although; even if (**7**)
austral southern (**5**)
autopista, la turnpike; highway; freeway (**5**)
autorretrato, el self-portrait (**9**)
ave, el (*f.*) bird (**5**)
avergonzado/a embarrassed; ashamed (**1**)
avergonzarse (o → ue) de to feel / be ashamed of (**3, 9**)
averiguar to find out (**PA**)
aves, las poultry; birds (**4**)
ayuda, la help (**3**)
ayudar to help (**5**)
azulejos, los ceramic tiles (**3**)

B

bahía, la bay (**10**)
bailar to dance (**PA**)
baile, el dance (**4**)
bajar de to get off (**2**)
ballena, la whale (**10**)
ballet, el ballet (**9**)
banca, la banking (**8**)
bancarrota, la bankruptcy (**8**)
bandeja, la tray (**11**)
banquero/a, el/la banker (**8**)
banquito, el little stool (**4**)
barba, la beard (**1**)
barbacoa, la barbecue (**3**)
barra, la slash (*in a URL*); / (**5**)
barrer to sweep (**3**)
barrio, el neighborhood (**2, 3**)
barro, el clay (**9**)
bastón de esquí, el ski pole (**2**)
bate, el bat (**2**)
batido, el milkshake (**4**)
batidora, la handheld beater; mixer; blender (**3**)
batir to beat (**4**)
bautizo, el baptism (**4**)
bebé, el baby (**4**)
beber to drink (**PA**)
beneficios, los benefits (**8, 11**)
beneficioso/a beneficial (**5**)
besar to kiss (**11**)

besito, el little kiss (**2**)
beso, el kiss (**4**)
bibliotecario/a, el/la librarian (**5**)
bien hecho/a well done (**5**)
bienes, los goods (**7**)
bienes raíces, los real estate (**3**)
bigote, el moustache (**1**)
billetera, la wallet (**7**)
biodegradable biodegradable (**10**)
bisabuelo/a, el/la great-grandfather / great-grandmother (**1**)
bocina, la (car) horn (**5**)
boda, la wedding (**3, 4**)
bolsa, la stock market (**8**)
bolsillo, el pocket (**7**)
bolso, el handbag (**7**)
bombero/a, el/la firefighter (**8**)
bombilla, la lightbulb (**7**)
bombón, el sweet; candy (**4**)
bono, el bonus (**8**)
bordado a mano, el hand embroidered (**7**)
borrar to delete; to erase (**5**)
botana, la snack (**4**)
boxear to box (**2**)
brisa, la breeze (**4**)
broma, la joke (**3, 4**)
bromear to joke around (**5**)
bronquitis, la bronchitis (**11**)
bruscamente brusquely (**4**)
bucear to scuba dive (**2**)
buceo, el diving (**2**)
¡Bueno! Good! (**8**)
Bueno. Hello? (**7**)
Bueno... Well . . . ; OK . . . (**11**)
Buenas. Hello. (**1**)
bufanda, la scarf (**7**)
búsqueda, la search (**2**)
buzón, el mailbox (**8**)

C

cabestrillo, el sling (**11**)
cabeza, la head (**1**)
cabra, la goat (**10**)
cacerola, la saucepan (**3**)
cada each (**PA**)
cadáver, el corpse (**9**)
cadena (de televisión), la (television) network (**PA**)
cadera, la hip (**11**)
caer bien / mal to like / dislike someone (**1**)
cafetera, la coffeemaker (**3**)
caída, la fall (**3**)
caimán, el alligator (**5**)
cajero/a, el/la cashier (**8**)
calabaza, la squash; pumpkin (**4**)
calavera, la skull (**4**)
calentar (e → ie) to heat (**3, 4**)
calidad, la quality (**5**)
calificación, la qualification; score (**8, 11**)
callado/a quiet (**1**)
callarse to become quiet; to keep quiet (**PA**)
caluroso/a hot (**7**)
calvo/a bald (**1**)
cámara, la camera (**5**)
cámara digital, la digital camera (**5**)
cámara web, la web camera (**5**)
camarero/a, el/la maid (**5**)

camarones, los shrimp (**4**)
camello, el camel (**10**)
camilla, la stretcher (**11**)
caminata, la long walk (**1**)
camino, el route; path; dirt road (**5**)
camioneta, la van; station wagon; small truck (**5**)
campeón, el champion (male) (**2**)
campeona, la champion (female) (**2**)
campeonato, el championship (**2**)
campo, el field (**2**)
campo de golf, el golf course (**7**)
canal, el canal (**5**); channel (**5, 9**)
canas, las gray hair (**1**)
cáncer, el cancer (**11**)
cancha, la court (sports) (**2**)
cangrejo, el crab (**4, 10**)
cantante, el/la singer (**PA**)
cantar to sing (**PA**)
caña de azucar, la sugar cane (**5**)
capa, la layer (**7**)
cara, la face (**1, 11**)
características notables, las notable characteristics (**1**)
características personales, las personal characteristics (**1**)
cárcel, la prison (**11**)
carga, la cargo (**8**)
cargar to carry (**10**)
carne, la meat (**4**)
carne de cerdo, la pork (**4**)
carne de cordero, la lamb (**4**)
carne de res, la beef (**4**)
carne molida, la ground beef (**4**)
carnicería, la butcher shop (**7**)
caro/a expensive (**2**)
carpintero/a, el/la carpenter (**3**)
carrera, la race (**2**)
carretera, la highway (**5**)
carta, la menu (**4**)
carta de presentación, la cover letter (**8**)
carta de recomendación, la letter of recommendation (**8**)
carta personal, la personal letter (**8**)
cartel, el poster (**12**)
cartero/a, el/la mail carrier (**8**)
casa de tus sueños, la dream house (**PB**)
casado/a married (**1**)
casarse to marry; to get married (**1**)
casco, el helmet (**2**)
casi almost (**5**)
castaño/a brunette; brown (**1**)
castillo, el castle (**2**)
casualidad, la coincidence (**5, 7, 11**)
catarata, la waterfall (**10**)
catedral, la cathedral (**7**)
cazar to go hunting (**2**)
ceja, la eyebrow (**1, 11**)
celebración, la celebration (**4**)
celebrar to celebrate (**4**)
celoso/a jealous (**1**)
cemento, el cement (**3**)
cenar to have dinner (**3**)
cepillo, el brush (**7**)
cepillo de dientes, el toothbrush (**7**)
cerámica, la ceramics (**9**)
cerca, la fence (**3**)
cerca de near (**10**)
cercano/a close by (**5**)

cerebro, el brain (11)
ceremonia de premiación, la awards ceremony (1)
cereza, la cherry (4)
cerrar (ie) to close (PA)
césped, el grass; lawn (3)
cesta, la basket; shopping basket (2)
cestería, la basket weaving; basketry (9)
cetrería, la falconry (10)
champú, el shampoo (7)
Chao. Bye. (1)
charco, el puddle (11)
charla, la talk (PB)
chicle, el gum (7)
chimenea, la fireplace; chimney (3)
chistoso/a funny (1)
chófer, el/la chauffeur; driver (5)
chuleta, la chop (4)
cicatriz, la scar (1)
ciencias (políticas), las (political) science (8)
ciertas cosas, certain things (5)
ciervo, el deer (10)
cifra, la figure; number (10)
cifrar to encrypt (5)
cine, el cinema; films; movies (9)
cinematógrafo/a, el/la cinematographer (9)
cinturón de seguridad, el seat belt (5)
ciruela, la plum (4)
cita, la date (4)
ciudadano/a, el/la citizen (10)
clarinete, el clarinet (9)
¡Claro! Sure!; Of course! (1, 3)
Claro que no. Of course not. (10)
Claro que sí. Of course. (3, 7, 10)
clavadismo, el cliff diving (2)
clave, la clue (9)
clavo, el nail (7)
clima, el climate (10)
climático/a climatic (10)
coche, el car (5)
cocina, la kitchen (3)
cocinar to cook (PA)
codo, el elbow (11)
col, la cabbage (4)
colaborador/a, el/la collaborator (4)
coleccionar to collect (2)
coleccionar tarjetas de béisbol to collect baseball cards (2)
colega, el/la colleague (1, 8)
colgar (o → ue) to hang (3)
coliflor, la cauliflower (4)
collar, el necklace (7)
colonia, la cologne (7)
combustible, el fuel (10)
comedia, la comedy (9)
comentar en un blog to post to a blog (2)
comenzar (ie) to begin (PA)
comer to eat (PA)
comerciante, el/la shopkeeper; merchant (8)
comercio, el business (8)
comida, la food (4)
comisaría, la police station (PB, 7)
¿Cómo? What? (2)
¿Cómo amaneció usted / amaneciste? How are you this morning? (1)
¿Cómo andas? How are you doing? (PA)
Cómo no. Of course. (7, 10)
¿Cómo voy / llego a...? How do I go / get to . . . ? (4)

comparar con to compare with (3)
compartir to share (PA, 1)
compatible compatible (5)
competencia, la competition (2)
competición, la competition (2)
competir (e → i → i) to compete (2)
competitivo/a competitive (2)
cómplice, el/la accomplice (5)
componer to repair; to fix an object (3); to compose (9)
comportamiento, el behavior (4)
comportarse to behave (11)
compositor/a, el/la composer (9)
comprar to buy (PA)
comprender to understand (PA)
comprobar (o → ue) to check; to confirm (11)
compromiso, el engagement (4)
computador/computadora, el/la computer (5)
común common (4)
Con cariño With love (8)
¡Con mucho gusto! It would be a pleasure! (3)
Con permiso. With your permission; Excuse me. (2)
con tal (de) que provided that (7)
concordancia, la agreement (5, 7)
concurso, el game show; pageant; contest (5, 9)
condición, la condition (11)
conectado online (5)
conectar to connect (5)
confundido/a confused (1)
congelar to freeze; to crash (5)
conocer to be acquainted with (PA)
conocido/a acquaintance; known (1)
conseguir (i) to get (PA)
conseguir un puesto de... to get a job / position as . . . (8)
consejero/a, el/la counselor (1, 8)
conservar to conserve (10)
construir to construct (3)
consuelo, el sympathy (8)
consultorio, el doctor's office (7)
consumo, el consumption (10)
contador/a, el/la accountant (8)
contaminante, el contaminant (10)
contar (ue) to tell; to count on (1)
contener (ie) to contain (PA)
contestar to answer (PA)
contigo with you (2)
contraseña, la password (5)
contratar to hire (8)
contratista, el/la contractor (3)
controvertido/a controversial (3)
copa, la goblet; wine glass (3)
Cordialmente Cordially (8)
coro, el choir (9)
corregir (i) to correct (PA)
correo de voz, el voicemail (5)
correo electrónico, el e-mail (4, 5)
correr to run (PA)
cortar to cut (5)
cortar el césped to cut the grass (3)
corto/a short (11)
cortometraje, el short (film) (9)
cosechar to harvest (10)
coser to sew (2)
costar (ue) to cost (PA)
costilla, la rib (11)

cotidiano/a everyday; daily (9)
crear to create (PA, 9)
creencia, la belief (4)
creer to believe (PA)
crema de afeitar, la shaving cream (7)
criar to raise (10)
crónica, la chronicle (5)
crucero, el cruise ship (5)
crudo/a raw (4, PB)
cruzar to cross (5)
cuadra, la city block (1, 3)
cuadro, el square (PA)
cuando when (2, 7)
cuarteto, el quartet (9)
cuarto, el room (3); one quarter (PB)
cubierto/a covered (8)
cubrir to cover (3, 4)
cuchillo, el knife (1)
cuentista, el/la short-story writer (9)
cuerdas, las strings; string instruments (7, 9)
cuerpo humano, el human body (11)
cueva, la cave (3)
cuidado, el care (2)
Cuídese. / Cuídate. Take care. (1)
culpa, la blame (4)
culpable guilty (7)
cumpleaños, el birthday (1, 4)
cumplir... años to have a birthday; to turn . . . years old (4)
cuñado/a, el/la brother-in-law / sister-in-law (1)
cura, el priest (4)
cura, la cure (11)
curativo/a curative (3)
currículum (vitae) (C.V.), el résumé (8)
curso, el class (3)
cursor, el cursor (5)

D

danza, la dance (9)
dañar to damage; to harm (10)
dañino/a harmful (11)
daño, el harm (10)
dar to give (PA)
dar a luz to give birth (4)
darse prisa to hurry (PA)
datos, los data (5); information (8)
de buena / mala calidad good / poor quality (7)
de mal en peor from bad to worse (11)
de manera que so that (7)
de modo que so that (7)
De ninguna manera. No way. (10)
de nuevo again (1)
¿De parte de quién? Who shall I say is calling? (7)
de repente all of a sudden (5)
¿De veras? Really? (11)
deber (+ inf.) should; must (PA)
decir to say; to tell (PA, 1, PB)
declarar to testify (7)
declive, el decline (10)
decorado, el set (9)
decorar to decorate (2)
decreto, el decree (4)
deforestación, la deforestation (10)
dejar de to stop; to cease (2, 8)
dejar de fumar cigarrillos to quit smoking cigarettes (11)

delantero forward (soccer) (2)
demasiado/a/os/as too much / many (1)
demostrar (ue) to demonstrate (PA)
dentista, el/la dentist (8)
dependiente/a, el/la store clerk (7)
deportes, los sports (2)
deportista sporty; sports-loving person (2)
deportivo/a sports-related (2)
depresión, la depression (11)
deprimido/a depressed (1)
derretir (e → i → i) to melt (4)
desacuerdo, el disagreement (10)
desafío, el challenge (2)
desaparecer to disappear (10)
desaparición, la disappearance (2)
desastre, el disaster (10)
descalzo/a barefoot (11)
descanso, el rest (1)
descargar to download (5)
desconectado/a offline (5)
descongelar to thaw (10)
desconocido/a unknown (5)
describir to describe (PA)
descubrir to discover (1)
Desde luego. Of course. (7, 10)
deseado/a desired (5)
desear to wish (2, 9)
desenchufar to unplug (5)
deseo, el wish (2)
desfile, el parade (4)
deshacer to undo (5)
desierto, el desert (10)
desmayarse to faint (3, 11)
desodorante, el deodorant (7)
desorganizado/a disorganized (1)
despedida, la farewell (1); closing
   (*of a letter*) (8)
despedir (e → i → i) to fire (from a job) (8)
despedirse (e → i → i) to say goodbye
   (1, 11)
despensa, la pantry (3)
desperdiciar to waste (10)
desperdicio/desperdicios, el/los waste;
   waste products (5, 10)
despistado/a absentminded;
   scatterbrained (1)
desplazado/a displaced (10)
después (de) (que) afterward; after (4, 7, 10)
destacar(se) to stand out (3)
destreza, la skill (8)
destruir to destroy (10)
detalle, el detail (3)
detener (ie) to detain (11)
detrás de behind (7, 10)
deuda, la debt (2)
devolver (ue) to return (an object) (PA)
Día de la Independencia, el Independence
   Day (4)
Día de la Madre, el Mother's Day (4)
Día de las Brujas, el Halloween (4)
Día de los Muertos, el Day of the Dead (4)
Día de San Valentín, el Valentine's Day (4)
Día del Padre, el Father's Day (4)
diabetes, la diabetes (11)
diablo, el devil (5)
diálogo, el dialogue (1)
diamante, el diamond (7)
dibujar to draw (PA, 9)
dibujo, el drawing (PA, 9)

dibujos animados, los cartoons (9)
dientes de juicio, los wisdom teeth (8)
Diga. / Dígame. Hello? (7)
digital digital (5)
digitalizar to digitalize (5)
dinero en efectivo, el cash (7)
dinosaurio, el dinosaur (10)
dirección, la address (5)
director/a, el/la director (9)
director/a de escena, el/la stage
   manager (9)
discapacitado/a physically / psychologically
   handicapped (1)
disco duro, el hard drive (5)
discordia, la discord (3)
Disculpa. / Discúlpame. Excuse me.
   (*fam.*) (2)
disculparse to apologize (2)
Disculpe. / Discúlpeme. Excuse me.
   (*form.*) (2)
Disculpen. / Discúlpenme. Excuse me.
   (*form. pl.*) (2)
discurso, el speech (9)
discutir to argue; to discuss (4)
diseñador/a, el/la designer (3)
diseño, el design (9)
disfrazarse to wear a costume; to disguise
   oneself (4)
disfrutar to enjoy (2)
disminuir to diminish (11)
distraerse to get distracted (4)
diva, la diva (9)
divertirse (e → ie → i) to enjoy oneself; to
   have fun (PA)
divorciado/a divorced (1)
divorciarse to divorce; to get divorced (1)
doblar to turn (7)
doblarse to bend (11)
Doble/n a la derecha / izquierda. Turn
   right / left. (4)
dolor de cabeza, el headache (11)
dona, la donut (4)
dormir (ue, u) to sleep (PA)
dormitorio, el bedroom (3)
dosis, la dosage (11)
drama, el drama (9)
dramaturgo/a, el/la playwright (9)
drogadicto/a, el/la drug addict (11)
ducharse to shower (11)
duda, la doubt (3)
dudar to doubt (3, 9)
dueño/a, el/la owner (3)
dulce sweet (3)
dulces, los candies (4)
durazno, el peach (4)

E

ecológico/a ecological (10)
ecosistema, el ecosystem (10)
edad, la age (1)
editar to edit (9)
educado/a polite (1)
Efectivamente. Precisely. (10)
efecto invernadero, el greenhouse effect (10)
egoísta selfish (1)
ejecutivo/a, el/la executive (8)
electricista, el/la electrician (3)
elote, el ear of corn (4)

email, el e-mail (5)
embarazada pregnant (1)
embarazo, el pregnancy (4)
emoción, la excitement (2)
emocionante exciting (5)
empaquetar to pack up (12)
empate, el tie (game) (2)
empezar (ie) to begin (PA)
empleado/a, el/la employee (8)
emplear to use; to employ (7, 8)
empleo, el job (1)
empresa, la corporation; business (8)
En absoluto. Absolutely. (1, 10)
en aquel entonces back then (10)
en caso (de) que in case (7)
en cuanto as soon as (7)
En mi vida. Never in my life. (10)
En otras palabras... In other words . . . (9)
en seguida immediately (after) (4)
¿En serio? Seriously? (11)
enamorado/a in love (1)
enamorarse (de) to fall in love (with) (4)
encantar to love; to like very much (1)
encargado/a in charge (7)
encargarle (a alguien) to commission
   (someone) (9)
encerrar (ie) to enclose (PA)
enchufar to plug in (5)
enchufe, el plug (5)
encima in addition (3)
encima de on top of (5, 10)
encontrar (ue) to find (PA)
encuesta, la survey (11)
enfermedad, la illness (11)
enfermería, la nursing (8)
enfocarse (en) to focus (on) (PB)
enfoque, el focus (4)
enfrente (de) in front (of); across from;
   facing (3)
engañar to deceive (4)
engendrar to generate (11)
¡Enhorabuena! Congratulations! (8)
enlace, el link (5)
enseñar to teach; to show (PA)
entender (ie) to understand (PA)
entonces then; next (4)
entre sí among themselves (1)
entrenador/a, el/la coach; trainer (1, 2)
entrenamiento, el training (11)
entrenar to train (2, 8)
entretener (ie) to entertain (7)
entrevista, la interview (PA, 8)
entrevistar to interview (2, PB, 8)
envase, el package; container (10)
envejecer to grow old; to age (1)
envejecimiento, el aging (11)
enyesar to put a cast on (11)
equipaje, el luggage (5)
equipo, el team (2)
equipo de cámara / sonido, el camera /
   sound crew (9)
equipo deportivo, el sporting equipment (2)
equivocado/a wrong (5)
erosión, la erosion (10)
Es... This is . . . (7)
es bueno / malo it's good / bad (9)
Es cierto. It's true. (10)
Es decir... That's to say . . . (9)
Es dudoso to be doubtful (9)

Es importante que... It is important that . . . (2, 9, **11**)

Es imprescindible que... It is essential that . . . (**11**)

Es mejor que... It's better that / than . . . (2, 9)

Es necesario que... It's necessary that . . . (2, 9, **11**)

Es preferible que... It's preferable that . . . (2, 9)

es probable it's probable (9)

Es que... It's that . . . ; The fact is that . . . (9)

es una lástima it's a shame (9)

Es verdad. It's true. (PA, 10)

escalar to climb (2)

escalofríos, los chills (**11**)

escanear to scan (5)

escáner, el scanner (5)

escaparate, el store window (7)

escasez, la scarcity (**10**)

escenario, el stage (9)

escoger to choose (PA)

escolar school (*adj.*) (2)

esconder to hide (3)

escribir to write (PA, **1**)

escritor/a, el/la writer, author (8)

escuela secundaria, la high school (1)

esculpir to sculpt (9)

escultor/a, el/la sculptor (9)

escultura, la sculpture (9)

esfuerzo, el effort (6)

esmalte de uñas, el nail polish (7)

esmog, el smog (**10**)

Eso es. That's it. (7, 10)

espárragos, los asparagus (4)

especialidad, la specialty (7)

espectáculo, el show (9)

espejito, el little mirror (1)

espejo, el mirror (3)

espejo retrovisor, el rearview mirror (5)

esperar to wait for; to hope (PA, 2, 9)

espinacas, las spinach (4)

esqueleto, el skeleton (4)

esquiar to ski (2)

esquina, la corner (4)

¿Está ___ (en casa)? Is ___ there? / at home? (7)

Está bien. Okay; It's alright. (10)

establecer to establish (9)

estación, la station (4)

estacionamiento, el parking lot (11)

estadio, el stadium (2)

estado, el state (PA)

estanque, el pond (3)

estante, el shelf (2)

estar to be (PA, 7)

estar comprometido/a to be engaged (4)

estar embarazada to be pregnant (4)

este, el east (5)

Este... Well . . . ; Um . . . (11)

estético/a aesthetic (9)

estilo, el style (1)

Estimado/a señor/a... Dear Mr. / Mrs . . . (8)

estirarse to stretch (**11**)

Esto pasará pronto. This will soon pass. (8)

Estoy de acuerdo. Okay; I agree. (7, 10)

Estoy perdido/a. I'm lost. (4)

estrella, la star (4)

estrenar to show for the first time (1)

estrés, el stress (2)

estudiar to study (PA)

estufa, la stove (4)

etapas de la vida, las stages of life (1)

etiqueta, la etiquette (8)

evento de la vida, el life event (4)

evitar to avoid (8)

Exactamente. Exactly. (7, 10)

Exacto. Exactly. (7, 10)

examen físico, el physical exam (11)

excursionista, el/la hiker (2)

exhibir to exhibit (9)

exigente demanding (3)

exigir to demand (2, 9)

existente existing (3)

explicación, la explanation (6)

exterminado/a exterminated (**10**)

extraer to extract (3)

extranjero, el abroad (5)

extraterrestre otherworldly (5)

extrovertido/a extroverted (**1**)

F

fábrica, la factory (7)

fabricar to manufacture; to make; to produce (**8, 10**)

factura (mensual), la (monthly) bill (3)

fallar to fail (11)

faltar to need; to lack (**1**)

fama, la fame (3)

familia, la family (PA, **1**)

farmacia, la pharmacy (7)

faro, el headlight (5)

fascinar to fascinate (**1**)

fecha, la date (4)

fecha límite, la deadline (8)

¡Felicidades! Congratulations! (8)

felicitar to express good wishes (8)

¡Fenomenal! Phenomenal! (5, 8)

ferretería, la hardware store (7)

fertilizante, el fertilizer (**10**)

festejar to celebrate (6)

fiebre, la fever (7)

¡Figúrate! Imagine! (10)

fijarse en to pay attention to (4)

filmar to film (9)

finalmente finally (4)

financiero/a financial (**8**)

fingir to pretend (5)

firmar (los documentos) to sign (papers) (PA, **5**)

firmeza, la firmness (7)

flamenco, el flamenco (9)

flan, el caramel custard (4)

flojo/a lazy (**1**)

florero, el vase (3)

flotante floating (2)

foca, la seal (**10**)

fondos, los funds (9)

formación, la education; training (5, **8**)

¡Formidable! Super! (5)

foto, la photo (PA)

fracturar(se) to break; to fracture (**11**)

freír (e → i → i) to fry (4)

frenesí, el frenzy (6)

frenos, los braces (**1**); brakes (5)

frente, la forehead (**1, 11**)

fresa, la strawberry (4)

frito/a fried (**4, PB**)

frontera, la border (5)

fruta, la fruit (4)

frutería, la fruit store (7)

fuego, el fire (3)

fuego (lento, mediano, alto), el (low, medium, high) heat (4)

fuente, la fountain (7); source (8)

fuerte strong (**11**)

función, la show; production (**9**)

funda (de almohada), la pillowcase (3)

furioso/a furious (**1**)

G

gallo, el rooster (**10**)

ganado de vacuno / vacas, el cattle (8)

ganar to win (2)

ganar la vida to earn a living (2)

ganga, la bargain (7)

gastador/a extravagant; wasteful (**1**)

gastar to spend; to wear out; to waste (2, **3**)

gaucho, el cowboy (8)

gemelos, los twins (**1**)

generoso/a generous (**1**)

geográfico/a geographical (**10**)

gerencia de hotel, la hotel management (8)

gerente/a, el/la manager (4, **8**)

gesto, el gesture (8, 10)

gira, la tour (5)

gobierno, el government (3)

gorila, el gorilla (**10**)

gotas para los ojos, las eyedrops (**11**)

grabado, el etching (9)

Gracias por haber(me) llamado. Thank you for calling (me). (7)

graduación, la graduation (4)

gráfico/a graphic (9)

granjero/a, el/la farmer (8)

gratis free (2)

grosero/a rude (**1**)

guardar to put away; to keep; to save; to file (3, **5**)

guardia de seguridad, el/la security guard (5)

guía, el/la guide (5)

guiar to guide (4)

guión, el script (9)

guionista, el/la scriptwriter; screenwriter (9)

guisado, el stew (4)

guisantes, los peas (4)

gustar to like (3, 9)

Gusto en verlo/la/te. Nice to see you. (1)

gustos, los likes (1)

H

hábil capable (3)

habitación, la room (3)

habitar to live in (3)

hábitat, el habitat (**10**)

hablar to speak (PA)

hacer to do; to make (PA, **1**)

hacer a mano to make by hand (9)

hacer artesanía to do crafts (2)

hacer clic to click (5)

hacer el papel to play the role (3, **9**)

hacer falta to need; to be lacking (**1**)
hacer gárgaras to gargle (**11**)
hacer jogging to jog (**2**)
hacer la conexión to log on (**5**)
hacer mímica to play charades (PA, **9**)
hacer pilates to do Pilates (**2**)
hacer publicidad to advertise (**8**)
hacer ruido to make noise (**10**)
hacer surf to surf (**2**)
hacer trabajo de carpintería to do woodworking (**2**)
hacer un crucero to go on a cruise (**5**)
hacer un pedido to place an order (**7**)
hacer una huelga to strike; to go on strike (**8**)
hacer volar un volantín to fly a kite (**7**)
hacer yoga to do yoga (**2**)
hacerse to become (**8**)
harina, la flour (**4**)
harto/a fed up (**1**)
hasta (que) until (**3**)
Hasta la próxima. Till the next time. (**1**)
hecho, el deed (**11**)
hecho de nilón made of nylon (**7**)
hecho de oro made of gold (**7**)
hecho de piel made of leather / fur (**7**)
hecho de plata made of silver (**7**)
hectárea, la 2.471 acres (**4**)
heladería, la ice-cream store (**7**)
herencia, la heritage; inheritance (PA, **1**)
hermanastro/a, el/la stepbrother / stepsister (**1**)
hermano/a, el/la brother / sister (PA)
herramienta, la tool (**3**)
hervido/a boiled (**4**, PB)
hervir (e → ie → i) to boil (**4**)
hierba, la grass (**3**); herb (**11**)
hijastro/a, el/la stepson / stepdaughter (**1**)
hijo/a, el/la son / daughter (PA)
hijo/a único/a, el/la only child (**1**)
hincharse to swell (**11**)
hipertensión, la high blood pressure (**11**)
hipoteca, la mortgage (**3**)
historia, la story (**3**)
hogar, el home (**3**)
hombre de negocios, el businessman (**8**)
hombro, el shoulder (**11**)
honesto/a honest (**1**)
hongos, los mushrooms (**4**)
honradez, la honesty; integrity (**4**)
horario, el schedule; timetable (**1**, **8**)
horno, el oven (**3**)
hotel de lujo, el luxury hotel (**5**)
huelga, la strike (**8**)
hueso, el bone (**10**, **11**)
huésped, el/la guest (**2**, **5**)
humilde humble (**4**)
humo, el smoke (**10**)

I

icono, el icon (**5**)
igual same (**1**)
iguana, la iguana (**10**)
imagen, la image (**5**, **9**)
¡Imagínate! Imagine! (**10**)
importar to matter; to be important (**1**)
imprescindible essential (**7**)
impresora, la printer (**5**)
imprevisto/a unforeseen (**11**)
imprimir to print (**5**)

improvisar to improvise (**9**)
incluso including (**5**)
incómodo/a uncomfortable (**5**)
incredulidad, la disbelief (**11**)
indicaciones, las directions (**4**, **7**)
indicar to indicate (PA)
indignado/a indignant (**4**)
infanta, la daughter of a king of Spain (**1**)
inflamación, la inflammation (**11**)
informar to inform, to tell (**9**)
informática, la computer science (**5**)
informe, el report (**3**)
infraestructura, la infrastructure (**10**)
ingeniería, la engineering (**3**, **8**)
ingeniero/a (químico/a), el/la (chemical) engineer (**8**)
ingenuo/a naïve (**11**)
ingrediente, el ingredient (**4**)
ingresar to be admitted (**11**)
inminente imminent (**8**)
innovador/a innovative (**9**)
inolvidable unforgettable (**1**)
insecticida, el insecticide (**10**)
insinuante flirtatious (**1**)
insistir (en) to insist (**2**, **9**)
inspeccionar to inspect (**9**)
instrumentos de metal, los brass instruments (**9**)
instrumentos de viento / madera, los wood instruments; woodwinds (**9**)
insuperable unsurpassable (**9**)
intentar to try (**1**)
intento, el intention (**3**)
intercambiar to exchange (**5**)
intercambio, el exchange (**5**)
interesar to interest (**1**)
Internet, el Internet (**5**)
introvertido/a introverted (**1**)
invertir (e → ie → i) to invest (**8**)
invitado/a, el/la guest (**4**, **5**)
invitar a alguien to extend an invitation; to invite someone (**3**)
involucrarse to get involved (**10**)
ir to go (PA)
ir de camping to go camping (**2**)
irse to go away; to leave (PA)
isla, la island (**10**)
itinerario, el itinerary (**5**)

J

jabón, el soap (**7**)
jamás never; not ever (emphatic) (**2**, **11**)
jaqueca, la migraine; severe headache (**11**)
jardín, el garden (**1**)
jardinería, la gardening (**3**)
jardinero/a, el/la gardener (**3**)
jarra, la pitcher (**3**)
jefe/a, el/la boss (**8**)
jirafa, la giraffe (**10**)
jornada completa / parcial, la full-time / part-time workday (**8**)
joven, el/la young person (**9**)
joyas, las jewelry (**7**)
joyería, la jewelery store (**4**)
jubilación, la retirement (**1**, **8**)
jubilarse to retire (**8**)
jugar (o → ue) to play (PA)
jugar a las cartas to play cards (**2**)

jugar a las damas to play checkers (**2**)
jugar a videojuegos to play video games (**2**)
jugar al ajedrez to play chess (**2**)
jugar al boliche to bowl (**2**)
jugar al hockey (sobre hielo; sobre hierba) to play hockey (ice; field) (**2**)
jugar al horcado to play hangman (PB)
jugar al póquer to play poker (**2**)
jugar al voleibol to play volleyball (**2**)
juguete, el toy (**1**, **5**)
juguetería, la toy store (**7**)
junta, la commission; board; committee (**8**)
junto/a together (PA)
justicia criminal, la criminal justice (**8**)
justo/a just; right (**4**)
juventud, la youth (**1**)

K

karting, el go-kart racing (**5**)
kilogramo, el kilogram (2.2 pounds) (**4**)

L

La verdad es que... The truth is . . . (**11**)
laberinto, el labyrinth (**1**)
labio, el lip (**1**, **11**)
laboral work-related (**8**)
ladrillo, el brick (**3**)
ladrón/ladrona, el/la thief (**5**)
lago, el lake (**5**)
langosta, la lobster (**4**)
largo/a long (**11**)
Lástima pero... It's a shame / pity but . . . (**3**)
lavadora, la washing machine (**3**)
lavarse to wash oneself (PA)
¡Le / Te felicito! Congratulations! (**8**)
Le / Te habla... This is . . . (**7**)
¿Le / Te importa? Do you mind? (**5**)
¿Le / Te importa (si...)? Do you mind (if . . .)? (**5**)
¿Le / Te parece bien? Do you like the suggestion? (**5**)
leer to read (PA)
lema, el slogan (**3**)
lengua, la language (PA); tongue (**11**)
lentes de sol, los sunglasses (**5**)
letra, la letter (**1**)
letras, las letters (*literature*) (**1**)
letrero, el sign (**11**)
levantar pesas to lift weights (**2**)
levantarse to get up; to stand up (PA)
ley, la law (**5**)
libertad, la freedom (**2**)
lienzo, el canvas (**9**)
ligero/a light (**2**)
limusina, la limousine (**5**)
liquidación, la clearance sale (**7**)
liviano/a lightweight (**7**)
llamada, la phone call (**2**)
llamarse to be called; to be named (PA)
llamativo/a striking; colorful; showy; bright (**3**, **9**)
llanura, la plain (**10**)
llegar to arrive (PA)
Lo dudo. I doubt it. (**11**)
Lo / La / Te llamo más tarde. I will call you later. (**7**)
lo malo the bad thing (**8**)

lo mejor the best thing (8)
lo mismo the same thing (8)
lo peor the worst thing (8)
(Lo que) quiero decir... (What) I mean . . . (9)
Lo siento. I'm sorry. (8)
Lo siento, pero no puedo esta vez / en esta ocasión. Tengo otro compromiso. I'm sorry, but I can't this time. I have another commitment. / I have other plans. (3) (8)
lobo, el wolf (**10**)
loción, la lotion (**7**)
loro, el parrot (**10**)
lucir to show; to display (7)
lucro, el profit (8)
luego then; next (4)
luego que as soon as (7)
lugar, el place (7)
lujo, el luxury (2, 11)
luna de miel, la honeymoon (**4**)
lunar, el beauty mark; mole (**1**)

M

madera, la wood (**3**)
madrina, la godmother (**1**)
maestría, la masters (degree) (8)
maestro/a, el/la teacher (**8**)
maleducado/a impolite; rude (**1**)
malo/a bad (9)
maltratar to abuse (1)
malvado/a evil (4)
mamá, la mom (PA)
mamífero, el mammal (10)
manatí, el manatee (**10**)
manchita, la little spot (11)
manga corta, la short sleeve (7)
manga larga, la long sleeve (7)
mango, el mango (4)
manguera, la garden hose (3)
mano, la hand (PA)
mantener (ie) to maintain (PA, 2)
mantequilla, la butter (4)
mapa, el map (5)
maquillarse to put on makeup (PA)
máquina de afeitar, la electric shaver / razor (7)
máquina de fax, la fax machine (5)
mar, el sea (10)
marca, la brand (5, PB)
marcar to mark (8)
mareo/mareos, el/los dizziness (11)
mariachi, el mariachi (9)
marido, el husband (1)
mariposa, la butterfly (10)
mariscos, los seafood (4)
marrón brown (4)
martillo, el hammer (7)
más que nunca more than ever (4)
más tarde later (4)
masa, la dough (7)
máscara, la mask (2)
materia, la material; subject (9)
materiales de la casa, los housing materials (3)
mayoría, la majority (2)
Me da igual. It's all the same to me. (12)
Me da mucha pena pero... I'm really sorry but . . . (3)

Me estás tomando el pelo. You're kidding me / pulling my leg. (10)
¿Me podría/n decir cómo se llegar a...? Could you (all) tell me how to get to . . .? (4)
mecánico/a, el/la mechanic (8)
media manga half sleeve (7)
media naranja, la soul mate (9)
medicamento, el medicine (11)
medio, el middle (1)
medio ambiente, el environment (5, 10)
medios, los means (9)
mejilla, la cheek (1, 11)
mejor better (PA, 9)
mejor, el/la the best (PA, 9)
mejoramiento, el improvement (3)
mejorar to improve (2, 10)
menospreciar to underestimate (11)
mensaje de texto, el text message (5)
mente, la mind (4)
mentir (ie, i) to lie (PA)
mentira, la lie (2)
mentón, el chin (1)
mercadeo, el marketing (8)
mercado, el market (4)
mercado de pulgas, el flea market (7)
merengue, el merengue (9)
meta, la goal (3, 8)
metano, el methane (5)
meter la pata to put your foot in your mouth (9)
meterse to get in(to) (**11**)
mezcla, la mixture (1)
mezclar to mix (4)
mezquita, la mosque (7)
mi/s my (PA)
Mi más sentido pésame. You have my sympathy. (8)
miedo de salir en escena, el stage fright (9)
miel, la honey (4)
mientras (que) while (PA, 7, 10)
mío/a/os/as mine (PA)
Mire... / Mira... Look . . . (7)
mirón, el lurker (5)
Mis más sinceras condolencias. My most heartfelt condolences. (8)
mismo/a oneself (2)
mitad, la half (PB)
mito, el myth (2)
moda, la fashion (3, 8)
molestar to bother (1)
molesto/a annoyed (4)
mono, el monkey (10)
mononucleosis, la mononucleosis (11)
montaje, el staging; editing (9)
montar to assemble (9)
montar a caballo to go horseback riding (2)
monumento nacional, el national monument; monument of national importance (5)
moreno/a black (hair) (1)
morir (ue, u) to die (PA, 1)
mortero, el mortar (3)
mostrador, el counter(top) (3, 7)
mostrar (ue) to show (PA)
motivo, el motif; theme (9)
moto, la motorcycle (PA)
mudarse to move (3)
muela de juicio, la wisdom tooth (8)
muerte, la death (1)

mujer, la wife (**1**)
mujer de negocios, la businesswoman (8)
muletas, las crutches (**11**)
multitarea, la multitasking (5)
mundial (*adj.*) world (2)
muñeca, la wrist (**11**)
mural, el mural (**9**)
muralista, el/la muralist (**9**)
murciélago, el bat (**10**)
muro, el wall (*around a house*) (**3**)
músculo, el muscle (**11**)
música, la music (**9**)
música alternativa, la alternative music (**9**)
música popular, la popular music (**9**)
muslo, el thigh (**11**)
musulmán/musulmana Muslim (7)
Muy atentamente Sincerely (8)
(Muy) Buenos / Buenas. Good morning / afternoon. (1)
Muy estimado/a señor/a... Dear Mr. / Mrs. . . . (8)
Muy señor/a mío/a... Dear Sir / Madam . . . (8)

N

nacer to be born (**1**)
nacimiento, el birth (**1, 4**)
Nada de eso. Of course not. (10)
narcomanía, la drug addiction (11)
naturaleza, la nature (10)
naturaleza muerta, la still life (**9**)
náuseas, las nausea (**11**)
navaja de afeitar, la razor (7)
navegador, el browser (5)
navegador personal, el GPS; navigation system (5)
navegar to navigate; to surf (5)
Navidad, la Christmas (4)
necesitar to need (PA, 2, 9)
negar (ie) to deny (3)
negociar to negotiate (8)
negocio/negocios, el/los business (PB, 8)
nervio, el nerve (11)
¡Ni lo sueñes! Don't even think about it! (10)
nieto/a, el/la grandson / granddaughter (**1**)
nilón, el nylon (7)
niñez, la childhood (**1**)
nivel, el level (2, 4)
No cabe duda. There's no doubt; Without a doubt. (10)
¿No cree(s)(n) que...? Don't you think that . . . ? (11)
no creer not to believe; not to think (3, 9)
No es verdad. It's not true. (PA)
No está. He / She is not home. (7)
no estar seguro (de) to be uncertain (3, 9)
No estoy de acuerdo. I don't agree. (10)
no hay de qué you're welcome (2)
No hay duda. There's no doubt; Without a doubt. (10)
No hay más remedio. There's no other way / solution. (10)
No lo creo. I don't believe it; I don't think so. (11)
¡No me diga/s! You don't say!; No way! (5, 7, 10, 11)
no obstante notwithstanding (**10**)

no pensar (e → ie) not to think (3, 9)
¡No puede ser! This / It can't be! (5, 10, 11)
No se encuentra. He / She is not home. (7)
No se / te preocupe/s. Don't worry. (8)
noreste northeast (5)
noroeste northwest (5)
norte, el north (5)
Nos / Me encantaría (pero)... We / I would love to (but) . . . (3)
Nos vemos. See you. (1)
noticiero, el news program (9)
novato, el rookie (9)
novato/novata, el/la novice, beginner (2)
noviazgo, el engagement; courtship (4)
novio/a, el/la boyfriend /girlfriend; groom / bride (4)
nuera, la daughter-in-law (1)
nuestro/a/os/as our/s (PA)

O

o or (2)
O sea... That is . . . (9, 11)
obesidad, la obesity (11)
obra, la work (3)
obra de teatro, la play (9)
obra maestra, la masterpiece (9)
obrero/a, el/la worker (3)
obtener (e → ie) to obtain (PA)
ocultar to hide (3)
ocupar to occupy (2)
oeste, el west (5)
oferta, la (special) offer (5, 7)
oficina de turismo, la tourism office (5)
ofrecer to bid (7)
oído, el inner ear (11)
Oiga... Hey . . . (*form.*) (7)
oír to hear (PA)
ojalá (que) I hope so (2)
óleo, el oil painting (9)
olla, la pot (3)
onda, la wave (10)
operar to operate (11)
opuesto/a opposite (1)
oración, la sentence (PA)
ordenador, el computer (5)
orfebrería, la crafting of precious metals (9)
organista, el/la organist (9)
organizado/a organized (1)
organizar to organize (9)
órgano, el organ (9)
orgullo, el pride (5)
orgulloso/a proud (1)
oscuro/a dark (4)
oveja, la sheep (10)
Oye... Hey . . . (*fam.*) (7)

P

paciente, el/la patient (11)
padrino, el godfather (1)
página principal, inicial, de hogar, la homepage (5)
país, el country (PA)
paisaje, el countryside (5); landscape (9)
palo (de golf; de hockey), el golf club; hockey stick (2)
paloma, la pigeon; dove (10)
palomitas de maíz, las popcorn (4)

pan dulce, el sweet roll (4)
panadería, la bread store; bakery (7)
panqueque, el pancake (4)
pantalla, la screen (2, 5)
pantano, el marsh (10)
pañal, el diaper (10)
papaya, la papaya (4)
papel, el paper; role (5, 9)
papel de envolver, el wrapping paper (7)
papel higiénico, el toilet paper (7)
papelería, la stationery shop (7)
papelito, el little piece of paper (PA)
paperas, las mumps (11)
paquete, el package (5)
par, el pair (2)
para for; in order to (5)
para aquel entonces by then (8)
para que so that (7)
parachoques, el bumper (5)
parada, la (bus) stop (2)
parador, el inn (3)
paráfrasis, la loose interpretation (8)
paraíso, el paradise (2)
Parece mentira. It's hard to believe. (11)
parecer to seem; to appear (1)
pareja, la couple; partner (1)
pariente/a, el/la relative (1)
párrafo, el paragraph (1)
partido, el game (2)
pasado, el past (3)
pasar to pass (2)
pasatiempos, los pastimes (2)
Pascua, la Easter (4)
pasear en barco (de vela) to sail (2)
paseo, el promenade (1)
pasillo, el hall (3)
paso, el step; stage (PA)
paso de peatones, el crosswalk (5)
pasta de dientes, la toothpaste (7)
pastelería, la pastry shop (7)
patinar en monopatín to skateboard (2)
patines, los skates (2)
pato, el duck (10)
patrocinador/a, el/la patron (9)
pavo, el turkey (4)
paz, la peace (10)
pecas, las freckles (1)
pedagogía, la teaching (8)
pedazo, el piece (4)
pedido, el request; order (2, 5)
pedir (e → i → i) to ask (for); to request (PA, 2, 9)
pedir clarificación to ask for clarification (2)
pegar to hit (1); to paste (5)
peinarse to comb one's hair (11)
pelar to peel (4)
pelear(se) to fight (2, 4)
peligro, el danger (2, 10)
peligroso/a dangerous (1)
pelirrojo/a red-haired (1)
pelo, el hair (1)
pelo canoso, el gray hair (1)
pelo corto, el short hair (1)
pelo lacio, el straight hair (1)
pelo largo, el long hair (1)
pelo rizado, el curly hair (1)
pelota, la ball (PA, 2)
peluca, la wig (1)

peluquero/a, el/la hair stylist (8)
penicilina, la penicillin (11)
pensar (ie) to think (PA)
peor worse (9)
peor, el/la the worst (9)
pepino, el cucumber (4)
perder (e → ie) to lose (PA)
perder (e → ie) peso to lose weight (11)
perderse (e → ie) to get lost (5)
Perdón. / Perdóname. Pardon. (*fam.*) (2)
Perdón, ¿sabe/n usted / ustedes llegar al...? Pardon, do you (all) know how to get to . . . ? (4)
Perdóneme. Pardon. (*form.*) (2)
perfil, el profile (1)
perforación del cuerpo, la body piercing (1)
perfume, el perfume (7)
periodista, el/la journalist (8)
pero but (2)
perseguir (i) to chase (PA)
persianas, las blinds (3)
personal, el personnel (8)
personalidad, la personality (1)
pesadilla, la nightmare (7)
pesado/a dull; tedious (1)
pesar, el regret; sorrow (8)
pesas, las weights (2)
pescadería, la fish store (7)
pescado, el fish (4)
pescar to fish (2)
pestañas, las eyelashes (1, 11)
pesticida, el pesticide (10)
picaflor, el hummingbird (10)
piedra, la stone (1)
piel, la skin (1, 11); fur; leather (7)
pieza musical, la musical piece (9)
pila, la battery (7)
pilates, el Pilates (2)
piloto/a, el/la pilot (8)
piloto/a de carreras, el/la race car driver (5)
pimiento, el pepper (4)
pincel, el paintbrush (9)
pingüino, el penguin (5, 10)
pintado/a painted (5)
pintalabios, el lipstick (7)
pintar to paint (2, 3)
pintor/a, el/la painter (9)
pintura, la painting (9)
piña, la pineapple (4)
pirámide, la pyramid (1)
pisar to step on (2)
piscina, la swimming pool (3)
piso, el apartment (4)
pista, la track; rink (2); clue (5, PB)
planear to plan (9)
plátano, el plantain (4)
platillo, el saucer (3)
plato, el main dish (4)
plato hondo, el bowl (3)
playa, la beach (10)
plomero/a, el/la plumber (3)
poder (ue) to be able to (PA)
poder, el power (PA)
poderoso/a powerful (1)
político/a, el/la politician (8)
poner to put; to place (PA, 1)
ponerse (la ropa) to put on (one's clothes) (PA)
ponerse (nervioso/a) to become (nervous) (PA)

ponerse de acuerdo to agree; to reach an agreement (2, **3**)
por for; through; by; because of (**5**)
por ciento percent (PB)
por ejemplo for example (3)
por eso for this reason (5, **10**)
por favor please (5)
por fin finally; in the end (PA, 4, 5)
por lo menos at least (PA, 5)
por lo tanto therefore (5)
por lo visto apparently (5)
por medio de by means of (10)
por otro lado on the other hand (**10**)
por suerte luckily (PA)
¡Por supuesto! Sure!; Of course! (3, 5, 7, 10)
por último last (in a list) (4)
porque because (2)
portada, la entrance (4)
portarse bien to behave well (**1**)
portarse mal to misbehave (**1**)
portero/a, el/la doorman (5)
postre, el dessert (4)
practicar artes marciales, las to do martial arts (2)
practicar ciclismo, el to go cycling (2)
practicar esquí acuático, el to go waterskiing (2)
practicar lucha libre, la to wrestle (2)
Precisamente. Precisely. (10)
precisar to say exactly; to specify (11)
predecir (i) to predict (1)
preferir (e → ie → i) to prefer (PA, 2, 9)
preguntar to ask (a question) (PA)
premio, el prize (1)
prenda, la garment (7)
prender to start (5)
preparar to prepare; to get ready (PA)
preparativos, los preparations (PB)
preservar to preserve (**10**)
presión alta / baja, la high / low (blood) pressure (**11**)
préstamo, el loan (3)
presumido/a conceited; arrogant (1)
presupuesto, el budget (3)
prevenir (e → ie) to prevent (**10**)
primer día / mes, el the first day / month (4)
primera comunión, la First Communion (4)
primero at first; first; in the beginning (4)
primito/a, el/la little cousin (2)
primo/a, el/la cousin (PA)
princesa, la princess (1)
príncipe, el prince (1)
probar (ue) to try (1)
procedente coming (8)
procedimiento, el procedure (11)
profesión, la profession (8)
profesional professional (8)
programa de computación, el software (5)
prohibir to prohibit (2, 9)
pronóstico del tiempo, el weather report (2)
pronto soon (4)
propiedad, la property (3)
propietario/a, el/la owner; landlord (8)
propina, la tip (3)
propio/a own (PA)
proponer to suggest; to recommend (2, 9)
Propongo que... I propose that . . . (11)
propósito, el purpose (11)
proyecto, el project (3)

prueba, la proof (10)
prueba médica, la medical test (**11**)
psicología, la psychology (8)
psicólogo/a, el/la psychologist (8)
publicidad, la advertising (8)
publicitar to advertise; to publicize (8)
¿Puede/n usted / ustedes decirme dónde está...? Can you tell me where . . . is? (4)
¿Puedo tomar algún recado? Can I take a message? (7)
puerto, el port (5)
pues well; since (2)
Pues... Um . . . ; Well . . . (11)
puesto, el job; position (8)
puesto que given that (7)
pulmón, el lung (**11**)
pulpo, el octopus (10)
pulsar el botón derecho to right-click (5)
pulsera, la bracelet (7)
puma, el puma (10)
punto, el dot (*in a URL*) (5)

Q

que that; who; which; whom (**2**, 5)
¡Qué barbaridad! How awful! (5)
¡Qué bueno! Good! (5)
¿Qué dice/s? What do you say? (5)
¿Qué dijiste / dijo? What did you say? (2)
¡Qué emoción! How exciting!; How cool! (5)
¡Qué estupendo! How stupendous! (8)
¡Qué extraordinario! How extraordinary! (8)
(Qué) Gusto en verlo/la/te! How nice to see you! (1)
¿Qué hay de nuevo? What's new? (1)
¿Qué le / te parece? What do you think (about the idea)? (5)
Que le / te vaya bien. Take care. (1)
¡Qué maravilloso! How marvelous! (8)
¿Qué me cuentas? What do you say?; What's up? (11)
¿Qué opina/s? What do you think? (5)
¡Qué pena / lástima! What a pity / shame! (5, 8)
¿Qué quiere decir...? What does . . . mean? (2)
¿Qué significa...? What does . . . mean? (2)
¿Qué tal amaneció usted / amaneciste? How are you this morning? (1)
¡Qué va! No way! (10)
quedar to have something left (**1**)
quedarse to stay; to remain (PA)
quedarse sin hacer to be left undone (10)
queja, la complaint (11)
quemadura, la burn (**11**)
quemar to burn (3)
querer (e → ie) to want; to love; to wish (PA, 2, 9)
Querido/a... Dear . . . (8)
quien(es) that; who (2); whom (5)
quinceañera, la fifteenth birthday celebration (4)
Quisiera invitarte/le/les... I would like to invite you (all) . . . (3)
quitarse (la ropa) to take off (one's clothes) (PA)
quizás maybe (2)

R

radiografía, la X-ray (**11**)
raíces, las roots (1)

rapidez, la speed (5)
raqueta, la racket (2)
raro/a strange (1)
rato, el little while (3)
ratón, el mouse (5)
razón, la reason (PA)
real royal (1)
rebaja, la sale; discount (7)
recalentar (ie) to reheat (4)
recámara, la room (3)
recepcionista, el/la receptionist (5)
receptáculo, el receptacle (8)
receta, la recipe (3)
rechazar una invitación to decline an invitation (3)
recibir to receive (PA)
recién recently (PB)
recoger to pick up (1)
recomendar (e → ie) to recommend (PA, 2, 9)
Recomiendo que... I recommend that . . . (**11**)
reconocer to recognize; to admit (PA)
recordar (o → ue) to remember; to remind (PA, 1)
recorrido, el trip (5)
recreativo/a recreational (2)
recuerdo, el souvenir (5)
reducir to reduce (10)
reemplazar to replace (10)
reflejar to reflect (9)
reflexionar to reflect (1)
regalar to give (3)
regalo, el present (4)
regar (e → ie) las flores to water the flowers (3)
regla, la rule (8)
regresar to return (PA)
reina, la queen (1)
reiniciar to reboot (5)
reino, el kingdom (1)
reliquia, la relic (8)
relleno, el filling (4, 7)
relleno/a filled (8)
reloj de pulsera, el wristwatch (7)
remar to row (2)
remate, el auction; sale (7)
remedio casero, el home remedy (11)
remo, el rowing (2)
remodelar to remodel; to renovate (3)
renovable renewable (**10**)
renovar (o → ue) to remodel; to renovate; to renew (3, 5)
renunciar (a) to resign; to quit (8)
reñir (i) to scold (1)
reparar to repair (3)
repasar to review (PA)
repaso, el review (PA)
repetir (i) to repeat (PA)
Repite/a, por favor. Repeat, please. (2)
reportaje, el report (1)
reportero/a, el/la reporter (8)
representar to represent; to perform (9)
reproductor de MP3, el MP3 player (5, 9)
requerir (ie) to require (10)
requisito, el requirement (8)
rescatar to rescue (10, 11)
resolver (ue) to solve (1)
respirar to breathe (**11**)

responder to respond (5)
respuesta, la answer (1)
restaurar to restore (5)
resultado, el result; score (**2, 11**)
resumen, el summary (1)
retraso, el delay (**11**)
retrato, el portrait (**9**)
reunirse to get together; to meet (PA)
revista, la magazine (3)
revolver (o → ue) to stir (4)
rey, el king (1)
riesgo, el risk (**10**)
rinoceronte, el rhinoceros (**10**)
río, el river (**10**)
rivalidad, la rivalry (2)
robar to rob (5)
robo, el robbery (5)
rodar (o → ue) (en exteriores) to film (on location) (**9**)
rodear to surround (10)
rodilla, la knee (**11**)
rogar (o → ue) to beg (2, 9)
romper to break (1)
ropa, la clothing (7)
ropa interior, la underwear (7)
rosado/a pink (4)
rubio/a blond (1)
ruido, el noise (2)
ruinas, las ruins (3)
ruleta, la roulette (PA)

S

saber to know (3)
Sabes... You know . . . (11)
sabotear to hack (**5**)
sacar to obtain (3)
sacar fotos to take pictures / photos (**5**)
sacar la mala hierba to weed (3)
sacar la sangre to draw blood (**11**)
sala, la living room (3)
salario, el salary (**8**)
salchicha, la sausage (4)
salir (con) to leave (PA); to go out (with) (4)
salón, el living room (1)
saltamontes, el grasshopper (**10**)
saludar to greet; to say hello (1, **11**)
saludo, el greeting (1, **8**)
Saludos a (nombre) / todos por su / tu casa. Say hi to (name) / everyone at home. (1)
salvaje wild (10)
salvar to save (10)
sanarse to heal (**11**)
sandía, la watermelon (4)
santo/a, el/la saint (4)
sarampión, el measles (**11**)
sardina, la sardine (4)
sartén, la skillet; frying pan (3)
sastrería, la tailor shop (7)
saxofón, el saxophone (9)
saxofonista, el/la saxophonist (9)
¡Se rueda! Action! (9)
secadora, la dryer (3)
secretario/a, el/la secretary (**8**)
seguidores/as, los/las fans; groupies; followers (**9**)
seguir (i) to follow; to continue (doing something) (PA)

seguir derecho to go straight (7)
según according to (PA, 1, 10)
seguridad, la confidence (5)
seguro del coche, el car insurance (5)
selva nubosa, la cloud forest (5)
semejanza, la similarity (3, 6)
seminario, el seminar (1)
sencillo/a modest; simple (**1**, 3, PB)
sendero, el path (4)
¡Sensacional! Sensational! (8)
sensible sensitive (**1**)
sentarse (e → ie) to sit down (PA)
sentido, el sense (2)
sentir (e → ie → i) to regret (3, 9)
sentirse (e → ie → i) to feel (PA)
separarse to separate; to get separated (1)
sequía, la drought (**10**)
ser to be (PA, **7, 8**)
ser buena gente to be a good person (1)
ser bueno / malo to be good / bad (3, 9)
ser dudoso to be doubtful (3, 9)
ser humano, el human being (5)
ser mala gente to be a bad person (1)
ser probable to be probable (3, 9)
ser una lástima to be a shame (3, 9)
Sería mejor... It would be better to . . . (11)
serie, la series (4)
serio/a serious (1)
servicio, el room service (5)
servicios, los public restrooms (7)
servidor, el server (5)
servir (e → i) to serve (PA)
si if (PA, 9)
SIDA, el AIDS (**11**)
sierra, la mountain range (**10**)
Siga/n derecho / todo recto. Go straight. (4)
siglo, el century (6)
significado, el meaning (1)
significar to mean (6)
signo, el sign (8)
siguiente following (PA)
¡Silencio! Quiet everybody (on the set)! (9)
simpatía, la sympathy (8)
Sin duda. Without a doubt.; No doubt. (10)
sin embargo nevertheless (**10**)
sin fines de lucro nonprofit (**8**)
sin que without (7)
sinfónica, la symphony orchestra (9)
sino but rather (**10**)
síntoma, el symptom (**11**)
sobre, el envelope (5)
sobre todo above all (3)
sobrepoblación, la overpopulation (**10**)
sobrevivir to survive (**10**)
sobrino/a, el/la nephew / niece (1)
¡Socorro! Help! (10)
soler (ue) to be accustomed to (4)
solicitar to apply for (a job); to solicit (8)
solicitud, la application form (**8**)
solista, el/la soloist (9)
soltero/a single (not married) (1)
soltero/a, el/la single man; single woman; bachelor(ette) (1)
sombra, la shadow (6)
sombrilla, la umbrella (5)
sonar (ue) to seem familiar; to sound (2, 5)
sonido, el sound (7)
sonreír (i) to smile (5)
sonrisa, la smile (2)

soñar (ue) to dream (4)
sopera, la soup bowl (3)
sorprendido/a surprised (**1**)
sorpresa, la surprise (10)
sostener (ie) to sustain (**10**)
sótano, el basement (3)
Soy... This is . . . (7)
su/s his / her / its / your (*form.*) / their (PA)
suavemente smoothly (2)
subtítulos, los subtitles (9)
suceso, el event (1)
suegro/a, el/la father-in-law / mother-in-law (1)
sueldo, el salary (**8**)
suelo, el ground (3)
sueño, el dream (3, 6)
sufrimiento, el suffering (5)
sufrir to suffer (2)
sugerir (e → ie → i) to suggest (2, **3**, 9)
sugerir una alternativa to suggest an alternative (**11**)
Sugiero que... I suggest that . . . (11)
superficie, la surface (11)
supervisor/a, el/la supervisor (**8**)
supuestamente allegedly (3)
sur, el south (1, **5**)
sureste southeast (5)
suroeste southwest (5)
sustancia, la substance (**10**)
sustantivo, el noun (PA)
susto, el scare (PB)
suyo/a/os/as his / hers / yours (*form.*) / theirs (PA)

T

tabla de surf, la surfboard (**2**)
tacaño/a cheap (**1**)
tacón (alto, bajo), el heel (high, low) (7)
talco, el talcum powder (7)
talentoso/a talented (9)
talla, la wood sculpture; carving (**9**)
taller, el workshop; studio (9, 11)
talón, el heel (*of the foot*) (**11**)
tamaño, el size (2)
tampoco nor; neither (PA)
tan... como as . . . as (9)
tan pronto como as soon as (7)
tanto/a/os/as... como as much / many . . . as (9)
tapiz, el tapestry (9)
tarjeta, la card; greeting card (7)
tarjeta de crédito, la credit card (7)
tasa, la rate (10)
tatuaje, el tattoo (**1**)
Te digo... I'm telling you . . . (10)
teatro, el theater (1)
teclado, el keyboard (5, 9)
técnico/a technical (9)
tecnología, la technology (5)
tejedor/a, el/la weaver (9)
tejer to knit (2)
tejido, el weaving (9)
tela, la fabric (7)
telefonista, el/la telephone operator (5)
teléfono celular, el cell phone (5)
teléfono de ayuda, el help line (6)
telenovela, la soap opera (4, **9**)
televidente, el/la television viewer (9)

A57

televisión, la television (**9**)
tema, el subject; theme (**1**)
temer to be afraid (of) (**3, 9**)
temporada, la a while; a period of time (**1**)
tener (ie) to have (**PA**)
tener éxito to be successful (**2**)
tener experiencia to have experience (**8**)
tener miedo (de) to be afraid (of) (**3, 9**)
tener que ver (con) to have to do with (**3, 4**)
tener una cita to have a date (**4**)
teñido/a dyed (hair) (**1**)
teñirse (i) el pelo to dye one's hair (**1**)
terco/a stubborn (**1**)
terminar to finish; to end (**PA**)
término de la cocina, el cooking term (**4**)
termómetro, el thermometer (**11**)
ternera, la veal (**4**)
terreno, el terrain; land; field (**2**)
tertulia, la social gathering (**3**)
tesis, la thesis (**PB**)
tiburón, el shark (**10**)
tienda, la shop; store (**7**)
tienda de ropa, la clothing store (**7**)
Tierra, la Earth (**10**)
tierra, la land (**10**)
tigre, el tiger (**10**)
tímido/a shy (**1**)
tintorería, la dry cleaners (**7**)
tío/tía, el/la uncle / aunt (**PA**)
tirar to throw (**PA, 1, 3**)
tirar un platillo volador to throw a frisbee; to play frisbee (**2**)
titulado/a, el/la graduate (**8**)
título, el title, degree (**1, 7**)
toalla, la towel (**3**)
tobillo, el ankle (**11**)
tocador, el dresser (**3**)
tocar (un instrumento) to play (an instrument) (**9**)
tocino, el bacon (**4**)
tomar to take; to drink (**PA**)
tomar apuntes to take notes (**8**)
tomar el pulso to take someone's pulse (**11**)
tomar la presión to take someone's blood pressure (**11**)
tomar la temperatura to check someone's temperature (**11**)
Tome/n un taxi / autobus. Take a taxi / bus. (**4**)
tono de voz, el tone of voice (**1**)
torcerse (ue) to sprain (**11**)
torneo, el tournament (**2**)
tornillo, el screw (**7**)
toronja, la grapefruit (**4**)

tortuga, la turtle (**10**)
toser to cough (**11**)
tóxico/a poisonous (**10**)
trabajar to work (**PA**)
trabajar en el jardín to garden (**2**)
trabajo, el job (**8**)
traducir to translate (**8**)
traer to bring (**PA**)
tragedia, la tragedy (**9**)
tranquilo/a calm (**3**)
Tranquilo. Relax.; Calm down. (**8**)
transmisión, la transmission (**5**)
transporte, el transportation (**5**)
trasero, el buttocks (**11**)
traslado, el transfer (**5**)
tratamiento, el treatment (**10, 11**)
tratar to treat (**4**)
trato, el treatment (**10**)
trenza, la braid (**1**)
trepador/a climbing (**11**)
trío, el trio (**9**)
trombón, el trombone (**9**)
trompo, el top (toy) (**7**)
tu/s your (*fam.*) (**PA**)
turnarse to take turns (**PA**)
tuyo/a/os/as yours (*fam.*) (**PA**)

U

ubicarse to be located (**4**)
último/a last (**1**)
Un (fuerte) abrazo A (big) hug (**8**)
uña, la nail (**11**)
usar to use (**PA**)
utilizar to use; to utilize (**1**)

V

vacaciones, las vacations (**5, 8**)
vacuna, la vaccination (**11**)
valle, el valley (**10**)
valor, el value (**9**)
vaquero, el cowboy (**8**)
varicela, la chicken pox (**11**)
Vaya/n derecho / todo recto. Go straight. (**4**)
vecino/a, el/la neighbor (**3**)
vehículo utilitario deportivo, el sport utility vehicle (*SUV*) (**5**)
vejez, la old age (**1**)
vela, la candle (**3**)
velocidad, la speed (**5**)
vena, la vein (**11**)
venado, el deer (**10**)
vendedor/a, el/la seller; vendor (**2**)

venenoso/a poisonous (**9**)
venir (ie) to come (**PA**)
venta, la sale (**6, 8**)
ventanilla, la ticket window (**2**)
ventas (por teléfono), las (telemarketing) sales (**8**)
ver to see (**PA, 1**)
verdadero/a true (**PB**)
verdura, la vegetable (**4**)
vergüenza, la shame (**8**)
verruga, la wart (**11**)
verso, el line; verse (**4**)
vertedero, el garbage dump (**10**)
verter (e → ie) to pour (**4**)
vestuario, el costume; wardrobe; dressing room (**9**)
veterinario/a, el/la veterinarian (**8**)
vez, la time (**2**)
viajar por to tour (**5**)
viajes, los travel; trips (**5**)
viejo/a old (**9**)
violín, el violin (**9**)
viruela, la smallpox (**10**)
vistazo, el look; glance (**1**)
visual visual (**9**)
viticultura, la winegrowing (**8**)
viudo/a, el/la widower / widow (**1**)
vivir to live (**PA**)
vocero/a, el/la spokesperson (**8**)
volantín, el kite (**7**)
volcán, el volcano (**10**)
volver (o → ue) to return (**PA, 1**)
vomitar to vomit (**11**)
vuelo, el flight (**5**)
vuelta, la race (**2**)
vuestro/a/os/as your/s (*fam. pl. Spain*) (**PA**)

Y

y and (**2**)
Ya lo creo. I'll say. (**10**)
¡Ya no lo aguanto! I can't take it any more! (**5**)
ya que since; because (**7**)
yerno, el son-in-law (**1**)
yeso, el plaster (**3**)
yoga, el yoga (**2**)

Z

zanahoria, la carrot (**4**)
zancos, los stilts (**7**)
zapatería, la shoe store (**7**)
zorro, el fox (**10**)

Appendix 6

English–Spanish Glossary

A

A (big) hug Un (fuerte) abrazo (8)
able to, to be poder (o → ue) (PA)
above arriba (5)
above all sobre todo (3)
abroad el extranjero (5)
absentminded despistado/a (1)
Absolutely. Absolutamente.; En absoluto. (1, 10)
absorb shock, to amortiguar (11)
abuse, to maltratar (4)
accelerator el acelerador (5)
accept an invitation, to aceptar una invitación (3)
accomplice el/la cómplice (5)
according to según (PA, 1, 10)
accountant el/la contador/a (8)
accustomed to, to be soler (ue) (4)
acquaintance conocido/a (1)
acquainted with, to be conocer (PA)
acquisition la adquisición (8)
across from enfrente (de) (3)
act, to actuar (8, 9)
Action! ¡Se rueda! (9)
add, to añadir (PA, 3, 4, 8)
address la dirección (5)
administrative administrativo/a (8)
admit, to reconocer (PA)
admitted, to be ingresar (11)
adobe el adobe (3)
adolescence la adolescencia (1)
advance, to ascender (e → ie) (8)
advertise, to hacer publicidad; publicitar (8)
advertisement el anuncio (PA)
advertising la publicidad (8)
advise, to aconsejar (1, 2, 4, 9)
aesthetic estético/a (9)
affirmatively afirmativamente (1)
afraid (of), to be temer; tener miedo (de) (3, 9)
after después (de) (que) (4, 7, 10)
afterward después (de) (que) (4, 7, 10)
again de nuevo (1)
age la edad (1)
age, to envejecer (1)
agency la agencia (8)
agent el/la agente (8)
aging el envejecimiento (11)
agree, to ponerse de acuerdo (2, 3)
agreeable agradable (1)
agreement el acuerdo; la concordancia (2, 5, 7, 8, 10)
AIDS el SIDA (11)
air conditioning el aire acondicionado (3)
alcoholism el alcoholismo (11)
all of a sudden de repente (5)
allegedly supuestamente (3)
allergy la alergia (11)
alligator el caimán (5)
allude, to aludir (4, 7)
almost casi (5)
altar el altar (4)

alternative music la música alternativa (9)
although aunque (7)
among themselves entre sí (1)
ample amplio/a (3)
and y (2)
animal el animal (10)
ankle el tobillo (11)
annoyed molesto/a (4)
answer la respuesta (1)
answer, to contestar (PA)
antihistamine el antihistamínico (11)
apartment el piso (4)
apologize, to disculparse (2)
apparatus el aparato (5)
apparently por lo visto (5)
appear, to parecer (1)
appearance la apariencia (1)
appendicitis la apendicitis (11)
applaud, to aplaudir (9)
applicant el/la aspirante (8)
application form la solicitud (8)
applied aplicado/a (5)
applied arts las artes aplicadas (9)
apply for (a job), to solicitar (8)
appreciate, to apreciar (5)
appropriate apropiado/a (2)
appropriate, to apropiarse (8)
architect el/la arquitecto/a (3)
argue, to discutir (4)
arid árido/a (10)
arrangement el arreglo (5)
arrive, to llegar (PA)
arrogant presumido/a (1)
arthritis la artritis (11)
article el artículo (7)
artisan el/la artesano/a (9)
artist el/la artista (9)
arts and crafts la artesanía (9)
as . . . as tan... como (9)
as much / many . . . as tanto/a/os/as... como (9)
as soon as en cuanto; luego que; tan pronto como (7)
ashamed avergonzado/a (1)
ask (a question), to preguntar (PA)
ask (for), to pedir (e → i → i) (PA, 2, 9)
ask for clarification, to pedir clarificación (2)
asparagus los espárragos (4)
assemble, to montar (9)
at (*in an e-mail address / message*), @ la arroba (5)
at first primero
at least por lo menos (PA, 5)
athlete el/la atleta (2)
athletic atlético/a (2)
attached adjunto/a (PB)
attachment el archivo adjunto (5)
attend, to asistir a (5)
attract, to atraer (10)
auction el remate (7)
aunt la tía (PA)
author el/la escritor/a (8)

avocado el aguacate (4)
avoid, to evitar (8)
awards ceremony la ceremonia de premiación (1)

B

baby el bebé (4)
bachelorette la soltera (1)
back then aquel entonces; en aquel entonces (10)
bacon el tocino (4)
bad malo/a (9)
bad, to be ser malo (3, 9)
bad person, to be a ser mala gente (1)
bad thing, the lo malo (8)
bakery la panadería (7)
bald calvo/a (1)
ball la pelota (PA, 2)
ballet el ballet (9)
banker el/la banquero/a (8)
banking la banca (8)
bankruptcy la bancarrota (8)
baptism el bautizo (4)
barbecue la barbacoa (3)
barbecued a la parrilla (4, PB)
barefoot descalzo/a (11)
bargain la ganga (7)
basement el sótano (3)
basket la cesta (2)
basket weaving la cestería (9)
basketry la cestería (9)
bat el bate (2); el murciélago (10)
battery la pila (7)
bay la bahía (10)
be, to estar; ser (PA, 7, 8)
be a good person, to ser buena gente (1)
be ashamed of, to avergonzarse (o → ue) de (3, 9)
be lacking, to hacer falta (1)
beach la playa (10)
beard la barba (1)
beat, to batir (4)
beauty mark el lunar (1)
because porque (2); ya que (7)
because of a causa de (5); por (5)
become hacerse (8)
become (nervous), to ponerse (nervioso/a) (PA)
become quiet, to callarse (PA)
bedroom el dormitorio (3)
bee la abeja (10)
beef la carne de res (4)
before (*time / space*) antes (de) que (4, 7)
beg, to rogar (o → ue) (2, 9)
begin, to comenzar (e → ie); empezar (e → ie) (PA)
beginner el/la novato/novata (2)
behave, to comportarse (11)
behave well, to portarse bien (1)
behavior el comportamiento (4)
behind detrás de (7, 10)
belief la creencia (4)

believe, to creer (PA)
bend, to doblarse (11)
beneficial beneficioso/a (5)
benefits los beneficios (8, 11)
besides además (10)
best, the el/la mejor (PA, 9)
best thing, the lo mejor (8)
better mejor (PA, 9)
bid, to ofrecer (7)
bill (*monthly*) la factura (mensual) (3)
biodegradable biodegradable (10)
bird/s el ave (*f.*) (5); las aves (4)
birth el nacimiento (1, 4)
birth, to give dar a luz (4)
birthday el cumpleaños (1, 4)
birthday, to have a cumplir... años (4)
black (hair) moreno/a (1)
blame la culpa (4)
blender la batidora (3)
blinds las persianas (3)
block (*city*) la cuadra (1, 3)
blond rubio/a (1)
board la junta (8)
body piercing la perforación del cuerpo (1)
boil, to hervir (e → ie → i) (4)
boiled hervido/a (4, PB)
bone el hueso (10, 11)
bonus el bono (8)
boot up, to arrancar (5)
border la frontera (5)
born, to be nacer (1)
boss el/la jefe/a (8)
both ambos/as (PB)
bother, to molestar (1)
bowl el plato hondo (3)
bowl, to jugar al boliche (2)
box, to boxear (2)
boyfriend el novio (4)
bracelet la pulsera (7)
braces los frenos (1)
braid la trenza (1)
brain el cerebro (11)
brakes los frenos (5)
brand la marca (5, PB)
brass instruments los instrumentos de
　　metal (9)
bread store la panadería (7)
break, to romper (1); fracturar(se) (11)
breathe, to respirar (11)
breeze la brisa (4)
brick el ladrillo (3)
bride la novia (4)
bright llamativo/a (3, 9)
bring, to traer (PA)
broil, to asar (4)
bronchitis la bronquitis (11)
brother-in-law el/la cuñado/a (1)
brown castaño/a (1); marrón (4)
browser el navegador (5)
brunette castaño/a (1)
brush el cepillo (7)
brusquely bruscamente (4)
budget el presupuesto (3)
bumper el parachoques (5)
burn la quemadura (11)
burn, to quemar (3)
(bus) stop la parada (2)
business el comercio; la empresa; el/los
　　negocio/negocios (PB, 8)
businessman el hombre de negocios (8)
businesswoman la mujer de negocios (8)
but pero (2)
but rather sino (10)

butcher shop la carnicería (7)
butter la mantequilla (4)
butterfly la mariposa (10)
buttocks el trasero (11)
buy, to comprar (PA)
by por (5)
by means of por medio de (10)
by the way a propósito (4)
by then para aquel entonces (8)
Bye. Chao. (1)

C

cabbage la col (4)
called, to be llamarse (PA)
calm tranquilo/a (3)
Calm down. Tranquilo. (8)
camel el camello (10)
camera la cámara (5)
camera / sound crew el equipo de cámara /
　　sonido (9)
Can I take a message? ¿Puedo tomar algún
　　recado? (7)
Can you tell me where . . . is? ¿Puede/n
　　usted / ustedes decirme dónde está...? (4)
canal el canal (5, 9)
cancer el cáncer (11)
candies los dulces (4)
candle la vela (4)
candy el bombón (4)
canvas el lienzo (9)
capable hábil (3)
car el coche (5)
(car) horn la bocina (5)
car insurance el seguro del coche (5)
caramel custard el flan (4)
card la tarjeta (7)
care el cuidado (2)
cargo la carga (8)
carpenter el/la carpintero/a (3)
carrot la zanahoria (4)
carry, to cargar (10)
cartoons los dibujos animados (9)
carving la talla (9)
cash el dinero en efectivo (7)
cashier el/la cajero/a (8)
castle el castillo (2)
cathedral la catedral (7)
cattle el ganado de vacuno / vacas (8)
cauliflower la coliflor (4)
cave la cueva (3)
cease, to dejar de (2, 8)
celebrate, to celebrar (4); festejar (6)
celebration la celebración (4)
celery el apio (4)
cell phone el teléfono celular (5)
cement el cemento (3)
century el siglo (6)
ceramic tiles los azulejos (3)
ceramics la cerámica (9)
certain things ciertas cosas (5)
challenge el desafío (2)
champion (*female*) la campeona (2)
champion (*male*) el campeón (2)
championship el campeonato (2)
channel el canal (5, 9)
chase, to perseguir (e → i) (PA)
chauffeur el/la chófer (5)
cheap tacaño/a (1)
check, to comprobar (o → ue) (11)
check someone's temperature, to tomar
　　la temperatura (11)
cheek la mejilla (1, 11)

Cheer up! ¡Ánimo! (8)
cheerful alegre (1)
(chemical) engineer el/la ingeniero/a
　　(químico/a) (8)
cherry la cereza (4)
chicken pox la varicela (11)
childhood la niñez (1)
chills los escalofríos (11)
chimney la chimenea (3)
chin el mentón (1)
choir el coro (9)
choose, to escoger (PA)
chop la chuleta (4)
Christmas la Navidad (4)
chronicle la crónica (5)
cinema el cine (9)
cinematographer el/la cinematógrafo/a (9)
citizen el/la ciudadano/a (10)
clarify, to aclarar (5)
clarinet el clarinete (9)
class el curso (3)
clay el barro (9)
clearance sale la liquidación (7)
click, to hacer clic (5)
cliff diving el clavadismo (2)
climate el clima (10)
climatic climático/a (10)
climb, to escalar (2)
climbing trepador/a (11)
close, to cerrar (e → ie) (PA)
close by cercano/a (5)
closing (*of a letter*) la despedida (8)
clothing la ropa (7)
clothing store la tienda de ropa (7)
cloud forest la selva nubosa (5)
clue la clave (9); la pista (5, PB)
coach el/la entrenador/a (1, 2)
coffeemaker la cafetera (3)
coincidence la casualidad (5, 7, 11)
collaborator el/la colaborador/a (4)
colleague el/la colega (1, 8)
collect, to coleccionar (2)
collect baseball cards, to coleccionar
　　tarjetas de béisbol (2)
cologne la colonia (7)
colorful llamativo/a (3, 9)
comb one's hair, to peinarse (11)
come, to venir (e → ie) (PA)
comedy la comedia (9)
coming procedente (8)
commission la junta (8)
commission (someone), to encargarle
　　(a alguien) (9)
committee la junta (8)
common común (4)
compare with, to comparar con (3)
compatible compatible (5)
compete, to competir (e → i → i) (2)
competition la competencia; la
　　competición (2)
competitive competitivo/a (2)
complaint la queja (11)
compose, to componer (9)
composer el/la compositor/a (9)
compromise el acuerdo (2, 8, 10)
computer el/la computador/computadora;
　　el ordenador (5)
computer science la informática (5)
conceited presumido/a (1)
condition la condición (11)
confidence la seguridad (5)
confirm, to comprobar (o → ue) (11)
confused confundido/a (1)

Congratulations! ¡Enhorabuena!;
    ¡Felicidades!; ¡Le / Te felicito! (8)
connect, to conectar (5)
conserve, to conservar (10)
construct, to construir (3)
consumption el consumo (10)
contain, to contener (e → ie) (PA)
container el envase (10)
contaminant el contaminante (10)
contest el concurso (5, 9)
continue (doing something), to seguir
    (e → i) (PA)
contractor el/la contratista (3)
controversial controvertido/a (3)
cook, to cocinar (PA)
cooking term el término de la cocina (4)
coral reef el arrecife (10)
Cordially Cordialmente (8)
corner la esquina (4)
corporation la empresa (8)
corpse el cadáver (9)
correct, to corregir (e → i) (PA)
cost, to costar (o → ue) (PA)
costume el vestuario (9)
costume, to wear a disfrazarse (4)
cotton el algodón (7)
cough, to toser (11)
Could you (all) tell me how to get to . . . ?
    ¿Me podría/n decir cómo se llega a...? (4)
counsel, to aconsejar (1, 2, 4, 9)
counselor el/la consejero/a (1, 8)
count on, to contar (o → ue) (1)
counter(top) el mostrador (3, 7)
country el país (PA)
countryside el paisaje (5)
couple la pareja (1)
court (*sports*) la cancha (2)
courtship el noviazgo (4)
cousin el/la primo/a (PA)
cousin (*little*) el/la primito/a (2)
cover, to cubrir (3, 4)
cover letter la carta de presentación (8)
covered cubierto/a (8)
cowboy el gaucho; el vaquero (8)
cozy acogedor/a (4)
crab el cangrejo (4, 10)
crafting of precious metals la orfebrería (9)
crafts, to do hacer artesanía (2)
crash, to congelar (5)
create, to crear (PA, 9)
credit card la tarjeta de crédito (7)
criminal justice la justicia criminal (8)
cross, to cruzar (5)
crosswalk el paso de peatones (5)
cruise ship el crucero (5)
crutches las muletas (11)
cucumber el pepino (4)
cupboard la alacena (3)
curative curativo/a (3)
cure la cura (11)
curly hair el pelo rizado (1)
current actual (8)
cursor el cursor (5)
customs la aduana (5)
cut, to cortar (5)
cut the grass, to cortar el césped (3)

D

daily cotidiano/a (9)
damage, to dañar (10)
dance el baile (4); la danza (9)
dance, to bailar (PA)

danger el peligro (2, 10)
dangerous peligroso/a (1)
dark oscuro/a (4)
data los datos (5)
date la cita; la fecha (4)
daughter la hija (PA)
daughter of a king of Spain la infanta (1)
daughter-in-law la nuera (1)
Day of the Dead el Día de los Muertos (4)
deadline la fecha límite (8)
Dear . . . Querido/a... (8)
Dear Madam . . . Muy señora mía... (8)
Dear Mr. / Mrs. . . . Estimado/a señor/a... (8)
Dear Mr. . . . Muy estimado señor... (8)
Dear Mrs. . . . Muy estimada señora... (8)
Dear Sir . . . Muy señor mío... (8)
death la muerte (1)
debt la deuda (2)
deceive, to engañar (4)
decline el declive (10)
decline an invitation, to rechazar una
    invitación (3)
decorate, to decorar (2)
decorative arts las artes decorativas (9)
decree el decreto (4)
deed el hecho (11)
deer el ciervo (10); el venado (10)
deforestation la deforestación (10)
degree el título (1, 7)
delay el retraso (11)
delete, to borrar (5)
demand, to exigir (2, 9)
demanding exigente (3)
demonstrate, to demostrar (ue) (PA)
dentist el/la dentista (8)
deny, to negar (ie) (3)
deodorant el desodorante (7)
depletion el agotamiento (10)
depressed deprimido/a (1)
depression la depresión (11)
describe, to describir (PA)
desert el desierto (10)
design el diseño (9)
designer el/la diseñador/a (3)
desired deseado/a (5)
dessert el postre (4)
destroy, to destruir (10)
detail el detalle (3)
detain, to detener (e → ie) (11)
devil el diablo (5)
diabetes la diabetes (11)
dialogue el diálogo (1)
diamond el diamante (7)
diaper el pañal (10)
die, to morir (o → ue → u) (PA, 1)
digital digital (5)
digital camera la cámara digital (5)
digitalize, to digitalizar (5)
diminish, to disminuir (11)
dinner, to have cenar (3)
dinosaur el dinosaurio (10)
directions las indicaciones (4, 7)
director el/la director/a (9)
dirt road el camino (5)
disagreement el desacuerdo (10)
disappear, to desaparecer (10)
disappearance la desaparición (2)
disaster el desastre (10)
disbelief la incredulidad (11)
discord la discordia (3)
discount la rebaja (7)
discover, to descubrir (1)
discuss, to discutir (4)

disguise oneself, to disfrazarse (4)
disgusted asqueado/a (1)
dislike someone, to caer mal (1)
disorganized desorganizado/a (1)
displaced desplazado/a (10)
display, to lucir (7)
distracted, to get distraerse (4)
diva la diva (9)
diving el buceo (2)
divorce, to divorciarse (1)
divorced divorciado/a (1)
divorced, to get divorciarse (1)
dizziness el/los mareo/mareos (11)
do, to hacer (PA, 1)
Do you like the suggestion? ¿Le / Te
    parece bien? (5)
Do you mind? ¿Le / Te importa? (5)
Do you mind (if . . .)? ¿Le / Te importa
    (si...)? (5)
doctor's office el consultorio (7)
Don't even think about it! ¡Ni lo
    sueñes! (10)
Don't worry. No se / te preocupe/s. (8)
Don't you think that . . . ? ¿No cree(s)(n)
    que...? (11)
donut la dona (4)
doorman el/la portero/a (5)
dosage la dosis (11)
dot (*in a URL*) el punto (5)
doubt la duda (1)
doubt, to dudar (3, 9)
doubtful, to be ser dudoso (3, 9)
dough la masa (7)
dove la paloma (10)
download, to descargar (5)
drama el drama (9)
draw, to dibujar (PA, 9)
draw blood, to sacar la sangre (11)
drawing el dibujo (PA, 9)
dream el sueño (3, 6)
dream, to soñar (o → ue) (4)
dream house la casa de tus sueños (PB)
dresser el tocador (3)
dressing room el vestuario (9)
drink, to beber; tomar (PA)
driver el/la chófer (5)
drought la sequía (10)
drug addict el/la drogadicto/a (11)
drug addiction la narcomanía (11)
dry árido/a (10)
dry cleaners la tintorería (7)
dryer la secadora (3)
duck el pato (10)
dull pesado/a (1)
dye one's hair, to teñirse (e → i) el pelo (1)
dyed (hair) teñido/a (1)

E

each cada (PA)
ear (*inner*) el oído (11)
ear of corn el elote (4)
earn a living, to ganar la vida (2)
earrings los aretes (7)
Earth la Tierra (10)
east el este (5)
Easter la Pascua (4)
eat, to comer (PA)
ecological ecológico/a (10)
ecosystem el ecosistema (10)
edit, to editar (9)
education la formación (5, 8)
effort el esfuerzo (6)

elbow el codo (**11**)
elderly anciano/a (**1**)
electric razor / shaver la máquina de afeitar (**7**)
electrician el/la electricista (**3**)
e-mail el correo electrónico (**4, 5**); el e-mail (**5**)
embarrassed avergonzado/a (**1**)
employ, to emplear (**7, 8**)
employee el/la empleado/a (**8**)
enclose, to encerrar (e → ie) (**PA**)
encourage, to animar (**2**)
encrypt, to cifrar (**5**)
end, to terminar (**PA**)
end, at the al final (**4**)
end, in the por fin (**PA, 4, 5**)
endangered species los animales en peligro de extinción (**10**)
engaged, to be estar comprometido/a (**4**)
engagement el compromiso (**4**); el noviazgo (**4**)
engineering la ingeniería (**3, 8**)
enjoy, to disfrutar (**2**)
enjoy oneself, to divertirse (e → ie → i) (**PA**)
entertain, to entretener (e → ie) (**7**)
entrance la portada (**4**)
envelope el sobre (**5**)
environment el medio ambiente (**5, 10**)
erase, to borrar (**5**)
erosion la erosión (**10**)
essential imprescindible (**7**)
establish, to establecer (**9**)
etching el grabado (**9**)
etiquette la etiqueta (**8**)
even if aunque (**7**)
even when aun cuando (**7**)
event el suceso (**1**)
everyday cotidiano/a (**9**)
evil malvado/a (**4**)
Exactly. Exactamente.; Exacto. (**7, 10**)
exchange el intercambio (**5**)
exchange, to intercambiar (**5**)
excitement la emoción (**2**)
exciting emocionante (**5**)
Excuse me. (*fam.*); (*form. pl.*); (*form.*) Con permiso.; Disculpa. / Discúlpame.; Disculpen. / Discúlpenme.; Disculpe. / Discúlpeme. (**2**)
executive el/la ejecutivo/a (**8**)
exhausted agotado/a (**1**)
exhibit, to exhibir (**9**)
existing existente (**3**)
expensive caro/a (**2**)
experience, to have tener experiencia (**8**)
explanation la explicación (**6**)
express good wishes, to felicitar (**8**)
extend an invitation, to invitar a alguien (**3**)
exterminated exterminado/a (**10**)
extract, to extraer (**3**)
extravagant gastador/a (**1**)
extroverted extrovertido/a (**1**)
eyebrow la ceja (**1, 11**)
eyedrops las gotas para los ojos (**11**)
eyelashes las pestañas (**1, 11**)

F

fabric la tela (**7**)
face la cara (**1, 11**)
facing enfrente (de) (**3**)
factory la fábrica (**7**)
fail, to fallar (**11**)
faint, to desmayarse (**3, 11**)
falconry la cetrería (**10**)
fall la caída (**3**)
fall in love (with), to enamorarse (de) (**4**)

fame la fama (**3**)
family la familia (**PA, 1**)
fan/s el/la aficionado/a (**1, 2, 4**); los/las seguidores/as (**9**)
farewell la despedida (**1**)
farmer el/la granjero/a (**8**)
fascinate, to fascinar (**1**)
fashion la moda (**3, 8**)
father-in-law el suegro (**1**)
Father's Day el Día del Padre (**4**)
fax machine la máquina de fax (**5**)
fed up harto/a (**1**)
feel, to sentirse (e → ie → i) (**PA**)
feel ashamed of, to avergonzarse (o → ue) de (**3, 9**)
feeling down agobiado/a (**7, 10**)
fence la cerca (**3**)
fertilizer el fertilizante (**10**)
fever la fiebre (**7**)
field el campo (**2**); el terreno (**2**)
fifteenth birthday celebration la quinceañera (**4**)
fight, to pelear(se) (**2, 4**)
figure la cifra (**10**)
file el archivo (**5**)
file, to guardar (**3, 5**)
filled relleno/a (**8**)
filling el relleno (**4, 7**)
film, to; film (on location), to filmar; rodar (o → ue) (en exteriores) (**9**)
films el cine (**9**)
finally finalmente (**4**); por fin (**PA, 4, 5**)
financial financiero/a (**8**)
find, to encontrar (o → ue) (**PA**)
find out, to averiguar (**PA**)
finish, to terminar (**PA**)
fire el fuego (**3**)
fire (*from a job*), to despedir (e → i → i) (**8**)
firefighter el/la bombero/a (**8**)
fireplace la chimenea (**3**)
firmness la firmeza (**7**)
first al principio; primero (**3, 4**)
first, at al principio (**3, 4**)
First Communion la primera comunión (**4**)
first day / month, the el primer día / mes (**4**)
fish el pescado (**4**)
fish, to pescar (**2**)
fish store la pescadería (**7**)
fit, to ajustarse (**3**)
fix, to arreglar (**1, 8**)
fix an object, to componer (**3**)
flamenco el flamenco (**9**)
flea market el mercado de pulgas (**7**)
flight el vuelo (**5**)
flight attendant el/la asistente de vuelo (**8**)
flirtatious insinuante (**1**)
floating flotante (**2**)
flour la harina (**4**)
fly a kite, to hacer volar un volantín (**7**)
focus el enfoque (**4**)
focus (on), to enfocarse (en) (**PB**)
follow, to seguir (e → i) (**PA**)
followers los/las seguidores/as (**9**)
following a continuación (**2**); siguiente (**PA**)
food la comida (**4**)
for para; por (**5**)
for example por ejemplo (**3**)
for this reason por eso (**5, 10**)
forehead la frente (**1, 11**)
forward (*soccer*) delantero (**2**)
fountain la fuente (**7**)
fox el zorro (**10**)

fracture, to fracturar(se) (**11**)
freckles las pecas (**1**)
free gratis (**2**)
freedom la libertad (**2**)
freeway la autopista (**5**)
freeze, to congelar (**5**)
frenzy el frenesí (**6**)
fresh water el agua dulce (**5**)
fried frito/a (**4, PB**)
frightened asustado/a (**1**)
from bad to worse de mal en peor (**11**)
front (of), in enfrente (de) (**3**)
fruit la fruta (**4**)
fruit store la frutería (**7**)
fry, to freír (e → i → i) (**4**)
frying pan la sartén (**3**)
fuel el combustible (**10**)
full-time workday la jornada completa (**8**)
fun, to have divertirse (e → ie → i) (**PA**)
funds los fondos (**9**)
funny chistoso/a (**1**)
fur; fur, made of la piel; hecho de piel (**7**)
furious furioso/a (**1**)

G

game el partido (**2**)
game show el concurso (**5, 9**)
garbage dump el vertedero (**10**)
garden el jardín (**3**)
garden, to trabajar en el jardín (**2**)
garden hose la manguera (**3**)
gardener el/la jardinero/a (**3**)
gardening la jardinería (**3**)
gargle, to hacer gárgaras (**11**)
garlic el ajo (**4**)
garment la prenda (**7**)
gas pedal el acelerador (**5**)
generate, to engendrar (**11**)
generous generoso/a (**1**)
geographical geográfico/a (**10**)
gesture el gesto (**8, 10**)
get, to conseguir (**PA**)
get a job, to; get a position as . . . , to conseguir un puesto de... (**8**)
get in(to), to meterse (**11**)
get involved, to involucrarse (**10**)
get lost, to perderse (e → ie) (**5**)
get off, to bajar de (**2**)
get ready, to preparar (**PA**)
get up, to levantarse (**PA**)
giraffe la jirafa (**10**)
girlfriend la novia (**4**)
give, to dar (**PA**); regalar (**3**)
given that puesto que (**7**)
glance el vistazo (**1**)
go, to ir (**PA**)
go away, to irse (**PA**)
go camping, to ir de camping (**2**)
go cycling, to practicar ciclismo (**2**)
go on a cruise, to hacer un crucero (**5**)
go on strike, to hacer una huelga (**8**)
go out (with), to salir (con) (**4**)
go straight, to seguir derecho (**7**)
Go straight. Siga/n derecho / todo recto.; Vaya/n derecho / todo recto. (**4**)
go waterskiing, to practicar esquí acuático (**2**)
goal la meta (**3, 8**)
goat la cabra (**10**)
goblet la copa (**3**)
goddaughter la ahijada (**1**)
godfather el padrino (**1**)

godmother la madrina (**1**)
godson el ahijado (**1**)
go-kart racing el karting (**5**)
gold, made of hecho de oro (**7**)
golf club el palo de golf (**2**)
golf course el campo de golf (**7**)
Good! ¡Bueno! (**8**); ¡Qué bueno! (**5**)
good, to be ser bueno (**3, 9**)
Good afternoon. (Muy) Buenos / Buenas. (**1**)
Good morning. (Muy) Buenos / Buenas. (**1**)
good quality de buena calidad (**7**)
goods los bienes (**7**)
gorilla el gorila (**10**)
government el gobierno (**3**)
GPS el navegador personal (**5**)
graduate el/la titulado/a (**8**)
graduation la graduación (**4**)
granddaughter la nieta (**1**)
grandfather el abuelo (PA)
grandmother la abuela (PA)
grandson el nieto (**1**)
grapefruit la toronja (**4**)
graphic gráfico/a (**9**)
grass el césped (**3**); la hierba (**3**)
grasshopper el saltamontes (**10**)
grateful agradecido/a (**3**)
gray hair las canas; el pelo canoso (**1**)
great-grandfather el bisabuelo (**1**)
great-grandmother la bisabuela (**1**)
greenhouse effect el efecto invernadero (**10**)
greet, to saludar (**1, 11**)
greeting el saludo (**1, 8**)
greeting card la tarjeta (**7**)
grilled a la parrilla; asado/a (**4, PB**)
groom el novio (**4**)
ground el suelo (**1**)
ground beef la carne molida (**4**)
groupies los/las seguidores/as (**9**)
grow old, to envejecer (**1**)
guess, to adivinar (PA, **1, 8**)
guest el/la huésped; el/la invitado/a (**2, 4, 5**)
guide el/la guía (**5**)
guide, to guiar (**4**)
guilty culpable (**7**)
gum el chicle (**7**)

H

habitat el hábitat (**10**)
hack, to sabotear (**5**)
hair el pelo (**1**)
hairstylist el/la peluquero/a (**8**)
half la mitad (PB)
half sleeve media manga (**7**)
hall el pasillo (**3**)
Halloween el Día de las Brujas (**4**)
hammer el martillo (**7**)
hand la mano (PA)
hand embroidery el bordado a mano (**7**)
handbag el bolso (**7**)
handheld beater la batidora (**3**)
hang, to colgar (o → ue) (**3**)
Hang in there! ¡Ánimo! (**8**)
happy alegre (**1**)
happy (about), to be alegrarse (de) (**3, 9**)
hard drive el disco duro (**5**)
hardware store la ferretería (**7**)
harm el daño (**10**)
harm, to dañar (**10**)
harmful dañino/a (**11**)
harp el arpa (**7**)
harvest, to cosechar (**10**)
have, to tener (e → ie) (PA)

have a date, to tener una cita (**4**)
have to do with, to tener que ver (con) (**3, 4**)
He / She is not home. No está.; No se encuentra. (**7**)
head la cabeza (**1**)
headache el dolor de cabeza (**11**)
headlight el faro (**5**)
heal, to sanarse (**11**)
hear, to oír (PA)
heart attack el ataque al corazón (**11**)
heat (low, medium, high) el fuego (lento, mediano, alto) (**4**)
heat, to calentar (e → ie) (**3, 4**)
hectare (2.471 acres) la hectárea (**4**)
heel (high, low) el tacón (alto, bajo) (**7**)
heel (of the foot) el talón (**11**)
height la altura (**5**)
Hello. Aló. (**7**)
Hello? Bueno.; Diga. / Dígame. (**7**)
helmet el casco (**2**)
help la ayuda (**3**)
Help! ¡Socorro! (**10**)
help, to ayudar (**5**)
helpline el teléfono de ayuda (**6**)
her su (PA)
herb la hierba (**11**)
here acá (**1**)
heritage la herencia (PA, **1**)
hers suya (PA)
Hey . . . (fam.) Oye... (**7**)
Hey . . . (form.) Oiga... (**7**)
hide, to esconder; ocultar (**3**)
high / low (blood) pressure la presión alta / baja (**11**)
high blood pressure la hipertensión (**11**)
high school la escuela secundaria (**1**)
highway la autopista (**5**); la carretera (**5**)
hiker el/la excursionista (**2**)
hip la cadera (**11**)
hire, to contratar (**8**)
his su; suyo (PA)
hit, to pegar (**1**)
hockey stick el palo de hockey (**2**)
home el hogar (**3**)
home remedy el remedio casero (**11**)
homemaker el amo/a de casa (**8**)
homepage la página principal / inicial / de hogar (**5**)
honest honesto/a (**1**)
honesty la honradez (**4**)
honey la miel (**4**)
honeymoon la luna de miel (**4**)
hope, to esperar (PA, **2, 9**)
horseback riding, to go montar a caballo (**2**)
host el anfitrión (**7, 12**)
hostess la anfitriona (**7, 12**)
hot caluroso/a (**7**)
hotel management la administración de hoteles; la gerencia de hotel (**8**)
housing materials los materiales de la casa (**3**)
How are you doing? ¿Cómo andas? (PA)
How are you this morning? ¿Cómo amaneció usted / amaneciste?; ¿Qué tal amaneció usted / amaneciste? (**1**)
How awful! ¡Qué barbaridad! (**5**)
How cool! ¡Qué emoción! (**5**)
How do I go / get to . . . ? ¿Cómo voy / llego a...? (**4**)
How exciting! ¡Qué emoción! (**5**)
How extraordinary! ¡Qué extraordinario! (**8**)
How marvelous! ¡Qué maravilloso! (**8**)
How nice to see you! (Qué) Gusto en verlo/la/te! (**1**)

How stupendous! ¡Qué estupendo! (**8**)
hug, to abrazar (**2, 11**)
Hugs Abrazos (**8**)
human being el ser humano (**5**)
human body el cuerpo humano (**11**)
humble humilde (**4**)
hummingbird el picaflor (**10**)
hunting, to go cazar (**2**)
hurry, to darse prisa (PA)
husband el marido (**1**)

I

I agree. Estoy de acuerdo. (**7, 10**)
I can't take it any more! ¡Ya no lo aguanto! (**5**)
I don't agree. No estoy de acuerdo. (**10**)
I don't believe it No lo creo. (**11**)
I don't think so. No lo creo. (**11**)
I doubt it. Lo dudo. (**11**)
I hope so ojalá (que) (**2**)
I propose that . . . Propongo que... (**11**)
I recommend that . . . Recomiendo que... (**11**)
I suggest that . . . Sugiero que... (**11**)
I will call you later. Lo / La / Te llamo más tarde. (**7**)
I would like to invite you (all) . . . Quisiera invitarte/le/les... (**3**)
I would love to (but) . . . Me encantaría (pero)... (**3**)
I'll say. Ya lo creo. (**10**)
I'm lost. Estoy perdido/a. (**4**)
I'm really sorry but . . . Me da mucha pena pero... (**3**)
I'm sorry. Lo siento. (**8**)
I'm sorry, but I can't this time. I have another commitment. / I have other plans. Lo siento pero no puedo esta vez / en esta ocasión. Tengo otro compromiso. (**3, 8**)
I'm telling you . . . Te digo... (**10**)
ice-cream store la heladería (**7**)
icon el icono (**5**)
if si (PA, **9**)
iguana la iguana (**10**)
illness la enfermedad (**11**)
image la imagen (**5, 9**)
Imagine! ¡Figúrate! (**10**); ¡Imagínate! (**10**)
immediately (after) en seguida (**4**)
imminent inminente (**8**)
impolite maleducado/a (**1**)
important, to be importar (**1**)
improve, to mejorar (**2, 10**)
improvement el mejoramiento (**3**)
improvise, to improvisar (**9**)
in addition encima (**3**)
in case en caso (de) que (**7**)
in charge encargado/a (**7**)
in love enamorado/a (**1**)
in order to para (**5**)
In other words . . . En otras palabras... (**9**)
in spite of a pesar de que (**7**)
in the beginning al principio (**3, 4**)
in the open air al aire libre (**2**)
including incluso (**5**)
Independence Day el Día de la Independencia (**4**)
indicate, to indicar (PA)
indignant indignado/a (**4**)
inflammation la inflamación (**11**)
inform, to informar (**9**)
information los datos (**8**)
infrastructure la infraestructura (**10**)
ingredient el ingrediente (**4**)

inheritance la herencia (PA, **1**)
inn el parador (**3**)
innovative innovador/a (**9**)
insecticide el insecticida (**10**)
inside adentro (**3**)
insist, to insistir (en) (2, 9)
inspect, to inspeccionar (**9**)
integrity la honradez (**4**)
intention el intento (**3**)
interest, to interesar (**1**)
Internet el Internet (**5**)
interview la entrevista (PA, **8**)
interview, to entrevistar (2, PB, **8**)
introverted introvertido/a (**1**)
invest, to invertir (e → ie → i) (**8**)
invite someone, to invitar a alguien (3)
Is ___ there? / at home? ¿Está ___
   (en casa)? (7)
island la isla (**10**)
isolated aislado/a (**11**)
isolation el aislamiento (**10**)
It can't be! ¡No puede ser! (5, 10, 11)
It is essential that . . . Es imprescindible
   que... (**11**)
It is important that . . . Es importante
   que... (2, 9, **11**)
It would be a pleasure! ¡Con mucho gusto! (3)
It would be better to . . . Sería mejor... (**11**)
It's a shame / pity but . . . Lástima pero... (3)
It's all the same to me. Me da igual. (12)
It's alright. Está bien. (10)
It's better that / than . . . Es mejor que...
   (2, 9)
It's hard to believe. Parece mentira. (11)
It's necessary that . . . Es necesario que...
   (2, 9, **11**)
It's not true. No es verdad. (PA)
It's preferable that . . . Es preferible que...
   (2, 9)
It's that . . . Es que... (9)
It's true. Es cierto.; Es verdad. (PA, 10)
item el artículo (7)
itinerary el itinerario (**5**)
its su (PA)

J

jealous celoso/a (**1**)
jewelery las joyas (7)
jewelery store la joyería (4)
job el empleo (1); el puesto; el trabajo (**8**)
jog, to hacer jogging (2)
joint la articulación (11)
joke la broma (3, 4)
joke around, to bromear (5)
jot down apuntar (11)
journalist el/la periodista (**8**)
just justo/a (4)

K

keep, to guardar (3, **5**)
keep quiet, to callarse (PA)
keyboard el teclado (5, **9**)
kilogram (*2.2 pounds*) el kilogramo (4)
king el rey (1)
kingdom el reino (1)
kiss; kiss (*little*) el beso (4); el besito (2)
kiss, to besar (**11**)
kitchen la cocina (**3**)
kitchen sink el fregadero (**3**)
kite el volantín (7)
knee la rodilla (**11**)

knife el cuchillo (1)
knit, to tejer (**2**)
know, to saber (3)
known conocido/a (1)

L

labyrinth el laberinto (1)
lack, to faltar (**1**)
lake el lago (5)
lamb la carne de cordero (4)
land el terreno (2); la tierra (10)
landlord el/la propietario/a (**8**)
landscape el paisaje (**9**)
language la lengua (PA)
last último/a (1)
last (in a list) por último (4)
later más tarde (4)
law la ley (5)
lawn el césped (**3**)
lawyer el/la abogado/a (**8**)
layer la capa (7)
lazy flojo/a (**1**)
learn, to aprender (PA)
leather la piel (7)
leather, made of hecho de piel (7)
leave, to irse; salir (con) (PA)
left undone, to be quedarse sin hacer (10)
Let's see . . . A ver... (**11**)
letter la letra (1)
letter of recommendation la carta de
   recomendación (**8**)
letters (*literature*) las letras (1)
level el nivel (2, **4**)
librarian el/la bibliotecario/a (5)
lie la mentira (2)
lie, to mentir (e → ie → i) (PA)
life event el evento de la vida (**4**)
lift weights levantar pesas (**2**)
light ligero/a (2)
lightbulb la bombilla (**7**)
lightweight liviano/a (7)
like, to gustar (3, 9)
like someone, to caer bien (**1**)
like very much, to encantar (**1**)
likes los gustos (1)
limousine la limusina (**5**)
line el verso (4)
link el enlace (**5**)
lip el labio (**1**, **11**)
lipstick el pintalabios (7)
little mirror el espejito (1)
little piece of paper el papelito (PA)
little spot la manchita (**11**)
little stool el banquito (4)
little while el rato (3)
live, to vivir (PA)
live in, to habitar (3)
living room la sala (3); el salón (1)
loan el préstamo (3)
lobster langosta, la (**4**)
located, to be ubicarse (4)
log on , to hacer la conexión (**5**)
long largo/a (**11**)
long hair el pelo largo (**1**)
long sleeve la manga larga (7)
long walk la caminata (1)
Look . . . Mire... / Mira... (7)
loose interpretation la paráfrasis (8)
lose, to perder (e → ie) (PA)
lose weight, to perder (e → ie) peso (**11**)
lotion la loción (7)

love, to encantar (1); querer (e → ie) (PA, 2, 9)
luckily por suerte (PA)
luggage el equipaje (**5**)
lunch, to have almorzar (o → ue) (PA)
lung el pulmón (**11**)
lurker el mirón (**5**)
luxury el lujo (2, 11)
luxury hotel el hotel de lujo (**5**)

M

magazine la revista (3)
maid el/la camarero/a (**5**)
mail carrier el/la cartero/a (**8**)
mailbox el buzón (8)
main dish el plato (4)
maintain, to mantener (e → ie) (PA, 2)
majority la mayoría (2)
make, to hacer (PA, 1); fabricar (**8, 10**)
make by hand, to hacer a mano (**9**)
make noise, to hacer ruido (**10**)
mammal el mamífero (10)
manager el/la gerente/a (4, **8**)
manatee el manatí (**10**)
mango el mango (4)
manufacture, to fabricar (**8, 10**)
map el mapa (5)
mariachi el mariachi (**9**)
mark, to marcar (8)
market el mercado (4)
marketing el mercadeo (**8**)
married casado/a (**1**)
married, to get casarse (**1**)
marry, to casarse (**1**)
marsh el pantano (**10**)
martial arts las artes marciales (2)
martial arts, to do practicar las artes
   marciales (**2**)
mask la máscara (2)
masterpiece la obra maestra (**9**)
masters (degree) la maestría (8)
material la materia (**9**)
matter, to importar (**1**)
maybe quizás (2)
mean, to significar (6)
meaning el significado (1)
means los medios (9)
measles el sarampión (**11**)
meat la carne (**4**)
mechanic el/la mecánico/a (**8**)
medical attention la atención médica (**11**)
medical test la prueba médica (**11**)
medicine el medicamento (**11**)
meet, to reunirse (PA)
melt, to derretir (e → i → i) (**4**)
menu la carta (4)
merchant el/la comerciante (**8**)
merengue el merengue (**9**)
methane el metano (5)
middle el medio (1)
migraine la jaqueca (**11**)
milkshake el batido (**4**)
mind la mente (4)
mine mío/a/os/as (PA)
mirror el espejo (3)
misbehave, to portarse mal (**1**)
mix, to mezclar (**4**)
mixer la batidora (3)
mixture la mezcla (1)
modest sencillo/a (**1**, 3, PB)
mole el lunar (**1**)
mom la mamá (PA)
monkey el mono (**10**)

mononucleosis la mononucleosis (**11**)
monument of national importance el monumento nacional (**5**)
more than ever más que nunca (**4**)
mortar el mortero (**3**)
mortgage la hipoteca (**3**)
mosque la mezquita (**7**)
mother-in-law la suegra (**1**)
Mother's Day el Día de la Madre (**4**)
motif el motivo (**9**)
motorcycle la moto (PA)
mountain range la sierra (**10**)
mouse el ratón (**5**)
moustache el bigote (**1**)
move, to mudarse (**3**)
movies el cine (**9**)
MP3 player el reproductor de MP3 (5, **9**)
multitasking la multitarea (**5**)
mumps las paperas (**11**)
mural el mural (**9**)
muralist el/la muralista (**9**)
muscle el músculo (**11**)
mushrooms los hongos (**4**)
music la música (**9**)
musical piece la pieza musical (**9**)
Muslim musulmán/musulmana (**7**)
must deber (+ inf.) (PA)
my mi/s (PA)
My most heartfelt condolences. Mis más sinceras condolencias. (**8**)
myth el mito (**2**)

N

nail el clavo (**7**); la uña (**11**)
nail polish el esmalte de uñas (**7**)
naive ingenuo/a (**11**)
named, to be llamarse (PA)
national monument el monumento nacional (**5**)
nature la naturaleza (**10**)
nausea las náuseas (**11**)
navigate, to navegar (**5**)
navigation system el navegador personal (**5**)
near cerca de (**10**)
necklace el collar (**7**)
need, to necesitar; (PA, 2, 9); faltar (1); hacer falta (1)
negotiate, to negociar (**8**)
neighbor el/la vecino/a (**3**)
neighborhood el barrio (2, **3**)
neither tampoco (PA)
nephew el sobrino (**1**)
nerve el nervio (**11**)
never jamás (2, **11**)
Never in my life. En mi vida. (**10**)
nevertheless sin embargo (**10**)
news program el noticiero (**9**)
next entonces; luego (**4**)
nice amable (**1**)
Nice to see you. Gusto en verlo/la/te. (**1**)
niece la sobrina (**1**)
nightmare la pesadilla (**7**)
No doubt. Sin duda. (**10**)
No way! ¡No me diga/s! (5, 7, 10, **11**); ¡Qué va! (**10**)
No way. De ninguna manera. (**10**)
noise el ruido (**5**)
nonprofit sin fines de lucro (**8**)
nor tampoco (PA)
north el norte (**5**)
northeast noreste (**5**)
northwest noroeste (**5**)

not ever (*emphatic*) jamás (2, **11**)
not to believe no creer (3, **9**)
not to think no creer; no pensar (e → ie) (3, **9**)
notable characteristics las características notables (**1**)
notwithstanding no obstante (**10**)
noun el sustantivo (PA)
novice el/la novato/novata (**2**)
now that ahora que (**7**)
number la cifra (**10**)
nursing la enfermería (**8**)
nylon nilón (**7**)
nylon, made of hecho de nilón (**7**)

O

obesity la obesidad (**11**)
obtain, to obtener (e → ie) (PA); ocupar (2); sacar (3)
octopus el pulpo (**10**)
Of course! ¡Claro!; (1, 3); ¡Por supuesto! (3, 5, 7, 10)
Of course. Claro que sí. (3, 7, 10); Cómo no.; Desde luego. (7, 10)
Of course not. Claro que no.; Nada de eso. (**10**)
offer (*special*) la oferta (5, **7**)
offline desconectado/a (**5**)
often a menudo (PA)
oil painting el óleo (**9**)
OK . . . Bueno... (**11**)
Okay. Estoy de acuerdo.; Está bien. (7, 10)
old viejo/a (**9**)
old age la vejez (**1**)
olive la aceituna (**4**)
on board a bordo (**5**)
On / To the contrary. Al contrario. (**10**)
on the other hand por otro lado (**10**)
on top of encima de (5, **10**)
oneself mismo/a (**2**)
online conectado (**5**)
only child el/la hijo/a único/a (**1**)
open, to abrir (PA, **1**)
operate, to operar (**11**)
opposite opuesto/a (**1**)
or o (**2**)
orange anaranjado/a (**4**)
order el pedido (2, **5**)
organ el órgano (**9**)
organist el/la organista (**9**)
organize, to organizar (**9**)
organized organizado/a (**1**)
otherworldly extraterrestre (**5**)
our/s nuestro/a/os/as (PA)
outskirts las afueras (**7**)
oven el horno (**3**)
overpopulation la sobrepoblación (**10**)
overwhelmed agobiado/a (7, **10**)
own propio/a (PA)
owner el/la dueño/a (**3**); el/la propietario/a (**8**)

P

pack up, to empaquetar (**12**)
package el paquete (5); el envase (**10**)
pageant el concurso (5, **9**)
paint, to pintar (2, **3**)
paintbrush el pincel (**9**)
painted pintado/a (**5**)
painter el/la pintor/a (**9**)
painting la pintura (**9**)
pair el par (**2**)
pancake el panqueque (**4**)
pantry la despensa (**3**)

papaya la papaya (**4**)
paper el papel (5, **9**)
parade el desfile (**4**)
paradise el paraíso (**2**)
paragraph el párrafo (**1**)
Pardon. (*fam.*) Perdón. / Perdóname. (**2**)
Pardon. (*form.*) Perdóneme. (**2**)
Pardon, do you (all) know how to get to . . .? Perdón, ¿sabe/n usted / ustedes llegar al...? (**4**)
parking lot el estacionamiento (**11**)
parrot el loro (**10**)
partner la pareja (**1**)
part-time workday la jornada parcial (**8**)
pass, to pasar (**2**)
password la contraseña (**5**)
past el pasado (**3**)
paste, to pegar (**5**)
pastimes los pasatiempos (**2**)
pastry shop la pastelería (**7**)
path el sendero (4); el camino (**5**)
patient el/la paciente (**11**)
patron el/la patrocinador/a (**9**)
pay attention to, to fijarse en (**4**)
peace la paz (**10**)
peach el durazno (**4**)
peas los guisantes (**4**)
peel, to pelar (**4**)
penguin el pingüino (5, **10**)
penicillin la penicilina (**11**)
pepper el pimiento (**4**)
percent por ciento (PB)
perform, to representar (**9**)
performance art el arte dramático (**9**)
perfume el perfume (**7**)
period of time la temporada (**1**)
personal characteristics las características personales (**1**)
personal letter la carta personal (**8**)
personality la personalidad (**1**)
personnel el personal (**8**)
pesticide el pesticida (**10**)
pharmacy la farmacia (**7**)
Phenomenal! ¡Fenomenal! (5, **8**)
phone call la llamada (**2**)
photo la foto (PA)
physical appearance el aspecto físico (**1**)
physical exam el examen físico (**11**)
physically / psychologically handicapped discapacitado/a (**1**)
pick up, to recoger (**1**)
pictures / photos, to take sacar fotos (**5**)
piece el pedazo (**1**)
pigeon la paloma (**10**)
Pilates el pilates (**2**)
Pilates, to do hacer pilates (**2**)
pillow la almohada (**3**)
pillowcase la funda (de almohada) (**3**)
pilot el/la piloto/a (**8**)
pineapple la piña (**4**)
pink rosado/a (**4**)
pitcher la jarra (**3**)
place el lugar (**7**)
place, to poner (PA, **1**)
place an order, to hacer un pedido (**7**)
plain la llanura (**10**)
plan, to planear (**9**)
plantain el plátano (**4**)
plaster el yeso (**3**)
play la obra de teatro (**9**)
play, to jugar (o → ue) (PA)
play (an instrument), to tocar (un instrumento) (**9**)

play cards, to jugar a las cartas (**2**)
play charades, to hacer mímica (PA, 9)
play checkers, to jugar a las damas (**2**)
play chess, to jugar al ajedrez (**2**)
play frisbee, to tirar un platillo volador (**2**)
play hangman, to jugar al horcado (PB)
play hockey (*ice; field*), to jugar al hockey
(sobre hielo; sobre hierba) (**2**)
play poker, to jugar al póquer (**2**)
play the role, to hacer el papel (3, **9**)
play video games, to jugar a videojuegos (**2**)
play volleyball, to jugar al voleibol (**2**)
playwright el/la dramaturgo/a (**9**)
pleasant agradable (**1**)
please por favor (5)
plug el enchufe (5)
plug in, to enchufar (5)
plum la ciruela (**4**)
plumber el/la plomero/a (**3**)
pocket el bolsillo (7)
poisonous tóxico/a (**10**)
poisonous venenoso/a (9)
police station la comisaría (PB, 7)
polite educado/a (**1**)
(political) science las ciencias (políticas) (**8**)
politician el/la político/a (**8**)
pond el estanque (**3**)
poor quality de buena / mala calidad (7)
popcorn las palomitas de maíz (**4**)
popular music la música popular (**9**)
pork la carne de cerdo (**4**)
port el puerto (5)
portrait el retrato (**9**)
position el puesto (**8**)
post to a blog, to comentar en un blog (**2**)
poster el cartel (12)
pot la olla (**3**)
potter el/la alfarero/a (**9**)
pottery la alfarería (**9**)
pottery making la alfarería (**9**)
poultry las aves (**4**)
pour, to verter (e → ie) (**4**)
power el poder (PA)
powerful poderoso/a (**1**)
Precisely. Precisamente. (**10**);
Efectivamente. (**10**)
predict, to predecir (i) (**1**)
prefer, to preferir (e → ie → i) (PA, 2, 9)
pregnancy el embarazo (**4**)
pregnant embarazada (**1**)
pregnant, to be estar embarazada (**4**)
preparations los preparativos (PB)
prepare, to preparar (PA)
present (*adj.*) actual (**8**)
present el regalo (**4**)
preserve, to preservar (**10**)
pretend, to fingir (5)
prevent, to prevenir (e → ie) (**10**)
pride el orgullo (5)
priest el cura (**4**)
prince el príncipe (**1**)
princess la princesa (**1**)
print, to imprimir (5)
printer la impresora (5)
prison la cárcel (11)
prize el premio (**1**)
probable, to be ser probable (3, 9)
procedure el procedimiento (11)
produce, to fabricar (**8, 10**)
production la función (**9**)
profession la profesión (**8**)
professional profesional (**8**)
profile el perfil (**1**)

profit el lucro (**8**)
prohibit, to prohibir (2, 9)
project el proyecto (**3**)
promenade el paseo (**1**)
promote, to ascender (e → ie) (**8**)
promoted, to be ascender (e → ie) (**8**)
proof la prueba (**10**)
property la propiedad (**3**)
proud orgulloso/a (**1**)
provided that con tal (de) que (7)
psychologist el/la psicólogo/a (**8**)
psychology la psicología (**8**)
public restrooms los servicios (7)
publicize, to publicitar (**8**)
puddle el charco (11)
puma el puma (**10**)
pumpkin la calabaza (**4**)
purpose el propósito (11)
put, to poner (PA, **1**)
put a cast on, to enyesar (11)
put away, to guardar (3, 5)
put on (one's clothes), to ponerse
(la ropa) (PA)
put on makeup, to maquillarse (PA)
put your foot in your mouth, to meter
la pata (9)
pyramid la pirámide (**1**)

Q

qualification la calificación (8, 11)
quality la calidad (5)
quarter (*one*) el cuarto (PB)
quartet el cuarteto (**9**)
queen la reina (**1**)
quiet callado/a (**1**)
Quiet everybody (on the set)! ¡Silencio! (**9**)
quit, to renunciar (a) (**8**)
quit smoking cigarettes, to dejar de fumar
cigarrillos (**11**)

R

race la carrera (**2**); la vuelta (**2**)
race car driver el/la piloto/a de carreras (5)
rack la pista (5, PB)
racket la raqueta (**2**)
raise, to criar (**10**)
rate la tasa (**10**)
raw crudo/a (**4**, PB)
razor la navaja de afeitar (7)
reach an agreement, to ponerse de acuerdo
(2, **3**)
read, to leer (PA)
real estate los bienes raíces (**3**)
Really? ¿De veras? (11)
rearview mirror el espejo retrovisor (5)
reason la razón (PA)
reboot, to reiniciar (5)
receive, to recibir (PA)
recently recién (PB)
receptacle el receptáculo (**8**)
receptionist el/la recepcionista (5)
recipe la receta (**4**)
recognize, to reconocer (PA)
recommend, to aconsejar (1, 2, 4, 9); proponer
(2, 9); recomendar (e → ie) (PA, 2, 9)
recreational recreativo/a (**2**)
red-haired pelirrojo/a (**1**)
reduce, to reducir (**10**)
referee el/la árbitro/a (**2**)
reflect, to reflexionar (**1**); reflejar (9)
regret el pesar (**8**)

regret, to sentir (e → ie → i) (3, 9);
arrepentirse (e → ie → i) de (4, PB)
reheat, to recalentar (ie) (**4**)
relative el/la pariente/a (**1**)
Relax. Tranquilo. (**8**)
relic la reliquia (**8**)
remain, to quedarse (PA)
remember, to acordarse (o → ue) de (PA);
recordar (o → ue) (PA, **1**)
remind, to recordar (o → ue) (PA, **1**)
remodel, to remodelar (3); renovar (o → ue)
(3, 5)
renew, to renovar (o → ue) (3, 5)
renewable renovable (**10**)
renovate, to remodelar (3); renovar (o → ue)
(3, 5)
rent el alquiler (**3**)
rent, to alquilar (**3**)
rent a car, to alquilar un coche (5)
repair, to reparar (3); componer (9)
repeat, to repetir (e → i) (PA)
Repeat, please. Repite/a por favor. (**2**)
replace, to reemplazar (**10**)
report el reportaje (1); el informe (**3**)
reporter el/la reportero/a (5)
represent, to representar (**9**)
request el pedido (2, 5)
request, to pedir (e → i → i) (PA, 2, 9)
require, to requerir (e → ie) (**10**)
requirement el requisito (**8**)
rescue, to rescatar (**10, 11**)
resign, to renunciar (a) (**8**)
respond, to responder (5)
rest el descanso (**1**)
restore, to restaurar (5)
result el resultado (**2, 11**)
résumé el currículum (vitae) (C.V.) (**8**)
retire, to jubilarse (**8**)
retirement la jubilación (1, **8**)
return, to regresar (PA); volver (o → ue)
(PA, **1**)
return (an object), to devolver (o → ue)
(PA)
review el repaso (PA)
review, to repasar (5)
rhinoceros el rinoceronte (**10**)
rib la costilla (11)
right justo/a (**4**)
right-click, to pulsar el botón derecho (5)
ring el anillo (7)
rink la pista (**2**)
risk el riesgo (**10**)
rivalry la rivalidad (**2**)
river el río (**10**)
roast, to asar (**4**)
rob, to robar (5)
robbery el robo (5)
role el papel (5, 9)
rookie el novato (**2**)
room el cuarto (3); la alcoba; la habitación;
la recámara (**3**)
room service el servicio (5)
rooster el gallo (**10**)
roots las raíces (**1**)
roulette la ruleta (PA)
route el camino (5)
row, to remar (**2**)
rowing el remo (**2**)
royal real (**1**)
rude grosero/a; maleducado/a (**1**)
rug la alfombra (**4**)
ruin, to arruinar (**8**)
ruins las ruinas (**3**)

rule la regla (8)
run, to correr (PA)
running water el agua corriente (3)

S

sail, to pasear en barco (de vela) (2)
saint el/la santo/a (4)
salary el salario; el sueldo (8)
sale la venta (6, 8); la rebaja (7); el remate (7)
same igual (1)
same thing, the lo mismo (8)
sand la arena (5)
sardine la sardina (4)
saucepan la cacerola (3)
saucer el platillo (3)
sausage la salchicha (4)
save, to guardar (3, 5); ahorrar (8); salvar (10)
savings el ahorro (8)
sawdust el aserrín (4)
saxophone el saxofón (9)
saxophonist el/la saxofonista (9)
say, to decir (PA, **1**, PB)
say exactly, to precisar (11)
say goodbye, to despedirse (e → i → i) (1, 11)
say hello, to saludar (1, **11**)
Say hi to everyone at home. Saludos a todos por su / tu casa. (1)
Say hi to (*name*) at home. Saludos a (*nombre*) por su / tu casa. (1)
scan, to escanear (5)
scanner el escáner (5)
scar la cicatriz (**1**)
scarcity la escasez (10)
scare el susto (PB)
scarf la bufanda (7)
scatterbrained despistado/a (1)
schedule el horario (1, **8**)
school (*adj.*) escolar (2)
scold, to reñir (i) (1)
score el resultado (2, 11); la calificación (8, 11)
screen la pantalla (2, 5)
screenwriter el/la guionista (9)
screw el tornillo (7)
script el guión (9)
scriptwriter el/la guionista (9)
scuba dive, to bucear (2)
sculpt, to esculpir (9)
sculptor el/la escultor/a (9)
sculpture la escultura (9)
sea el mar (10)
seafood los mariscos (4)
seal la foca (10)
search la búsqueda (2)
seatbelt el cinturón de seguridad (5)
secretary el/la secretario/a (8)
security guard el/la guardia de seguridad (5)
see, to ver (PA, **1**)
See you. Nos vemos. (1)
seem, to parecer (1)
seem familiar, to sonar (o → ue) (2, 5)
selfish egoísta (1)
self-portrait el autorretrato (9)
seller el/la vendedor/a (2)
seminar el seminario (1)
Sensational! ¡Sensacional! (8)
sense el sentido (2)
sensitive sensible (1)
sentence la oración (PA)
separate, to separarse (1)
separated, to get separarse (1)
series la serie (4)

serious serio/a (**1**)
Seriously? ¿En serio? (11)
serve, to servir (e → i) (PA)
server el servidor (5)
set el decorado (9)
severe headache la jaqueca (11)
sew, to coser (2)
shadow la sombra (6)
shame la vergüenza (8)
shame, to be a ser una lástima (3, 9)
shampoo el champú (7)
share, to compartir (PA, 1)
shark el tiburón (**10**)
shave, to afeitarse (11)
shaving cream la crema de afeitar (7)
She is not home. No se encuentra. (7)
sheep la oveja (**10**)
shelf el estante (2)
shoe store la zapatería (**7**)
shop la tienda (**7**)
shopkeeper el/la comerciante (8)
shopping basket la cesta (2)
short corto/a (**11**)
short (film) el cortometraje (9)
short hair el pelo corto (1)
short sleeve la manga corta (7)
short-story writer el/la cuentista (9)
should deber (+ inf.) (PA)
shoulder el hombro (**11**)
show el espectáculo; la función (9)
show, to enseñar (PA); mostrar (o → ue) (PA); lucir (7)
show for the first time, to estrenar (1)
shower, to ducharse (11)
showy llamativo/a (3, **9**)
shrimp los camarones (4)
shy tímido/a (1)
sidewalk la acera (3)
sign el signo (8); el letrero (11)
sign (papers), to firmar (los documentos) (PA, **5**)
silver, made of hecho de plata (7)
similarity la semejanza (3, 6)
simple sencillo/a (**1**, 3, PB)
since pues (2); ya que (7)
Sincerely (Muy) Atentamente (8)
sing, to cantar (PA)
singer el/la cantante (PA)
single (*not married*) soltero/a (1)
single man el soltero (1)
single woman la soltera (1)
sister-in-law el/la cuñado/a (1)
sit down, to sentarse (e → ie) (PA)
size el tamaño (2)
skateboard, to patinar en monopatín (2)
skates los patines (2)
skeleton el esqueleto (4)
ski, to esquiar (2)
ski pole el bastón de esquí (2)
skill la destreza (8)
skillet la sartén (3)
skin la piel (**1**, 11)
skull la calavera (4)
slash (*in a URL*), / la barra (5)
sleep, to dormir (o → ue → u) (PA)
sling el cabestrillo (11)
slogan el lema (3)
small truck la camioneta (5)
smallpox la viruela (10)
smile la sonrisa (2)
smile, to sonreír (e → i) (5)
smog el esmog (10)
smoke el humo (**10**)

smoothly suavemente (2)
snack la botana (4)
so that de manera que; de modo que; para que (**7**)
soap el jabón (7)
soap opera la telenovela (4, **9**)
social gathering la tertulia (3)
software el programa de computación (5)
solicit, to solicitar (8)
soloist el/la solista (9)
solve, to resolver (o → ue) (**1**)
something left, to have quedar (**1**)
sometimes a veces (11)
son el/la hijo/a (PA)
son-in-law el yerno (**1**)
soon pronto (4)
sorrow el pesar (8)
soul el alma (2)
soulmate la media naranja (9)
sound el sonido (7)
sound, to sonar (o → ue) (2, 5)
soup bowl la sopera (3)
source la fuente (8)
south el sur (1, **5**)
southeast sureste (5)
southern austral (5)
southwest suroeste (5)
souvenir el recuerdo (**5**)
space el ámbito (7)
speak, to hablar (PA)
specialty la especialidad (7)
specify, to precisar (11)
speech el discurso (9)
speed la rapidez (5); la velocidad (5)
spend, to gastar (2, 3)
spinach las espinacas (4)
spokesperson el/la vocero/a (8)
sport utility vehicle (*SUV*) el vehículo utilitario deportivo (5)
sporting equipment el equipo deportivo (2)
sports los deportes (2)
sports-loving person deportista (2)
sports-related deportivo/a (2)
sporty deportista (2)
sprain, to torcerse (o → ue) (11)
square el cuadro (PA)
squash la calabaza (4)
squirrel la ardilla (10)
stadium el estadio (2)
stage el paso (PA); el escenario (9)
stage fright el miedo de salir en escena (9)
stage manager el/la director/a de escena (9)
stages of life las etapas de la vida (1)
staging el montaje (9)
stand out, to destacar(se) (3)
stand up, to levantarse (PA)
star la estrella (4)
start, to prender (5)
start up, to arrancar (5)
state el estado (PA)
station la estación (4)
station wagon la camioneta (5)
stationery shop la papelería (7)
stay, to quedarse (PA)
step el paso (PA)
step on, to pisar (2)
stepbrother el hermanastro (**1**)
stepdaughter la hijastra (**1**)
stepsister la hermanastra (1)
stepson el hijastro (**1**)
stew el guisado (4)
still life la naturaleza muerta (9)
stilts los zancos (7)

stir, to revolver (o → ue) (**4**)
stock market la bolsa (**8**)
stone la piedra (**3**)
stop, to dejar de (2, **8**)
store la tienda (**7**)
store clerk el/la dependiente/a (**7**)
store window el escaparate (**7**)
story la historia (**4**)
stove la estufa (**4**)
straight hair el pelo lacio (**1**)
straighten up, to arreglar (1, **8**)
strange raro/a (**1**)
strawberry la fresa (**4**)
stream el arroyo (**10**)
stress el estrés (**2**)
stretch, to estirarse (**11**)
stretcher la camilla (**11**)
strike la huelga (**8**)
strike, to hacer una huelga (**8**)
striking llamativo/a (3, **9**)
string instruments las cuerdas (7, **9**)
strings las cuerdas (7, **9**)
strong fuerte (**11**)
stubborn terco/a (**1**)
studio el taller (**9**, 11)
study, to estudiar (PA)
style el estilo (**1**)
subject el tema (1); la materia (**9**)
substance la sustancia (**10**)
subtitles los subtítulos (**9**)
successful, to be tener éxito (**2**)
suffer, to sufrir (**2**)
suffering el sufrimiento (**5**)
sugar cane la caña de azucar (**5**)
suggest, to proponer (2, 9); sugerir
   (e → ie → i) (2, **3**, **7**)
suggest an alternative, to sugerir una
   alternativa (**11**)
summary el resumen (**1**)
sunglasses los lentes de sol (**5**)
Super! ¡Formidable! (**5**)
supervisor el/la supervisor/a (**8**)
support el apoyo (**1**)
Sure! ¡Claro! (1, 3); ¡Por supuesto! (3, **5**, 7, 10)
surf, to hacer surf (2); navegar (**5**)
surface la superficie (**11**)
surfboard la tabla de surf (**2**)
surprise la sorpresa (**10**)
surprised sorprendido/a (**1**)
surround, to rodear (**10**)
surroundings los alrededores (**3**)
survey la encuesta (**11**)
survive, to sobrevivir (**10**)
sustain, to sostener (e → ie) (**10**)
sweep, to barrer (**3**)
sweet el bombón (**4**)
sweet (*adj.*) dulce (**4**)
sweet roll el pan dulce (**4**)
swell, to hincharse (**11**)
swimming pool la piscina (**3**)
sympathy el consuelo (8); la simpatía (**8**)
symphony orchestra la sinfónica (**9**)
symptom el síntoma (**11**)

T

tailor shop la sastrería (**7**)
take, to tomar (PA)
Take a bus. Tome/n un autobus. (**4**)
Take a taxi. Tome/n un taxi. (**4**)
Take care. Cuídese. / Cuídate. (**1**)
Take care. Que le / te vaya bien. (**1**)
take notes, to tomar apuntes (**8**)

take off (*one's clothes*)**, to** quitarse (*la ropa*) (PA)
take over, to apropiarse (**8**)
take someone's blood pressure, to tomar
   la presión (**11**)
take someone's pulse, to tomar el pulso (**11**)
take turns, to turnarse (PA)
talcum powder el talco (**7**)
talented talentoso/a (**9**)
talk la charla (PB)
tapestry el tapiz (**9**)
tattoo el tatuaje (**1**)
teach, to enseñar (PA)
teacher el/la maestro/a (**8**)
teaching la pedagogía (**8**)
team el equipo (**2**)
technical técnico/a (**9**)
technology la tecnología (**5**)
tedious pesado/a (**1**)
(telemarketing) sales las ventas (por
   teléfono) (**8**)
telephone operator el/la telefonista (**5**)
television la televisión (**9**)
(television) network la cadena (de
   televisión) (PA)
television viewer el/la televidente (**9**)
tell, to decir (PA, 1, PB); contar (o → ue) (1);
   informar (**9**)
terrain el terreno (**2**)
testify, to declarar (**7**)
text message el mensaje de texto (**5**)
Thank you for calling (me). Gracias por
   haber(me) llamado. (**7**)
that que (2, 5); quien(es) (**5**)
That is . . . O sea... (9, **11**)
That's it. Así es.; Eso es. (7, **10**)
That's to say . . . Es decir... (**9**)
thaw, to descongelar (**10**)
The fact is that . . . Es que... (**9**)
The truth is . . . La verdad es que... (**11**)
theater el teatro (**9**)
their/s sus / suyos/as (PA)
theme el motivo (**9**)
theme el tema (**1**)
then entonces; luego (**4**)
therefore por lo tanto (**5**)
There's no doubt No cabe duda.; No hay
   duda. (**10**)
There's no other solution. No hay más
   remedio. (**10**)
There's no other way. No hay más remedio.
   (**10**)
thermometer el termómetro (**11**)
thesis la tesis (PB)
thief el/la ladrón/ladrona (**5**)
thigh el muslo (**11**)
think, to pensar (e → ie) (PA)
This can't be! ¡No puede ser! (5, 10, **11**)
This is . . . Es...; Soy...; Le / Te habla... (**7**)
This will soon pass. Esto pasará pronto. (**8**)
threat la amenaza (**10**)
threaten, to amenazar (**10**)
through por (**5**)
throw a frisbee, to tirar un platillo
   volador (**2**)
thus así (**2**)
ticket window la ventanilla (**2**)
tie (*game*) el empate (**2**)
tied atado/a (**8**)
tiger el tigre (**10**)
tight apretado/a (**7**)
Till the next time. Hasta la próxima. (**1**)
time la vez (**2**)
timetable el horario (1, **8**)

tip la propina (**3**)
title el título (1, **7**)
throw, to tirar (PA, 1, **3**)
to the left of a la izquierda de (**7**)
to the right of a la derecha de (**7**)
To whom it may concern A quién
   corresponda (**8**)
together junto/a (PA)
together, to get reunirse (PA)
toilet paper el papel higiénico (**7**)
tolerate, to aguantar (**9**)
tone of voice el tono de voz (**1**)
tongue la lengua (**11**)
too much / many demasiado/a/os/as (**1**)
tool la herramienta (**3**)
toothbrush el cepillo de dientes (**7**)
toothpaste la pasta de dientes (**7**)
top (*toy*) el trompo (**7**)
torch la antorcha (**4**)
tour la gira (**5**)
tour, to viajar por (**5**)
tourism office la oficina de turismo (**5**)
tournament el torneo (**2**)
towel la toalla (**3**)
toy el juguete (1, **5**)
toy store la juguetería (**7**)
track and field el atletismo (**2**)
traffic jam el atasco (**5**)
tragedy la tragedia (**9**)
train, to entrenar (2, **8**)
trainer el/la entrenador/a (1, **2**)
training la formación (5, 8);
   el entrenamiento (**11**)
transfer el traslado (**5**)
translate, to traducir (**8**)
transmission la transmisión (**5**)
transportation el transporte (**5**)
travel los viajes (**5**)
travel agency la agencia de viajes (**6**)
tray la bandeja (**11**)
treat, to tratar (**4**)
treatment el trato (10); el tratamiento (10, **11**)
trio el trío (**9**)
trip el recorrido (**5**)
trips los viajes (**5**)
trombone el trombón (**9**)
true verdadero/a (PB)
try, to intentar; probar (o → ue) (**1**)
turkey el pavo (**4**)
turn, to doblar (**7**)
Turn right / left. Doble/n a la derecha /
   izquierda. (**4**)
turn . . . years old, to cumplir... años (**4**)
turnpike la autopista (**5**)
turtle la tortuga (**10**)
twins los gemelos (**1**)

U

Um . . . Este...; Pues... (**11**)
umbrella la sombrilla (**5**)
umpire el/la árbitro/a (**2**)
uncertain, to be no estar seguro (de) (3, **9**)
uncle el tío (PA)
uncomfortable incómodo/a (**5**)
underestimate, to menospreciar (**11**)
understand, to comprender; entender
   (e → ie) (PA)
underwear la ropa interior (**7**)
undo, to deshacer (**5**)
unforeseen imprevisto/a (**11**)
unforgettable inolvidable (**1**)
unknown desconocido/a (**5**)

unless a menos que (**7**)
unplug, to desenchufar (5)
unsurpassable insuperable (9)
until hasta (que) (**7**)
up arriba (5)
update, to actualizar (5)
use, to usar; utilizar (PA, 1); emplear (7, 8)
utilize, to utilizar (1)

V

vacations las vacaciones (5, 8)
vaccination la vacuna (11)
Valentine's Day el Día de San Valentín (4)
valley el valle (**10**)
value el valor (**9**)
van la camioneta (5)
vase el florero (3)
veal la ternera (4)
vegetable la verdura (4)
vein la vena (11)
vendor el/la vendedor/a (2)
verse el verso (4)
veterinarian el/la veterinario/a (8)
violin el violín (**9**)
visual visual (**9**)
visual arts el arte visual (**9**)
voicemail el correo de voz (5)
volcano el volcán (**10**)
vomit, to vomitar (11)

W

wait for, to esperar (PA, 2, 9)
walk, to andar (1)
wall (*around a house*) el muro (3)
wallet la billetera (7)
want, to querer (e → ie) (PA, 2, 9)
wardrobe el vestuario (**9**)
wart la verruga (11)
wash oneself, to lavarse (PA)
washing machine la lavadora (3)
waste el/los desperdicio/desperdicios (5, **10**)
waste, to gastar (2, 3); desperdiciar (**10**)
waste products el/los desperdicio/ desperdicios (5, **10**)
wasteful gastador/a (1)
water the flowers, to regar (e → ie) las flores (3)
watercolor la acuarela (4, **9**)
waterfall la catarata (**10**)
watermelon la sandía (4)
wave la onda (10)
We would love to (but) . . . Nos encantaría (pero)... (3)

wear out, to gastar (2, **3**)
weather report el pronóstico del tiempo (2)
weaver el/la tejedor/a (**9**)
weaving el tejido (**9**)
web camera la cámara web (5)
wedding la boda (3, **4**)
wedding anniversary el aniversario de boda (4)
weed, to sacar la mala hierba (3)
weighed down agobiado/a (7, **10**)
weights las pesas (2)
well pues (**2**)
Well . . . Bueno...; Este...; Pues... (11)
well done bien hecho/a (5)
west el oeste (**5**)
whale la ballena (**10**)
What? ¿Cómo? (2)
What a pity! ¡Qué pena / lástima! (5, 8)
What a shame! ¡Qué pena / lástima! (5, 8)
What do you say? ¿Qué me cuentas? (1); ¿Qué dice/s?; ¿Qué dijiste / dijo? (5)
What do you think? ¿Qué opina/s? (5)
What do you think (about the idea)? ¿Qué le / te parece? (5)
What does . . . mean? ¿Qué quiere decir...?; ¿Qué significa...? (2)
(What) I mean . . . (Lo que) quiero decir... (9)
What's new? ¿Qué hay de nuevo? (1)
What's up? ¿Qué me cuentas? (1)
when cuando (2, 7)
When you get to . . ., turn . . . Al llegar a..., doble/n... (4)
which que (2, 5)
while mientras (que) (PA, **7, 10**)
while, a la temporada (1)
who quien(es) (2); que (**2**, 5)
Who shall I say is calling? ¿De parte de quién? (7)
whom que (2, 5); quien(es) (5)
wide ancho/a (**11**)
widow la viuda (**1**)
widower el viudo (**1**)
wife la mujer (**1**)
wig la peluca (**1**)
wild salvaje (10)
win, to ganar (2)
wine glass la copa (3)
winegrowing la viticultura (8)
wisdom teeth los dientes de juicio (8)
wisdom tooth la muela de juicio (8)
wish el deseo (2)
wish, to querer (e → ie) (PA, 2, 9); desear (2, 9)
With love Con cariño (8)
with you contigo (2)

With your permission. Con permiso. (2)
without sin que (**7**)
Without a doubt. Sin duda.; No cabe duda.; No hay duda. (10)
wolf el lobo (**10**)
wood la madera (3)
wood instruments los instrumentos de viento / madera (**9**)
wood sculpture la talla (**9**)
woodwinds los instrumentos de viento / madera (**9**)
woodworking, to do hacer trabajo de carpintería (2)
work la obra (3)
work, to trabajar (PA)
worker el/la obrero/a (3)
work-related laboral (8)
workshop el taller (**9**, 11)
world mundial (*adj.*) (2)
worse peor (9)
worst, the el/la peor (9)
worst thing, the lo peor (8)
wrapping paper el papel de envolver (7)
wrestle, to practicar lucha libre (2)
wrist la muñeca (**11**)
wristwatch el reloj de pulsera (7)
write, to escribir (PA, **1**)
writer el/la escritor/a (**8**)
wrong equivocado/a (5)

X

X-ray la radiografía (**11**)

Y

yoga el yoga (**2**)
yoga, to do hacer yoga (2)
You don't say! ¡No me diga/s! (5, 7, 10, 11)
You have my sympathy. Mi más sentido pésame. (8)
You know . . . Sabes... (11)
young person el/la joven (9)
your (*fam.*) tu/s (PA)
your (*form.*) su (PA)
You're kidding me. Me estás tomando el pelo. (10)
You're pulling my leg. Me estás tomando el pelo. (10)
you're welcome no hay de qué (2)
your/s (*fam. pl. Spain*) vuestro/a/os/as (PA)
yours (*fam.*) tuyo/a/os/as (PA)
yours (*form.*) suyo/a (PA)
youth la juventud (**1**)

Credits

Photo Credits

pp. 2–3: © Andresr / Shutterstock; **p. 8 (top):** © Helga Esteb / Shutterstock.com; **(center, left to right):** © Mary A Lupo / Shutterstock.com; © Gustavo Miguel Fernandes / Shutterstock.com; © Christian Bertrand / Shutterstock.com; **(bottom, left to right):** © Entertainment Press / Shutterstock.com; © Helga Esteb / Shutterstock.com; 3777190317 / Shutterstock.com; **p. 9 (top):** © Andresr / Shutterstock; **(center):** © Debby Wong / Shutterstock.com; **(bottom):** © Monkey Business Images / Shutterstock; **p. 12 (top left):** © Monkey Business / Fotolia LLC; **(top right):** © Jack Hollingsworth / Digital Vision / Thinkstock; **(bottom left):** © Yuri Arcurs/ Shutterstock **(bottom right):** © Photos.com / Thinkstock; **p. 16:** © Andresr / Shutterstock; **p. 17:** © Monkey Business Images / Shutterstock; **p. 18 (top left):** © Debby Wong / Shutterstock.com; **(top right):** © K2 images / Shutterstock.com; **(bottom left):** © BRIAN KERSEY/UPI /Landov; **(bottom right):** © lev radin / Shutterstock.com; **p. 21:** © Brand X Pictures/ Thinkstock; **p. 23:** © humbak / Shutterstock; **p. 24 (top):** © Shots Studio/Shutterstock; **(center, left to right):** © carlo dapino / Shutterstock; © ewphotoservice / Shutterstock; © Jose AS Reyes / Shutterstock; **(bottom, left to right):** © micro10x / Shutterstock; © prodakszyn / Shutterstock; Thinkstock; **p. 25:** © Andresr / Shutterstock; **p. 27:** © Andresr / Shutterstock; **p. 30 (top):** © Supri Suharjoto / Shutterstock; **(bottom):** © Andresr / Shutterstock; **pp. 32–33:** © Yuri Arcurs/Shutterstock; **p. 38:** © AZP Worldwide/Shutterstock; **p. 41 (left to right):** © Andresr/Shutterstock; © Fatal Sweets/Shutterstock; © liquidlibrary/Getty Images; **p. 43:** © auremar/Shutterstock; **p. 47:** © R.Ashrafov/Shutterstock; **p. 51 (top):** © Petinov Sergey Mihilovich/Shutterstock; **(bottom):** © Yuri Arcurs/Shutterstock; **p. 52 (left to right):** © Michel Stevelmans/Shutterstock; © BananaStock/Thinkstock; © oliveromg/Shutterstock; © JinYoung Lee/ Shutterstock; **p. 54:** © Dorling Kindersley; **p. 55:** © Jack Hollingsworth/Thinkstock; **p. 57 (top, clockwise from left):** © Corbis; © INTERFOTO / Alamy; © Keith Dannemiller / Alamy; **(bottom):** © Ryan McVay/Thinkstock; **p. 58 (left to right):** © Supri Suharjoto/Shutterstock; © CREATISTA/Shutterstock; © Dmitriy Shironosov/Shutterstock; © Stockbyte/Thinkstock; **p. 59 (top):** © dwphotos/Shutterstock; **(bottom, left to right):** © Gina Smith/Shutterstock; © Blend Images/Shutterstock; © Monkey Business Images/Shutterstock; **p. 62 (top left):** © Paul Matthew Photography/Shutterstock; **(center):** © iStockphoto/Thinkstock; **(bottom left):** © oorka/Shutterstock; **(bottom right):** © AP Wide World Photos; **p. 63 (top left):** © CHRISTIAN ARAUJO/Shutterstock; **(center left):** © Samuel Acosta/Shutterstock; **(center right):** © Nickolay Stanev/Shutterstock; **p. 64:** Pearson Education/PH College; **p. 66:** Pearson Education/PH College; **pp. 70–71:** © olly/Shutterstock; **p. 74:** © auremar/Shutterstock; **p. 75:** © Galyna Andrushko/ Shutterstock; **p. 77:** © Laura Litman/Shutterstock; **p. 80 (top):** © Yuri Arcurs/Shutterstock; **(2nd row, left to right):** © Diego Barbieri/ Shutterstock; © Mana Photo/Shutterstock; © Lario Tus/Shutterstock; **(3rd row, left to right):** © Michael Pettigrew/Shutterstock; © pjcross/Shutterstock; **(4th row, left to right):** © Roca/Shutterstock; © pirita/Shutterstock; © Ilja Mašík/Shutterstock; **p. 82 (top):** © Arthur Eugene Preston/Shutterstock.com; **(bottom):** © oliveromg/Shutterstock; **p. 83 (top, left to right):** © stefanolunardi/ Shutterstock; © Stefano Tiraboschi/Shutterstock; © Darren Baker/Shutterstock; **(middle):** © Tao Associates/Stone/Getty Images; **p. 84:** © ARENA Creative/Shutterstock; **p. 87 (top, left to right):** © Yuri Arcurs/Shutterstock; © Konstantin Sutyagin/Shutterstock; © stefanolunardi/Shutterstock; © AVAVA/Shutterstock; **(bottom, left to right):** © Rich Carey/Shutterstock; © Kzenon/Shutterstock; © silver-john/Shutterstock; © Morgan Lane Photography/Shutterstock; **p. 88:** © Dmitriy Shironosov/Shutterstock; **p. 92:** © monbibi/ Shutterstock; **p. 93:** © lev radin/Shutterstock.com; **p. 94 (clockwise from left):** © Classic Image/Alamy; Matt Trommer/Shutterstock. com; © sportgraphic/Shutterstock.com; **p. 95:** ©photogolfer/Shutterstock.com; **p. 96 (left):** © maxstockphoto/Shutterstock.com; **(right):** © Mike Flippo/Shutterstock; **p. 97 (top):** © ARENA Creative/Shutterstock; **(bottom left):** © Elinag/Shutterstock; **(bottom right):** © Digital Vision/ Thinkstock; **p. 100 (top left):** © CREATISTA/Shutterstock; **(center left):** © D. Heining-Boynton, HBPHOTOPRO.COM.; **(center right):** © D. Heining-Boynton, HBPHOTOPRO.COM.; **(bottom):** © Rich Carey/Shutterstock; **p. 101 (top left):** Humberto Ortega/Shutterstock; **(top right):** © Steve Heap/Shutterstock; **(bottom left):** ©Dalayo/Shutterstock; **(bottom right):** © Steve Estvanik/Shutterstock; **p. 102:** ©Pearson Education/PH College; **p. 104:** ©Pearson Education/PH College; **pp. 108–109:** ©Aaron Amat /Shutterstock; **p. 112:** ©Aaron Amat /Shutterstock; **p. 117 (top):** ©Creatas/Getty Images/Thinkstock; **(bottom):** © mihalec/Shutterstock; **p. 118:** © iStockphoto/Thinkstock; **p. 119:** © Rob Marmion/Shutterstock; **p. 120:** © Chad McDermott/Shutterstock; **p. 124:** Dorling Kindersley Limited; **p. 128:** © Dmitriy Shironosov/Shutterstock; **p. 129:** © D. Heining-Boynton, HBPHOTOPRO.COM.; **p. 130:** ©StockLite /Shutterstock; **p. 131 (clockwise from left):** ©Left Eyed Photography / Shutterstock; ©LOOK Die Bildagentur der Fotografen GmbH / Alamy; ©Jarno Gonzalez Zarraonandia/Shutterstock; **p. 132:** ©GG Pro Photo /Shutterstock; **p. 134:** © BortN66/Shutterstock; **p. 135 (top):** ©Brooke Becker/ Shutterstock; **(bottom):** ©Comstock Images/ Getty/Thinkstock; **p. 138 (top left):** © AVAVA/Shutterstock; **(center left):** ©Glen Allison/Stone/Getty Images; **(center right):** ©Medioimages/Photodisc/Thinkstock; ©Aguilarphoto/Shutterstock; **p. 139 (top left):** ©Somatuscan/Shutterstock; **(top right):** ©D. Heining-Boynton, HBPHOTOPRO.COM; **(center left):** ©D. Heining-Boynton, HBPHOTOPRO.COM; **(center right):** ©F.C.G./ Shutterstock; **(bottom):** ©D. Heining-Boynton, HBPHOTOPRO.COM; **p. 142:** ©Pearson Education/PH College; **pp. 146–147:** ©tan4ikk/Shutterstock; **p. 151:** ©Francisco Javier Alcerreca Gomez/Shutterstock; **p. 152:** ©naumalex/Shutterstock; **p. 154 (left):** ©IgorGolovniov / Shutterstock.com; **(right):** ©AlexanderZam/Shutterstock; **p. 156:** ©Jose Gil/ Shutterstock; **p. 157:** ©Blend Images/Shutterstock; **p. 161:** ©kai hecker/Shutterstock; **p. 162 (top):** ©D. Heining-Boynton, HBPHOTOPRO.COM; **(bottom):** ©David Gilder/Shutterstock; **p. 163:** ©George Doyle/Stockbyte/Thinkstock; **p. 165 (top):** ©ifong/ Shutterstock; **(bottom):** ©D. Heining-Boynton, HBPHOTOPRO.COM; **p. 169:** ©Shutterstock; **p. 171:** ©AISPIX/Shutterstock; **p. 172 (clockwise from left):** ©AP Images/Eduardo Verdugo; © Per Karlsson/Alamy; ©Jorge Cubells Biela/Shutterstock; **p. 175 (top):**

©D. Heining-Boynton, HBPHOTOPRO.COM; **(center):** ©D. Heining-Boynton, HBPHOTOPRO.COM; **(bottom):** ©michaeljung/ Shutterstock; **p. 178 (top left):** ©mangostock/Shutterstock; **(center):** ©Sandra A. Dunlap/Shutterstock; **(bottom left):** ©D. Heining-Boynton, HBPHOTOPRO.COM; **(bottom right):** ©D. Heining-Boynton, HBPHOTOPRO.COM; **p. 179 (top left):** ©Sandra A. Dunlap/Shutterstock; **(top right):** ©Adeliepeng/Dreamstime LLC; **(center):** ©D. Heining-Boynton, HBPHOTOPRO.COM; **(bottom):** ©D. Heining-Boynton, HBPHOTOPRO.COM; **p. 180:** ©Pearson Education/PH College; **p. 182:** ©Pearson Education/PH College; **pp. 186–187:** ©Patryk Kosmider/Shutterstock; **p. 189:** ©Bryan Busovicki/Shutterstock; **p. 192:** ©guentermanaus/Shutterstock; **p. 195:** ©Walter G Arce/Shutterstock; **p. 197:** ©Daniel Wiedemann/Shutterstock; **p. 200 (top):** ©Pablo H Caridad/Shutterstock; **(bottom):** ©Pablo H Caridad/Shutterstock; **p. 201:** ©iStockphoto/Thinkstock; **p. 202:** ©REDAV/ Shutterstock; **p. 207 (top):** ©Iakov Filimonov/Shutterstock; **(bottom):** ©Leks052/Shutterstock; **p. 209:** ©Korn/Shutterstock; **p. 214 (clockwise from left):** ©Tiziou Jacques/CORBIS Sygma; ©Alexander Gordeyev/Shutterstock; ©Kondrachov Vladimir/Shutterstock; **p. 215:** ©Jules Frazier/Photodisc/ Thinkstock; **p. 217 (top):** ©steve estvanik/Shutterstock; **(bottom):** ©Dallas Events Inc/ Shutterstock; **p. 220 (top left):** ©Photos.com/ Thinkstock; **(center left):** ©rj lerich / Shutterstock; **(center right):** ©charles taylor/ Shutterstock; **(bottom left):** ©Matt Ragen/ Shutterstock; **(bottom right):** ©rj lerich/Shutterstock; **p. 221 (top left):** ©hagit berkovich/Shutterstock; **(top right):** ©tonisalado/ Shutterstock; **(bottom left):** ©CREATISTA/Shutterstock; **(bottom right):** ©Tony Northrup/Shutterstock; **p. 222:** ©Pearson Education/PH College; **p. 224:** ©Pearson Education/PH College; **p. 228 (left):** ©Yuri Arcurs/Shutterstock; **(right):** ©olly/Shutterstock; **p. 229 (left):** ©Aaron Amat/Shutterstock; **(right):** ©Patryk Kosmider/Shutterstock; **p. 231 (left to right):** ©Val Thoermer/Shutterstock; ©Yuri Arcurs/Shutterstock; Shutterstock; ©Felix Mizioznikov/Shutterstock; **p. 232:** ©Shots Studio/Shutterstock; **p. 233 (top left):** ©Monkey Business Images/Shutterstock; **(top right):** ©Aispix/Shutterstock; **(bottom):** ©Monkey Business Images/Shutterstock; **p. 237 (left):** ©Elena Elisseeva/Shutterstock; **(right, top):** ©photobank.ch/Shutterstock; **(right, bottom):** ©photobank.ch/Shutterstock; **p. 242 (left to right):** ©Shutterstock; ©Monkey Business Images/Shutterstock; ©oliveromg/Shutterstock; **p. 244:** ©Dusan Zidar/ Shutterstock; **p. 246:** © Pearson Education/PH College; **p. 247:** © Pearson Education/PH College; **p. 248 (top):** ©Mike Flippo/ Shutterstock; **(bottom):** © Pearson Education/PH College; **p. 249:** ©auremar/Shutterstock; **p. 250 (left):** © Katrina Brown/ Shutterstock; **(right):** ©Alexander Gordeyev / Shutterstock; **p. 251 (top image, top row, left to right):** ©Arthur Eugene Preston/ Shutterstock; ©Matt Trommer/Shutterstock; ©Nickolay Stanev/Shutterstock; **(top image, bottom row, left to right):** © mihalec/ Shutterstock; ©Jorge Cubells Biela/Shutterstock; ©D. Heining-Boynton, HBPHOTOPRO.COM; **(bottom image, top row, left to right):** ©Jose Gil/Shutterstock; ©sportgraphic/Shutterstock; ©D. Heining-Boynton, HBPHOTOPRO.COM; **(bottom image, bottom row, left to right):** ©Ekaterina Pokrovsky/Shutterstock; ©Jarno Gonzalez Zarraonandia/Shutterstock; ©Matt Ragen/Shutterstock

Index

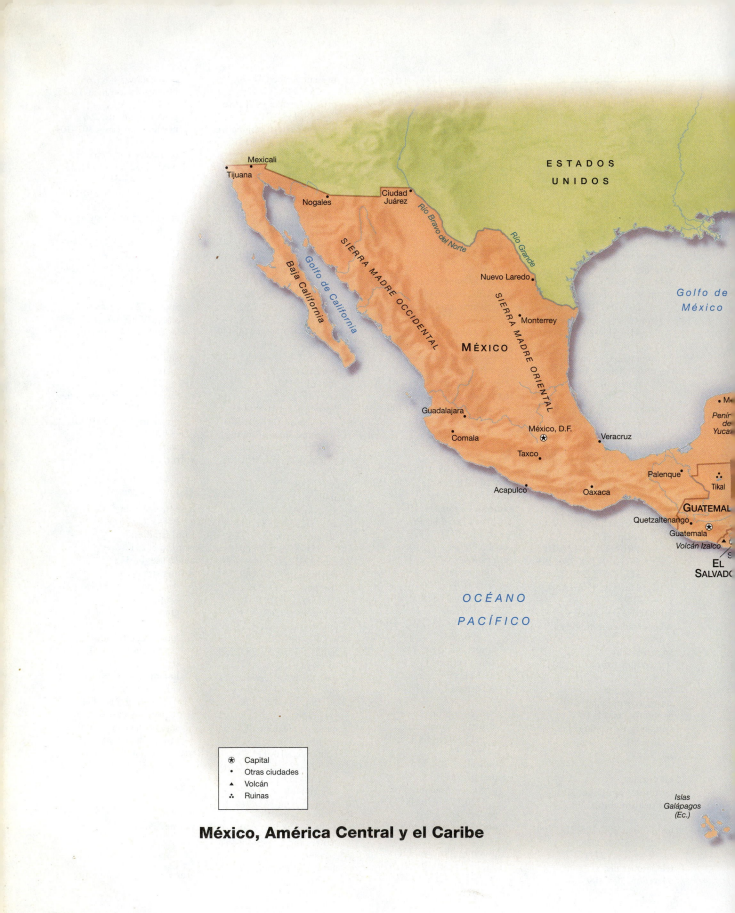

ESTADOS UNIDOS

Mexicali
Tijuana
Nogales
Ciudad Juárez
Río Bravo del Norte
Río Grande
Nuevo Laredo
SIERRA MADRE OCCIDENTAL
Baja California
Golfo de California
Monterrey
SIERRA MADRE ORIENTAL
MÉXICO
Golfo de México
Guadalajara
Comala
México, D.F.
Veracruz
Taxco
Acapulco
Oaxaca
Palenque
Tikal
Penír de Yuca
M
GUATEMAL
Quetzaltenango
Guatemala
Volcán Izalco
S
EL SALVADO

OCÉANO PACÍFICO

Islas Galápagos (Ec.)

	Capital
	Otras ciudades
	Volcán
	Ruinas

México, América Central y el Caribe